임동석중국사상100

세설신어

世說新語

劉義慶 撰 / 林東錫 譯註

〈竹林七賢圖〉清, 華嵒(그림)

"상아, 물소 뿔, 진주, 옥. 진괴한 이런 물건들은 사람의 이목은 즐겁게 하지만 쓰임에는 적절하지 않다. 그런가 하면 금석이나 초목, 실, 삼베, 오곡, 육재는 쓰임에는 적절하나 이를 사용하면 닳아지고 취하면 고갈된다. 그렇다면 사람의 이목을 즐겁게 하면서 이를 사용하기에도 적절하며, 써도 닳지 아니하고 취하여도 고갈되지 않고, 똑똑한 자나 불초한 자라도 그를 통해 얻는 바가 각기 그 자신의 재능에 따라주고, 어진 사람이나 지혜로운 사람이나 그를 통해 보는 바가 각기 그 자신의 분수에 따라주되 무엇이든지 구하여 얻지 못할 것이 없는 것은 오직 책뿐이로다!"

《소동파전집》(34) 〈이씨산방장서기〉에서 구당(丘堂) 여원구(呂元九) 선생의 글씨

책머리에

벌써 30년이 훌쩍 넘었다. 1976년, 대만 유학을 가서 아직 학기가 시작되지 않아 우선 그곳 국립 중앙도서관을 드나들면서 무심코 목록을 검색하다가 「조선수초본 세설신어」(등록번호 1908)라는 것이 보여 흥분을 감춘 채 대출을 신청했더니 대출은 불가하고 대신 그 자리에서 볼 수는 있도록 해주겠다는 것이었다. 그리하여 조심스럽게 건네받은 책은 한지에 아주 곱게 정성을 들여 베낀 《세설신어》였다. 아직 빛도 바래지 않았고 먹물도 냄새가 배어날 정도로 단아하였다. 책 내용보다 우선 가슴을 뭉클하게 하는 것은 바로 "어쩌다가 이 조선 수초본이 흘러흘러 이곳 대만 도서관에 소장되게 되었을까?"하는 것이었다. 그리하여 이를 복사할 수 없겠는가 특별 부탁을 하였지만 전혀 불가한 일이라는 것이었다. 좋은 연구로 보답하겠노라 사정을 이야기하면서 안타까워하는 모습을 보다 못한 사서 선생은 원문은 시중에 얼마든지 있으니 대신 앞 몇 페이지만 복사를 허락하겠다는 것이었다.

그리하여 우선 《세설신어》 책을 모으기 시작하였고 내친김에 한글로 번역을 해볼 참이었다. 유학 과정 중 수시로 이 책과 전국책을 번역하였고 그 원고를 가지고 유학을 마치고 돌아왔을 때는 아직 출판 사정이 여의치 않아 재미있는 일부만 추려 책을 낼 수밖에 없었다. 그것이 1984년 출간된 《세설신어》와 전국책이었다. 그러나 당시 천학비재에 그저 의욕만 앞서 오류와 오역이 한두 곳이 아니었다. 겁이 나서 그 뒤로 내 입으로 책이름도 거론하지 못하다가 아니다 싶어 다시 완역을 서둘러 원고를 완성은 하였지만 이런저런 사정으로 결국 지금에야 비로소 교정을 보고 책으로 꾸미게 되었다.

물론 지금이라고 옛날보다 문장을 보는 실력이 는 것도 아니요 더 완벽하게 하자 없이 책을 낼 수 있다는 자신감은 없다. 다만 인간은 완벽할 수 없으나 완벽을 추구하는 과정만으로도 가치를 부여받을 수 있으리라는 핑계가 무모하게 다시 덤비게 한 것이다.

일사문학逸事文學의 백미. 과연 읽어볼수록 가슴을 흥분시킨다. 중국 남방 문화와 사상의 정화이며 인간 한계의 모든 것까지 세세히 기록된 이 책은 뒤로 나의 중국학 공부에 적잖은 영향을 주었다. 이 책은 그야말로 사람으로서 감정과 행동이 어디까지 미칠 수 있는가 하는 문제까지 다루고 있다. 사람은 얼마나 해학스러울 수 있으며 언어는 어느 한계까지 아름답게 표현할 수 있으며 나아가 사람은 얼마나 악할 수 있으며 사람은 얼마나 거칠게 행동할 수 있으며 얼마나 화를 낼 수 있고 얼마만큼 지저분할 수 있으며 얼마나 비열할 수 있으며 얼마나 인색할 수 있으며 얼마나 아무것도 아닌 일에 목숨을 걸 수 있으며 얼마나 남을 괴롭힐 수 있으며 자존심은 얼마나 엉뚱한 결과를 낳으며, 얼마나 교묘할 수 있으며, 얼마나 참을 수 있는가 등 이루 헤아릴 수 없는 인간군상의 처절한 밑바닥을 거침없이, 숨김없이, 적나라하게 기록하고 있다. 그 때문에 살아 있는 표현이며 소시민의 일상 감정과 행동이 이렇게까지 아름답게 결말을 맺을 수 있는가를 엿볼 수 있다.

물론 쇄사쇄언瑣事碎言이다. 그 때문에 일사문학이라 명명한 것이다. 여기서 '일사'란 무엇인가? 한자로는 "逸事, 佚事, 軼事" 등 여러 가지로 표기된다. 뜻 그대로 "그대로 지나치면 그만인 일들", "사라져 잃어버릴 일들", "기록을 하지 않아도 편안히 여길 수 있는 일들"이라는 뜻이다. 그러니 기록해 두지 않는다고 해서 누가 안타까워하거나 귀한 역사적 사실을 놓쳤다고 불안해할 일들이 아니다.

한 여름 수업을 하고 있는데 강의실 뒷문이 바람에 계속 열리는 것이었다. 자꾸 신경이 쓰여 뒤에 앉은 학생에게 닫도록 하였다. 그 학생이 일어나서 문을 닫고 돌아서자 다시 문이 열렸다. 학생은 다시 일어서 또 문을 닫았다. 다시 문은 바람에 열렸다. 이렇게 세 번을 반복하자 지켜보고 있던 나는 참다못해 학생에게 한마디 던졌다. "머리를 좀 써라."

그랬더니 그 학생은 아무 말도 하지 아니한 채 자신의 책상을 문 가까이로 옮겨놓고 앉더니 머리를 젖혀 그 문에 대고 열리지 않도록 버티는 것이었다. 한바탕 웃었다. "그래 머리는 그럴 때 쓰는 거야." 물론 문을 닫으면서 종이나 얇은 무엇을 접어 함께 끼워 고정시킬 수 있는 머리는 그 머리가 아니었다.

이러한 것이 일사이다. 이를 기록한다면 그것이 일사문학이 될 것이다. 이처럼 굵은 역사의 큰 줄기나 고매한 사상의 '군자연君子然', '학자연學者然' 해야 하는 그런 일이 아닌 그저 해프닝이나 일상 대화, 모임 속에 오가는 행동들 속의 누구에게나 있을 수 있는 평범한 사안들이다. 조리나 체계가 있는 것도 아니고 교훈이라고 못 박을 것도 아니며, 단편적이기도 하고 길가다 마주친 사람이 툭 던진 그저 좀 특이한 편언片言일 수도 있다.

이러한 이야기를 1,130여 가지 모아두겠다고 한 그 발상이야말로 참으로 중국 남방 문학다운 모습이며 중국을 이해하는 데 필수적인 거울이다. 이제 《세설신어》를 편한 마음으로 읽어보자. 그 속에서 내가 살고 있는 지금 일상의 소중한 보물들을 발견하게 될 것이다. 물론 부담을 갖지 않고 읽어야 한다. 그래야 일사가 내 주위에서 끊임없이 일어나고 있음을 고맙게 여기며 기록에는 영 게으른 나의 안일함에 도리어 행복감을 맛볼 수 있을 테니까 말이다.

줄포 임동석이 취벽헌에서 적음.

일러두기

1. 이 책은 여가석余嘉錫의 《세설신어전소世說新語箋疏》(수정판 1996 上海古籍
   出版社)와 양용楊勇의 《세설신어교전世說新語校箋》(正文書局 1992 臺北)을
   저본으로 하여 완역한 것이다.
2. 그 외 국내외 현대 역주번역본을 충분히 섭렵하였으며 특히 《신역세설
   신어新譯世說新語》(劉正浩 外. 三民書局 1996, 臺北), 《세설신어전역世說新語全譯》
   (柳士鎭 外, 貴州人民出版社 1996, 貴陽)과 《세설신어世說新語》(3책, 金長煥 譯註,
   살림 2000, 서울)는 큰 도움이 되었다.
3. 전체 일련번호를 부여하여 검색과 인용에 편리하도록 하였다.
4. 직역을 위주로 하였으나 간혹 너무 비약된 문장일 경우 의역으로도
   풀이하였다.
5. 역문과 원문을 실어 대조하기에 편리하도록 하였다.
6. 인명과 지명 등 역주 표제어는 매번 출현할 때마다 중복하여 실어
   원의를 이해하는 데 편리하도록 하였다.
7. 〈참고 및 관련 자료〉난을 마련하여 본문에 관련된 여러 기록을 제시
   하여 원문 이해에 도움이 되도록 하였으며 이는 주로 양용楊勇의
   교전본을 근거로 하였다.
8. 부록에 《세설신어》의 내용에 해당하는 〈양한兩漢, 삼국三國, 진晉, 남조
   南朝 세계표世系表〉를 실어 시대 배경을 살필 수 있도록 하였으며, 아울러
   본 《세설신어》 찬자撰者 유의경劉義慶과 주자注者 유효표(劉孝標, 劉峻)의
   전傳을 정사《宋書》, 《南史》, 《梁書》에서 절록하여 실었다. 그리고 《세설신어》
   관련 역대 서발序跋 등 관련 자료를 원문으로 실어 학술적인 연구에
   도움이 되도록 하였다.

9. 인명 색인과 주요 인물 인칭, 대사 연표大事年表 등은 싣지 않았다. 이는 《세설신어사전世說新語辭典》(張永言 主編, 四川人民出版社 1992. 成都)이 따로 출간되어 이를 이용하는 편이 합리적이라 여겼기 때문이다.

10. 본 책을 역주하는 데에 참고한 기본 자료 목록은 다음과 같다.

✸ 참고문헌

1. 《世說新語箋疏》余嘉錫, 上海古籍出版社 1996, 上海
2. 《世說新語校箋》楊勇, 正文書局 1992, 臺北
3. 《世說新語校箋》楊勇, 臺灣時代書局 1975, 臺北
4. 《世說新語》四庫全書(文淵閣本) 商務印書館(印本) 臺北
5. 《新譯世說新語》劉正浩(外) 三民書局 1996, 臺北
6. 《世說新語全譯》柳士鎭(外) 貴州人民出版社 1996, 貴陽
7. 《世說新語》文白對照全書 姚寶元(外) 天津人民出版社 1997, 天津
8. 《世說新語譯注》張撝之 上海古籍出版社 1996, 上海
9. 《世說新語辭典》張永言(主編) 四川人民出版社 1992, 成都
10. 《世說新語》毛德富·段書偉(主編) 中州古籍出版社 1994, 鄭州
11. 《世說新語選譯》徐傳武 齊魯書社 1991, 濟南
12. 《世說新語》林玉馨 漢學出版社 1992, 臺北
13. 《世說新語》五福出版社(編輯部) 1978, 臺北
14. 《世說新語新釋》白惟良 大衆書局 1978, 臺南

15. 《世說新語(A New Account of Tales of the World)》Richard B. Mather. University of Minnesota. 1976, 南天書局(印本) 1978, 臺北

16. 中英對照《世說新語》Richard B. Mather 文致出版社 1979, 臺北

17. 《世說新語》簡美玲 文國書局 1992, 臺南

18. 《白話世說新語》蕭艾 岳麓書社 1996, 長沙

19. 《國語注音世說新語》金谷書局 1979, 臺北

20. 《世說新語》(朝鮮手抄本) 臺灣 國立中央圖書館 藏本

21. 《世說探幽》蕭艾 湖南出版社 1992, 長沙

22. 《白話世說新語》韓秋白(外) 北京廣播學院出版社 1993, 北京

23. 《世說新語》新編諸子集成本(제8책) 世界書局 1978, 臺北

24. 《世說新語》中國古典文學大系9 森三樹三郎 平凡社 1979, 東京

25. 《今世說》王晫(著), 沈世榮(標點) 大達圖書供應社 1936, 上海

26. 《世說新語》林東錫(譯) 教學研究社 1984, 서울

27. 《世說新語》(3책) 金長煥(譯註) 살림 2000, 서울

28. 《竹林七賢》林耀川 常春樹書坊 1975, 臺北

29. 《竹林七賢研究》何啓民 臺灣學生書局 1978, 臺北

30. 《魏晉南北朝文學史參考資料》北京大學中國文學史教研室 複寫本 臺北

31. 《中國中古文學史》劉師培 育民出版社 1975, 臺北

32. 《中國文學發展史》劉大杰 華正書局 1975, 臺北

33. 《漢魏六朝文》臧勵龢 河洛圖書出版社 1979, 臺北

34. 《漢魏六朝百三家集題辭注》張溥(著) 殷孟倫(注) 人民文學出版社 1981 北京

35. 《兩漢魏晉南北朝文學批評資料彙編》國立編譯館 成文出版社 1980, 臺北

36. 《中國通史》傳樂成 大中書局 1973, 臺北

37. 《高僧傳》梁, 慧皎 中華書局 1996, 北京

38. 《洛陽伽藍記》北魏, 楊衒之(著) 劉九洲(譯) 三民書局 1994, 臺北

39. 《歷代高僧傳》李山·過常寶(主編) 山東人民出版社 1994, 濟南

40. 《史記》鼎文書局 1996, 臺北

41. 《漢書》鼎文書局 1996, 臺北

42. 《後漢書》鼎文書局 1996, 臺北

43. 《三國志》鼎文書局 1996, 臺北

44. 《晉書》鼎文書局 1996, 臺北

45. 《宋書》鼎文書局 1996, 臺北

46. 《南齊書》鼎文書局 1996, 臺北

47. 《梁書》鼎文書局 1996, 臺北

48. 《南史》鼎文書局 1996, 臺北

49. 《郡齋讀書志校證》宋, 晁公武(著) 孫猛(校證) 上海古籍出版社 1990 上海

50. 《藝文類聚》唐, 歐陽詢(등) 文光出版社 1977 臺北

51. 《初學記》唐, 徐堅(등) 鼎文書局 1976 臺北

52. 《水經注疏》後魏, 酈道元(주) 清, 楊守敬(소) 江蘇古籍出版社 1989 江蘇

53. 《文選》梁, 蕭統(편), 唐, 李善(주) 上海古籍出版社 1992 上海

54. 《太平廣記》宋, 李昉(등) 中華書局 1994 北京

55. 《太平御覽》宋, 李昉(등) 中華書局 1995 北京

56. 《三才圖會》明, 王圻·王思義(編集) 上海古籍出版社 2005 上海

57. 기타 공구서 등은 생략함.

해제

1. 《세설신어》의 가치

《세설신어》는 남조 송宋나라 유의경劉義慶이 지은 것으로 중국 문학 중에 소설, 필기, 소품, 전기, 일사逸事 문학에 가장 영향을 크게 끼친 작품이다. 특히 유효표劉孝標의 이 책에 대한 주석은 흔히 《삼국지주三國志注》(裴松之), 《수경주水經注》(酈道元), 《문선주文選注》(李善)와 더불어 중국 주석학의 대표적인 작업으로 널리 알려져 있다.

《세설신어》는 약 1,300여 장의 길고 짧은 문장의 단락으로 이루어져 있으며 짧은 것은 수십 자에 불과하고, 긴 것이라 해도 수백 자를 넘지 않는다. 동한東漢 말부터 삼국, 특히 위魏나라를 중심으로 서진西晉을 거쳐 동진東晉까지 약 200여 년 간 정치가, 문인, 명사, 예술가는 물론 특이한 인물과 여인들까지 모두 36부문으로 주제를 대강 나누어 기록한 것이다. 그 문자의 간결함과 이야기 전개의 우수성은 족히 논픽션이면서도 픽션의 구성에 못지않은 멋진 것들이다. 그 때문에 중국 문학에서 소설을 연구할 때는 그 양과 질로 보아 이 《세설신어》의 내용과 체재, 영향을 거론하지 아니하고는 안 될 정도의 길목을 지키고 있다.

유대걸劉大杰의 《중국문학발전사中國文學發展史》에는 위진 시대 소설을 내용상 3가지로 분류하고 있다. 그 첫째가 이 《세설신어》를 대표하는 것으로서 이는 정시(正始: 240~248, 魏나라 齊王 曹芳의 연호) 시대 현언玄言과 죽림칠현竹林七賢의 광달한 내용을 중심으로 그 언행을 기록한 유형이다. 그리고 종교와 사상을 기초로 한 것이 있으니 바로 왕염王琰의 《명상기冥祥記》와 안지추顔之推의 《원혼지冤魂志》이며, 세 번째 부류는 불경의 고사나 도교의 이야기를 중심으로 펼쳐나간 것으로 오균吳均의 《속제해기續齊諧記》를 들고 있다. 그리고 반중규潘重規는 《중국고대단편소설선주中國古代短篇小說選注》에서 중국의 소설 명칭과 내용에 근거하여 "장화張華의 《열이지列異志》, 유의경의 《세설신어》 등도 소설에 포함시켜야 하며, 《좌전左傳》, 《전국책戰國策》, 《사기史記》, 《한서漢書》, 《맹자》, 《장자》, 《한비자》, 《열자》 중 가장 흡인력 있게 문학성을 가진 작품과 위진 육조시대의 소품이 〈도화원기〉, 《세설신어》 등, 또한 당송 이후의 고문, 즉 한유韓愈의 〈모영전毛穎傳〉, 귀유광歸有光의 〈선비사략先妣事略〉, 〈항척헌기項脊軒記〉 등을 거의가 소설의 조건을 구비한 뛰어난 창작품이다"라 하였다. 이로써 소설의 모태이며 그 발전과정에 길목인 셈인 이 《세설신어》의 가치를 충분히 인정하고 있는 셈이다.

이 《세설신어》는 이상의 소설 발전 단계에서의 확고한 지위를 지닌 것 외에도 사료, 목록학, 일사문학으로서의 가치 등 세 가지 중요한 특징을 가지고 있다.

즉 첫째 이 《세설신어》에 수록된 기록들은 거의가 당대唐代 정관貞觀 18년(644) 태종太宗이 방현령房玄齡, 저수량褚遂良 등에게 《진서晉書》를 중찬 하도록 하였을 때 그 자료 중에 이 책이 중요한 저본이 되었었음을 말한다.

둘째, 이 《세설신어》를 양梁나라 때 유효표가 주를 달고 본문의 착오를 정치하게 고증, 교정하였다. 그 때 동원된 인용 서적이 무려 4백 여 종이었으나 그 많은 책은 지금 대부분 사라지고 오늘날은 거의 유효표가 이 《세설신어》 주석에 인용한 구절을 통해 일부나마 살필 수 있어 집일輯佚학자나 목록학자에게는 보고와 같은 역할을 하고 있다는 점이다. 그 때문에 배송지의 《삼국지주》와 역도원의 《수경주》, 이선의 《문선주》와 더불어 고증학, 문헌학, 목록학, 집일학의 귀중한 자료가 되고 있다.

셋째, 일사문학으로서 유의경의 《세설신어》 이전에 물론 진晉나라 때 배계裵啓의 《어림語林》과 곽징郭澄의 《곽자郭子》 등이 있었으나 지금은 모두 전하지 못하고 그 내용의 일부가 《태평광기太平廣記》,《태평어람太平御覽》,《예문유취藝文類聚》 등에 전할 뿐 실제 널리 영향을 미치지 못하였다. 그런데 이 《세설신어》가 나온 이래 그 체재, 내용, 기술방법을 본 뜬 많은 필기, 잡기, 일사류의 문학작품이 쏟아져 나왔다. 이를테면 양梁나라 심약沈約의 《속설俗說》(3권. 兩晉 宋齊 시대 명인들의 일사를 기록함), 당唐나라 때의 《속세설續世說》(10권, 《唐志》에 기록되지 않은 것으로 보아 위서라 보고 있음.) 송宋 공평중孔平仲의 《속세설續世說》(12권), 명明 하량준何良俊이 《세설신어》를 모방한 《어림語林》(30권, 兩漢부터 元代에 이르기까지 명인의 일사를 모은 2,700장의 기록), 그 외 당唐 왕방경王方慶의 《속세설신서續世說新書》, 송宋 왕당王讜의 《당어림唐語林》, 청淸 양유추梁維樞의 《옥검존문玉劍尊聞》, 오숙공吳肅公의 《명어림明語林》, 장무공章撫功의 《한세설漢世說》, 이청李淸의 《여세설女世說》, 안종교顔從喬의 《승세설僧世說》, 왕탁王晫 《금세설今世說》, 그리고 근대 역종기易宗夔의 《신세설新世說》 등 그 명칭에 의탁한 아류가 끊임없이 쏟아져 나왔다.

이상 몇 가지 외에도 빼놓을 수 없는 가치는 이 《세설신어》는 곧 위진 문학 연구의 중요한 보고라는 점이다. 즉 이 책에는 「죽림칠현」(阮籍, 嵇康, 山濤, 劉伶, 阮咸, 向秀, 王戎)과 「건안칠자建安七子」(孔融, 王粲, 劉楨, 徐幹, 陳琳, 應瑒, 阮瑀), 「삼조三曹」(曹操, 曹丕, 曹植), 「정시문인」(何晏 등), 「태강문인太康文人」(三張二陸兩潘一左, 즉 張華, 張亢, 張協, 陸機, 陸雲, 潘岳, 潘尼, 左思), 「영가문인永嘉文人」(劉琨 등), 태원왕씨太原王氏와 낭야왕씨瑯琊王氏의 대표적 인물들, 특히 서예 예술로 이름난 서성書聖 왕희지王羲之 집안과 중국 화가의 대표적인 고개지顧愷之, 그리고 석숭石崇과 사씨대족謝氏大族 등 이루 헤아릴 수 없는 인물들이 망라되어 있다. 이 《세설신어》(注 포함)에 이름이 올라 있는 인물이 무려 1,500여 명에 이른다.

　이러한 문학 연구 자료로서의 가치를 넘어 또한 위진 사상의 대표라 할 수 있는 현학玄學, 즉 노장을 중심으로 한 청담 현리와 삼현학三玄學, 나아가 불학佛學 연구의 귀중한 문헌적 가치를 가지고 있으며 게다가 왕필王弼, 두예杜預, 곽박郭璞, 복건服虔 등 노장老莊과 《주역周易》 연구의 대성황을 고스란히 담고 있으며 유가의 경학도 그에 못지않게 발달했던 일면을 볼 수 있다. 게다가 당시 복잡한 정치 변화에 대한 생생한 기록은 물론, 이민족과의 결합, 그에 따른 남방 세족의 정서와 생활상 등 이루 헤아릴 수 없는 귀중한 내용을 담고 있다.

　그런가 하면 우리의 언어생활에 널리 쓰이는 고사성어도 풍부히 그 근원을 일러주고 있다. 즉 '칠보성시七步成詩', '낙양지고洛陽紙高', '난형난제難兄難弟', '찬핵鑽核', '소시료료小時了了', '칠석폭서七夕曝書', '할석절교割席絶交', '유령병주劉伶病酒', '점입가경漸入佳境', '군계일학群鷄一鶴', '오석산五石散' 등 헤아릴 수 없는 많은 성어를 수록하고 있다. 그보다 대화체 위주의 문장으로 위진 백화어의 어휘와 어법 연구의 살아 있는 자료의 역할도 충분히 하고 있다.

　더구나 우리나라에도 판본이 전하고 있으며 조선朝鮮 시대 수초본手抄本까지 있었던 점으로 보아 일찍부터 관심을 가지고 읽혀온 책임을 알 수 있다.

2. 명칭

《세설신어》는 원래 《세설世說》이라 불렸다. 즉 《남사南史》 유의경전劉義慶傳에 "그가 지은 저술은 《세설》 10권(所著《世說》十卷)"이라 하여 단순히 "세설" 두 글자의 서명이었다. 그런데 이 이름이 우선 《세설신서世說新書》로 바뀌었다. 이에 대해 황백사黃伯思는 《동관여론東觀餘論》에서는 "《한서》 예문지에 이미 유향劉向이 서문을 쓴 《세설》이라는 책이 있었는데 이 책이 사라지자 유의경이 같은 책을 쓰고 이와 구별하기 위하여 《세설신서》라 했다"(世說之名, 肇於劉向, 其書已亡, 故義慶所集, 名曰世說新書)라 하였다. 실제로 당대唐代 단성식段成式은 《유양잡조酉陽雜俎》에서 왕돈王敦의 조두澡豆 고사(본 책 〈紕漏〉 제 1장)를 인용하면서 그 출전을 《세설신서》라 하여 그 때까지 서명이 《세설신서》였음을 알 수 있다. 그러나 이 책이 언제부터 《세설신어》로 바뀌었는지는 알 수 없으며 다만 오대말五代末, 송초宋初부터 바뀐 것이 아닌가 여길 뿐이다. 특히 송대 육유(陸游, 放翁)가 이 책을 중간할 때도 역시 《세설》이라는 이름이었으니 이로 보면 한 동안 《세설》, 《세설신서》, 《세설신어》 등 이름이 그대로 혼용되어 사용되다가 뒤에 완전히 《세설신어》 하나로 굳어진 것이 아닌가 한다.

3. 유의경劉義慶과 유효표(劉孝標, 劉俊)

일반적으로 이 책은 남조 송宋나라 임천왕臨川王 유의경(劉義慶: 403~444)에 의해 찬집된 것으로 인정하고 있다. 다만 노신魯迅은 《중국소설사략中國小說 史略》에서 《송서宋書》의 기록을 중심으로 《세설신어》는 당시 여러 사람들의 손에 의해 이루어진 것을 유의경이 모두 모아 정리한 것이라 의견을 제시 하였다.

유의경은 남조 송대(420~479) 사람으로 그의 전傳은 《송서》(51, 열전 11, 宗室, 臨川烈武王 劉道規傳)와 《남사南史》(13, 宋宗室及諸王列傳(上) 臨川烈武王道規傳)에 실려 있다.

그에 의하면 그는 팽성인彭城人이며 동진東晉 안제安帝 원흥元興 2년(403)에 장사경왕長沙景王 유도련劉道憐의 둘째 아들로 태어났으나 그의 백부 임천 열무왕臨川烈武王 유도규劉道規가 후사가 없어 그의 양자로 들어갔다. 그리고 송 무제武帝 유유劉裕 영초永初 원년(420) 송나라가 들어서자 18세의 나이로 임천왕 자리를 습봉받아 왕호를 얻게 되었다. 그는 어려서부터 무제 유유의 총애를 입어 "此我家豊城"(풍성은 보검이 나는 곳)이라 칭송을 받았으며 유유를 따라 북벌에 참가하여 낙양洛陽과 장안長安을 둘러보는 기회를 얻게 되었다. 그리고 다시 문제(文帝, 劉義隆: 424~452 재위, 연호는 元嘉) 연간에는 수도행정 장관인 단양윤丹陽尹을 9년 간 역임한 뒤 평서장군平西將軍, 형주자사荊州刺史, 강주자사江州刺史, 중서령시중中書令侍中 등의 요직을 거쳐 개부의동삼사開府 儀同三司에 오르게 되었다. 그는 종실의 신분에다가 성격도 청렴하여 13살 때 남군공南郡公에 봉해졌으나 거절할 정도였다. 조정에서도 끝까지 그를 신임하여 평생 큰 변화 없이 생을 마친 사람이다. 그러다가 원가元嘉 21년 (444)에 겨우 42세의 젊은 나이로 생을 마감하고 말았다. 그는 성격이 간박 簡樸하고 욕심이 적었으며 다만 원근의 문인 명사들을 불러들여 함께 문학을 토론하는 것으로 낙을 삼아 당시 뛰어난 문인, 원숙袁叔을 강주자사 때 위군자의衛軍諮議로 삼아 곁에 두었으며 그 외 육전陸展, 하장유何長瑜 등도 막료로 삼아 가까이 하였다. 또한 당시 포조鮑照의「투시자천投詩自薦」에 즉시 상을 내리고 천거한 일은 유명한 가화佳話로 그의 전에 실려 있다. 그의 저작으로《서주선현전徐州先賢傳》,《유명록幽冥錄》,《집림集林》등이 있었으나 모두 전하지 아니하고 지금은《세설신어》만이 남아 널리 알려져 있다. (부록〈劉義慶傳〉을 볼 것.)

한편 이 책에 주를 단 인물로《세설신어》가 나온 지 불과 50년 뒤 남조 제齊나라 때 이미 경윤敬胤이라는 사람이 있었던 것으로 기록에 나와 있으나 아깝게도 지금은 전하지 아니한다.(서발 참고란을 볼 것.)

지금 전하는《세설신어주世說新語注》는 같은 남조 양(502~557)나라 때 유효표劉孝標의 작업이다. 그는 본명이 유준劉峻이며 유명한《문심조룡文心雕龍》의 저자인 유협劉勰 등과 함께 이름을 날리던 인물로 송宋, 제齊, 양梁 삼대를 거치면서 풍부한 학식과 해박한 견문을 바탕으로 원문의 내용은 물론 미비한 사항을 일일이 교정 보충함으로써《세설신어》를 명실 공히 온전한 저작물로 격상시켰다. 그의 사적은《양서梁書》(50, 列傳 44, 文學)에 실려 있으며 무려 400여 종의 문서와 전적을 동원하여 이 책에 주를 달았다.(부록〈劉峻傳〉을 볼 것) 그리하여 앞서 밝힌 대로《삼국지주》,《수경주》,《문선주》와 함께 주석학, 목록학, 문헌학, 집일학의 귀중한 자료를 제공해 주고 있다.

4. 체재

《사고전서총목》(140) 자부(子部, 50) 소설가류(小說家類, 1)에는 《세설신어》 3권으로 되어 있고 총 38문으로 분류하였다. 그러나 《당서唐書》 예문지에는 "世說新語八卷, 劉孝標續十卷"이라 하였으며, 《숭문총목崇文總目》에는 "十卷" (유의경의 8권과 유효표의 2권을 합해 10권이라 한 것이라 함)으로, 그리고 조공무晁公武의 《군재독서지郡齋讀書志》에는 "世說新語十卷, 重編世說十卷"(袁本前志卷三下小說類 第八)이라 하고 "右宋劉義慶撰, 梁劉孝標注. 記東漢以後事, 分三十八門. 唐藝 文志云: '劉義慶世說八卷, 劉孝標續十卷.' 而崇文總目止載十卷, 當是孝標續 義慶元本八卷, 通成十卷耳. 家本有二: 一極詳, 一殊略. 略有稱改正, 未知誰氏 所定, 然其目則同, 劉知幾頗言此書非實錄, 予亦云"이라 하였다.

그러나 현존하는 것은 상중하 3권에 36문으로 되어 있다. 이를 분류하면 다음과 같다.

상권 4문(德行, 言語, 政事, 文學)

중권 9문(方正, 雅量, 識鑒, 賞譽, 品藻, 規箴, 捷悟, 夙慧, 豪爽)

하권 23문(容止, 自新, 企羨, 傷逝, 棲逸, 賢媛, 術解, 巧藝, 寵禮, 任誕, 簡傲, 排調, 輕詆, 假譎, 黜免, 儉嗇, 汰侈, 忿狷, 讒險, 尤悔, 紕漏, 惑溺, 仇隙)

그러나 황로직黃魯直 본에 의하면 〈직간直諫〉, 〈간녕姦佞〉 등 2편이 더 있어 총 38문의 제목이 보인다. 한편 조목은 모두 여가석余嘉錫 《전소전소箋疏》본에는 1,130조, 양용 《교전校箋》본에는 1,134조 등 약간의 출입이 있으며 혹 1,131조로 보기도 한다. 본인은 양용본에 의해 1,134조로 분장하여 전체를 역주하였다.

5. 판본 및 근래 연구 동향

본 《세설신어》는 송 소흥紹興 8년(1138) 동분董弅이 안원헌晏元獻의 수초본
手抄本을 근거로 엄주嚴州에서 판각한 것을 시작으로, 남송南宋 때 육유(陸游,
放翁)가 순희淳熙 15년(1188)에 다시 중간한 것이 있으며, 명 가정嘉靖 을미
(1535) 원경袁褧이 육유의 간본을 근거로 오군吳郡에서 다시 출간하였다.
그리고 명 왕세정王世貞이 배계裴啓의 《어림語林》과 이 《세설신어》를 병산倂刪
하여 《세설신어보世說新語補》를 내었다. 근대에 이르러 다시 이 《세설신어》에
대한 연구와 주소注疏가 활발히 이루어져 양용楊勇은 일본 전전씨前田氏
소장의 송본宋本 《세설신어》와 당사본唐寫本 《세설신어》 잔권殘卷을 저본
으로 교열한 《세설신어교전世說新語校箋》(1969)을 내었으며 왕숙민王叔岷의
《세설신어보증世說新語補證》(1976)이 나왔으며, 여가석은 분흔각紛欣閣본과
호남사현정사湖南思賢精舍 간본을 1937년부터 일일이 대조하여 작업한 《세설
신어전소世說新語箋疏》(1983), 그 외 서진악徐震堮의 《세설신어교전世說新語
校箋》(1984) 등이 출간되어 학문적으로 큰 업적을 이룬 것으로 평가받고
있다.(이상 부록 서발 등을 참조할 것.)

그 뒤를 이어 허소조許紹早 등의 《세설신어역주世說新語譯註》, 유정호劉正浩,
구섭우邱燮友, 진만명陳滿銘의 《신역세설신어新譯世說新語》, 유사진柳士鎭의
《세설신어전역世說新語全譯》 등 백화어 번역본, 평역본, 평석본 등은 물론
장영언張永言의 《세설신어사전世說新語辭典》, 장만기張萬起의 《세설신어사전
世說新語詞典》, 오금화吳金華의 《세설신어고석世說新語考釋》, 강람생江藍生의
《위진남조소설사어회석魏晉南朝小說詞語滙釋》, 왕운로王雲路의 《중고한어어사
례석中古漢語語詞例釋》, 동지교董志翹의 《중고허사어법례석中古虛詞語法例釋》 등
관련 저술도 수를 헤아릴 수 없을 정도로 쏟아져 나오고 있다.

한편 이 《세설신어》는 9세기 말 일본으로 흘러들어 송본宋本이 전해져 존경각尊經閣본(金澤文庫본)에 들어 있으며 이로 인해 일본은 한때 《세설신어》 연구 붐이 일기도 하였다. 그리하여 《세설신어색인世說新語索引》(高橋淸)이 이미 나왔으며 일역본으로 대촌매웅大村梅雄의 《세설신어》(平凡社, 中國古典 文學前集 32. 단 〈賞譽〉, 〈品藻〉, 〈輕詆〉 등 몇 편은 생략되어 있음)와 삼삼수삼랑森三樹 三郎의 《세설신어》(平凡社, 中國古典文學大系 9), 천승의웅川勝義雄 등 네 사람이 공역한 《세설신어》(筑摩書坊, 世系文學大系 71. 中國古小說集) 등이 나와 있다.

그런가 하면 서양에서는 이미 하버드 연경학회燕京學會에서 《세설신어 인덱스世說新語引得》(附劉注引書引得)가 나왔으며 1976년에는 미국인 Richard B. Mather(馬瑞志)에 의해 《세설신어世說新語(A New Account of Tales of the World)》(University of Minnesota. 1976)라는 이름으로 영역본이 출간되었다. 그리고 2년 뒤(1978) 이 책은 다시 대만臺灣 남천서국南天書局에서 영인 출간 되었고, 이 책을 간추린 중영대조中英對照 판 《세설신어》가 대만 문광출판사 (文治出版社, 1979)에서 출간되기도 하였다. 그리고 1974년에는 불어로도 번역 되었다.

한편 우리나라에서는 일찍이 이미 조선시대 수초본(3책)이 어쩌다가 대만 국립 중앙도서관에 소장(등기번호 1908)되어 있는 것을 본인이 발견하였 으며, 규장각奎章閣 도서 〈중국본총목록〉에 의하면 청淸 광서光緖 연간에 간행된 목판본과 조선 현종顯宗 실록자實錄字로 인쇄된 《세설신어보》가 있다. 그리고 1984년 본인이 당시 613조를 추려 우리말로 번역한 것이 최초였으며, 뒤에 김장환 교수에 의해 원문과 주까지 상세하게 역주한 《세설신어》가 출간(2000년)되어 학술적으로 큰 반향을 일으키기도 하였다. 그 외에 국내에서는 중국 문학의 획기적인 발전으로 인해 《세설신어》를 대상으로 한 전제專題 논문도 수없이 발표되는 등 상당히 널리 알려져 읽혀지고 있으며 우리에게도 생소하지 않은 중국 대표적인 고전의 읽을거리로 자리를 잡아 가고 있다.

世說新語卷上之上

德行第一　　　　　　　　宋　劉義慶　撰

　　　　　　　　　　　　梁　劉孝標　注

陳仲舉言為士則行為世範登車攬轡有澄清天下之
志〔海內先賢傳曰蕃字仲舉汝南平輿人也〕為豫
章太守〔謝承漢書曰蕃為豫章太守〕至便問徐孺
子所在欲先看之主簿白羣情欲府君先入廨陳曰武
王式商容之閭席不暇煖吾之禮賢有何不可〔徐穉
字孺子豫章南昌人也清妙高跱超世絕俗前後為諸
公所辟雖不就及其死萬里赴弔〕

周子居常云吾時月不見黃叔度則鄙吝之心已復生
矣〔袁宏漢紀曰黃憲字叔度汝南慎陽人時論者以
為顏子復生而疏其德父為牛醫潁川荀淑見憲於逆
旅時年十四淑竦然異之顧謂憲曰子吾之師表也後
之見憲叔度少所嚴下見憲〕

問其故林宗曰叔度汪汪如萬頃之波澄之不清
擾之不濁其器深廣難測量也〔嵇康高士傳曰郭泰
字林宗太原界休人泰少孤年二十行學至城皋屈伯
彦之舍精盧於是始見林宗泰之器度如此〕

郭林宗至汝南造袁奉高〔泰別傳曰奉高名閬汝南
慎陽人友黃叔度姓齊名薦陳仲舉荐家〕車不停軌
鸞不輟軛〔謝承漢書曰薛勤問曰車輪無停轍鸞鳥
無輟翼豈非道之所存乎泰曰汝南先賢傳曰陳仲舉
之弟汪汪如萬頃之波澄之不清擾之不濁〕詣黃叔
度乃彌日信宿人

李元禮風格秀整高自標持欲以天下名教是非為己
任〔李氏家傳曰李膺字元禮潁川襄城人抗志後進
之士有被其容接者名為登龍門〔三秦記曰龍門一
名河津去長安九百里水懸絕龜龍魚之屬莫能上上
則化為龍矣〕

李元禮嘗歎荀淑鍾皓〔先賢行狀曰荀淑字季和潁
川人當世名賢李固李膺等皆師宗之鍾皓字季明潁
川長社人父祖至德著名高風世位林慮長不之官人
以為天府有德〕曰荀君清識難尚鍾君至德可師

孫休好射雉至其時盈去夕反羣

臣莫不上諫口此為小物耽介過人朕

所以好之

深濟吳紀曰休作一起晉太皇帝
第六子也初封琅耶王夢乘龍
上天顧不見毛蘇襄火王近徃五之說意
興替欲畢覽百家之事隨好射雉至春晨出
暮又唯此時措書蘭益景皇帝徵列吳事
日徃在政延之止有違事頗以射雉為斁

亦云

唐寫本《世說新語》殘卷

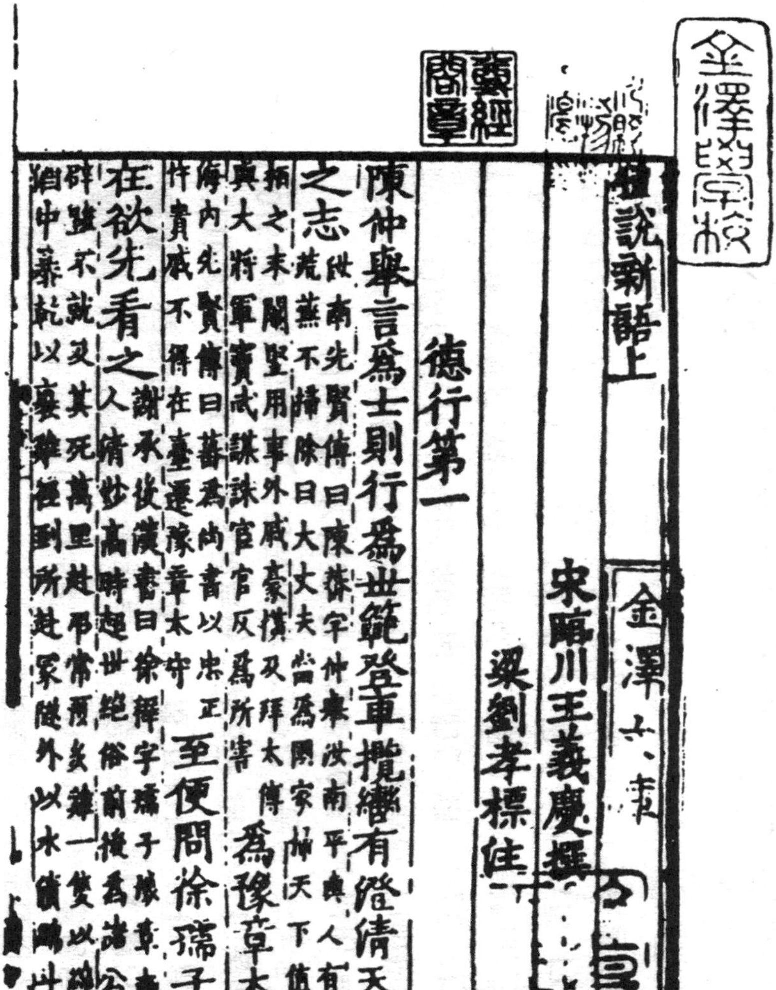

世說新語上

金澤六書

宋臨川王義慶撰
梁劉孝標注

德行第一

陳仲舉言爲士則行爲世範登車攬轡有澄清天下
之志　汝南先賢傳曰陳蕃字仲舉汝南平輿人有室
荒蕪不掃陳曰大丈夫當掃除天下值桓
帝之末閹豎用事陳以戚豪横又誅宦官反爲所害
海內先賢傳曰蕃爲尚書以�正守
直實戚不得在臺遷豫章太守　謝承後漢書
曰徐穉字孺子豫章南昌
人也高尚其事時陳蕃爲太守以禮請
署功曹穉不免之既謁而退蕃
在郡不接賓客唯穉來特設一榻去則懸之
爲豫章太守至便問徐孺子所
在欲先看之　謝承漢書曰徐穉
隱於家宇躬耕而食非其力
不食也恭儉義讓所居服其德
屢辟公府不起潁川先賢
傳曰徐穉嘗爲太尉黃瓊所辟不就及瓊
卒穉往弔之以綿漬酒暴乾以裹
綿斗米飯到

戊寅五月武陵余嘉錫

此日本尊經閣景宋本太平
御覽引行及涵芬樓印
沈寶硯校宋本原書其印
景印唐寫本第六卷校用藍筆
梁
宋臨川王義慶
宋朝王羲慶撰

德行第一　宋本篇目皆低四格　按諸書所引皆標注校注文並用藍筆

陳仲舉言爲士則行爲世範登車攬轡有澄清天下之
志為豫章太守至便問徐孺子所在欲先看
之主簿白群情欲府君先入廨陳曰武王

汝南先賢傳曰陳蕃字仲舉汝南平輿人有室荒蕪不掃除日大丈夫當爲國家掃天下值漢桓之末闇

豎用事外戚豪橫及拜太傅與大將軍竇武謀誅諸官反爲所害至忠正忤貴戚

徐孺子宇孺子豫章南昌人清妙高跱超世絕俗前後爲諸公所辟雖不就及其死萬里赴弔

《世說新語》紛欣閣 간본. 余嘉錫이 手稿를 더한 것.

階庭耳

道壹道人好整飾音辭。王珣遊嚴陵瀨詩敍曰道壹
竺氏名德沙門題目道壹公
從都下遷東山經吳中已而會雪下未甚寒諸道人問
在道所經壹公曰風霜固所不論乃先集其慘澹郊邑
正自飄飄爾林岫便已皓然
張天錫為涼州刺史稱制西隅既為符堅所禽用為侍
中後於壽陽俱敗至都安定袁氏為涼州記曰天錫字公純纘報
永嘉中為涼州刺史值京師大亂遂據涼土天錫鼎位
自立為涼州牧符堅後以賓禮
堅以為侍中此部尚書後日天
南歸拜散騎常侍西平公中興書曰天錫後以賓禮
江太守葬為
為孝武所器
中興書論

諸胡項日歸彼飛鴉集于淳酪養性人無妬心事日河
沁林貪我柔桑椹懷我好音
西牛羊肥酪過精好但為
藜莠草上都不解散也

馮長壽年十宣武墓作詩云山崩溟海竭魚鳥將何依

世說　新語

四部叢刊子部

上海涵芬樓景印明
袁氏嘉趣堂刊本原
書版匡高營造尺六
寸五分寬四寸八分

世說新語卷上之上

德行第一

宋　臨川王義慶　撰

梁　劉孝標　注

陳仲舉言為士則行為世範登車攬轡有澄清天下
之志荒汝南不畏強禦陳蕃字仲舉汝南平輿人也室
與大將軍竇武謀外戚橫及宦官所害正傳曰大丈夫當
掃除天下值漢國家欲以忠正事太守而諸公為豫章太守
至便問徐孺子所

在欲先看之人謝承後漢書曰徐穉
字孺子豫章南昌
人也清妙高超超然絕俗為
竹林先賢傳曰稺少博貴章太守陳蕃
海內先賢傳曰字孺子

群雄不就以死為里巷隱居所赴弔家雖路隸遠隔
辟雖不就而就以暴雖隱徑所赴弔家隨外炎雞隻水漬
酒中暴乾以曩雞置前薄綿絮斗米漬

飯白茅為藉以雞置前醉
酒畢茅窗即去不見喪主

主簿白羣情欲府君先入

解陳曰武王式商容之閭席不暇煖殷許叔重氏老室容
跽也車上吾之禮賢有何不可章為桓獨設一榻去豫

周子居常云吾時月不見黃叔度則鄙吝之心已復
生矣論子者別訓云黃憲手足寡吾師

禮則懸此如式黃

跽也車上吾之禮賢有何不可

卿荀季和執憲云顏子復生而族出孤邪父為慎
不樂論下見則知自降悵然若失母袁奉高曰汝在何
少所服下見牛醫兒自足以薄邪戴良曰瞻之在前忽焉
之後師也謂良

郭林宗至汝南造袁奉高續漢書曰郭泰字林宗太
原介休人泰少孤年二十

《世說新語》四部叢刊 初編 子部 「書同文」(北京) 電子版

世說新語卷上之上

宋
臨川王義慶 撰

梁
劉孝標 注

德行第一

陳仲舉言為士則行為世範登車攬轡有澄清天下之志先賢南陽人有室荒蕪不掃除曰大丈夫當以掃除天下為事陳仲舉字蕃汝南平輿人有室荒蕪不掃除及豪橫及拜太傅以忠諫為豫章太守正海內賞賢不傳日在臺為尚書以諫諍章太守正諸公所辟不就乃到其後萬里赴人弔以吊常為髙字孺子一及至便問徐孺子所在欲先看之主簿白群情欲府君先入廨陳曰武王式商容之閭席不暇煖吾之禮賢有何不可在豫章為廨周子居常云吾時月不見黃叔度則鄙吝之心已復生矣別見居之說一褊如此劇憑之見一禮如此劇憑

郭林宗父為牛醫穎川荀淑李膺和執憲時論者咸云頷子範也復見族云出孤郵父黃憲字叔度

世說新語卷一

宋劉義慶撰
梁劉孝標注

德行第一

陳仲舉言爲士則．行爲世範．登車攬轡．有澄清天下之志．爲豫章太守．至便問徐孺子所在．欲先看之．

周子居常云．吾時月不見黃叔度．則鄙吝之心已復生矣．

郭林宗至汝南造袁奉高．車不停軌．鸞不輟軛．詣黃叔度．乃彌日信宿．人問其故．林宗曰．叔度汪汪如萬頃之陂．澄之不清．擾之不濁．其器深廣．難測量也．

《世說新語》新編諸子集成 刊本. 小說家類 世界書局(1968) 臺灣.

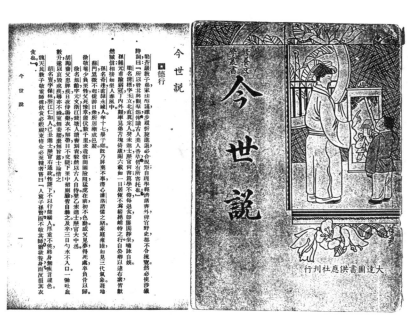

王晫이 《세설신어》를 모방하여 지은 《今世說》 표지와 본문.
1936년 上海 大達圖書에서 간행함.

南京 西善橋 六朝墓에서 출토된 「죽림칠현」 벽돌 그림.

차 례

책머리에
일러두기
해제

世說新語 上

世說新語 上

世説新語 중

世説新語 하

◉ 부록Ⅰ

◉ 부록Ⅱ

傳記類

◉ 부록Ⅲ

각종 서발 등 자료

5. 방정方正
총 66장(287-352)

　'방정方正'이란 바르고 정확하다는 뜻으로 원래 한대漢代에 있던 과거科擧 추천推薦의 한 과목科目이었다. 여기서는 당시 현사들의 방정한 행동을 모아 적은 것이다. 《한서漢書》 동중서전董仲舒傳에 "故擧賢良方正之士, 論誼考問"이라는 기록이 있고, 《문선文選》 양웅揚雄의 〈해조海嘲〉에는 "策非甲科, 行非孝廉, 擧非方正"이라는 말이 있다.

　총 66장이다.

약속한 시간을 지키지 않자 그대로 떠난 고사. 287 참조.

287(5-1)

진태구(陳太丘, 陳寔)가 친구와 함께 가기 위해 정오에 만나기로 약속하였으나 정오가 지나도 오지 않자 태구는 먼저 떠나 버렸다.

그가 떠난 후에야 친구는 찾아왔다. 당시 태구의 아들 원방元方은 겨우 일곱 살이었는데, 마침 문 앞에서 놀고 있었다. 그 친구가 원방에게 물었다.

"아버지 계시냐?"

"아저씨를 오래 기다려도 오지 않아 이미 떠나셨습니다."

이 대답에 그 친구는 버럭 화를 냈다.

"나쁜 사람이로군! 남과 약속을 해놓고는 버려두고 혼자 가다니!"

그러자 원방은 이렇게 대꾸하였다.

"아저씨는 저의 아버지와 정오에 만나기로 약속해 놓으시고는 시간이 되도록 나타나지 않으셨으니 신의가 없는 것이요, 어린아이 앞에서 아버지를 나무라시니 이는 예의가 없는 것입니다."

친구는 무안하여 수레에서 내려 말을 붙이려 하였지만, 원방은 대문 안으로 들어가며 뒤도 돌아보지 않았다.

陳太丘與友期行, 期日中, 過中不至, 太丘舍去, 去後乃至. 元方時年七歲, 門外戲.

客問元方:「尊君在不?」

答曰:「待君久不至, 已去.」

友人便怒曰:「非人哉! 與人期行, 相委而去!」

元方曰:「君與家君期日中. 日中不至, 則是無信; 對子罵父, 則是無禮.」

友人慙, 下車引之. 元方入門不顧.

【陳太丘】陳寔(104~187). 자는 仲弓. 후한 때 인물로 태구현의 현장을 지냈
으며 향리에서 덕행으로 소문나서 "寧爲刑罰所加, 不爲陳君所短"이라 하였음.
그가 죽었을 때 3만 명의 조문객이 왔었다 함. 아들 여섯 중에 陳紀와 陳諶이
가장 어질고 똑똑하였다 함.《後漢書》(62)에 傳이 있음.

【元方】陳寔의 맏이 陳紀. 자는 元方. 여러 차례 부름을 받았으나 나가지
않음. 董卓이 洛陽을 점령하여 억지로 五官中郞將을 시켰다가 侍中으로
발탁, 平原相에 이르렀음. 뒤에 尙書令이 되었다가 獻帝 建安 초에 大鴻臚가
됨.《後漢書》(62)에 전이 있음.

288(5-2)

　남양南陽의 종세림(宗世林, 宗承)은 위무제(魏武帝, 曹操)와 같은 시대 사람
이었지만 위무제의 사람됨이 천박하다고 여겨 교제를 하지 않았다.

　위무제가 사공司空이 되어 조정의 권한을 한 손에 쥐게 되자 조용히
종세림에게 이렇게 제의하였다.

　"이제 한 번 교제를 터 봅시다."

　그러자 종세림은 이렇게 거절하였다.

　"나의 송백과 같은 지조는 아직 변함 없소."

　종세림은 이리하여 미움을 받고 소원을 당해 끝내 그 덕에 맞는 지위를
가져보지 못하였다. 그러나 문제(文帝, 曹丕) 형제는 매번 그의 집을 방문할
때마다 모두 그 자리에서 독배獨拜의 예를 취하였으니 그를 예우함이 이와
같았다.

南陽宗世林, 與魏武同時, 而甚薄其爲人, 不與之交. 及魏武作司空, 總朝政, 從容問宗曰:「可以交未?」

答曰:「松柏之志猶存」

世林旣以忤旨見疎, 位不配德; 文帝兄弟每造其門, 皆獨拜牀下. 其見禮如此.

【宗世林】宗承. 汝南 安衆人. 曹操가 사귐을 청하자 이를 거부하고 거절함. 曹丕가 칭제하자 直諫大夫가 됨. 明帝가 相으로 모시려 하였지만 거절함.

【魏武】魏武帝. 曹操(155~220). 자는 孟德. 어릴 때는 阿瞞으로 불렸음. 沛國 출신으로 기지와 변화는 물론 문장에도 뛰어났으며 曹丕의 아버지로 한말 세력을 키워 魏나라를 건립하는 기초를 세움. 아들 조비가 獻帝로부터 선양을 받아 武帝로 추존함.《孫子略解》,《兵書接要》,《曹操集》 등이 있음.《三國志》(1)에 紀가 있음.

【文帝】曹丕(187~226). 자는 子桓. 曹操의 둘째아들. 아버지 曹操가 죽고 魏王을 습봉하여 漢나라 丞相이 됨. 延康 元年(220)에 禪讓을 받아 황제가 되었으며 연호를 黃初로 바꾸고 국호를 魏나라로, 洛陽을 도읍으로 정함. 재위 7년에 졸하였음. 시호는 文皇帝. 문장에도 뛰어나《典論》을 지었으며 그 중 〈論文〉은 문학 이론과 비평에서 유명한 글로 평가받고 있음. 그 외에 〈燕歌行〉는 현존 최초의 7언시로 알려짐.《三國志》(2)에 紀가 있음.《魏志》에 "帝諱丕. 字子桓, 受漢禪"이라 함.

【獨拜】相拜의 상대어. 맞절을 하지 않고 한쪽만 절을 하는 예법.

참고 및 관련 자료

1.《楚國先賢傳》

宗承字世林, 南陽安衆人. 父資, 有美譽. 承少而脩德雅正, 確然不羣, 徵聘不就, 聞德而至者如林. 魏武弱冠, 屢造其門, 値賓客猥積, 不能得言; 乃伺承起,往要之, 捉手請交; 承拒而不納. 帝後爲司空, 輔漢朝, 乃謂承曰:「卿昔不顧吾, 今可爲交未?」承曰:「松柏之志猶存.」帝不說; 以其名賢, 猶敬禮之. 敕文帝 脩子弟禮, 就家拜漢中太守. 武帝平冀州, 從至鄴, 陳羣等皆爲之拜. 帝猶以舊情 介意, 薄其位而優其禮; 就家訪以朝政, 居賓客之右. 文帝徵爲直諫大夫. 明帝 欲引以爲相, 以老固辭.

289(5-3)

위문제(魏文帝, 曹丕)가 한漢나라를 이어 선양禪讓으로 황제가 되자 진군 陳群은 씁쓸한 표정을 짓고 있었다.

그러자 황제가 물었다.

"짐은 하늘의 뜻에 응해서 천명을 받았는데 그대는 어찌 달가워하지 않는 표정이오?"

진군은 이렇게 대답하였다.

"저와 화흠華歆은 한漢나라를 섬겼습니다. 지금 비록 성덕의 화육化育을 즐거워하고 싶으나 도의가 저절로 안색에 나타나니 어쩔 수 없습니다."

魏文帝受禪, 陳群有感容.

帝問曰:「朕應天受命, 卿何以不樂?」

群曰:「臣與華歆服膺先朝; 今雖欣聖化, 猶義形於色.」

【魏文帝】曹丕(187~226). 자는 子桓. 曹操의 둘째아들. 아버지 曹操가 죽고 魏王을 습봉하여 漢나라 丞相이 됨. 延康 元年(220)에 禪讓을 받아 황제가 되었으며 연호를 黃初로 바꾸고 국호를 魏나라로, 洛陽을 도읍으로 정함. 재위 7년에 졸하였으며 시호는 文皇帝. 문장에도 뛰어나 《典論》을 지었으며 그 중 〈論文〉은 문학 이론과 비평에서 유명한 글로 평가받고 있음. 그 외에 〈燕歌行〉는 현존 최초의 7언시로 알려짐.《三國志》(2)에 紀가 있음.《魏志》에 "帝諱丕. 字子桓, 受漢禪"이라 함.

【陳群】자는 長文. 陳寔의 손자이며 陳紀의 아들.《後漢書》(62)와 《三國志》(22)에 전이 있음. 당시 무제 조조를 섬겼음.

【華歆】자는 子魚(156~231). 삼국시대 魏나라 高堂人. 어릴 때 관녕과 함께 같이 공부하였으며, 漢末에 豫章太守를 거쳐 뒤에 吳나라 孫策을 따르다가, 다시 魏나라에 벼슬하여 曹丕를 도와 漢나라를 찬탈함.《三國志》(13)에 전이 있음.

참고 및 관련 자료

1.《華嶠譜敍》

魏受禪, 朝臣三公以下, 並受爵位; 華歆以形色忤時, 徙爲司空, 不進爵. 文帝久不懌, 以問尙書令陳羣曰:「我應天受命, 百辟莫不悅喜, 形於聲色; 而相國及公, 獨有不怡者, 何邪?」羣起, 離席長跪曰:「臣與相國, 曾事漢朝, 心雖悅喜, 義形於色; 亦懼陛下, 實應見憎」帝大悅, 歎息良久, 遂重異之.

곽회郭淮가 관중關中의 도독都督이 되었을 때 백성의 신망을 받았었고 여러 차례 전공도 세웠었다. 곽회의 처는 바로 태위太尉 왕릉王淩의 누이동생으로 왕릉의 죄에 연좌되어 함께 주살당하게 되었다. 사자使者가 날짜를 촉급하게 결정하여 체포하러 오자, 곽회는 의물衣物을 준비시켜 정한 날에 보내기로 하였다. 그러자 주부州府의 문무들과 백성들이 곽회에게 거병하여 대항하자고 권하였다. 그러나 곽회는 듣지 않고 날짜가 되자 처를 보냈다.

울부짖으며 따르는 백성이 수만에 이르렀다. 수십 리쯤 갔을 때 곽회는 좌우에게 명하여 처를 뒤따라가서 다시 데려오게 하였다. 그의 문무들은 나는 듯이 달려가 마치 자기 목숨이 걸린 듯이 급히 서 둘렀다. 처를 데려오자 곽회는 선제(宣帝, 司馬懿)에게 글을 올렸다.

"저의 다섯 아들이 애련히 그 어미를 사모하고 있습니다. 그 어미가 죽으면 이 다섯 아들은 의지할 곳이 없고 이 다섯 녀석이 죽어 버린다면 나 곽회란 자도 영원히 사라질 것입니다."

그러자 선제는 표를 올려 특별히 그의 처를 풀어 주었다.

郭淮作關中都督, 甚得民情, 亦屢有戰庸. 淮妻, 太尉王淩之妹, 坐淩事當幷誅; 使者徵攝甚急, 淮使戒裝, 克日當發. 州府文武及百姓勸淮擧兵, 淮不許. 至期遣妻, 百姓號泣追呼者數萬人; 行數十里, 淮乃命左右追夫人還. 於是文武奔馳, 如徇身首之急.

旣至, 淮與宣帝書曰:「五子哀戀, 思念其母; 其母旣亡, 則無五子; 五子若殞, 亦復無淮」

宣帝乃表, 特原淮妻.

【郭淮】 자는 伯濟(?~255). 建安 때에 孝廉으로 천거되어 平原府丞이 되어 戰功을 세웠으며 曹丕가 魏王이 되고 나서 關內侯를 거쳐 鎭西長史가 됨. 魏나라가 들어서자 射陽亭侯에 봉해졌으며 關中에서 30년 간 선정을 베풀었음. 蜀漢을 막은 공으로 車騎將軍, 儀同三司가 되었으며 陽曲侯에 봉해짐. 《三國志》(26)에 전이 있음.

【關中】 지금의 陝西省으로 陝隴關 사이.

【王淩】 자는 彦雲(172?~251). 太原人으로 王允의 종자이며 王廣의 아버지. 中山太守를 거쳐 曹操에 의해 丞相掾이 됨. 魏나라가 들어서자 散騎常侍, 兗州刺史, 豫州刺史, 建武將軍 등을 역임함. 正始 중에는 征東將軍을 지냈으며 趙王(曹芳)이 어려 楚王(曹彪)를 세우려다가 司馬宣王(司馬懿)에게 토벌당해 자살함. 《三國志》(28)에 전이 있음. 판본에 따라 '王淩'으로도 표기함. 세설신어에는 '王陵'으로 표기된 곳도 있음.

【宣帝】 司馬懿(179~251). 자는 仲達. 溫縣人. 司馬師와 司馬昭의 아버지이며 司馬炎(西晉의 첫 황제 晉武帝. 265~290 재위)의 할아버지. 曹操가 승상이 되자

〈司馬懿〉 《三才圖會》

그의 掾이 되었다가 능력을 인정받아 尙書를 거쳐 撫軍에 올라 蜀漢을 막음. 뒤에 大將軍 曹爽과 함께 漢나라 정권을 휘둘렀으며 諡號는 文으로 하였다가 다시 宣文이라 하였으며 魏 元帝(陳留王) 때 宣王으로 부름. 司馬炎이 魏나라를 이어받고 황제가 되어 宣帝라 추존하였음. 《晉書》(1)에 紀가 있음.

1.《魏志》

淮字伯濟, 太原陽曲人. 建安中, 除平原府丞. 黃初元年, 奉使賀文帝踐祚, 而稽留不及; 羣臣歡會, 帝正色責之曰:「昔禹會諸侯於塗山, 防風氏後至, 便行大戮; 今溥天同慶, 而卿最留遲, 何也?」淮曰:「臣聞五帝先教, 導民以德, 夏后政衰, 始用形辟; 今羣臣遭唐虞之世, 是以知免防風氏之誅.」帝悅之. 擢爲雍州刺史, 遷征西將軍. 淮在關中三十餘年, 功績顯著, 遷儀同三司. 贈大將軍.

2.《魏略》

凌字彦雲, 太原祁人. 歷司空, 太尉, 征東將軍. 密欲立楚王彪, 司馬宣王自討之. 凌自縛歸罪, 遙謂太傅曰:「卿直以折簡召我, 我當不至邪?」太傅曰:「以卿非肯逐折簡者也.」遂使人送至西. 凌自知罪重, 試索棺釘, 以觀太傅意; 太傅給之. 凌行至項城, 夜呼掾屬與決曰:「行年八十, 身命俱滅; 命邪!」遂自殺.

3.《世語》

淮妻當從坐, 侍御史往收, 督將及羌, 胡渠師數千人叩頭, 請淮上表留妻, 淮不從. 妻上道, 莫不流涕, 人人扼腕, 欲劫留之. 淮五子叩頭流血請淮; 淮不忍視, 乃命追之. 於是數千騎往追還. 淮以書白司馬宣王曰:「五子哀母, 不惜其身; 若無其母, 是無五子; 五子若亡, 亦無淮也. 今輒追還, 若於法未通, 當受罪於主者.」書至, 宣王乃表原之.

291(5-5)

　　제갈량諸葛亮이 위수渭水 가에 진을 치자 관중關中이 놀라 동요하였다.
위명제(魏明帝, 曹叡)는 진선왕(晉宣王, 司馬仲達)이 경솔히 제갈량에게 덤빌까봐
걱정이었다. 그래서 우선 신비辛毗를 군사마軍司馬로 삼아, 가서 살피게

하였다. 그런데 선왕宣王, 사마중달은 이미 위수 가에서 제갈량과 대치하여 진을 치고 있었고, 제갈량은 만방으로 이 선왕의 도발을 유혹하고 있었다.

선왕은 과연 분함을 크게 터뜨리며 장차 대병력으로 일전을 벌일 태세를 갖추었다. 이에 제갈량이 간첩을 보내 살피게 하였더니 첩자가 돌아와서 이렇게 말하였다.

"한 늙은이가 의연히 황금의 부월斧鉞을 잡고 군문 앞에 버티고 서 있어서, 선왕의 군사들이 꼼짝 못하고 묶여 있습니다."

그러자 제갈량은 이렇게 말하였다.

"그놈은 틀림없이 신비辛毗일 것이다."

諸葛亮之次渭濱, 關中震動; 魏明帝深懼晉宣王戰, 乃遣辛毗爲軍司馬. 宣王旣與亮對渭而陳, 亮設誘譎萬方; 宣王果大忿, 將欲應之以重兵.

亮遣間諜覘之; 還曰:「有一老夫, 毅然杖黃鉞, 當軍門立, 軍不得出.」

亮曰:「此必辛佐治也.」

【諸葛亮】 자는 孔明(191~234). 한말 陽都人. 은거하여 스스로 밭을 갈며 자신을 管仲과 樂毅에 비교하여 사람들이 그를 臥龍先生이라 불렀음. 뒤에 蜀漢 劉備의 三顧草廬로 불려가 天下三分之策을 정하고 유비를 도와 荊州와 益州를 차지하여 吳, 蜀, 魏 삼국 정립을 이루었음. 유비의 유촉에 의해 그 아들 劉禪을 도와 〈出師表〉를 쓰고 북벌을 시도했으나 五丈原에서 생을 마침. 죽은 뒤 武鄕侯에 봉해졌으며 시호는 忠武. 《三國志》(35)에 전이 있음.

〈諸葛亮〉

【渭濱】위수 가. 즉 지금의 武功 五丈原.

【魏明帝】曹叡(206~239). 魏文帝(曹丕)와 甄后 사이에서 태어남. 227년 문제를 이어 제위에 올랐음. 재위 13년(227~239). 시호는 明皇帝.《三國志》(3)에 紀가 있음.

【晉宣王】司馬懿(179~251). 자는 仲達. 溫縣人. 司馬師와 司馬昭의 아버지이며 司馬炎(西晉의 첫 황제 晉武帝. 265~290 재위)의 할아버지. 曹操가 승상이 되자 그의 掾이 되었다가 능력을 인정받아 尙書를 거쳐 撫軍에 올라 蜀漢을 막음. 뒤에 大將軍 曹爽과 함께 漢나라 정권을 휘둘렀으며 諡號는 文으로 하였다가 다시 宣文이라 하였으며 魏 元帝(陳留王) 때 宣王으로 부름. 司馬炎이 魏나라를 이어받고 황제가 되어 宣帝라 추존하였음.《晉書》(1)에 紀가 있음. 司馬宣王 등으로 불림.

【辛毗】字는 佐治(?~324). 陽翟人. 어려서 이미 같은 고을의 陳群, 趙儼, 杜襲과 함께 이름을 날렸으며 袁紹, 袁譚 부자를 따라 曹操에게 출사하여 議郎을 거쳐 丞相長史에 오름. 曹丕가 魏王에 오르자 이에 발탁되어 侍中, 關內侯가 됨. 明帝 때 潁鄕侯에 올라 衛尉의 벼슬을 함. 명제가 크게 토목 공사를 벌이려 하자 이를 간하여 저지시킴.《三國志》(25)에 전이 있음.

참고 및 관련 자료

1.《蜀志》諸葛亮傳

建興十二年春亮悉大衆由斜曲出 以流馬運, 據武功五丈原與司馬宣王對方渭南.

2.《蜀志》

亮字孔明, 琅邪陽都人. 客于荊州, 躬耕壟畝, 好爲梁甫吟. 長八尺, 每自比管仲‧樂毅, 時人莫之許也. 唯博陵崔州平‧潁川徐元直謂爲信然. 先主屯新野, 徐庶見先主曰:「諸葛孔明, 臥龍也; 將軍豈願見之乎?」先主曰:「君與俱來?」庶曰:「此人可就見, 不可屈致也.」先主遂詣亮; 謂關羽‧張飛曰:「孤之有孔明, 猶魚之有水也.」累遷丞相, 益州牧. 率衆北征, 卒於渭南.

3.《魏志》

毗字佐治, 潁川陽翟人. 累遷衛尉.

4.《晉陽秋》

諸葛亮寇于郿, 據渭水南原, 詔使高祖拒之. 亮善撫御, 又戎政嚴明, 且僑軍遠征,糧運艱澁, 利在野戰. 朝廷每聞其出, 欲以不戰屈之, 高祖亦以爲然; 而擁大軍禦侮於外, 不宜遠露怯弱之形, 以虧大勢. 故秣馬坐甲, 每見吞幷之威. 亮雖挑戰, 或遺高祖巾幗: 巾幗, 婦女之飾; 欲以激怒, 冀獲曹咎之利. 朝廷慮高祖不勝忿憤, 而衛尉辛毗骨鯁之臣, 帝乃使毗杖節, 爲高祖軍司馬. 亮果復挑戰, 高祖乃奮怒, 將出應之; 毗杖節中門而立, 高祖乃止; 將士聞見者, 益加勇銳. 識者以人臣雖擁衆千萬, 而屈於王人; 大略深長, 皆如此之類也.

292(5-6)

하후현夏侯玄이 이미 질곡桎梏을 차게 되었을 때, 종육鍾毓은 정위廷尉 벼슬에 있었다. 그리고 그의 동생 종회鍾會는 원래 하후현과는 서로 아는 사이가 아니면서도 하후현이 갇히자 이를 기회로 마구 대하였다. 그러자 하후현은 이렇게 말하였다.

"내 비록 형장의 길로 가는 사람이지만 그대의 말을 들어 줄 수 없다."

그리고는 고문을 받을 때도 처음부터 한 마디도 하지 않았으며 동시東市에서 사형에 임해서도 안색의 변함이 없었다.

夏侯玄旣被桎梏, 時鍾毓爲廷尉; 鍾會先不與玄相知, 因便狎之.

玄曰:「雖復刑餘之人, 未敢聞命!」

考掠初無一言. 臨刑東市, 顔色不異.

【夏侯玄】자는 泰初(太初, 209~254). 夏侯尙의 아들로 일찍이 능력을 인정받아 약관에 散騎黃門侍郎이 되었음. 曹爽을 보좌하여 中護軍이 되어 인재를 선발하였음. 뒤에 征西將軍이 되어 司馬氏가 曹爽을 주벌하여 정권을 쥐자 大鴻臚가 되었다가 太常에 올랐으나 李豊, 張緝 등이 司馬師를 없애고 하후현을 세우려는 모의가 발각되어 하후현도 이에 함께 주살됨. 淸言과 玄風에 뛰어나 당시 玄學의 영수로 추앙받았음. 저술에 〈樂毅論〉, 〈張良論〉, 〈本無肉刑論〉 등이 유명함. 《三國志》(9)에 전이 있음.

【鍾毓】자는 穉叔(?~263). 鍾繇의 맏아들. 나이 14세에 散騎常侍가 되었으며 侍中, 廷尉 등을 역임. 毌丘儉을 평정하기도 함. 《三國志》(13)에 전이 있음.

【鍾會】자는 士季(225~264). 鍾繇의 아들이며 鍾毓의 아우. 蜀을 평정한 후 그곳 장수 姜維와 蜀地를 갖기로 모의하다가 그 부하에게 죽음. 《三國志》 (28)에 전이 있음.

【東市】洛陽의 牛馬 시장. 근처에 사형장이 있었음.

참고 및 관련 자료

1. 《魏氏春秋》

玄字太初, 譙國人; 夏侯尙之子, 大將軍前妻兄也. 風格高朗, 弘辯博暢. 正始中, 護軍. 曹爽誅, 徵爲太常. 內知不免, 不交人事, 不畜筆硏. 及太傅薨, 許允謂玄曰: 「子無復憂矣」玄歎曰: 「士宗, 卿何不見事乎? 此人猶能以通家年少遇我; 子元‧子上不吾容也!」後中書令李豊惡大將軍執政, 遂謀以玄代之. 大將軍聞其謀, 誅豊, 收玄送廷尉.

2. 《晉紀》干寶

初, 豊之謀也, 使告玄; 玄答曰: 「宜詳之爾, 不以聞也.」故及於難.

3. 《世語》

玄至廷尉, 不肯下辭, 廷尉種毓自臨履玄. 玄正色曰: 「吾當何辭? 爲令史責人邪! 卿便爲吾作!」毓以玄名士, 節高不可屈, 而獄當竟, 夜爲作辭, 令與事相附, 流涕以示玄. 玄視之曰: 「不當若是邪!」鍾會年少於玄, 玄不與交, 是日於毓坐狎玄; 玄正色曰: 「鍾君, 何得如是?」

4. 《名士傳》

初, 玄以鍾毓志趣不同, 不與之交; 玄被收時, 毓爲廷尉, 執玄手曰: 「太初, 何至於此?」玄正色曰:「雖復刑餘之人, 不可得交!」

5.《魏志》

玄格量弘濟, 臨斬, 顏色不異, 擧止自若.

6. 劉孝標 注

『案: 郭頒, 西晉人, 時世相近, 爲晉魏世語, 事多詳覈. 孫盛之徒, 皆采以著書, 並云玄距鍾會. 而袁宏名士傳最後出, 不依前史, 以爲鍾毓, 可謂謬矣.』

293(5-7)

하후태초(夏侯泰初, 夏侯玄)는 광릉廣陵의 진본陳本과 친한 사이였다. 진본이 자신의 어머니 앞에서 하후현과 술을 마시고 있었다. 이때 진본의 동생 진건陳騫이 밖에서 돌아왔으나, 자신들에게 말도 붙이지 아니하고 곧바로 집 안으로 들어가 버리는 것이었다. 하후태초는 자리에서 일어서며 이렇게 말하였다.

"취향이 같아야 같이 놀지. 그렇지 않은 자와는 잡스럽게 섞일 수 없다."

夏侯泰初與廣陵陳本善, 本與玄在本母前宴飮; 本弟騫行還, 徑入至堂戶.

泰初因起曰:「可得同, 不可得而雜」

【夏侯泰初】夏侯玄. 자는 泰初(太初, 209~254). 夏侯尚의 아들로 일찍이 능력을 인정받아 약관에 散騎黃門侍郎이 되었음. 曹爽을 보좌하여 中護軍이 되어

인재를 선발하였음. 뒤에 征西將軍이 되어 司馬氏가 曹爽을 주벌하여 정권을
쥐자 大鴻臚가 되었다가 太常에 올랐으나 李豐, 張緝 등이 司馬師를 없애고
하후현을 세우려는 모의가 발각되어 하후현도 이에 함께 주살됨. 淸言과
玄風에 뛰어나 당시 玄學의 영수로 추앙받았음. 저술에 〈樂毅論〉, 〈張良論〉,
〈本無肉刑論〉 등이 유명함. 《三國志》(9)에 전이 있음.

【陳本】자는 元休. 陳矯의 아들이며 陳騫의 형. 鎭北將軍, 九卿 등을 지냄.
《三國志》魏書 陳矯傳 참조.

【陳騫】자는 林淵(212~292). 진본의 아우. 尙書郞, 中山太守, 安平太守 등을
역임하였으며 征南大將軍을 거쳐 鄃侯에 봉해짐. 晉 武帝가 나라를 세우자
車騎將軍을 거쳐 高平郡公에 봉해졌으며 太尉, 大司馬를 역임함. 《晉書》
(35)에 전이 있음.

참고 및 관련 자료

1. 《世語》

本字休元, 臨淮東陽人.

2. 《魏志》

本, 廣陵東陽人. 父矯, 司徒. 本歷郡守·廷尉; 所在操綱領, 擧大體, 能使羣下
自盡, 有率御之才; 不親小事, 不讀法律, 而得廷尉之稱. 遷鎭北將軍.

3. 《晉陽秋》

騫字休淵, 司徒第二子. 無骞譌風, 滑稽而多智謀. 仕至大司馬.

4. 《晉書》陳騫傳

少爲夏侯玄所侮, 騫色自若, 玄以此異之.

5. 《太平御覽》498에 인용된 《漢晉春秋》

騫兄本與夏侯玄交, 玄拜其母, 騫時中領軍, 聞玄會於家, 悅而歸; 旣入戶, 玄曰:
「相與未至於此.」騫當戶良久, 曰:「如君言.」乃趨而出, 意氣自若. 玄以此知之.

6. 《名士傳》

玄以鄕黨貴齒, 本不論德位, 年長者必爲拜. 與陳本母前飮, 騫來而出; 其可得同,
不可得而雜者也.

294(5-8)

고귀향공(高貴鄕公, 曹髦)이 가충賈充의 자객에 의해 죽자 내외가 웅성거렸다.
사마문왕(司馬文王, 司馬昭)이 시중侍中 진태陳泰에게 물었다.
"어떻게 진정시킬 수 있겠소?"
진태는 이렇게 대답하였다.
"오직 가충을 죽여 천하에 사죄해야 합니다."
사마문왕이 다시 물었다.
"그보다 한 단계 아래는 없을까요?"
진태는 이렇게 말하였다.
"그보다 더 엄하게는 할 수 있을지언정 그 아래 단계라니요!"

高貴鄕公薨, 內外諠譁.
司馬文王問侍中陳泰曰:「何以靜之?」
泰云:「唯殺賈充以謝天下」
文王曰:「可復下此不?」
對曰:「但見其上, 未見其下!」

【高貴鄕公】 曹髦(241~260). 字는 彦士. 曹丕의 손자. 東海定王 曹霖의 아들
로 처음 郯縣에 高貴鄕의 公으로 봉해짐. 뒤에 司馬師가 廢帝를 폐멸하고
曹髦를 세워 재위 7년 만에 司馬昭의 무리 중에 賈充이 成帝를 사주하여
암살함. 그는 학문을 좋아하고 서화에 재능이 있어 여러 학자들과 《書》,
《易》, 《禮》를 토론하기도 하였음. 《三國志》(4)에 전이 있음.
【賈充】 (217~282). 자는 公閭. 賈逵의 아들. 西晉 초에 司空, 侍中, 尙書令, 太尉
등을 지냄. 《晉律》을 제정한 인물. 《晉書》(40)에 전이 있음. 司馬昭의 一黨.

【司馬文王】司馬昭. 晉文王. 晉文帝. 晉宣帝의 둘째아들이며 이름은 昭, 자는 子上. 晉武帝 司馬炎이 진나라를 세우고 나서 文帝로 추존함. 《晉書》(2)에 紀가 있음.

【陳泰】字는 玄伯(?~260). 陳群의 아들. 征西將軍, 尙書左僕射, 侍中光祿大夫 등을 역임함. 高貴鄕公이 피살되자 피를 토하며 슬피 여기다가 죽음. 《三國志》(22)에 전이 있음.

참고 및 관련 자료

1.《魏志》

高貴鄕公, 諱髦, 字彥士, 文帝孫, 東海定王霖之子也. 初封郯縣高貴鄕公. 好學, 夙成. 齊王廢, 羣臣迎之, 卽皇帝位.

2.《魏志》

泰字玄伯, 司空羣之子也.

3.《漢晉春秋》

自曹芳事後, 魏人省徹宿衛, 無復鎧甲: 諸門戎兵, 老弱而已. 曹髦見威權日去, 不勝其忿; 召侍中王沈, 尙書王經·散騎常侍王業謂曰:「司馬昭之心, 路人所知也, 吾不能坐受廢辱. 今日當與卿等自出討之!」王經諫, 不聽. 乃出懷中板令投地, 曰:「行之決矣! 正使死, 伺所恨! 況不必死邪?」於是入白太后. 沈, 業奔走告昭, 昭爲之備. 髦遂率僮僕數百, 鼓譟而出. 昭弟屯騎校尉伷入, 遇髦於東止車門, 左右詞之, 伷衆奔走. 中護軍賈充又逆髦, 戰於南闕下. 髦自用劍, 衆欲退. 太子舍人成濟問充曰:「事急矣! 當云何?」充曰:「公畜汝等, 正爲今日; 今日之事, 無所問也!」濟卽前刺髦. 刃出於背.

4.《魏氏春秋》

帝將誅大將軍, 詔有司復進位相國, 加九錫. 帝夜自將冗從僕射李昭, 黃門從官焦伯等下陵雲臺, 鎧杖授兵, 欲因際會, 遣使自出致討, 會雨而却. 明日, 遂見王經等, 出黃素詔於懷曰:「是可忍也, 孰不可忍? 今當決行此事!」帝遂拔劍升輦, 率殿中宿衛倉頭官僮, 擊戰鼓, 出雲龍門. 賈充自外而入, 帝師潰散; 帝猶稱天子, 手劍奮擊, 衆莫敢逼. 充率屬將士, 騎督成倅弟濟以矛進, 帝崩于師. 時暴雨, 雷電晦冥.

5.《晉紀》干寶

高貴鄉公之殺, 司馬文王召朝臣謀其故, 太常陳泰不至. 使其舅荀顗召之, 告以可不. 泰曰:「世之論者, 以泰方於舅, 今舅不如泰也.」子弟內外咸共逼之, 垂涕而入. 文王待之曲室, 謂曰:「玄伯, 卿何以處我?」對曰:「可誅賈充以謝天下!」文王曰:「爲我更思其次」泰曰:「唯有進於此, 不知其次!」文王乃止.

6.《漢晉春秋》

曹髦之薨, 司馬昭聞之, 自投於地曰:「天下謂我何!」於是召百官議其事. 昭垂涕問陳泰曰:「何以居我?」泰曰:「公光輔數世, 功蓋天下, 謂當並迹古人, 垂美於後; 一旦有殺君之事, 不亦惜乎? 速斬賈充, 猶可以自明也.」昭曰:「公閒不可得殺也. 卿更思餘計.」泰厲聲曰:「意唯有進於此耳, 餘無足委者也!」歸而自殺.

7.《魏氏春秋》

泰勸大將軍誅賈充. 大將軍曰:「卿更思其他.」泰曰:「豈可使泰復發後言?」遂嘔血死.

295(5-9)

화교和嶠는 진무제(晉武帝, 司馬炎)로부터 친함과 존경을 받았다.

무제가 화교에게 이렇게 부탁하였다.

"동궁태자(東宮太子, 司馬衷)가 요즈음 많이 훌륭해진 것 같소. 경께서 시험 삼아 가서 살펴봐 주시오."

화교가 태자에게 다녀오자 무제가 물었다.

"어떻소?"

화교는 이렇게 대답하였다.

"황태자皇太子께서는 본래 성스러운 바탕이 처음과 같던데요."

和嶠爲武帝所親重, 語嶠:「東宮頃似更成進, 卿試往看」

還, 問:「何如?」

答云:「皇太子聖質如初」

【和嶠】자는 長輿. 太子少傅, 中書令, 散騎常侍, 光祿大夫 등을 지냄. 성품이 인색하고 돈에 대하여 집착을 가졌다 함. 《晉書》(45)에 전이 있음.

【晉武帝】司馬炎. 晉나라 첫 황제. 武帝. 재위 26년(265~290). 司馬昭의 長子. 자는 安世. 咸熙 2年(265)에 魏나라로부터 禪讓의 형식으로 나라를 이어받아 晉나라를 세움. 묘호는 世祖. 《晉書》(3)에 紀가 있음.

【東宮】太子를 말함. 司馬衷(뒤에 惠帝가 됨)을 가리킴.

> 참고 및 관련 자료

1. 《晉諸公贊》

嶠字長輿, 汝南北平人. 父逌, 太常, 知名. 嶠少以雅量稱, 深爲賈充所知, 每向世祖稱之. 歷尙書·太子少傅.

2.《晉紀》干寶

皇太子有醇古之風, 美於信受. 侍中和嶠數言於上曰:「季世多僞, 而太子尙信, 非四海之主. 憂太子不了陛下家事, 願追思文·武之祚.」上旣重長適, 又懷齊王朋黨之論, 弗入也. 後上謂嶠曰:「太子近入朝, 吾謂偏差進, 鄉可與荀侍中共往言.」及顗奉詔還, 對上曰:「太子明識弘新, 有如明詔.」問嶠, 嶠對曰:「聖質如初.」上黙然.

3.《晉陽秋》

世祖疑惠帝不可承繼大業, 遣和嶠·荀顗往觀察之. 旣見, 顗稱歎曰:「太子德更進茂, 不同於故.」嶠曰:「皇太子聖質如初. 此陛不家事, 非臣所盡.」天下聞之, 莫不稱嶠爲忠, 而欲灰滅顗也.

4. 劉孝標 注

『案: 荀顗淸雅, 性不阿諛; 校之二說, 則孫盛爲得也.』

296(5-10)

　제갈정諸葛靚은 섬기던 오吳나라가 망하자 진晉나라로 들어왔다. 진무제 (晉武帝, 司馬炎)가 그에게 시중 벼슬을 내렸지만 그는 끝내 나가지 않았다. 또한 일찍이 진晉나라는 원수 사이였으므로 늘 낙수洛水를 뒤로 하고 앉아 있었다.

　그러나 무제와는 어린 시절 친구였으므로 무제는 어찌해서든 이의 마음을 돌려보려고 애썼지만 기회가 닿지 않았다. 이에 무제의 숙모 낭야왕비琅邪王妃를 시켜 제갈정을 불러보게 하였다. 그가 들어오자 무제는 태비를 사이에 두고 서로 만나보며 예를 다하였다.

그리고는 술자리를 마련하여 취기가 돌자 물었다.

"그대는 옛날 우리 죽마지우竹馬之友의 관계를 생각하고 있습니까?"

그러자 제갈정은 이렇게 마음을 터놓았다.

"저는 옛날 예양豫讓의 탄탄칠신吞炭漆身은 본받지 못하면서 오히려 지금 임금을 만나보고 있으니 한스럽습니다!"

그리고는 눈물을 흘렸다. 무제는 부끄러운 얼굴로 후회하며 자리를 떠났다.

諸葛靚後入晉, 除侍中召不起; 以與晉室有讎, 常背洛水而坐. 與武帝有舊, 帝欲見之而無由, 乃請諸葛妃呼靚. 旣來, 帝就太妃間相見, 禮畢, 酒酣.

帝曰:「卿故復憶竹馬之好不?」

靚曰:「臣不能吞炭漆身, 今日復覩聖顏!」

因涕泗百行. 帝於是慙悔而去.

【諸葛靚】 자는 仲思. 諸葛誕의 막내아들로 아버지가 起兵하자 吳에 인질로 갔다가 오히려 右將軍, 大司馬 등을 지냄. 그 뒤 도망하여 고향에서 평생 조정을 향해 앉지 않았다고 함.

【晉室有讎】 제갈정의 아버지 諸葛誕이 司馬昭에게 죽임을 당하였음.

【諸葛妃】 제갈정의 누이로 武帝의 숙모였음.

【吞炭漆身】 전국시대 豫讓은 智伯의 원수를 갚아 주기 위해 온갖 수단을 다하다가 목소리와 몸을 변하게 하기 위해 숯을 먹고 옻칠까지 하였었음. 《戰國策》 및 《史記》 刺客列傳 참조.

1.《史記》

豫讓漆身爲厲, 吞炭爲啞, 使形將不可知; 行乞於市, 其妻不識也.

2.《史記》索隱에 인용된《戰國策》

漆身爲厲, 滅鬚去眉, 以變其容, 爲乞食人. 其妻曰:「將貌不似吾夫, 何以其音之甚相類也!」讓遂吞炭以變其音也.

3.《戰國策》秦策(五)

箕子接輿漆身而爲厲, 被髮而爲狂.

4.《晉諸公贊》

吳亡, 靚入洛, 以父誕爲太祖所殺, 誓不見世祖. 世祖叔母琅邪王妃, 靚之姊也; 帝後因靚在姊間, 往就見焉. 靚逃於厠中, 於是以至孝發名. 時稽康亦被法, 而康子紹死蕩陰之役. 談者咸曰:「觀紹靚二人, 然後知忠孝之道, 區以別矣.」

297(5-11)

무제(武帝, 司馬炎)가 화교和嶠에게 말하였다.

"나는 먼저 왕무자(王武子, 王濟)를 불러다가 크게 꾸짖은 다음, 그에게 관작을 내리려 하오. 어떻소?"

그러자 화교는 이렇게 대답하였다.

"무자는 아주 똑똑하여 아마도 굴복하지 않을 것입니다."

무제는 이에 왕무자를 불러 책망을 한참 늘어놓은 후 다그쳐 물었다.

"너의 부끄러움을 알겠지?"

이에 왕무자는 이렇게 말하였다.

"척포두속尺布斗粟의 노래는 항상 폐하를 위해 부끄럽게 여기던 일입니다. 남들은 소원한 관계도 능히 친한 사이로 바꾸는데, 저는 친한 사람도 친히

하지 못하니 이것이 부끄럽게 여기는 일일 뿐, 더 이상의 부끄러운 일이란 없습니다."

武帝語和嶠曰:「我欲先痛罵王武子, 然後爵之」

嶠曰:「武子儁爽, 恐不可屈」

帝遂召武子苦責之, 因曰:「知愧不?」

武子曰:「『尺布斗粟』之謠, 常爲陛下恥之; 他人能令疎親, 臣不能使親親, 以此愧陛下」

【和嶠】 자는 長興. 太子少傅, 中書令, 散騎常侍, 光祿大夫를 지냄. 성품이 인색하고 돈에 대하여 집착을 가졌다 함.《晉書》(45)에 전이 있음. 王武子의 매형이었음.

【王武子】 王濟(240?~285?). 자는 武子. 王渾의 아들. 武帝의 딸 常山公主의 남편.《易》과《老莊》에 밝아 裴楷와 이름을 날렸으며 侍中을 역임함. 말에 대해서 잘 알았다고 함. 王愷와 사치와 호기를 다툰 일로도 유명함. 中書郎, 驍騎將軍, 侍中 등을 역임함.《晉書》(42)에 전이 있음.

【尺布斗粟】 한 척의 베라도 가히 나누어 옷을 해 입고 한 말의 조(粟)일지라도 나누어 찧어먹음. 친족간의 우의를 말함. 漢 文帝 때 아우 淮南厲王 劉長이 모반을 꾀하자 문제가 이를 폐출시켜 蜀郡으로 귀양을 보냈으나 도중에 굶어 죽었음. 당시 사람들이 이에 "一尺布 尙可縫; 一斗粟, 尙可春, 兄弟二人不相容"이라는 노래를 불러 그와 같은 民歌가 생겼다 함.(《史記》淮南衡山列傳)

參考 및 관련 자료

1.《漢書》

淮南厲王長, 高祖少子也, 有罪, 文帝徙之於蜀, 不食而死. 民作歌曰:「一尺布,

尙可縫, 一斗粟, 尙可春, 兄弟二人不能之相容也!」瓚注曰:「言一尺布帛, 可縫
而共衣, 一斗米粟, 可春而共食; 況以天子之屬, 而不相容也?」

2.《晉諸公贊》

齊王當出藩, 而王濟諫請無數, 又累遣遣常山主與甄德婦長廣公主共入稽顙,
陳乞留之. 世祖甚恚, 謂王戎曰:「我兄弟至親. 今出齊王, 自朕家計; 而甄德·
王濟連遣婦入, 來生哭人邪! 濟等尙爾, 況餘者乎?」濟自此被責, 左遷國子祭酒.

298(5-12)

두예杜預가 형주荊州 도독이 되어 나갈 때 칠리교七里橋에 머물게 되자
조정의 인사들이 모두 나와 환송연을 베풀었다.

두예는 어려서 미천한 가정에 나서 호협豪俠을 좋아하여 세상 사람들
에게 인정을 받지 못하고 있는 터였고, 이때는 양제楊濟가 명망을 얻고
있었다. 그런데 양제도 이 자리에 왔으나 그는 두예를 존경하지 않았으므로
자리에 앉지도 않고 되돌아서 버렸다. 조금 후 화교(和嶠, 長興)가 왔다가
이렇게 물었다.

"양제가 어디 있습니까?"

좌우가 대답하였다.

"방금 왔다가 앉지도 않고 갔습니다."

그러자 화교는 이렇게 추측하였다.

"틀림없이 대하문大夏門 아래에서 말을 머뭇거리고 있을 게다."

그러고는 대하문에 가 보았더니 과연 열병閱兵을 하고 있었다. 화교는
그를 수레에 함께 태워 같이 앉았다.

杜預之荆州, 頓七里橋, 朝士悉祖. 預少賤, 好豪俠, 不爲
物所許. 楊濟旣名氏雄俊, 不堪, 不坐而去.

須臾, 和長輿來, 問: 「楊右衛何在?」

客曰: 「向來, 不坐而去.」

長輿曰: 「必大夏門下盤馬.」

往大夏門, 果大閱騎. 長輿抱內車共載歸, 坐如初.

【杜預】 자는 元凱(222~284). 京兆 杜陵人.
杜恕의 아들이며 杜甫의 선대. 河南尹,
度支尙書, 荊州都督 등을 거쳐 羊祜가 죽자
뒤를 이어 鎭南大將軍이 됨. 치적이 훌륭
하여 당시 백성과 조정에서는 그를 '杜父',
'杜武庫'라 불렀음. 太康 원년에 吳를 평정
한 공로로 當陽侯에 봉해짐. 經學에도 밝아
《春秋左傳經傳集解》를 남김. 《三國志》
(16)와 《晉書》(34)에 전이 있음.

【七里橋】 洛陽 동쪽에 있는 다리.

【楊濟】 자는 文通(?~291). 西晉 때의 인물로
鎭南將軍, 征北將軍, 右衛將軍, 太子太傅

杜預 《春秋經傳集解》

등의 벼슬을 지냄. 그의 형 楊駿은 武帝(司馬炎) 楊王后의 아버지로 세력을
믿고 횡포를 부리자 양제가 이를 간하여 저지함. 뒤에 결국 惠帝(司馬衷)가
즉위하여 양준과 賈后의 권력다툼에 휩쓸려 형제가 함께 피살됨. 《晉書》
(40)에 전이 있음.

【長輿】 和嶠. 자는 長輿. 太子少傅, 散騎常侍, 充祿大夫를 지냄. 성품이 인색
하고 돈에 대하여 집착을 가졌다 함. 《晉書》(45)에 전이 있음.

【大夏門】 낙양성 북쪽에 있는 성문.

1.《晉書》王隱

預字元凱, 京兆杜陵人, 漢御史大夫延年十一世孫. 祖畿, 魏太僕, 父恕, 幽州刺史. 預智謀淵博, 明於治亂, 常稱:「立德者非所企及, 立功, 立言所庶幾也.」累遷河南尹. 爲鎮南將軍, 都督荊州諸軍事, 鎭襄陽. 以平吳勳,封當陽侯. 預無伎藝之能, 身不跨馬, 射不穿札, 而每有大事, 輒在將帥之限. 贈征南將軍, 儀同三司.

2.《水經》穀水 注

東合七里澗, 澗有石梁, 卽旅人橋也.』伽藍記卷二景興尼寺:「崇義里東, 有七里橋, 以石爲之. 中朝時, 杜預之荊州, 出頓之所也.

3.《八王故事》

濟字文通, 弘農人. 楊駿弟也. 有才識. 累遷太子太保, 與駿同誅.

299(5-13)

　　두예杜預가 진남장군鎭南將軍에 임명되자 조정의 선비들이 모두 찾아와 축하하였다. 그런데 그들은 하나로 연결된 돗자리에 나란히 앉아 있었는데, 그때 배숙칙(裴叔則, 裴楷)도 참가해 있었다. 양치서(羊稚舒, 羊琇)가 뒤에 나타나 이 모습을 보고 이렇게 불평하였다.

　　"두원개杜元凱, 두예가 또다시 연결된 돗자리에 사람들을 나란히 앉도록 한 게 아니야?"

　　그러고는 앉지도 않고 그대로 떠나 버렸다.

　　두예는 배숙칙에게 그를 만류해 모시고 오도록 청하였다. 양치서는 이미 몇 리나 멀어졌다가 겨우 말을 멈추었다. 그리하여 결국 둘이 함께 두예의 집으로 되돌아왔다.

杜預拜鎭南將軍, 朝士悉至, 皆在連榻坐; 時亦有裴叔則.

羊稚舒後至, 曰:「杜元凱乃復連榻坐客?」

不坐便去.

杜請裴追之. 羊去數里住馬, 旣而俱還杜許.

【杜預】자는 元凱(222~284). 京兆 杜陵人. 杜恕의 아들이며 杜甫의 선대. 河南尹, 度支尙書를 거쳐 羊祜가 죽자 뒤를 이어 鎭南大將軍이 됨. 치적이 훌륭하여 당시 백성과 조정에서는 그를 '杜父', '杜武庫'라 불렀음. 太康 원년에 吳를 평정한 공로로 當陽侯에 봉해짐. 經學에도 밝아《春秋左傳 經傳集解》를 남김.《三國志》(16)와《晉書》(34)에 전이 있음.

【裴叔則】裴楷.(237~291). 자는 叔則. 河東 聞喜人. 裴徽의 셋째아들이며 司空 裴秀의 從弟. 용모가 준수하고 깨끗하여 '玉人'이라 불렸음. 河南尹과 中書令을 지냄. 시호는 元.《晉書》(35)에 전이 있음.

【羊稚舒】羊琇. 자는 稚舒(稚舒). 羊祜의 종제. 鍾會를 따라 蜀을 평정하였으며 그 공로로 關內侯에 봉해짐. 司馬炎과 친하여 그의 보좌를 담당하였으며, 그가 제위(晉武帝)에 오르자 中護軍, 散騎常侍 등을 지냄. 뒤에 太僕으로 좌천되자 분을 품고 죽음.《晉書》(93)에 전이 있음.

⬭ 참고 및 관련 자료

1.《語林》

中朝方鎭還. 不與元凱共坐: 預征吳還, 獨榻, 不與賓客共也.

2.《晉諸公贊》

羊琇字稚舒, 泰山人. 通濟有才幹. 與世祖同年相善, 謂世祖曰:「後富貴時, 見用 作領, 護軍名十年.」世祖卽位, 累遷左將軍, 特進.

300(5-14)

　진무제(晉武帝, 司馬炎) 때 순욱苟勖은 중서감中書監이었고 화교和嶠는 중서령
中書令이었다. 당시까지의 관례로는 감監과 영令은 같은 수레를 공용하게
되어 있었는데, 화교는 성격이 단정하여 늘 순욱의 아첨 비방하는 넋두리를
싫어하였다.

　어느 날 공용으로 타는 수레가 오자 화교는 문득 먼저 올라 앞자리를
모두 차지해 순욱의 자리를 남겨 놓지 않았다. 순욱은 할 수 없이 다른
수레를 구해 타고 갈 수밖에 없었다. 감과 영에게 각각 다른 수레가 주어
진 것은 이때부터 시작되었다.

　晉武帝時, 荀勖爲中書監, 和嶠爲令. 故事, 監·令由來共車.
嶠性雅正, 常疾勖諂諛.

　後公車來, 嶠便登, 正向前坐, 不復容勖; 勖方更覓車,
然得去. 監·令各給車自此始.

【晉武帝】司馬炎. 晉나라 武帝. 司馬昭의 長子. 자는 安世. 咸熙 2年(265)에
　魏나라로부터 禪讓의 형식으로 나라를 이어받아 晉나라를 세움. 재위
　265~290년. 묘호는 世祖.《晉書》(3)에 紀가 있음.

【荀勖】자는 公曾(?~289). 荀爽의 증손으로 대장군 曹爽의 掾이 되었으나
　조상이 피살되자 司馬昭에게 발탁되어 記室로서 裴秀, 羊祜와 함께 機密을
　담당함. 뒤에 司馬炎이 晉나라를 일으키자 安陽令·侍中·中書監, 光祿大夫,
　儀同三司 등을 지냄. 晉初 晉律을 제정하였으며 음악에도 조예가 깊었고
　당시의 서적을 정리하기도 함.《晉書》(39)에 전이 있음.

【和嶠】자는 長輿. 太子少傅, 散騎常侍, 光祿大夫 등을 지냄. 성품이 인색하고
　돈에 대하여 집착을 가졌다 함.《晉書》(45)에 전이 있음.

1.《晉書》虞預

勗字公曾, 潁川潁陰人, 漢司公爽曾孫也. 十餘歲能屬文, 外祖鍾繇曰:「此兒當及其曾祖.」爲安陽令, 民生爲立祠. 累遷侍中, 中書監.

2.《晉書》王隱

勗性佞媚, 譽太子, 出齊王, 當時私議, 損國害民, 孫·劉之匹也. 後世若有良史, 當箸佞倖傳.

3.《晉紀》曹嘉之

中書監, 令常同車入朝, 至和嶠爲令, 而荀勗爲監, 嶠意强抗, 專車而坐; 乃使監, 令異車, 自此始也.

301(5-15)

산공(山公, 山濤)의 큰아들이 모자를 쓰지 않은 채 수레 안에 기대어 있었다. 무제(武帝, 曹操)가 산공을 만나보고자 하자 산공은 사양할 수가 없어 얼른 큰아들에게 가서 물어보았다. 큰아들은 가지 말도록 권하였다. 당시의 사람들은 모두 그 큰아들의 기량이 산공보다 낫다고 하였다.

山公大兒短箸恰, 車中倚. 武帝欲見之, 山公不敢辭, 問兒; 兒不肯行. 時論乃云勝山公.

【山濤】자는 巨源(205~283). 老莊에 심취하였으며 술을 좋아하였음. 嵇康, 阮籍, 呂安 등과 친하였으며 죽림칠현의 하나. 《晉書》(43)에 전이 있음.

【大兒】산도의 아들 山該.

【短箸帢】曹操가 군사용으로 내려 준 모자. 그러나 楊勇은 '未著帢'이어야 전체 내용이 맞는다고 하였다. 풀이는 이를 따랐다.

참고 및 관련 자료

1. 《晉諸公贊》

山該字伯倫, 司徒濤長子也. 雅有器識, 仕至左衛將軍.

2. 楊勇〈校箋〉

『短, 缺少也. 淮南子脩務:「智者之所短.」短箸帢, 未著帢也. 帢, 帽也. 狀如弁, 缺四隅, 縑帛爲之, 或云曹操造爲軍士用.』

3. 晉武帝가 본 것은 山濤의 아들 山該가 아니라 山該의 아들인 山允이었음. 《晉書》 山該傳에 『子允字叔眞, 奉車都尉, 並少尫病. 形甚短小, 而武聰敏過人. 武帝聞而欲見之, 濤不敢辭, 以問於允; 允自尫病, 不肯行. 濤以爲勝己』라 함.

302(5-16)

상웅向雄이 하내군河內郡의 주부主簿로 있을 때 업무처리를 잘못한 게 있었다. 그러자 태수 유준劉準은 크게 노하여 그를 태장을 치며 내쫓아 버렸다. 상웅은 뒤에 황문랑黃門郎이 되었다. 유준은 시중侍中이 되었지만 둘은 처음부터 서로 말도 나누지 않는 사이가 되어 버렸다. 무제(武帝, 司馬炎)가 이 사실을 알고 상웅으로 하여금 군신지호君臣之好를 회복하라고 명령하였다. 상웅은 할 수 없이 유준을 찾아갔다. 그리고 재배하고는 이렇게 말하였다.

"나 상웅은 임금의 조서를 받고 왔소. 군신지의君臣之義는 이미 끊어졌으니 어떻게 하면 되겠소?"

그리고는 말이 떨어지기 무섭게 그 자리를 떠나 버렸다. 무제가 상웅이 여전히 화해하지 못하였다는 소식을 듣고 화를 내면서 상웅에게 물었다.

"내가 그대로 하여금 군신지호를 회복하라 하였더니 어찌 아직도 끊고 있소?"

그러자 상웅은 이렇게 설명하였다.

"옛날의 군자는 남을 끌어 줄 때도 예를 갖추었고 물러나게 할 때도 예로써 하였습니다. 그런데 오늘날의 군자는 남을 끌어 들일 때는 장차 그를 자신의 무릎 아래 앉히듯이 하고, 남을 물러나게 할 때는 마치 깊은 못으로 떨어뜨리듯이 합니다. 제가 유준에 대해 칼을 들고 덤비지 않는 것만으로도 역시 이미 다행인데, 어찌 군신지호를 회복하란 말입니까?"

무제는 이 말을 듣고 그 하는 대로 내버려두었다.

向雄爲河內主簿, 有公事不及雄, 而太守劉準橫怒, 遂與杖遣之. 雄後爲黃門郎, 劉爲侍中, 初不交言; 武帝聞之, 敕雄復君臣之好, 雄不得已詣劉, 再拜曰:「向受詔而來, 而君臣之義絕, 何如?」

於是即去.

武帝聞尚不和, 乃怒問雄曰:「我令卿復君臣之好, 何以猶絕?」

雄曰:「古之君子, 進人以禮, 退人以禮; 今之君子, 進人若將加諸膝, 退人若將墜諸淵. 臣於劉河內, 不爲戎首,亦已幸甚, 安復爲君臣之好?」

武帝從之.

【向雄】 자는 茂伯(?~283?). 처음에 魏를 섬겼으나 뒤에 晉나라에 이르러 黃門侍郎, 河南尹 등을 역임함. 《晉書》(48)에 전이 있음. 《漢晉春秋》에 "雄字 茂伯, 河內人"이라 하였으며 《世語》에는 "雄有節槩, 仕至黃門郎, 征虜將軍"이라 함. '向'은 姓氏, 地名일 경우 '상'으로 읽음.

【劉準】 자는 君平. 河內太守를 지냄. 〈宋本〉 등에는 '劉淮'로, 《晉書》 向雄傳에는 '劉毅'로 되어 있으나 모두 誤記로 여김.

【晉武帝】 司馬炎. 晉나라 첫 황제. 武帝. 재위 26년(265~290). 司馬昭의 長子. 자는 安世. 咸熙 2年(265)에 魏나라로부터 禪讓의 형식으로 나라를 이어받아 洛陽에 晉나라를 세움. 묘호는 世祖. 《晉書》(3)에 紀가 있음.

【君臣之好】 여기서는 관직의 上下 관계를 말함.

【戎首】 칼로 맞서 대결함을 뜻함.

┌─ 참고 및 관련 자료 ─┐

1. 《晉諸公贊》

準字君平, 沛國杼秋人. 少以淸正稱. 累遷河內太守·侍中·尙書僕射·司徒.

2. 劉孝標 注에는 이 사건이 劉準과 무관한 것으로 보았음.

『案: 王隱·孫盛不與故君相聞議, 曰: 「昔在晉初, 河內溫縣領校向雄, 送御犧牛, 不先呈郡, 輒隨比送洺. 値天大熱, 郡送牛多暍死, 臺法甚重, 太守吳奮召雄與杖; 雄不受杖, 曰: 「郡牛者亦死也, 呈牛者亦死也.」 奮大怒, 下雄獄, 將大治之, 會司隷辟雄都官從事, 數年爲黃門侍郎; 奮爲侍中, 同省, 相避不相見. 武帝聞之, 給雄酒禮, 使詣奮解, 雄乃奉詔.」 此則非劉準也.』

3. 《禮記》

穆公問於子思曰: 「爲舊君反服, 古邪?」 子思曰: 「古之君子, 進人以禮, 退人以禮: 故有舊君反服之禮. 今之君子, 進人若將加諸膝, 退人若將墜諸淵; 無爲戎首, 不亦善乎, 又何反服之有?」(鄭玄 주: 「爲兵主來攻伐, 故曰戎首也.」)

제왕齊王 경(冏, 司馬冏)이 대사마大司馬가 되어 국정을 잡고 있을 때, 혜소 稽紹는 시중侍中으로써 그를 찾아가 자문을 구한 적이 있었다. 때마침 사마경은 큰 잔치를 벌여서 갈여葛旟·동애董艾 등을 불러 놓고 시사를 논하고 있었다. 갈여 등이 사마경에게 이렇게 제안하였다.

"혜소는 음악에 조예가 깊다면서요. 그에게 한 곡조 연주해 보도록 부탁하지요."

그러면서 악기를 내놓았다. 그러자 혜소는 물리치며 악기를 받지 않았다.

사마경이 물었다.

"오늘 모두 함께 즐기자는데 그대는 어찌 물리치십니까?"

혜소는 이렇게 대답하였다.

"공께서는 황실을 보좌하는 분으로 명령과 일은 곧 법이나 마찬가지 입니다. 저는 비록 관직이 낮아 직책이 상백(常伯, 侍中)에 불과하지만, 악기를 뜯고 연주하는 것은 곧 악관樂官이 해야 할 일이므로 저는 선왕의 제도를 거역하여 광대들의 짓거리를 할 수 없습니다. 그러나 공께서 명령으로 핍박하신다면 감히 구차히 거절할 수 없는 터이므로 마땅히 모자를 벗고 사복을 입고 연주하겠습니다. 이것이 저의 의견입니다."

그러자 갈여 등은 얼굴이 붉어져 물러났다.

齊王冏爲大司馬轉政, 稽紹爲侍中, 詣冏諮事; 冏設宰會, 召葛旟·董艾等共論時宜, 旟等白冏:「稽侍中善於絲竹, 公可令操之」

遂進樂器. 紹推卻不受.

冏曰:「今日共爲歡, 卿何卻邪?」

紹曰:「公協輔皇室, 令作事可法; 紹雖官卑職備常伯. 操絲比竹, 蓋樂官之事. 豈可以先王法之服, 爲伶人之業? 今逼高命, 不敢苟辭; 當釋冠冕, 襲私服. 此紹之心也」

旟等不自得而退.

【齊王冏】司馬冏(?~302). 자는 景治. 齊王에 봉해짐. 晉 宗室 獻王(司馬攸)의 아들. 八王의 난으로 趙王(司馬倫)이 찬위하자 기병하여 司馬倫을 토벌하여 그 공으로 九錫을 하사받고 大司馬가 됨. 뒤에 교만을 부려 長沙王(司馬乂)에게 피살되었음. 시호는 武閔.《晉書》(59)에 전이 있음.

【嵇紹】자는 延祖(253~304). 嵇康의 아들이며 10세에 고아가 되어 어머니를 극진히 모심. 山濤의 추천으로 秘書丞이 되었으며 王戎과 裴頠의 추천으로 侍中에 오름. 八王의 난에 惠帝와 함께 成都王(司馬穎)에게 맞서 전투를 벌이다가 죽음을 당하였으며, 그 때 임금을 호위하면서 흘린 피를 씻지 말도록 한 고사를 남김. 元帝가 즉위하여 '忠穆'이라는 시호를 내림.《晉書》(89)에 전이 있음.

【葛旟】자는 虛旟. 제왕경의 從事中郎을 지냄.

【董艾】자는 叔智. 弘農人. 제왕경의 右將軍을 지냄.

참고 및 관련 자료

1.《晉書》虞預

冏字景治, 齊王攸子也. 少聰惠, 及長, 謙約好施. 趙王倫纂位, 冏起義兵誅倫, 拜大司馬, 加九錫, 政皆決之. 而恣用羣小, 不復朝覲, 遂爲長沙王所誅.

2.《齊王官屬名》

旟字虛旟, 齊王從事中郎.

3.《晉陽秋》

齊王起義, 轉長史. 旣克趙王倫, 與董艾等專執威權. 冏敗, 見誅.

4. 《八王故事》

艾字叔智, 弘農人. 祖遇, 魏侍中. 父綏, 祕書監. 艾少好功名, 不脩士檢. 齊王
起義, 艾爲新汲令, 赴軍, 用艾爲領右將軍. 王敗, 見誅.

304(5-18)

노지盧志가 좌중에서 육사형(陸士衡, 陸機)에게 물었다.

"육손陸遜과 육항陸抗은 그대와 어떤 관계입니까?"

그러자 육사형은 이렇게 대답하였다.

"마치 그대에게 있어서 노육盧毓이나 노정盧珽의 관계와 같소."

이에 육사형의 동생(士龍)이 깜짝 놀라 그 집을 나와서 형(士衡)에게
물었다.

"어찌 그렇게까지 말하오? 그의 얼굴로 보아 몰라서 묻는 것 같던데요."

그러자 사형은 정색을 하며 이렇게 말하였다.

"우리 부친과 조부께서는 그 이름이 해내에 두루 퍼져 있다. 그 누가
모르겠는가? 귀신과 사이에서 난 놈이 감히 내게 그렇게 물어?"

그러나 당시 사람들은 두 형제 중 누가 옳았는지의 우열을 가리지
못하였고, 사공(謝公, 謝安)은 이 말을 근거로 형이 낫다고 여겼다.

盧志於衆坐問陸士衡:「陸遜·陸抗是君何物?」

答曰:「如卿於盧毓·盧珽.」

士龍失色. 旣出戶, 謂兄曰:「何至如此! 彼容不相知也?」
士衡正色曰:「我父祖名播海內, 寧有不知? 鬼子敢爾!」
議者疑二陸優劣, 謝公以此定之.

【盧志】자는 子道. 八王의 난 때 成都王(司馬穎)의 長史를 지냈으며 尙書郞을
역임함. 뒤에 東海王(司馬越)에게 발탁되어 左將軍이 되었으며 尙書에 올랐
으나 永嘉의 난에 洛陽이 함락되자 북쪽 幷州로 피난하였다가 그곳에서
가족이 모두 죽음. 盧珽의 아들이며 글씨에도 뛰어나 鍾繇를 스승으로
모셨음. 《晉書》(44)에 전이 있음.

【陸士衡】陸機. 자는 士衡(261~303). 吳郡人. 조부 陸遜과 아버지 陸抗은
모두 吳나라 將相을 지냈으며 西晉이 吳나라를 멸하자 10년 동안 문을
잠그고 공부하여 동생 陸雲과 함께 洛陽으로 들어가 고관과 사귀어
'二十四友'에 그 이름이 오름. 太子洗馬를 거쳐 著作郞, 平原內史를 지냈
으며, 八王의 난에 成都王(司馬穎)이 長沙王(司馬乂)를 토벌하는 일에 참여함.
뒤에 河北大都督을 지냈으나 전투에 패하여 孟玖, 盧志 등의 참훼를 입어
동생과 함께 피살됨. 당시 대문장가로 〈文賦〉는 중국문학비평사에 유명한
글로 평가받음. 《晉書》(54)에 전이 있음.

【陸孫】육기의 조부. 자는 伯言. 吳나라 丞相을 지냄.

【陸抗】자는 幼節(226~274). 吳郡人. 승상 陸遜의 아들이며 陸機의 아버지.
孫策의 외손. 江陵都督과 大司馬, 荊州牧 등을 지냄. 《三國志》(13) 吳書에
전이 있음.

【盧毓】字는 子家. 한나라 名士 盧植의 아들이며 盧志의 祖父.

【盧珽】字는 子笏. 西晉 때 泰山太守를 지냈으며 盧志의 아버지.

【士龍】陸雲을 가리킴. 字는 士龍. 육기의 동생.

【鬼子】劉孝標 注에 《孔氏志怪》를 인용하여 한나라 때 盧充은 귀신과 혼인
하여 아들을 낳았다 함. 참고란을 볼 것. 여기서는 盧志를 그 후손이라
보아 비꼰 말.

【謝公】謝安. 字는 安石(320~385). 謝裒의 아들이며 謝琰(望蔡)의 아버지.
謝奕의 동생. 덕망이 있고 기개가 높아 桓彝, 王濛의 사랑을 받음. 처음에는
벼슬에 뜻을 버리고 王羲之, 支遁 등과 산수를 즐기며 조정의 부름에

응하지 않았으나 40이 넘어 桓溫의 司馬를 거쳐 吳興太守, 侍中, 吏部尚書, 太保錄尚書事 등의 관직을 지냄. 뒤에 다시 太傳에 추증되었으며 시호는 文靖.《晉書》(79)에 전이 있음.

1.《世語》

志字子道, 范陽人, 尚書斑少子. 少知名. 起家鄴令, 歷成都王長史, 衛尉卿, 尚書郎.

2.《吳書》

遜字伯言, 吳郡人. 世爲冠族. 初領海昌令, 號神君, 累遷丞相.

3.《魏志》

毓字子家, 涿人. 父植, 有名於世. 累遷吏部郎, 尚書. 選擧, 先性行而後言才. 進司空. 子欽·斑; 欽, 字子若; 斑, 字子筍. 咸熙中, 欽爲尚書; 斑, 泰山太守.

4.《孔氏志怪》

《孔氏志怪》曰: 盧充者, 范陽人. 家西三十里, 有崔少府墓. 充先冬至一日, 出家西獵. 見一麞, 擧弓而射, 卽中之. 麞倒而復起; 充逐之, 不覺遠. 忽見一里門如府舍. 門中一鈴下唱:「客前!」充問:「此何府也?」答曰:「少府府也.」充曰:「我衣惡, 那得見貴人?」卽有人提一襥新衣迎之. 充箸, 盡可體, 便進見少府; 展姓名, 酒炙數行, 崔曰:「近得尊府君書, 爲君索小女婚, 故相延耳.」卽擧書示充. 充父亡, 時雖小, 然已見父手迹, 便歔欷無辭. 崔卽勅内:「令女郎莊嚴.」使充就東廊. 充至, 婦已下車, 立席頭, 共拜. 三日畢, 還見崔, 崔曰:「君可歸矣. 女有娠相: 生男, 當以相還; 生女, 當留自養.」勅外嚴車送客. 崔送至門, 執手零涕, 離別之感, 無異生人. 復致衣一襲, 被褥一副.」充便上車, 去如電逝. 須臾至家; 家人相見悲喜. 推問, 知崔是亡人, 而入其墓, 追以懊惋. 居四年, 三月三日, 臨水戲, 忽見二犢車, 乍浮乍沒. 旣上岸, 充往開車後戶, 見崔氏女與三歲男兒共載. 充見之忻然, 欲捉其手. 女擧手指後車曰:「府君見人, 卽見少府.」充往問訊. 女抱兒還充, 又與金盌, 別, 幷贈詩曰:「煌煌靈芝質, 光麗何猗猗! 華艶當時顯, 嘉異表神奇. 含英未及秀, 中夏罹霜萎; 榮曜長幽滅, 世路永無施! 不悟陰陽運, 哲人忽來儀. 會淺離別速, 皆由靈與祇. 何以贈余親? 金盌可頤兒. 愛恩從此別, 斷絶傷肝脾!」充取兒·盌及詩, 忽不見二車處. 將兒還, 四坐謂是鬼媚, 僉遙唾之, 形如故. 問兒:「誰是汝父?」兒徑就充懷. 衆初怪惡, 傳省其詩, 慨然歎死生之玄通也. 充詣市賣盎. 高擧其價, 不欲速售, 冀有識者. 欻有一老婢, 問充得盎之由; 還報其大家, 卽女姨也. 遣兒視之, 果是. 謂充曰:「我姨姊, 崔少府女, 未嫁而亡. 家親痛之, 贈一金盎, 著棺中; 今視卿盎, 甚似, 得椀本末, 可得聞不?」充以事對. 卽詣充家迎兒. 兒有崔氏之狀, 又似充. 姨曰:「我甥三月末間産. 父曰春煖, 溫也; 願休强也. 卽字溫休; 溫休, 蓋幽婚也. 其兆先彰矣.」兒遂成爲令器, 歷數郡, 二千石, 皆著績. 其後生植, 爲漢尙書, 植子毓, 爲魏司空. 冠蓋相承至今也.

5.《搜神記》卷16

盧充者, 范陽人. 家西三十里, 有崔少府墓. 充年二十, 先冬至一日, 出宅西獵戲. 見一麞, 擧弓而射, 中之. 麞倒復起, 充因逐之, 不覺遠. 忽見道北一里許, 高門, 瓦室四周, 有如府舍. 不復見麞. 門中一鈴下唱:「客前」充問:「此何府也?」答曰:「少府府也.」充曰:「我衣惡, 那得見少府?」卽有一人, 提一襆新衣, 曰:「府君以此遺郎.」充便著訖, 進見少府, 展姓名. 酒炙數行, 謂充曰:「尊府君不以僕門鄙陋, 近得書, 爲君索小女婚, 故相迎耳.」便以書示充. 充父亡時雖小, 然已識父手跡, 卽欷歔, 無復辭免. 便勅内:「盧郎已來, 可令女郎妝嚴.」且語充曰:「君可就東廊.」及至黃昏, 内白:「女郎妝嚴已畢.」充既至東廊, 女已下車, 立席頭, 卻共拜. 時爲三日, 給食. 三日畢, 崔謂充曰:「君可歸矣. 女有娠相, 若生男, 當以相還, 無相疑; 生女, 當留自養.」勅外嚴車送客. 充便辭出. 崔送至中門, 執手涕零. 出門, 見一犢車, 駕青牛, 又見本所著衣及弓箭, 故在門外. 尋傳教將一人, 提襆衣, 與充相問曰:「姻緣始爾, 別甚悵悵, 今復致衣一襲, 被褥自副.」充上車, 去如電逝. 須臾至家, 家人相見悲喜. 推問, 知崔是亡人而入其墓, 追以懊恨. 別後四年, 三月三日, 充臨水戲, 忽見水旁有二犢車, 乍沉乍浮. 既而近岸, 同坐皆見. 而充往開車後戶, 見崔氏女與三歲郎共載. 充見之忻然, 欲捉其手. 女擧手指後車曰:「府君見人.」卽見少府. 充往問訊. 女抱兒還充, 又與金鋺, 幷贈詩曰:「煌煌靈芝質, 光麗何猗猗! 華艶當時顯, 嘉異表神奇. 含英未及秀, 中夏罹霜萎. 榮耀長幽滅, 世路永無施. 不悟陰陽運, 哲人忽來儀. 會淺離別速, 皆由靈與祇. 何以贈余親? 金鋺可頤兒. 恩愛從此別, 斷腸傷肝脾.」充取兒·鋺及詩, 忽然不見二車處. 充將兒還, 四座謂是鬼魅, 僉遙唾之, 形如故. 問兒:「誰是汝父?」兒徑就充懷. 衆初怪惡, 傳省其詩, 慨然歎死生之玄通也. 充後乘車入市賣鋺. 高擧其價, 不欲速售, 冀有識者. 欻有一老婢識此, 還白大家曰:「市中見一人乘車, 賣崔氏女郎棺中鋺.」

大家卽崔氏親姨母也. 遣兒視之, 果如其婢言. 上車, 敍姓名. 語充曰:「昔我姨
嫁少府, 生女, 未出而亡. 家親痛之, 贈一金鋺, 著棺中. 可說得鋺本末.」充以
事對. 此兒亦爲之悲咽. 賣還白母. 母卽令詣充家, 迎兒視之. 諸親悉集. 兒有
崔氏之狀, 又復似充貌. 兒·鋺俱驗, 姨母曰:「我外甥三月末間産. 父曰:『春煖
溫也. 願休强也.』卽字溫休. 溫休者, 蓋幽婚也. 其兆先彰矣.」兒遂成令器,
歷郡守二千石. 子孫冠蓋, 相承至今, 其後植, 字子幹, 有名天下.

6.《太平廣記》316 盧充

盧充, 范陽人. 家西三十里, 有崔少府墓. 先年二十, 充冬至一日, 出宅西獵.
射麞中之. 麞倒復起, 充逐之, 不覺忽見道北一里許, 高門瓦室四周, 有如府舍.
不復見麞. 門中一鈴下唱:「客前」有一人, 投一襆新衣, 曰:「府君以此遺郎.」
充着訖, 進見少府, 語充曰:「尊府君, 不以僕門鄙陋, 近得書, 爲君索小女婚,
故相迎耳.」便以書示充. 父亡時充雖小, 然已識父手跡, 卽歔欷, 無復辭免.
便敕內:「盧郎已來, 便可使女粧嚴.」旣就東廊, 至黃昏, 內白:「女郎粧嚴畢.」
崔語充:「君可至東廊」旣至, 女已下車, 立席頭, 却共拜. 時爲三日, 給食三日畢,
崔謂充曰:「君可歸, 女生男, 當以相還, 無相疑; 生女, 當留自養.」敕外嚴車
送客. 充便辭出. 崔送至中門, 執手涕零. 出門, 見一犢車, 駕青牛, 又見本所着
衣及弓箭, 故在門外. 尋遣傳教將一人, 捉襆衣, 與充相問曰:「姻緣始爾, 別甚
悵恨, 今故致衣一襲, 被褥自副.」充上車, 去如電逝. 須臾至家, 母見. 問其故.
充悉以狀對. 別後四年, 三月, 充臨水戲, 忽見旁有犢車, 乍沉乍浮. 旣而上岸,
同坐皆見. 而充往開其車後戶, 見崔氏女與三歲男共載. 女抱兒以還充, 又與
金椀, 並贈詩曰:「煌煌靈芝質, 光麗何猗猗! 華艷當時顯, 嘉異表神奇. 含英
未及秀, 中夏罹霜萎. 榮耀長幽滅, 世路永無施. 不悟陰陽運, 哲人忽來儀.
今時一別後, 何得重會時?」充取兒椀及詩, 忽然不見. 充後乘車入市賣椀.
冀有識者. 有一婢識此, 還白大家曰:「市中見一人乘車, 賣崔氏女郎棺中椀.」
大家卽崔氏親姨母也. 遣兒視之, 果如婢言. 乃上車, 敍姓名. 語充曰:「昔我姨
嫁少府, 生未出而亡. 家親痛之, 贈一金椀著棺中. 可說得椀本末.」充以事對.
此兒亦爲悲咽. 齎還白母. 母卽令詣充家, 迎兒還. 諸親悉集. 兒有崔氏之狀,
又復似充貌. 兒椀俱驗, 姨母曰:「我外甥也. 卽字溫休. 溫休者, 是幽婚也.」
遂成令器, 歷郡守. 子孫冠蓋, 相承至今, 其後植, 字幹, 有名天下.(《搜神記》)

7.《法苑珠林》92

晉時有盧充, 范陽人. 家西三十里, 有崔少府墳. 二十時, 先冬至一日, 出宅西
獵戲. 見有一麞, 便射之, 射已, 麞倒而復走起, 充步步趁之, 不覺遠去. 忽見

道北一里, 門瓦屋四周, 有如府舍. 不復見麞. 到門中一鈴下唱:「客前.」復有
一人, 捉一襆新衣, 曰:「府君以此衣將迎郎君.」充便取著, 以進見少府, 語充
曰:「尊府君不以僕門鄙陋, 近得書, 爲君索小女爲婚, 故相迎耳.」便以書示充.
父亡時, 充雖小, 然已識父手跡, 便卽歔欷, 無復辭託. 崔便勅內:「盧郎已便,
可使女郎莊嚴. 就東廊」至黃昏, 內白:「女郎嚴飾.」竟崔語充:「君可至東廊.」
旣至廊, 婦已下車, 立席頭卽共拜, 時爲三日, 供給飲食, 三日畢, 謂充曰:
「君可歸去. 若女有相生男, 當以相與, 生女, 當自留養.」勅外數車送客. 充便
辭出. 崔送至中門, 執手涕零. 出門, 見一獨車, 駕青牛, 又見本所著衣及弓箭,
故在門外. 尋遣傳教, 將一人, 捉襆衣, 與充相問曰:「姻授始爾, 別甚悵恨,
今致衣一襲, 被褥自副.」充便上車, 去馳如電逝. 須臾至家, 母問其故, 充悉以
狀對. 別後四年, 三月三日, 充臨水戲, 忽見水旁有二獨車, 乍沉乍浮. 旣而
近岸, 同坐皆見. 而充往開車後戶, 見崔氏女與三歲男兒共載. 女抱兒還充,
又與金鋺別, 并贈詩一首, 曰:「煌煌靈芝質, 光麗何猗猗! 華艷當時顯, 嘉異
表神奇. 含英未及秀, 中夏罹霜萎. 榮耀長幽滅, 世路永無施. 不悟陰陽運,
哲人忽來儀. 今時一別後, 何得重會時!」充取兒‧鋺及詩畢, 婦車忽然不見,
充後乘車詣市賣鋺, 冀有識者. 有一婢識此鋺, 還白大家曰:「市中見一人乘車,
賣崔氏女郎棺中鋺.」大家卽崔氏親姨母也. 遣兒視之, 果如婢言. 乃上車,
敍其姓名. 語充曰:「昔我姨姊少府, 女出而亡. 家親痛之, 贈一金鋺, 著棺中.
可說得鋺本末.」充以事對, 兒亦悲咽. 便齎還白母. 母卽令充家迎兒還, 五親
悉集. 兒有崔氏之狀, 又復似充之貌. 兒鋺, 俱驗, 姨母曰:「此我外生也, 卽字
溫休. 溫休者, 是幽婚也.」兒大爲郡守, 子孫冠蓋, 相承至今, 其後植, 字子幹,
有名天下.(《續搜神記》)

8.《藝文類聚》4

《續搜神記》曰: 盧充獵, 見麞, 偏射中之, 隨遂不覺遠, 忽見一里門, 如府舍.
問鈴下, 鈴下對曰:「崔少府也.」進見少府, 少府語充曰:「尊府君爲索小女婚,
故相迎耳.」三日畢, 送充至家, 母問, 具狀以對. 與崔別後四年, 充三月三日
臨水戲, 遙見水傍有犢車, 充往開車戶, 見崔女與三歲男共載, 情意如初, 抱男
兒還充, 又與金鋺別.(《續搜神記》)

9.《琱玉集》12

盧充, 後漢范陽人也. 家西三十里, 有崔少府墓. 充先冬一日, 出家西獵. 時見
一麞, 舉弓射之, 卽中. 充逐不覺慚遠. 忽見一門, 有如府舍. 充往問曰:「此何
官府?」門人答曰:「崔少府家也.」充曰:「我衣弊惡, 不何進見少府.」須臾有人,

提一襆衣, 與充, 充着, 盡皆可體. 於卽進見少府, 具展姓名. 少府賜坐, 爲設
酒完. 少府乃曰:「近得尊府君書, 爲君索吾小女, 故相迎耳.」充起謙讓. 少府
出書示之. 充父亡時, 雖小, 然已識父手迹, 見便歔欷, 不敢有違, 少府卽令
女郎妝嚴. 使充往就. 於是男女相拜而交禮焉. 三日旣畢, 還見少府, 少府曰:
「君可歸, 家女若生男, 當以相還; 生女, 當女自留養.」敕外嚴駕送客. 幷贈衣
一襲, 被褥一副. 少府送出, 至門. 離別之感, 無異生人, 充便上車, 去如電逝.
須臾之順, 忽卽至家, 家人見之. 問知委曲, 相對悲泣, 推問. 少府乃是亡人.
所見屋宅, 並皆墳墓. 後逕四年, 至三月三日, 充臨水戲, 水中有二犢車, 乍沉
乍浮. 須臾之間, 卽而上岸, 充往車後, 見崔氏女與一小兒共載. 充見欣然,
欲捉其手. 女指後車曰:「府君見人.」充卽迴視, 便見少府. 趨往問訊, 脩女
知禮, 女因抱兒還充, 又與金鋺, 結念幷贈詩一首, 分列旣訖, 忽然不見二車.
充將兒還, 四座謂是鬼魅, 僉遙唾之, 而此小兒形卽如故, 問之『誰是汝父?』
兒逕就充. 衆人初雖怪惡, □□其詩, 始歎死生之玄通, 人鬼之合禮後, □□市
賣鋺. 冀有識者. 時有一婢, 問充得鋺所由; 還報其大家, 大家卽女姨也. 不信
婢言. 遣兒視之, 視之果是. 姨姊之鋺, 便謂充曰:「我姨姊, 崔少府之女, 未嫁
而亡. 家親痛之, 贈一金鋺, 着其棺中. 今視卿鋺, 甚似, 得鋺本末. 可得
聞不?」充具說由. 狀一一皆同. 卽詣充家迎兒. 兒有崔氏狀, 又似充. 卽姨曰:
「我甥三月末産. 父曰春煖, 溫也; 願休强矣. 卽字溫休. 溫休, 蓋幽婚也. 其兆
彰矣. 兒遂成長, 乃爲令器. 歷數郡守, 其子植, 子毓, 歷魏司空. 冠蓋相承,
至今不絶也.(《世說》)

10.《搜神後記》卷6

盧充獵見獐, 便射中之, 隨逐, 不覺遠, 忽見一里, 門如府舍, 問鈴下, 鈴下
對曰:「崔少府府也.」進見少府, 少府語充曰:「尊府君爲索小女婚, 故相迎耳.」
三日婚畢, 以車送, 充至家, 母問之, 具以狀對, 旣與崔別後, 四年之三月三日,
充臨水戲, 遙見水邊, 有犢車, 乃往開車戶, 見崔女與三歲兒共載, 情如初, 抱
兒還, 充又與金鋺而別.

11. 기타 참고자료

《後漢書》(盧植傳).《孔氏志怪》(古小說鉤沉 輯本).《太平御覽》(884).

305(5-19)

　　양침羊忱은 성품이 곧고 강렬하였다. 조왕趙王 윤(倫, 司馬倫)이 상국相國이
되자 양침을 자신의 태부장사太傅長史로 삼아 상국 자신의 군사업무를
맡기려 하였다. 이런 임명을 위해 심부름꾼이 갑자기 달려오자 양침은
앞으로 다가올 화근을 예측하고 심히 두려워하면서, 말에 안장을 얹을
겨를도 없이 맨몸으로 말에 붙어 도망쳐 버렸다. 심부름꾼이 그를 뒤쫓
았으나 양침은 활 솜씨가 좋아 좌우로 몸을 돌리면서 화살을 날려 사자는
그만 감히 다가가지 못하였다. 이리하여 양침은 드디어 화를 면하게 되었다.

　　羊忱性甚貞烈, 趙王倫爲相國, 忱爲太傅長史, 乃版以參
相國軍事. 使者卒至, 忱深懼豫禍, 不暇被馬, 於是帖騎
而避. 使者追之, 忱善射, 矢左右發; 使者不敢進, 遂得免.

【羊忱】자는 長和(?~311). 일명 陶. 西晉 때 인물로 太傅長史, 侍中, 揚州
　刺史, 徐州刺史 등을 지냈으며 永嘉의 亂에 죽음.
【趙王倫】司馬倫. 八王의 난을 일으켰다가 敗死함.

　참고 및 관련 자료

1.《文字志》
忱字長和, 一名陶, 泰山南城人. 世爲冠族. 父繇, 車騎掾. 忱歷太傅長史, 揚州
刺史, 遷侍中. 永嘉五年, 遭亂被害, 年五十餘.

306(5-20)

　　왕태위(王太尉, 王衍)는 유자숭(庾子嵩, 庾敳)과 교제하기를 꺼렸지만 유자숭은 여전히 그를 압칭狎稱하여 '경卿'이라 불러 주었다.

　　어느 날 왕태위가 말하였다.

　　"군君은 더 이상 이러지 마시오."

　　그러자 유자숭은 이렇게 대답하였다.

　　"그대가 나를 '군'이라 불러 주었으니 나는 당연히 '경'이라 불러 주어야 되지 않겠소? 그대는 그대의 방법대로 하시오. 나는 내 방법대로 할 테니."

　王太尉不與庾子嵩交, 庾卿之不置.

　王曰:「君不得爲爾.」

　庾曰:「卿自君我, 我自卿卿; 我自用我法, 卿自用卿法.」

【王太尉】 王衍(256~311). 자는 夷甫. 죽림칠현의 하나인 王戎의 從弟. 太尉를 지냄. 《晉書》(43)에 전이 있음.

【庾子嵩】 庾敳(261~311). 자는 子嵩. 王衍의 중시를 받아 吏部郎. 東海王(司馬越)의 太傅가 되었으며 石勒의 난에 왕연과 함께 피살됨. 《晉書》(50)에 전이 있음.

【卿】 친한 사이에 부르는 '너'.

【君】 높여 부를 때 쓰는 말.

307(5-21)

완선자(阮宣子, 阮脩)가 토지신 사당의 나무를 베어 버렸다. 어떤 사람이 이를 저지하자 선자는 이렇게 말하였다.

"사당이 나무를 위해서 있는 것이라면 나무를 베어내면 사당도 없어져야 한다. 그러나 나무가 사당을 위해 서 있는 것이라면 나무를 베고 나면 토지신 사당을 다른 곳에 세우면 된다."

阮宣子伐社樹, 有人止之.

宣子曰:「社而爲樹, 伐樹則社亡; 樹而爲社, 伐樹則社移矣」

【阮宣子】阮脩. 阮修(270?~312?). 자는 宣子. 陳留人으로 鴻臚丞과 太子洗馬를 지냄. 《周易》에 통달하여 〈無鬼論〉을 지었으며 미신에 대하여 극력 반대하였던 인물임. 中原 대란을 피하여 남으로 내려오다가 해를 입어 죽음. 《晉書》(49)에 전이 있음.
【社】土地神을 모시는 사당.
【社移】《晉書》阮脩傳과 《太平御覽》532(《世說》을 引用)에는 모두 "若樹而爲社, 伐樹則社移; 社而爲樹, 伐樹則社亡"이라 하여 문장이 도치되어 있음.

참고 및 관련 자료

1. 《春秋傳》
共工氏有子曰勾龍, 爲后土, 后土爲社.
2. 《禮記》疏
后土官本爲共工氏子勾龍, 後勾龍轉爲社, 后土則黎兼之.

3. 《風俗通》

孝經稱: 社者, 土也. 廣博不可備敬, 故封土爲社; 而祀之, 報功也.

4. 劉孝標 注

『然則社自祀勾龍, 非土之祭也.』

308(5-22)

완선자(阮宣子, 阮脩)가 귀신의 유무에 대해 토론을 벌였다. 어떤 이가 사람이 죽으면 귀신이 된다고 하였지만 완선자만은 귀신이란 없다고 주장하였다. 그러면서 이렇게 말하였다.

"지금 귀신을 보았다고 하는 자들은 모두 그 귀신이 생전의 옷을 입었다고 한다. 만약 사람이 죽어 귀신이 된다면 태워 버린 의복도 또한 귀신의 것으로 변한단 말이냐?"

阮宣子論鬼神有無者, 或以人死有鬼.

宣子獨以爲無, 曰:「今見鬼者云, 箸生時衣服; 若人死有鬼, 衣服復有鬼邪?」

【阮宣子】阮脩(270?~312?). 자는 宣子. 陳留人으로 鴻臚丞과 太子洗馬를 지냄. 《周易》에 통달하여 〈無鬼論〉을 지었으며 中原 대란을 피하여 남으로 내려오다가 해를 입어 죽음. 《晉書》(49)에 전이 있음.

1.《論衡》

世謂人死爲鬼, 非也. 人死不爲鬼, 無知不能害人. 如審鬼者死人精神, 人見之, 宜從裸袒之形, 無爲見衣帶被服也. 何則? 衣無精神也. 由此言之, 見衣服象人, 則形體亦象人, 象人知非死人之精神也. 凡天地之間有鬼, 非人死之精神也.

2.《搜神記》권16의 阮瞻의 고사와 유사하다.

阮瞻字千里, 素執無鬼論, 物莫能難. 每自謂此理足以辨正幽明. 忽有客通名詣瞻, 寒溫畢, 聊談名理. 客甚有才辨. 瞻與之言良久, 及鬼神之事, 反復甚苦. 客遂屈. 乃作色曰:「鬼神古今聖賢所共傳, 君何得獨言無? 卽僕便是鬼.」於是變爲異形, 須臾消滅. 瞻默然, 意色太惡. 歲餘, 病卒.

309(5-23)

원황제(元皇帝, 司馬睿)가 이미 등극하자, 정후鄭后를 총애한 나머지 명제(明帝, 司馬紹)를 폐하고 간문제(簡文帝, 司馬昱)를 태자로 세우려 하였다. 당시 이렇게 의견이 들끓었다.

"장자를 버리고 소자를 세운다는 것은 인륜에 어긋난다."

더구나 명제는 총명하고 결단성이 있다고 하여 더욱 그에게 기우는 형편이었고 주의周顗·왕도王導 등 공후들이 극력 간쟁하고 있었다. 다만 조현량(刁玄亮, 刁協)만이 소주(少主, 司馬昱)를 받들어 원제에게 아첨하였다.

원제는 이 일을 시행하려 하였지만 여러 신하들이 명령을 듣지 않을까 걱정이 되어 먼저 주의와 왕도를 불러들이고 명령서는 조현량에게 주어 발표시키려 하던 참이었다. 주의와 왕도가 입궐하여 계단에 막 오르려는 때에 원제는 그를 맞아 우선 동쪽 건물로 가 있도록 명하였다. 주의가 무슨 영문인지 모르고 있을 때 왕도는 즉시 사람을 밀치고 임금의 어상 御床 앞에 나가서 물었다.

"폐하께서 왜 우리를 바로 부르시지 않고 동쪽 건물에 가 있으라 하시는지 모르겠습니다."

원제는 이에 아무 말도 않고 품속에 넣어 두었던 누런 종이에 쓴 명령문을 꺼내어 찢어 던져 버렸다. 이리하여 태자 책정 문제는 장자에게로 일단락이 났다. 주의가 그때서야 그 일을 알고 부끄러워하면서 이렇게 말하였다.

"나는 늘 스스로 왕도보다 낫다고 여겼는데 지금 비로소 그만 못한 줄을 깨달았소!"

元皇帝既登祚, 以鄭后之寵, 欲舍明帝而立簡文.

時議者咸謂:「舍長立少, 既於理非倫」

且明帝以聰亮英斷, 益宜爲儲副. 周·王諸公並苦爭懇切. 唯刁玄亮獨欲奉少主, 以阿帝旨. 元帝便欲施行, 慮諸公不奉詔, 於是先喚周侯·丞相入, 然後欲出詔付刁. 周·王既入, 始至階頭, 帝逆遣傳詔, 遏使就東廂. 周侯未悟, 卽略卻, 下階.

丞相披撥傳詔, 徑至御牀前, 曰:「不審陛下何以不見臣?」

帝默然無言; 乃探懷中黃紙詔裂擲之. 由此皇儲始定.

周侯方慨然愧歎曰:「我常自言勝茂弘, 今始知不如也!」

【元皇帝】東晉의 첫 임금 元帝. 司馬睿. 317~323 재위. 字는 景文. 西晉이 망하자 建康(지금의 남경)에 동진을 세운 황제로 묘호는 中宗.《晉書》(6)에 기가 있음.

【鄭后】자는 阿春. 榮陽 출신으로 어려서 고아가 되어 田氏에게 시집갔으나 곧 과부가 되어 삼촌을 따라 吳氏에게 가 있다가 원제의 눈에 들어 簡文帝를 낳음.《晉春秋》는 그의 이름을 諱하여《晉陽秋》로 바꾸었으며 뒤에 文宣太后로 봉해짐.《晉書》(32)에 전이 있음.

【明帝】司馬紹. 元帝(司馬睿)의 맏아들이며 東晉의 제 2대 황제. 자는 道畿. 재위 3年(323~326). 묘호는 肅宗.《晉書》(6)에 기가 있음.

【簡文】晉簡文帝. 晉나라 제8대 황제 司馬昱. 字는 道萬. 中宗의 少子. 穆帝가 어려서 撫軍으로 보필, 뒤에 桓溫이 海西公을 폐하고 이를 세워 皇帝에 오름. 재위 2년(371~372).《世說新語》에서는 흔히 '晉簡文', '簡文', '簡文帝', '簡文皇帝', '相王', '撫軍', '會稽王'등으로 칭함.《晉書》(9)에 紀가 있음.

【周顗】자는 伯仁(269~322). 周俊의 장자로 吏部尙書郞, 荊州刺史를 지냄. 僕射로 임명되자 술에 취해 사흘 만에 깨어나 "三日僕射"란 별명을 들음. 王敦에게 피살되어 "我雖不殺伯仁, 伯仁由我而死"의 고사를 낳음.《晉書》(69)에 전이 있음.

【王導】王丞相(276~339). 자는 茂弘. 어릴 때 자는 阿龍. 王敦의 從弟. 서진이 망하자 王敦과 함께 司馬睿를 황제로 추대하여 東晉을 세움. 그 공으로 丞相이 되었으며 號를 '仲父'라 하였음. 천하의 권세를 잡아 당시 "王與馬, 共天下"라 하였음. 元帝와 明帝, 成帝를 차례로 즉위시켰음. 아울러 남방 세족의 도움으로 강남에서의 동진 정권을 안정시킴.《晉書》(65)에 전이 있음.

【刁玄亮】刁協(?~322). 字는 玄亮. 원제(司馬睿)의 신임을 얻어 尙書左僕射를 거쳐 尙書令 등을 역임함. 王敦이 반란하자 이를 토벌하러 나섰다가 패배하여 죽음.《晉書》(69)에 전이 있음.

참고 및 관련 자료

1.《中興書》

鄭太后字阿春, 榮陽人. 少孤, 先嫁田氏; 夫亡, 依舅吳氏. 時中宗敬后虞氏先崩, 將納吳氏; 后與吳氏女遊後園, 有言之於中宗者, 納爲夫人; 甚寵, 生簡文. 帝卽位, 尊之曰文宣太后.

2.《中興書》

元皇以明帝及琅邪王裒並非敬后所生, 而謂裒有大成之度, 勝於明帝, 因從容問王導曰:「立子以德不以年, 今二子孰賢?」導曰:「世子, 宣城俱有爽明之德, 莫能優劣; 如此, 故當以年.」於是更封裒爲琅邪王. 而此與世說互異. 然法盛採摭典故, 以何爲實? 且從容諷諫, 理或可安; 豈有登階一言, 曾無奇說, 便爲之改計乎?

310(5-24)

왕승상(王丞相, 王導)이 막 강좌(江左, 江南, 東晉)로 내려왔을 때 그곳 오吳 땅 사람들과 서로 혼인을 맺어 도움을 받고자 하였다. 그리하여 육태위(陸太尉, 陸玩) 집안과 청혼을 요구하였다.

그러자 육태위는 이렇게 거절하였다.

"작은 언덕에는 송백이 자랄 수 없고, 향 풀과 나쁜 냄새 나는 풀을 한 그릇에 담을 수 없습니다. 나 육완은 비록 재능이 없으나 의로 보아 마구 무리를 짓는 첫 선례를 남기는 임무를 맡을 수 없습니다."

王丞相初在江左, 欲結援吳人, 請婚陸太尉.

對曰:「培塿無松柏, 薰蕕不同器; 玩雖不才, 義不爲亂倫之始.」

【王丞相】 王導(276~339). 자는 茂弘. 어릴 때 자는 阿龍. 王敦의 從弟. 서진이 망하자 王敦과 함께 司馬睿를 황제로 추대하여 東晉을 세움. 그 공으로 丞相이 되었으며 號를 '仲父'라 하였음. 천하의 권세를 잡아 당시 "王與馬,

共天下"라 하였음. 元帝와 明帝, 成帝를 차례로 즉위시켰음. 아울러 남방 세족의 도움으로 강남에서의 동진 정권을 안정시킴.《晉書》(65)에 전이 있음.

【陸太尉】晉나라 陸玩. 자는 士瑤, 吳郡人으로 陸曄의 아우. 侍中, 尚書左僕射, 尚書令太尉 벼슬을 지냄. 시호는 康.《晉書》(77)에 전이 있음.

【培塿】작은 언덕.《左傳》襄公 24년의 구절.

【薰蕕】향기나는 풀. 참고란을 볼 것.

┌─────────────────────┐
│ 참고 및 관련 자료 │
└─────────────────────┘

1.《左傳》杜預 注

『培塿, 小阜; 松柏, 大木也. 薰, 香草; 蕕. 臭草.』

2.《孔子家語》致思篇

薰蕕不同器而藏, 堯桀不共國而治, 以其類異也.

3.《說苑》指武篇

鮑魚蘭芷, 不同篋而藏, 堯舜桀紂, 不同國而治.

4.《韓詩外傳》(9)

鮑魚不與蘭茝同而藏, 桀紂不與堯舜同時而治.

제갈회諸葛恢는 큰딸諸葛文彪을 태위太尉 유량庾亮의 아들에게 출가시켰고 둘째딸은 서주자사徐州刺史 양침羊忱의 아들에게 시집을 보냈다. 그런데 유량의 아들이 소준蘇峻의 난으로 죽자 그 큰딸을 다시 강반江彪에게 개가시켰다.

제갈회의 아들諸葛衡은 등유鄧攸의 딸을 아내로 맞았다.

이때 사상서(謝尚書, 謝裒)가 제갈회의 막내딸諸葛文熊을 며느리로 맞겠다고 청혼을 해왔다.

이에 제갈회는 이렇게 말하였다.

"양씨羊氏 집안과 등씨鄧氏 집안은 대대로 혼인을 맺어온 관계이고 강씨江氏 집안은 내가 보살펴 주어야 할 집안이며 유씨庾氏 집안은 그들이 나를 돕고 있습니다. 이에 다시 또 사부謝裒 댁 아들謝石과 혼인을 시키기는 어렵습니다."

그 뒤 제갈회가 죽자 이 혼인은 끝내 성사되고 말았다. 이때 왕우군(王右軍, 王羲之)이 사씨 집에 가서 새로운 신부인 제갈회의 막내딸을 보았더니 제갈회가 남긴 법도와 유훈을 그대로 지키고 있어 위의威儀가 단상端詳하며 용복容服이 광정光整하였다.

왕우군은 이를 보고 이렇게 감탄하였다.

"내가 살아 있을 때 내 딸을 시집보내도 저렇게 될 수 있을까!"

諸葛恢大女, 適太尉庾亮兒, 次女適徐州刺史羊忱兒. 亮子被蘇峻害, 改適江彪. 恢兒娶鄧攸女.

于時謝尚書求其小女婚, 恢乃云: 「羊·鄧是平婚, 江家我顧伊, 庾家伊顧我, 不能復與謝裒兒婚」

及恢亡, 遂婚. 於是王右軍往謝家看新婦, 猶有恢之遺法; 威儀端詳, 容服光整.

王歎曰:「我在遺女裁得爾耳!」

【諸葛恢】 자는 道明. 諸葛誕의 손자이며 諸葛靚의 아들. 王導와 庾亮에 버금가는 명성을 누림. 元帝가 安東大將軍일 때 主簿가 되었으며 다시 江寧令을 지냄. 博陵亭侯에 봉해졌으며 愍帝 때 會稽太守를 거쳐 侍中, 金紫光祿大夫가 됨. 《晉書》(77)에 전이 있음. 큰딸은 諸葛文彪, 막내딸은 諸葛文熊이었음.

【庾亮】 庾公(289~340). 자는 元規. 蘇峻, 祖約의 난을 평정하였으며 명제 때 王導를 이어 中書監이 됨. 征西大將軍, 荊州刺史 등을 지냄. 청담을 좋아하였으며 老莊에 밝았음. 죽은 후 太尉에 추증되었고 시호는 文康. 《晉書》(73)에 전이 있음. 그 아들은 庾會.

【羊忱】 자는 長和(?~311). 일명 陶. 西晉 때 인물로 太傅長史, 侍中, 揚州刺史, 徐州刺史 등을 지냈으며 永嘉의 亂에 죽음. 그의 아들은 羊楷.

【蘇峻】 자는 子高(?~328). 永嘉의 난 때 고향을 지키며 세력을 키워 元帝(司馬睿)에게 발탁됨. 뒤에 王敦의 모반을 평정하여 공이 있었으며 明帝(司馬紹)가 죽고 庾亮과 王導가 成帝(司馬衍)를 보좌하여 정권을 잡고 자신을 제거하려 한다고 의심을 품고 咸和 2년(327)에 난을 일으켜 建康을 함락, 성제는 石頭城에서 이들을 제거하고 자신이 驃騎令軍將軍과 尙書가 될 것을 요구하며 협박하다가 이듬해 陶侃과 溫嶠에 의해 토벌됨. 《晉書》(100)에 전이 있음.

【江彪】 자는 思玄(?~370?). 江統의 아들. 학문과 바둑에 뛰어났었음. 尙書左僕射와 司馬昱의 相이 되어 그를 보필함. 뒤에 護軍將軍, 國子祭酒 등을 지냄. 《晉書》(56)에 전이 있음.

【諸葛恢 子】 이름은 諸葛衡이었음.

【鄧攸】 자는 伯道(?~326). 河東태수일 때 그곳이 石勒에게 함락되자 가족을 데리고 피난하면서 조카를 살리고 아들을 포기함. 元帝 때 吳郡太守, 吏部尙書·尙書左僕射 등을 지냈으며 아들이 없어 "天道無知, 使鄧伯道無兒!"라 한탄함. 《晉書》(90)에 전이 있음.

【謝尙書】謝裒. 자는 幼儒. 謝衡의 아들이며 謝安의 아버지. 侍中·吏部尙書·
吳國內史 등을 지냄. 그 아들이 제갈회의 딸을 아내로 맞음.
【王右軍】王羲之(303~361, 혹은 309~365, 321~379). 자는 逸少. 어릴 때 이름은
虎犢. 王尊의 조카. 어려서는 訥言하였으나 뒤에 정치와 예술에 큰 업적을
남김. 특히 글씨에 뛰어나 書聖으로 추앙받았음. 右軍將軍, 會稽內史, 臨川
太守 등을 지냈음. 山陰道士와《道德經》글씨를 거위와 바꾼 고사를 남겼
으며 그 외에 작품으로 〈蘭亭集序〉·〈樂毅論〉·〈黃庭經〉·〈東方朔畫讚〉·
〈姨母〉·〈初月〉·〈憂懸〉·〈喪亂〉 등을 남김.《晉書》(80)에 전이 있음. 王右軍,
王逸少, 王羲之 등으로 불림. 그 아들 王獻之와 함께 글씨에 뛰어나 '二王'
이라 함.

[참고 및 관련 자료]

1.《諸葛恢別傳》
恢字道明, 琅邪陽都人. 祖誕, 魏司空. 父靚, 亦知名. 恢少有令問, 稱爲明賢.
避難江左, 中宗召補主簿, 累遷尙書令.

2.《庾氏譜》
庾亮子會, 娶恢女, 名文彪.

3.《羊氏譜》
羊楷字道茂, 祖繇, 車騎掾. 父忱, 侍中. 楷仕至尙書郎. 娶諸葛恢次女.

4.《諸葛氏譜》
恢子衡, 字峻文, 仕至滎陽太守. 娶河南鄧攸女.

5.《永嘉流人名》
裒字幼儒, 陳郡人. 父衡, 博士. 裒歷侍中, 吏部尙書, 吳國內史.

6.《謝氏譜》
裒子石, 聚恢小女, 名文態.

7.《中興書》
石字石奴, 歷尙書令. 聚斂無厭, 取譏當世.

312(5-26)

주숙치(周叔治, 周謨)가 진릉晉陵 태수로 갈 때에 주후(周侯, 周顗)와 주중지(周仲智, 周崇)가 환송하러 왔다. 숙치叔治가 떠나려 하면서 눈물을 줄줄 흘리자 주중지가 화를 내면서 말하였다.

"이 애는 꼭 아녀자 같군! 이별할 때가 뭐 그리 슬프다고 흐느끼며 우는지."

그리고 말이 끝나자 훌쩍 떠나 버렸다. 주후는 홀로 남아 그와 더불어 이별주를 마시며 담소를 나누었다.

주후가 떠나려 하자 주숙치는 이번에도 눈물을 흘리며 울었다. 주후는 그의 등을 어루만지며 이렇게 달래었다.

"애야, 자중자애하거라!"

周叔治作晉陵太守, 周侯·仲智往別; 叔治以將別, 涕泗不止.

仲智恚之曰:「斯人乃婦女! 與人別, 唯啼泣.」

便舍去. 周侯獨留與飲酒言話.

臨別流涕, 撫其背曰:「阿奴, 好自愛!」

【周叔治】周謨. 字는 叔治. 周浚의 막내아들이며 周顗의 동생. 侍中, 中護軍을 지냈으며 西平侯에 봉해짐. 어릴 때 이름은 阿奴.

【周侯】周顗(269~322). 자는 伯仁. 周俊의 장자로 吏部尙書郎, 荊州刺史를 지냄. 僕射로 임명되자 술에 취해 사흘 만에 깨어나 "三日僕射"란 별명을 들음. 王敦에게 피살되어 "我雖不殺伯仁, 伯仁由我而死"의 고사를 낳음. 《晉書》(69)에 전이 있음.

【仲智】周嵩. 字는 仲智. 周浚의 둘째아들이며 周顗의 兄. 元帝가 그를 불러 相을 삼았으며 뒤에 御史中丞을 지냄. 王敦의 기병에 피살됨. 《晉書》(61)에 전이 있음.

참고 및 관련 자료

1. 《晉紀》鄧粲

周顗字叔治, 顗次弟也. 仕至中護軍, 嵩字仲智, 顗兄也. 性狷直果俠, 每以才氣陵物. 顗被害, 王敦使人弔焉. 嵩曰: 亡兄, 天下有義人: 爲天下無義人所殺, 復何所弔!」敦甚銜之. 懼失人情, 故未加害: 猶取爲從事中郞, 因事誅嵩.

2. 《晉陽秋》

嵩事佛, 臨刑猶誦經.

313(5-27)

주백인(周伯仁, 周顗)이 이부상서吏部尙書로 있을 때 관사에서 밤에 갑자기 병이 나서 위급해졌다. 이때에 조현량(刁玄亮, 刁協)이 상서령尙書令으로 있다가 주의를 극력으로 구하여 마치 친한 친구처럼 해주어, 한참 후 병이 차도가 있었다.

다음날 아침, 주의의 동생周仲智에게 고하자 동생은 낭패한 얼굴색으로 쫓아왔다. 문 안에 들어서자 조협은 침상에서 주의의 동생을 보고 울면서 주의가 어젯밤 위급하였던 상황을 설명하였다. 주의의 동생은 손으로 조협을 후려갈겼다. 조협은 깜짝 놀라 문가로 물러섰다. 주의의 동생은 곧 주의 앞으로 가서 병이 어떠냐고는 한 마디도 묻지 않고 다만 이렇게 말하는 것이었다.

5. 방정方正 587

"형은 전조前朝의 화교和嶠와 이름이 나란히 오르더니, 어찌 지금에
아첨하는 소인배 조협과 친교를 맺고 있습니까?"

그러고는 곧바로 나가 버렸다.

周伯仁爲吏部尙書, 在省內夜疾危急; 時刁玄亮爲尙書令,
營救備親好之至. 良久小損. 明旦報仲智, 仲智狼狽來.
始入戶, 刁下牀對之大泣, 說伯仁昨危急之狀. 仲智手
批之, 刁爲辟易於戶側.

旣前, 都不問病, 直云:「君在中朝, 與和長輿齊名, 那與佞
人刁協有情!」

逕便出.

【周顗】자는 伯仁(269~322). 周俊의 장자로 吏部尙書郞, 荊州刺史를 지냄.
僕射로 임명되자 술에 취해 사흘 만에 깨어나 "三日僕射"란 별명을 들음.
王敦에게 피살되어 "我雖不殺伯仁, 伯仁由我而死"의 고사를 낳음.《晉書》
(69)에 전이 있음.

【刁玄亮】刁協(?~322). 字는 玄亮. 원제(司馬睿)의 신임을 얻어 尙書左僕射를
거쳐 尙書令 등을 역임함. 王敦이 반란하자 이를 토벌하러 나섰다가 패배
하여 죽음.《晉書》(69)에 전이 있음.

【仲智】周嵩. 字는 仲智. 周浚의 둘째아들이며 周謨의 兄, 周顗의 아우. 元帝가
그를 불러 相을 삼았으며 뒤에 御史中丞을 지냄. 王敦의 기병에 피살됨.
《晉書》(61)에 전이 있음.

【和嶠】자는 長輿. 太子少傅, 中書令, 散騎常侍, 光祿大夫 등을 지냄. 성품이
인색하고 돈에 대하여 집착을 가졌다 함.《晉書》(45)에 전이 있음.

1. 《晉書》虞預

刁協字玄亮, 渤海饒安人. 少好學, 雖不研精, 而多所博涉; 中興制度, 皆稟於協, 累遷尙書令, 中宗信重之. 爲王敦所忌, 擧兵討之: 奔至江南, 爲人所殺.

314(5-28)

왕함王含이 여강盧江 군수가 되어 부정부패를 일삼자 원성이 높았다. 동생 왕돈王敦은 그 형을 옹호하여 여러 무리가 모인 앞에서 이렇게 변호하였다.

"저의 형님께서 여강군수로서 실로 정치를 잘하고 계시는 모양입니다. 여강 인사들이 모두 칭찬을 아끼지 않는 것을 보면"

당시 하충何充은 왕돈의 주부主簿 벼슬을 지내고 있었는데 역시 그 청중 속에 있었다. 그는 나서서 정색을 하며 이렇게 반박하였다.

"저 하충이 바로 여강 사람인데 듣는 바에 의하면 이와 다릅니다."

왕돈은 묵연하여 말이 없었다. 옆에 있던 사람들이 하충을 위해 어쩔 줄 몰라 하였으나 하충은 태연자약하였다.

王含作盧江郡, 貪濁狼籍.

王敦護其兄, 故於衆坐稱:「家兄在郡定佳, 盧江人士咸稱之」

時何充爲敦主簿, 在坐, 正色曰:「充卽廬江人, 所聞異
於此!」

敦默然. 旁人爲之反側, 充晏然神意自若.

【王含】字는 處弘(?~234). 王敦의 형. 琅邪人. 徐州刺史 光祿勳을 지냄. 祖逖
의 북벌을 적극 도왔으며 왕돈이 기병하여 조정을 향하자 이에 호응하여
太寧 2년(324)에 元帥가 됨. 그러나 싸움에 패하여 가족을 데리고 종제인
荊州刺史 王舒에게 갔으나 왕서가 그를 강에 던져 죽여 버림.

【廬江】군 이름. 지금의 安徽서 일대와 湖北 일부를 관할하였음.

【王敦】자는 處仲(266~324). 어릴 때는 阿黑이라 부름. 王含의 아우이며
王導의 종제로 八王之亂 때 공을 세워 散騎常侍, 侍中, 靑州刺史, 鎭東
大將軍 등을 지냄. 西晉이 망하자 司馬睿를 옹립하여 황제(東晉 元帝)로 삼음.
뒤에 明帝 때 난을 일으켰다가 軍中에서 죽음.《晉書》(98)에 전이 있음.

【何充】자는 次道(292~340). 王敦의 主簿를 거쳐 驃騎將軍이 됨. 會稽內史,
侍中, 驃騎將軍, 揚州刺史를 거쳐 司空을 추증받음. 佛寺 증수에 많은
돈을 썼다 함.《晉書》(77)에 전이 있음.

(참고 및 관련 자료)

1.《中興書》

王敦以震主之威, 收羅賢雋, 辟充爲主簿. 充知敦有異志, 遂巡疎外. 及敦稱含
有惠政, 一坐畏敦, 擊節而已, 充獨抗之. 其時衆人爲之失色. 由是忤敦, 出爲
東海王文學.

고맹저(顧孟箸, 顧顯)가 일찍이 주백인(周伯仁, 周顗)에게 술을 권하였으나 백인은 이를 거절하였다. 고맹저는 할 수 없이 술잔을 기둥 곁으로 가지고 가서 기둥에게 중얼거렸다.

"어찌 네가 가히 동량棟梁이라고 자처하는고?"

주후는 이에 술을 받아 흔연히 마시고 이때부터 둘은 아주 친한 친구가 되었다.

顧孟箸嘗以酒勸周伯仁, 伯仁不受; 顧因移勸柱, 而語柱曰: 「詎可便作棟梁自遇?」

周得之欣然, 遂爲衿契.

【顧孟箸】顧顯. 자는 孟箸(孟著). 吳郡人. 驃騎將軍 顧榮의 조카. 일찍 죽음.
【周伯仁】周顗(269~322). 자는 伯仁. 周俊의 장자로 吏部尙書郞, 荊州刺史를 지냄. 僕射로 임명되자 술에 취해 사흘 만에 깨어나 "三日僕射"란 별명을 들음. 王敦에게 피살되어 "我雖不殺伯仁, 伯仁由我而死"의 고사를 낳음. 《晉書》(69)에 전이 있음.
【衿契】옷깃을 함께하는 친구. 아주 친한 관계를 뜻함.

참고 및 관련 자료

1.《晉紀》徐廣

顧顯字孟箸, 吳郡人, 驃騎榮兄子. 少有重名, 泰興中爲騎郞. 蚤卒, 時爲悼惜之.

명제(明帝, 司馬紹)가 서당西堂에서 조정 공경들을 불러모아 술을 마시면서 아직 크게 취하지 아니한 상태에서 물었다.

"지금 훌륭한 신하들이 함께 모였는데 지금이 요순堯舜 시대와 비교하면 어떻소?"

당시 주백인(周伯仁, 周顗)은 복야僕射 벼슬이었는데 명제의 이 질문을 듣고 거칠게 이렇게 말하였다.

"지금 비록 임금과 한자리에 있지만 어찌 옛날 성스러운 치도와 같다고 할 수 있겠습니까?"

명제는 크게 노하여 내궁內宮으로 돌아가 한 장의 황지黃紙에 조서를 가득 써서 정위廷尉에게 주었다. 주백인을 잡아들여 그를 사형에 처해 버리도록 하려는 것이었다. 그로부터 며칠이 흐른 후 명제는 다시 주백인을 풀어주도록 조칙을 내렸다. 여러 신하들이 가서 주백인을 살펴보자 주백인은 이렇게 말하였다.

"나는 내가 당연히 죽지 않는다는 것을 알고 있었다. 내 죄가 그런 경우에까지는 이른 것은 아니었다."

(明帝)[元帝]在西堂, 會諸公飮酒, 未大醉; 帝問: 「今名臣共集, 何如堯舜?」

時周伯仁爲僕射, 因屬聲曰: 「今雖同人主, 復那得等於聖治?」

帝大怒, 還內, 作手詔, 滿一黃紙, 遂付廷尉令收, 因欲殺之. 後數日, 詔出周, 群臣往省之.

周曰: 「近知當不死, 罪不足至此」

【明帝】司馬紹. 元帝(司馬睿)의 맏아들이며 東晉의 제 2대 황제. 자는 道畿. 재위 3年(323~326). 묘호는 肅宗. 《晉書》(6)에 紀가 있음.

【西堂】동진 때 皇宮 이름. 太極殿의 서쪽에 있었음.

【周伯仁】周顗(269~322). 자는 伯仁. 周俊의 장자로 吏部尙書郎, 荊州刺史를 지냄. 僕射로 임명되자 술에 취해 사흘 만에 깨어나 "三日僕射"란 별명을 들음. 王敦에게 피살되어 "我雖不殺伯仁, 伯仁由我而死"의 고사를 낳음. 《晉書》(69)에 전이 있음.

참고 및 관련 자료

1. 劉孝標 注

『案: 明帝未卽位, 顗已爲王敦所殺, 此說非也.』

2. 楊勇〈校箋〉

『晉書周顗傳:「元帝初鎭江左, 請爲軍諮祭酒, 出爲寧遠將軍, 荊州刺史, 領南蠻校尉, 假節. 中興旣建, 補吏部尙書. 太興初, 更拜太子少傅, 尙書如故. 帝讌羣公于西堂, 酒酣云云」則顗爲僕射, 是在元帝時, 非明帝也. 明帝當改爲元帝是.』

317(5-31)

　　대장군(大將軍, 王敦)이 장강 하류로 출병하려 하자 당시 사람들은 모두가 그럴 리 없다고 여겼다. 게다가 주백인(周伯仁, 周顗)은 이렇게 말하였다.

　　"지금 임금이 요순堯舜도 아닌데 어찌 잘못이 없을 수 있겠는가? 더군다나 신하가 되어 어찌 군대의 힘을 빌려 조정을 향할 수 있단 말인가? 처중(處仲, 王敦)은 낭항狼抗하고 강퍅剛愎한 인물이다. 왕평자(王平子, 王澄)가 지금 어디에 있는가?"

王大將軍當下, 時咸謂無緣爾.

伯仁曰:「今主非堯舜, 何能無過? 且人臣安得稱兵以向朝廷? 處仲狼抗剛愎, 王平子何在?」

【大將軍】王敦(266~324). 자는 處仲. 어릴 때는 阿黑이라 부름. 王含의 아우이며 王導의 종제로 八王之亂 때 공을 세워 散騎常侍, 侍中, 靑州刺史, 鎭東大將軍 등을 지냄. 西晉이 망하자 司馬睿를 옹립하여 황제로 삼음. 뒤에明帝 때 난을 일으켰다가 軍中에서 죽음. 《晉書》(98)에 전이 있음.

【周伯仁】周顗(269~322). 자는 伯仁. 周俊의 장자로 吏部尙書郞, 荊州刺史를지냄. 僕射로 임명되자 술에 취해 사흘 만에 깨어나 "三日僕射"란 별명을들음. 王敦에게 피살되어 "我雖不殺伯仁, 伯仁由我而死"의 고사를 낳음.《晉書》(69)에 전이 있음.

【狼抗】첩운연면어. 표한하고 못된 성격을 말함.

【王平子】王澄(269~312). 자는 平子. 王衍의 아우. 荊州刺史를 지냄. 뒤에王敦에게 죽임을 당함. 《晉書》(43)에 전이 있음. 王敦이 가장 두려워하였던인물이라 함.

참고 및 관련 자료

1. 《周顗別傳》

王敦討劉隗, 時溫太眞爲東宮庶子, 在承華門外與顗相見曰:「大將軍此擧似有所在, 義無有濫. 顗曰: 君年少, 希更事, 未有人臣若此而不作亂, 共相推戴數年而爲此者乎? 處仲狼抗而强忌, 平子何在?」

2. 《晉陽秋》

王澄爲荊州, 羣賊並起, 乃奔豫章. 而恃其宿名, 猶陵侮敦; 敦使勇士路戎等搤而殺之.

3. 《裴子》

平子從荊州下, 大將軍伺欲殺之. 而平子左右有二十人甚健, 皆持鐵楯馬鞭,平子恆持玉枕, 大將軍乃犒荊州文武, 二十人積飲食, 皆不能動, 乃借平子玉枕, 便持下牀. 平子手引大將軍帶絶, 與力士鬪, 甚苦, 乃得上屋上, 久許而死.

318(5-32)

왕돈王敦이 모반을 일으켜서 강을 따라 내려오다가 석두石頭에서 배를 멈추고는 명제(明帝, 司馬紹)를 폐위시킬 구실을 찾고 있었다. 빈객이 가득 모인 곳에서 왕돈은 명제가 총명한 줄 알기 때문에 불효하다는 명목으로 폐위하려고 매번 말끝마다 명제의 불효를 끄집어내고는, 이 사실은 온태진(溫太眞, 溫嶠)으로부터 들었다고 이렇게 말하였다.

"온태진은 일찍이 동궁솔東宮率도 지냈고 뒤에는 나의 사마가 되었으므로 이를 자세히 알고 있다."

잠시 뒤 온태진이 나타나자 왕돈은 문득 그 위용을 보이면서 온태진에게 물었다.

"황태자明帝는 인물됨이 어떠하오?"

온태진이 대답하였다.

"소인은 그런 군자를 측량할 길이 없습니다."

그러자 왕돈은 목소리와 얼굴색을 더욱 엄숙히 하면서 위용으로써 그를 자기에게 따르게 하려고 이에 거듭 온태진에게 물었다.

"무엇을 근거로 태자를 훌륭하다고 말하는 것이오?"

온태진은 이렇게 대답하였다.

"그분은 생각하는 것이 깊고 멀어서 저 같은 천한 식견으로는 측량할 길이 없습니다. 그러나 예로써 친족을 대하는 걸 보면 효孝스럽다고는 칭할 수 있습니다."

王敦旣下, 住船石頭, 欲有廢明帝意. 賓客盈坐, 敦知帝聰明, 欲以不孝廢之; 每言帝不孝之狀, 而皆云溫太眞所說: 「溫嘗爲東宮率, 後爲吾司馬, 甚悉之.」

須臾, 溫來, 敦便奮其威容, 問溫曰: 「皇太子作人何似?」

溫曰: 「小人無以測君子.」

敦聲色並厲, 欲以威力使從己; 乃重問溫: 「太子何以稱佳?」

溫曰: 「鉤深致遠, 蓋非淺識所測; 然以禮侍親, 可稱爲孝.」

【王敦】자는 處仲(266~324). 어릴 때는 阿黑이라 부름. 王含의 아우이며 王導의 종제로 八王之亂 때 공을 세워 散騎常侍, 侍中, 靑州刺史, 鎭東大將軍 등을 지냄. 西晉이 망하자 司馬睿를 옹립하여 황제로 삼음. 뒤에 明帝 때 난을 일으켰다가 軍中에서 죽음.《晉書》(98)에 전이 있음.

【石頭】지명. 城 이름. 지금의 南京 石頭山.

【溫太眞】溫嶠. 자는 太眞(288~329). 太原 사람. 永嘉之亂 때 유곤의 심부름으로 남으로 내려가 원제(司馬睿)의 추대에 힘씀. 蘇峻의 난을 평정함. 시호는 忠武.《晉書》(67)에 전이 있음.

참고 및 관련 자료

1.《晉紀》劉謙之

敦欲廢明帝, 言於衆曰: 「太子子道有虧, 溫司馬昔在東宮悉其事. 嶠旣正言, 敦忿而愧焉.

왕대장군(王大將軍, 王敦)이 이미 모반을 일으켜 석두石頭에 이르자 주백인(周伯仁, 周顗)이 가서 만나 보았다. 왕돈이 주백인에게 물었다.

"그대는 어찌 나를 배반하십니까?"

주백인은 이렇게 대답하였다.

"그대가 모반을 일으켜 정도를 범하기에 낮은 내가 육군六軍을 거느리고 왔으나 천자의 군대가 위세를 떨치지 못하고 있군요. 이것이 그대에게 배반이라면 배반일 것입니다."

王大將軍旣反, 至石頭, 周伯仁往見之.

謂周曰:「卿何以相負?」

對曰:「公戎車犯正, 下官忝率六軍; 而王師不振, 以此負公」

【王敦】자는 處仲(266~324). 어릴 때는 阿黑이라 부름. 王含의 아우이며 王導의 종제로 八王之亂 때 공을 세워 散騎常侍, 侍中, 靑州刺史, 鎭東大將軍 등을 지냄. 西晉이 망하자 司馬睿를 옹립하여 황제로 삼음. 뒤에 明帝 때 난을 일으켰다가 軍中에서 죽음.《晉書》(98)에 전이 있음.

【石頭】지명. 城 이름. 지금의 南京 石頭山.

【周伯仁】周顗(269~322). 자는 伯仁. 周俊의 장자로 吏部尙書郞, 荊州刺史를 지냄. 僕射로 임명되자 술에 취해 사흘 만에 깨어나 "三日僕射"란 별명을 들음. 王敦에게 피살되어 "我雖不殺伯仁, 伯仁由我而死"의 고사를 낳음.《晉書》(69)에 전이 있음.

1. 《晉陽秋》

王敦旣下, 六軍敗績, 顗長史郝嘏及左右文武勸顗避難. 顗曰:「吾備位大臣, 朝廷傾撓, 豈可草間求活, 投身胡虜邪?」乃與朝士詣敦. 敦曰:「近日戰有餘力不?」對曰:「恨力不足, 豈有餘邪?」

320(5-34)

소준蘇峻이 모반하여 석두石頭에 이르자 조정의 백관들은 모두 도망쳤다. 오직 시중 종아鍾雅만은 성제(成帝, 司馬衍) 옆을 떠나지 않고 지키고 있었다. 어떤 사람이 종아에게 물었다.

"가하다고 보이면 나가 벼슬하고 어려운 세상이라 여기면 물러나 숨는 것이 옛날의 법도였소. 더구나 그대는 성품이 밝고 곧아 소준이 몰려오면 틀림없이 용납되지 못할 거요. 어찌 세상 형편을 따르지 않고 앉아서 죽음을 기다리고 있소?"

종아는 이렇게 대답하였다.

"국란을 바로잡지 못하고 군위君危에 구제하지 못하며 각자 자기만 살겠다고 도망치니 나는 장차 동호董狐가 역사책에 이 사실을 쓰겠다고 나타날까 두렵소!"

蘇峻旣至石頭, 百僚奔散, 唯侍中鍾雅獨在帝側.

或謂鍾曰:「見可而進, 知難而退, 古之道也. 君性亮直, 必不容於寇讐; 何不用隨時之宜, 而坐待其弊邪?」

鍾曰:「國亂不能匡, 君危不能濟, 而各遜遁以求免, 吾懼董狐將執簡而進矣!」

【蘇峻】 자는 子高(?~328). 永嘉의 난 때 고향을 지키며 세력을 키워 元帝(司馬睿)에게 발탁됨. 뒤에 王敦의 모반을 평정하여 공이 있었으며 明帝(司馬紹)가 죽고 庾亮과 王導가 成帝(司馬衍)를 보좌하여 정권을 잡고 자신을 제거하려한다고 의심을 품고 咸和 2년(327)에 난을 일으켜 建康을 함락, 성제를 石頭城에서 이들을 제거하고 자신이 驃騎令軍將軍과 尙書가 될 것을 요구하며 협박하다가 이듬해 陶侃과 溫嶠에 의해 토벌됨. 《晉書》(100)에 전이 있음.

【石頭】 지명. 城 이름. 지금의 南京 石頭山.

【鍾雅】 자는 彦胄. 尙書左丞, 侍中 등을 역임하였으며 소준의 난에 해를 입음. 《晉書》(70)에 전이 있음.

【董狐】 춘추시대 晉나라 史官. 趙穿이 靈公을 시살하였음에도 趙盾이 성토하지 않자 이에 동호는 '趙盾弑其君'이라 기록함. 孔子가 이를 두고 "董狐, 古之良史也"라 칭찬함.

> 참고 및 관련 자료

1. 《晉書》王隱

峻字子高, 長廣掖人. 少有才學, 仕郡主簿, 擧孝廉. 值中原亂, 招合流舊六千餘家, 結壘本縣, 宣示王化, 收葬枯骨; 遠近感其恩義, 咸共宗焉. 討王敦有功, 封公, 遷歷陽太守. 峻外營將表曰:「鼓自鳴.」峻自斫鼓曰:「我鄕里時有此, 則空城.」有頃, 詔書徵峻. 峻曰:「臺下云我反; 反, 豈得活邪? 我寧山頭望廷尉, 不能廷尉望山頭!」乃作亂.

2. 《晉陽秋》

峻率衆二萬, 濟自橫江, 至於蔣山, 王師敗績.

3. 《左傳》宣公 2年

趙穿弑晉靈公, 趙盾不討賊. 太史書曰:「趙盾弑其君夷皐」孔子曰:「董狐, 古之良史也.」

4. 《左傳》襄公 25年

崔杼弑齊莊公, 太史書之. 崔子弑之. 其弟嗣書, 死者二人. 其弟又書, 乃舍之. 南史聞太史盡死, 執簡以往; 聞旣書矣, 乃還.

321(5-35)

유공(庾公, 庾亮)이 떠나면서 종아鍾雅에게 조정의 뒷일을 부탁하여 믿고 이를 맡겼다. 이에 종아가 물었다.

"나라의 기둥이 꺾어지고 서까래가 무너진 것은 누구의 책임입니까?"

유량이 이렇게 설명하였다.

"오늘날 이 사태는 더 이상 말을 할 수 없소. 그대는 의당 나라가 다시 바로잡힐 것으로 기대하고 계시오!"

종아는 이렇게 말하였다.

"저는 귀하가 옛날 순림보荀林父에 부끄럽지 않은 인물이라 여겼을 따름입니다!"

庾公臨去, 顧語鍾後事, 深以相委.

鍾曰:「棟折榱崩, 誰之責邪?」

庾曰:「今日之事, 不容復言, 卿當期克復之效耳!」
鍾曰:「想足下不愧荀林父耳!」

【庾公】庾亮(289~340). 자는 元規. 蘇峻, 祖約의 난을 평정하였으며 명제 때
王導를 이어 中書監이 됨. 征西大將軍, 荊州刺史 등을 지냄. 청담을 좋아하
였으며 老莊에 밝았음. 죽은 후 太尉에 추증되었고 시호는 文康.《晉書》
(73)에 전이 있음.

【鍾雅】자는 彦冑. 尙書左丞, 侍中 등을 역임하였으며 소준의 난에 해를 입음.
《晉書》(70)에 전이 있음.

【荀林父】荀伯. 춘추시대 晉나라 대부.《左傳》宣公 25년 및《史記》晉世家 등
참조.

━━━ 참고 및 관련 자료 ━━━

1.《春秋傳》

楚莊王圍鄭, 晉使荀林父率師救鄭, 與楚戰於邲, 晉師敗績. 桓子歸, 請死.
晉平公將許之, 士貞子諫而止. 後林父敗赤狄于曲梁. 賞桓子·狄臣千室, 亦賞
士伯以瓜衍之縣, 曰:「吾獲狄土, 子之功也; 微子, 吾喪伯氏矣.」

322(5-36)

소준蘇峻의 난 때 공군孔群이 횡당橫塘에서 광술匡術에게 곤욕을 치렀다. 그러나 그 뒤 왕승상(王丞相, 王導)은 광술의 지위를 그대로 보존해 주었고, 다시 여러 사람이 모인 자리에서 둘 사이를 화해시키고자 농담으로, 광술로 하여금 공군에게 술을 권하도록 시켰다. 그래서 횡당에서의 유감을 풀어 버리도록 할 뜻이었다. 그러자 공군은 이렇게 거절하였다.

"저의 덕이 우리 조상 공자孔子만 못하지만 광씨匡氏에게 곤액을 당한 것은 똑같군요. 비록 봄볕이 세상에 두루 퍼져 새매가 뻐꾸기가 된다 해도, 식자識者라면 오히려 그 뻐꾸기의 눈동자를 미워하게 되는 것입니다."

蘇峻時, 孔群在橫塘爲匡術所逼, 王丞相保存術, 因衆坐戲語, 令術勸群酒, 以釋橫塘之憾.

群答曰:「德非孔子, 厄同匡人; 雖陽和布氣, 鷹化爲鳩, 至於識者, 猶憎其眼」

【蘇峻】자는 子高(?~328). 永嘉의 난 때 고향을 지키며 세력을 키워 元帝(司馬睿)에게 발탁됨. 뒤에 王敦의 모반을 평정하여 공이 있었음. 明帝(司馬紹)가 죽은 다음 庾亮과 王導가 成帝(司馬衍)를 보좌하여 정권을 잡고 자신을 제거하려한다고 의심을 품고 咸和 2년(327)에 난을 일으켜 建康을 함락, 성제를 石頭城에서 제거하고 자신이 驃騎令軍將軍과 尙書가 될 것을 요구하며 협박하다가 이듬해 陶侃과 溫嶠에 의해 토벌됨. 《晉書》(100)에 전이 있음.
【孔群】자는 敬林. 御史中丞, 鴻臚卿 등을 지냄. 蘇峻의 난 때 匡術에게 곤액을 당하였음. 《晉書》(78)에 전이 있음.
【橫塘】지명. 참고란을 볼 것.
【匡術】晉成帝(司馬衍) 때의 인물. 소준의 난 때 공군을 괴롭힘.

【王丞相】王導(276~339). 자는 茂弘. 어릴 때 자는 阿龍. 王敦의 從弟. 서진이
망하자 王敦과 함께 司馬睿를 황제로 추대하여 東晉을 세움. 그 공으로
丞相이 되었으며 號를 '仲父'라 하였음. 천하의 권세를 잡아 당시 "王與馬,
共天下"라 하였음. 元帝와 明帝, 成帝를 차례로 즉위시켰음. 아울러 남방
세족의 도움으로 강남에서의 동진 정권을 안정시킴.《晉書》(65)에 전이 있음.
【孔子厄匡】 공자가 匡 땅의 簡子에게 곤액을 당한 일.《說苑》·《孔子家語》
등 참조.
【鷹化爲鳩】 仲春 때에 매가 뻐꾹새로 변한다 함.《禮記》月令篇과《夏小正》
을 볼 것. 참고란을 볼 것.

> 참고 및 관련 자료

1.《會稽後賢記》

羣字敬林, 會稽山陰人. 祖竺, 吳豫章太守. 父奕, 全椒令. 羣有智局, 仕至御史
中丞.

2. 楊勇〈校箋〉

『橫塘, 明江寧縣志卷一:「橫塘在淮水南, 近陶家渚. 實錄: 吳大帝自江口綠淮
築堤, 謂之橫塘, 北接柵塘, 在今秦淮逕口」晉書孔羣斟注引東晉疆域志上:
「圖經稱實錄云, 橫塘在秦淮南.」晉書孔羣傳:「蘇峻入石頭, 時匡術有寵於峻,
實從甚盛, 羣與從兄愉同行於橫塘遇之, 愉止與語, 而羣初不視術; 術怒,
欲刃之. 愉下車抱術曰:「吾弟發狂, 卿爲我宥之.」乃獲免.』

3.《晉陽秋》

匡術爲阜陵令, 逃亡無行. 庾亮徵蘇峻, 術勸峻誅亮, 遂與峻同反. 後以苑城降.

4.《孔子家語》

孔子之宋, 匡簡子以甲士圍之; 子路怒, 奮戟將戰. 孔子止之曰:「夫詩書之不講,
禮樂之不習, 是丘之過也; 若述先王之道而爲咎者, 非丘罪也. 命也夫? 歌,
予和汝!」子路彈劍, 孔子和之; 曲三終, 匡人解甲罷.

5.《禮記》月令

仲春之月, 鷹化爲鳩.(鄭玄 注:「鳩, 播穀也.」)

6.《夏小正》

鷹則爲鳩. 鷹也者, 其殺之時也; 鳩也者, 非殺之時也. 善變而之仁, 故具之.

323(5-37)

소자고(蘇子高, 蘇峻)의 난이 평정된 후 왕도王導와 유량庾亮 등 조정의 대신들은 공정위(孔廷尉, 孔坦)를 시켜 단양군丹陽郡을 다스리게 하고자 하였다. 난리를 겪은 후 그곳 백성은 조락하고 피폐해져 있었다.

공탄은 개연히 이렇게 말하였다.

"지난날 숙조(肅祖, 晉明帝) 司馬紹께서 붕어하실 때 여러 대신들은 친히 그 임금의 어상御牀 가까이 올라 사랑과 인정을 받았으며, 함께 그 임금의 유조遺詔를 받들었다. 그러나 나 공탄은 임금과 멀고 지위가 낮아 그 고명顧命의 반열에 끼지 못하였다. 그런데 이렇게 해결하기 어려운 일이 생기자 미천한 신하를 먼저 내보내고 있다. 지금 나는 도마 위의 썩은 고기와 같아 남이 회칼로 잘라 버리면 그만인 처지가 되고 말았구나!"

이에 옷깃을 털며 거부하고 떠나 버렸다. 여러 신하들도 그를 파견할 계획을 철회해 버렸다.

蘇子高事平, 王·庾諸公欲用孔廷尉爲丹陽.

亂離之後, 百姓彫弊, 孔慨然曰:「昔肅祖臨崩, 諸君親升御牀, 並蒙眷識, 共奉遺詔; 孔坦疎賤, 不在顧命之列; 旣有艱難, 則以微臣爲先; 今猶俎上腐肉, 任人膾截耳!」

於是拂衣而去. 諸公亦止.

【蘇子高】蘇峻. 자는 子高(?~328). 永嘉의 난 때 고향을 지키며 세력을 키워 元帝(司馬睿)에게 발탁됨. 뒤에 王敦의 모반을 평정하여 공이 있었음. 明帝(司馬紹)가 죽은 다음 庾亮과 王導가 成帝(司馬衍)를 보좌하여 정권을 잡고 자신을 제거하려한다고 의심을 품고 咸和 2년(327)에 난을 일으켜 建康을

함락, 성제를 石頭城에서 제거하고 자신이 驃騎令軍將軍과 尙書가 될 것을 요구하며 협박하다가 이듬해 陶侃과 溫嶠에 의해 토벌됨.《晉書》(100)에 전이 있음.

【王庾】王導와 庾亮을 가리킴.

【孔廷尉】孔坦. 자는 君平.《左傳》에 능하였음. 元帝(司馬睿)가 晉王이 되자 그를 불러 世子文學으로 발탁함. 蘇峻의 난이 평정되고 나서는 吳郡太守, 吳興內史를 지냈으며 侍中, 廷尉의 벼슬을 역임함. 光祿勳에 추증되었으며 시호는 簡.《晉書》(78)에 전이 있음.

【肅祖】晉 明帝 司馬紹. 元帝(司馬睿)의 맏아들이며 東晉의 제 2대 황제. 자는 道畿. 재위 3年(323~326). 묘호는 肅宗.《晉書》(6)에 기가 있음.

【顧命】임종을 지켜봄.

> ### 참고 및 관련 자료

1.《靈鬼志》謠徵

明帝初, 有謠曰:「高山崩, 石自破」高山, 峻也; 碩, 峻弟也. 後諸公誅峻, 碩猶據石頭, 潰散而逃, 追斬之.

2.《尙書》顧命書

成王將崩, 命召公, 畢公率諸侯相康王, 作顧命.(傳:「臨終之命曰顧命.」疏:「言臨終死去, 回顧而爲語也.」)

3. 劉孝標 注

『案王隱晉書: 蘇峻事平, 陶侃欲將坦, 上用爲豫章太守, 坦辭母老不行. 臺以爲吳郡. 吳郡多名族, 而坦年少, 乃援吳興太守. 不聞尹京.』

324(5-38)

공거기(孔車騎, 孔愉)와 중승(中丞, 孔群)이 함께 외출하였다가 길에서 우연히 광술匡術을 만났더니 그를 따르는 빈객들이 심히 많은 것이었다. 광술은 곧 공거기와 말을 나누려고 접근하였지만 옆에 있던 중승은 그를 거들떠보지도 않고 대뜸 이렇게 말하였다.

"새매가 변해서 뻐꾸기가 된다 해도 많은 새들은 역시 그 눈동자를 미워하는 법이다!"

광술이 이 소리를 듣고 크게 화를 내며 곧 칼로 치려 하자, 공거기가 수레에서 뛰어내려 광술을 껴안으며 이렇게 말렸다.

"나의 족제族弟가 미쳐서 그러오. 그대는 나를 봐서라도 용서해 주시오!"

그리하여 비로소 머리와 목이 온전할 수 있었다.

孔車騎與中丞共行, 在御道逢匡術, 賓從甚盛, 因往與車騎共語.

中丞初不視, 直云:「鷹化爲鳩, 衆鳥猶惡其眼!」

術大怒, 便欲刃之.

車騎下車抱術曰:「族弟發狂, 卿爲我宥之!」

始得全首領.

【孔車騎】孔愉(268~342). 자는 敬康. 車騎將軍을 추증받음. 會稽內史 등을
    지냈으나 말년에 侯山에 은거. 시호는 貞.《晉書》78에 전이 있음.
【中丞】孔群을 가리킴. 자는 敬林. 御史中丞, 鴻臚卿 등을 지냄. 蘇峻의 난 때
    匡術에게 곤액을 당하였음.《晉書》(78)에 전이 있음.

【匡術】晉 成帝 때 인물로 蘇峻의 난에 참가하여 孔群을 괴롭힘.《晉書》成帝紀 참조. 본편 36 참조.

1. 이 사건은 본편 36과 관련이 있음.

2.《孔愉別傳》

愉字敬康, 會稽山陰人. 初辟中宗參軍, 討華軼有功, 封餘不亭侯. 愉少時嘗得一龜, 放於餘不溪中, 龜中路左顧者數過. 及後鑄印, 而龜左顧; 更鑄, 猶如此. 印師以聞. 愉悟, 取而佩焉. 累遷尙書左僕射, 贈車騎將軍.

3.《搜神記》

孔愉字敬康, 會稽山陰人. 元帝時, 以討華軼功封侯. 愉少時, 嘗經行餘不亭. 見籠龜于路者, 愉買之, 放於餘不溪中. 龜中流, 左顧者數過. 及後以功封餘不亭侯. 鑄印而龜鈕左顧, 三鑄如初. 印工以聞. 愉乃悟其爲龜之報, 遂取佩焉. 累遷尙書左僕射, 贈車騎將軍.

4.《晉書》卷78 孔愉傳

建興初, 始出應召, 爲丞相掾. 仍除駙馬都尉·參丞相軍事, 時年已五十矣. 以討華軼功, 封餘不亭侯. 愉嘗行經餘不亭. 見龍龜於路者, 愉買而放之溪中, 龜中流左顧者數四. 及是, 鑄侯印, 而印龜左顧, 三鑄如初. 印工以告, 愉乃悟, 遂佩焉.

5.《初學記》卷26

何法盛《晉中興書》曰: 孔愉經餘亭, 放龜溪中, 龜中流左顧. 後以功封餘亭侯. 及鑄侯印, 而龜左顧, 更鑄亦然. 印工以聞愉. 愉悟, 乃取佩.(《晉中興書》)

6.《太平廣記》118

孔愉嘗至吳興餘不亭, 見人籠龜於路, 愉買而放之. 至水, 反顧視愉. 及封此停侯而鑄印, 龜首回屈, 三鑄不正, 有似昔龜之顧, 靈德感應如此. 愉悟, 乃取而佩焉.(《會稽先賢傳》)

　매이梅頤는 일찍이 도공(陶公, 陶侃)에게 은혜를 베푼 적이 있었다. 뒤에 매이가 예장태수豫章太守로 있을 때 사건에 연루되어 왕승상(王丞相, 王導)이 사람을 보내어 그를 잡아들이게 되었다. 이에 도간은 이렇게 말하였다.

　"천자께서 아직 어려 모든 법령이 제후들에게서 나오고 있다. 왕공이 이미 높은 지위라는 이유로 마음대로 하는데, 나 도간이라고 어찌 내 맘대로 그를 석방시킬 수 없겠는가?"

　그러고는 사람을 강구江口로 보내어 매이를 중간에서 빼앗아 데리고 왔다. 매이가 도공을 보자 절을 하려고 엎드렸다. 그러자 도공은 이를 말렸다 매이는 이렇게 고마워하였다.

　"나 매중진梅仲眞, 매이이 지금 무릎을 꿇지 않으면 내일 어찌 다시 그대에게 무릎을 꿇을 수 있겠소이까!"

　梅頤嘗有惠於陶公, 後爲豫章太守, 有事, 王丞相遣收之.

　侃曰:「天子富於春秋, 萬機自諸侯出; 王公旣得錄, 陶公何爲不可放?」

　乃遣人於江口奪之. 頤見陶公拜, 陶公止之.

　頤曰:「梅仲眞膝, 明日豈可復屈邪!」

【梅頤】자는 仲眞. 학문에 뜻이 깊어 豫章太守 등을 은퇴하고 저술에 힘씀. 《晉書》 陶侃傳 참조.

【陶公】陶侃(259~334). 자는 士行. 혹은 士衡. 蘇峻의 난을 평정한 공로로 侍中과 太尉 등을 역임하였으며 長沙郡公에 봉해짐. 江夏, 武昌의 太守와 荊州, 廣州, 江州, 湘州의 刺史를 지낼 때 선정을 베풀었음. 《晉書》(66)에 전이 있음. 陶淵明의 증조임.

【王丞相】王導(276~339). 자는 茂弘. 어릴 때 자는 阿龍. 王敦의 從弟. 서진이 망하자 王敦과 함께 司馬睿를 황제로 추대하여 東晉을 세움. 그 공으로 丞相이 되었으며 號를 '仲父'라 하였음. 천하의 권세를 잡아 당시 "王與馬, 共天下"라 하였음. 元帝와 明帝, 成帝를 차례로 즉위시켰음. 아울러 남방 세족의 도움으로 강남에서의 동진 정권을 안정시킴. 《晉書》(65)에 전이 있음.

참고 및 관련 자료

1. 劉孝標는 이 일이 梅頤의 아우 梅陶의 사건이라고 보았다.
『鄧粲晉紀曰:「初, 有讚侃於王敦者, 乃以從弟廙代侃爲荊州, 左遷侃廣州. 侃文武距廙而求侃, 敦聞大怒. 及侃將蒞廣州過敦, 敦陳兵欲害侃. 敦諮議參軍梅陶諫敦, 乃止, 厚禮而遣之.」王隱晉書亦同. 案: 二書所敍, 則有惠於陶, 是梅陶: 非頤也.』

2. 《晉諸公贊》
頤字仲眞, 汝南西平人. 少學隱退, 而才實進止.

3. 《永嘉流人名》
頤, 領軍司馬. 頤弟陶, 字叔眞.

326(5-40)

왕승상(王丞相, 王導)이 기녀와 기예인伎藝人들을 불러모아 이를 구경시킬 상석床席까지 마련해 놓고 잔치를 열 참이었다. 채공(蔡公, 蔡謨)이 제일 먼저 와서 자리를 잡으려다가 불쾌한 심정으로 떠나 버렸다. 왕승상도 역시 그를 만류하지 않았다.

王丞相作女伎, 施設牀席; 蔡公先在坐, 不悅而去. 王亦 不留.

【王丞相】王導(276~339). 자는 茂弘. 어릴 때 자는 阿龍. 王敦의 從弟. 서진이 망하자 王敦과 함께 司馬睿를 황제로 추대하여 東晉을 세움. 그 공으로 丞相이 되었으며 號를 '仲父'라 하였음. 천하의 권세를 잡아 당시 "王與馬, 共天下"라 하였음. 元帝와 明帝, 成帝를 차례로 즉위시켰음. 아울러 남방 세족의 도움으로 강남에서의 동진 정권을 안정시킴. 《晉書》(65)에 전이 있음.
【蔡公】蔡謨(281~356). 자는 道明. 蔡克의 아들로 侍中에 오름. 시호는 文穆. 《晉書》(77)에 전이 있음.

参고 및 관련 자료

1. 《蔡司徒別傳》
謨字道明, 陳留考城人. 博學有識, 避地江左, 歷左光祿, 錄尙書事, 揚州刺史. 薨, 贈司空.

하차도(何次道, 何充)와 유계견(庾季堅, 庾冰)은 모두 성제(成帝, 司馬衍)의 주요 보좌관이었다. 성제가 죽고 이에 후계자가 아직 결정이 나지 않았을 때 하차도는 사자(嗣子, 司馬丕)를 의중에 두고 있었다. 그러나 유계견과 조정의 의견이 분분하였기 때문에 사자는 아직 어려 강제(康帝, 司馬岳)를 세우려고 하였다. 결국 강제가 등극하고 강제는 여러 군신을 모아 놓고 하차도에게 물었다.

"짐이 지금 대업을 잇게 된 것은 누구의 의론 덕분이오?"

그러자 하차도는 이렇게 말하였다.

"폐하께서 비룡飛龍의 지위에 오르신 것은 바로 유계견의 공입니다. 저의 힘은 전혀 아닙니다. 당시 제 의견대로 결정되었다면 지금 이렇게 성명盛明한 세상을 못 보게 되었을 것입니다."

그러자 임금은 부끄러운 기색을 띠었다.

何次道·庾季堅二人並爲元輔. 成帝初崩, 于時嗣君未定, 何欲立嗣子; 庾及朝議以外寇方强, 嗣子沖幼, 乃立康帝.

康帝登阼, 會群臣, 謂何曰:「朕今所以承大業, 爲誰之議?」

何答曰:「陛下龍飛, 此是庾冰之功, 非臣之力. 于時用微臣之議, 今不覩盛明之世」

帝有慙色.

【何次道】何充(292~340). 자는 次道. 王敦의 主簿를 거쳐 驃騎將軍이 됨. 會稽內史, 侍中, 驃騎將軍, 揚州刺史를 거쳐 司空을 추증받음. 佛寺 증수에 많은 돈을 썼다 함. 《晉書》(77)에 전이 있음.

【庾季堅】庾冰(296~344). 자는 季堅. 庾亮의 아우. 蘇峻의 난을 평정한 공
　으로 新吳縣侯에 봉해졌으나 고사함. 뒤에 中書監, 揚州刺史, 征虜將軍 등을
　역임하였으며 賢相으로 이름이 났었음. 康帝(司馬岳. 343~344년 재위)가
　즉위하여 車騎將軍으로 승진시켰음. 侍中, 司空을 역임하였으며 아주 검소
　하게 살았다 함. 《晉書》(73)에 전이 있음
【成帝】司馬衍. 자는 世根. 明帝의 아들. 재위 17년(326~342). 明帝의 아들.
　일찍 죽음.
【康帝】司馬岳. 자는 世同. 成帝의 동생. 재위 2년(343~344).
【飛龍】《周易》乾卦. 第五爻 '飛龍在天'을 말함. 천자의 지위.

> ### 참고 및 관련 자료

1.《晉陽秋》

庾冰字季堅, 太尉亮之弟也. 少有檢操, 兄亮常器之曰:「吾家晏平仲!」累遷
車騎將軍, 江州刺史.

2.《中興書》

帝諱岳, 字世同, 成帝同 母弟也. 成帝崩, 卽位, 年二十二.

3.《晉陽秋》

初, 顯宗臨崩, 庾冰議立長君, 何充謂宜奉皇子; 爭之不得, 充不自安, 求處外任.
及冰出鎭武昌, 充自京馳還, 言於帝曰:「冰不宜出. 昔年陛下龍飛, 使晉德再
隆者, 冰之勳也. 臣無與焉」

328(5-42)

　강복야(江僕射, 江彪)가 젊은 시절이었을 때 왕승상(王丞相, 王導)이 그를 불러 바둑을 두게 되었다. 왕도의 실력은 두 점 정도 차이가 났는데 왕도는 이를 무시하고 같이 놓고 대적하여 어떻게 되나 보자고 하였다. 강반이 그렇게 할 수 없다고 하자 왕도가 물었다.

　"그대는 어찌 안 된다는 것인가?"

　강반이 말하였다.

　"그렇게 해서는 안 되리라 걱정해서일 뿐입니다!"

　그러자 곁에 있던 객이 이렇게 말하였다.

　"이 젊은이는 바둑을 두는데 수준이 보통이 아닙니다."

　왕도는 이 말에 천천히 고개를 들며 이렇게 칭찬하였다.

　"이 젊은이는 오직 바둑만 잘 두는 것이 아니라오!"

　江僕射年少, 王丞相呼與共棊. 王手常不如兩道許, 而欲敵道戲, 試以觀之. 江不卽下.

　王曰:「君何以不行?」

　江曰:「恐不得爾!」

　傍有客曰:「此年少, 戲乃不惡」

　王徐擧首曰:「此年少, 非唯圍棊見勝!」

【江僕射】江彪(?~370?). 자는 思玄. 江統의 아들. 학문과 바둑에 뛰어났었음. 尚書左僕射와 司馬昱의 相이 되어 그를 보필함. 뒤에 護軍將軍, 國子祭酒 등을 지냄. 《晉書》(56)에 전이 있음.

【王丞相】 王導(276~339). 자는 茂弘. 어릴 때 자는 阿龍. 王敦의 從弟. 서진이 망하자 王敦과 함께 司馬睿를 황제로 추대하여 東晉을 세움. 그 공으로 丞相이 되었으며 號를 '仲父'라 하였음. 천하의 권세를 잡아 당시 "王與馬, 共天下"라 하였음. 元帝와 明帝, 成帝를 차례로 즉위시켰음. 아울러 남방 세족의 도움으로 강남에서의 동진 정권을 안정시킴.《晉書》(65)에 전이 있음.

참고 및 관련 자료

1.《晉書》徐廣
江虨字思玄, 陳留人. 博學知名, 兼善弈, 爲中興之冠. 累遷尚書左僕射, 護軍將軍.

2.《棊品》范汪
虨與王恬等棊第一品, 導第五品.

329(5-43)

공군평(孔君平, 孔坦)이 중한 병이 들자, 다시 회계會稽에 임관任官되어 있던 유사공(庾司空, 庾冰)이 문안을 가서 병에 대해 자세히 물으면서 눈물까지 흘렸다. 유사공이 돌아간 후 공군평은 개연히 이렇게 말하였다.

"대장부가 장차 임종에 닿았는데 국가의 안녕지술安寧之術은 묻지 않고 이에 아녀자들이나 할 질문을 하다니!"

유사공이 이 말을 듣자 즉시 다시 돌아와 공군평에게 사과를 하면서 좋은 가르침을 듣기를 청하였다.

孔君平疾篤, 庾司空爲會稽, 省之; 相問訊甚至, 爲之流涕.

庾旣下牀, 孔慨然曰:「大丈夫將終, 不問安國寧家之術, 迺作兒女子相問!」

庾聞, 迴謝之, 請其話言.

【孔君平】孔坦. 자는 君平.《左傳》에 능하였음. 元帝(司馬睿)가 晉王이 되자 그를 불러 世子文學으로 발탁함. 蘇峻의 난이 평정되고 나서는 吳郡太守, 吳興內史를 지냈으며 侍中, 廷尉의 벼슬을 역임함. 光祿勳에 추증되었으며 시호는 簡.《晉書》(78)에 전이 있음.

【庾司空】庾冰(296~344). 자는 季堅. 庾亮의 아우. 蘇峻의 난을 평정한 공으로 新吳縣侯에 봉해졌으나 고사함. 뒤에 中書監, 揚州刺史, 征虜將軍 등을 역임하였으며 賢相으로 이름이 났었음. 康帝(司馬岳. 343~344년 재위)가 즉위하여 車騎將軍으로 승진시켰음. 侍中, 司空을 역임하였으며 아주 검소하게 살았다 함.《晉書》(73)에 전이 있음

참고 및 관련 자료

1.《晉書》王隱
坦方直而有雅望.

330(5-44)

환대사마(桓大司馬, 桓溫)가 유윤(劉尹, 劉惔)의 집에 갔을 때 유윤은 아직 일어나지 않고 있었다. 환온은 탄환彈을 메겨 유윤의 베개를 쏘았다. 환丸은 침상을 부수고 깔개 밑에 흩어졌다. 유윤은 얼굴을 붉히며 일어나 이렇게 말하였다.

"사군使君은 이렇게 좁은 방에서 전투를 하여 어찌 이길 수 있겠소?"

이 말을 듣고 환온은 얼굴에 한스러운 표정을 지었다.

桓大司馬詣劉尹, 臥不起: 桓彎彈彈劉枕, 丸迸碎牀褥間.
劉作色而起曰:「使君如馨地, 寧可鬪戰求勝!」
桓甚有恨容.

【桓大司馬】桓宣武. 桓公. 桓溫(312~373). 자는 元子. 明帝의 사위. 荊州刺史를 지냈으며, 蜀을 정벌하고 前秦을 쳐부숨. 簡文帝를 세우고 자신이 다시 왕위를 빼앗고자 하였었음. 시호는 武侯. 그의 아들 桓玄이 드디어 제위를 찬탈하여 楚나라를 세운 다음 아버지 환온을 宣武皇帝로 추존함. 《晉書》(99)에 전이 있음.

【劉尹】劉惔. 字는 眞長. 劉宏의 손자로 沛國 相 땅 출신. 明帝(323~326 재위)의 廬陵長公主에게 장가들어 駙馬가 됨. 司從左長史. 侍中. 丹陽尹 등을 지냄. 36세에 죽어 孫綽이 "居官無官官之事, 處事無事事之心"이라 誄文을 지어 명언이라 하였음. 《晉書》(75)에 전이 있음. 청고한 인물로 널리 알려짐.

【彈丸】총알.

【使君】刺史의 별칭.

【如馨】'馨'은 '此'와 같은 당시 습어. 따라서 '如馨'은 '如此'와 같음.

【有恨】桓溫이 前燕의 慕容垂에게 枋頭에서 패한 사건(369)을 劉惔이 조롱한 것으로 여겨 스스로 한스럽고 불쾌한 표정을 지은 것임.

1. 劉孝標 注

『中興書曰: 「溫會爲徐州刺史.」 沛國屬徐州, 故呼溫爲使君. 鬪戰者, 以溫爲將也.』

2. 楊勇〈校箋〉

『太和四年, 桓溫與前燕戰, 溫敗於枋頭. 聲譽日下, 常懷雪恥無時, 劉恢此語, 正觸其怒.』

331(5-45)

뒤에 태어난 나이 어린 자들은 누구나 심공(深公, 竺法深)이 훌륭한 분이라고 입에 달고 다녔다. 그러자 심공은 이렇게 말하였다.

"어린 아이의 입에서 그런 말이 나오다니 절대로 숙사宿士를 평론하지 말라. 내 일찍이 원제(元帝, 司馬睿)·명제(明帝, 司馬紹)와 함께 하였고 왕공(王公, 王導)·유공(庾公, 庾亮) 등과 교유한 사람이다."

後來年少, 多有道深公者.

深公謂曰: 「黃吻年少, 勿爲評論宿士. 昔嘗與元明二帝, 王庾二公周旋」

【深公】 竺法深(286~374). 진나라 때의 고승. 이름은 潛. 일명 道潛. 18세에 출가하여 中州 劉元眞을 사사하였으며 元嘉 초에 난을 피하여 강남으로

내려옴. 元帝와 明帝 때에 승상 王導와 태위 庾亮가 그를 매우 우대하였음. 만년에 剡山으로 은거하여 원근 제자들이 모여들었음. 佛法과 老莊에 밝아 황제의 부름으로 자주 궁중법회를 열기도 하였음. 慧皎《高僧傳》(4)에 전이 있음.

【黃吻】 3세 이하를 黃이라 함. 《文獻通考》 戶口考에 "隋以男女三歲以下爲黃, 唐以始生爲黃"이라 하였으며 《淮南子》 氾論訓에 "古之伐國, 不殺黃口"라 함.

【元帝】 晉 元帝. 司馬睿. 316년 西晉이 망하자 建康(南京)에 東晉을 세움. 재위 6년(317~323). 《晉書》(6)에 紀가 있음. 묘호는 中宗.

【明帝】 司馬紹. 元帝(司馬睿)의 맏아들이며 東晉의 제 2대 황제. 자는 道畿. 재위 3年(323~326). 묘호는 肅宗. 《晉書》(6)에 기가 있음.

【王庾】 王導와 庾亮을 가리킴.

> **참고 및 관련 자료**

1. 《沙門傳》高逸
晉元明二帝, 游心玄虛, 託情道味, 以賓友禮待法師. 王公, 庾公, 傾心側席, 好同臭味也.

332(5-46)

왕중랑(王中郎, 王坦之)이 어린 나이였을 때 강반江獻은 복야僕射 벼슬로써 인재를 선발하는 임무를 맡고 있었다. 이에 강반이 왕중랑을 상서랑尙書郞으로 선발하려 하였다. 이때 어떤 이가 이 사실을 왕중랑에게 일러주자 왕중랑은 이렇게 불쾌함을 표시하였다.

"강을 건너 남천한 이래 상서랑이란 모두가 2등 집안 출신이 등용되었다. 그런데 어찌 나를 그 자리에 앉히겠다는 것인가!"

강반이 이 소식을 듣고 철회해 버렸다.

王中郞年少時, 江虨爲僕射, 領選, 欲擬之爲尙書郞, 有語王者.

王曰:「自過江來, 尙書郞正用第二人, 何得擬我?」

江聞而止.

【王中郞】王坦之(330~375). 자는 文度. 태원 왕씨 王述의 아들이며, 王忱·王愷·王愉의 아버지. '江東獨步'라 하였으며 中書令, 北中郞將을 지냄. 〈廢莊論〉을 써서 당시의 방탕을 비난함. 《晉書》(75)에 전이 있음.

【尙書郞】낮은 직위였음.

⊂참고 및 관련 자료⊃

1. 《晉書》王國寶傳

除尙書郞, 國寶以中興膏腴之族, 惟作吏部, 不爲餘曹, 不拜.

2. 劉孝標 注

『案王彪之別傳曰: 彪之從伯導謂彪之曰:「選曹擧汝爲尙書郞, 幸可作諸王佐邪?」此知郞官, 寒素之品也.』

3. 楊勇 〈校箋〉

『尙書郞, 乃寒素之品也.』

333(5-47)

　　왕술王述이 상서령尙書令으로 전임되어 그 임무를 수행하려고 배임拜任을 받으러 가자 아들 문도(文度, 王坦之)가 이렇게 말하였다.

　　"고의로라도 두씨杜氏나 허씨許氏에게 양보하셔야 합니다."

　　이 말에 남전(藍田, 王述)이 물었다.

　　"너는 내가 그 자리를 감당해 낼 수 없다고 보느냐?"

　　이에 문도가 다시 이렇게 말하였다.

　　"어찌 감당해 내지 못하시겠습니까! 다만 남에게 양보한다는 것은 아름다운 일인데, 그런 일은 한 번쯤 없어서는 안 될 것이라 걱정해서일 뿐입니다."

　　그러자 남전은 개연히 이렇게 내뱉었다.

　　"이미 감당할 능력이 있다고 해놓고 또 무슨 이유로 양보하라는 거냐? 사람들은 네가 나보다 나은 인물이라고들 하던데 지금 보니 나만 못하구나!"

　　王述轉尙書令, 事行便拜.

　　文度曰:「故應讓杜許」

　　藍田云:「汝謂我堪此否?」

　　文度曰:「何爲不堪! 但克讓自是美事, 恐不可闕」

　　藍田慨然曰:「旣云堪, 何爲復讓? 人言汝勝我, 實不如我!」

【王述】자는 懷祖(303~368). 王承의 아들이며 王坦之의 아버지. 고아가 되어
　　어머니를 극진히 모심. 아버지를 이어 藍田侯에 봉해졌으며 宛陵令, 臨海

太守, 建威將軍, 會稽內史, 揚州刺史, 征虜將軍 등을 역임함. 청렴하기로 이름이 널리 알려졌음.《晉書》(75)에 전이 있음.

【文度】王中郎. 王坦之(330~375). 자는 文度. 태원 왕씨 王術의 아들이며, 王忱·王愷·王愉의 아버지. '江東獨步'라 하였으며 中書令, 北中郎將을 지냄. 〈廢莊論〉을 써서 당시의 방탕을 비난함.《晉書》(75)에 전이 있음.

참고 및 관련 자료

1.《王述別傳》
述常以謂人之處世, 當先量己而後動, 義無虛讓, 是以應辭便當固執. 其貞正不踰, 皆此類.

2.《晉書》王述傳
尋遷散騎常侍, 尙書令, 將軍如故. 述每受職, 不爲虛讓, 其有所辭, 必於不受. 至是, 子坦之諫, 以爲故事應讓. 述曰:「汝謂我不堪邪?」坦之曰:「非也! 但克讓自美事耳.」述曰:「旣云堪, 何爲復讓? 人言汝勝我, 定不及也!」

334(5-48)

손흥공(孫興公, 孫綽)이 〈유공뢰庾公誄〉를 지었는데 그 문장의 내용에 탁기지사托寄之辭가 많았다. 글이 이루어지자 이를 유도은(庾道恩, 庾羲)에 보여 주었다.

유희는 글을 다 읽은 후 분격해서 되돌려 주며 이렇게 말하였다.

"선군先君이신 우리 아버지와 그대는 문장 속의 그런 멋진 사귐이 없었소이다."

孫興公作庾公誄, 文多托寄之辭; 旣成, 示庾道恩.
庾見, 慨然送還之, 曰:「先君與君, 自不至於此」

【孫興公】孫綽(314~371). 자는 興公. 孫楚의 손자로 형 孫統과 남으로 내려와
벼슬에 뜻을 버리고 〈遂初賦〉를 씀. 그 외에 〈遊天台山賦〉가 유명하며 뒤에
庾亮·殷浩·王羲之의 막료를 거쳐 永嘉太守·散騎常侍를 지냄. 桓溫이
수도를 洛陽으로 옮기려 하자 상소하여 반대함. 廷尉卿에 이르렀으며
長樂侯를 습봉받음.《晉書》(56)에 전이 있음.
【庾公誄】庾亮이 죽자 孫綽이 그를 위하여 지은 뇌문(誄文).
【庾道恩】庾羲. 庾亮의 둘째아들. 吳國内史를 지냈으며 일찍 죽음.《晉書》
(73)에 전이 있음.

> ### 참고 및 관련 자료

1.《孫綽集》誄文
『咨予與公, 風流同歸; 擬量託情, 視公猶師. 君子之交, 相與無私; 虛中納是,
吐誠誨非, 雖實不敏, 敬佩弦韋. 永戢話言, 口誦心悲!』
2.《晉紀》徐廣
羲字義叔, 太尉亮第三子, 拔尚率到. 位建威將軍, 吳國内史.

왕장사(王長史, 王濛)가 동양태수東陽太守 자리를 요구하였으나 무군(撫軍, 簡文帝, 司馬昱)은 이를 들어주지 않았다. 뒤에 왕장사가 병이 심해 죽음에 이르자 무군은 애탄하여 이렇게 후회하였다.

"내 장차 중조(仲祖, 王濛)에게 빚을 지게 되었구나!"

이에 명을 내려 그를 동양태수로 임명하였다. 그러자 왕장사는 이렇게 말하였다.

"사람들이 회계왕(會稽王, 簡文帝, 撫軍)을 백치라고 하더니 과연 백치로군!"

王長史求東陽, 撫軍不用; 後疾篤臨終, 撫軍哀歎曰:
「吾將負仲祖於此, 命用之!」

　長史曰:「人言會稽王癡, 眞癡!」

【王長史】王濛(309?~347?). 자는 仲祖. 太原 王氏. 王脩, 王蘊. 哀帝王后의 아버지. 司徒左長史를 지냄. 《晉書》(93)에 전이 있음.

【東陽太守】이 사건은 〈政事〉편을 볼 것.

【撫軍】晉나라 제8대 황제 司馬昱을 가리킴. 字는 道萬. 中宗의 少子. 穆帝가 어려서 撫軍으로 보필, 뒤에 桓溫이 海西公을 폐하고 이를 세워 皇帝에 오름. 재위 2년(371~372). 《世說新語》에서는 흔히 '晉簡文', '簡文', '簡文帝', '簡文皇帝', '相王', '撫軍', '會稽王'등으로 칭함. 《晉書》(9)에 紀가 있음. '撫軍'은 임금을 도와 군사를 위무하는 직책. 《晉紀》에 의하면 成帝 咸康 6년(340)에 간문제(司馬昱)는 撫軍將軍이 되었다가 穆帝 永和 원년(345)에 撫軍大將軍이 됨.

336(5-50)

　유간劉簡은 환선무(桓宣武, 桓溫)의 별가別駕로 있다가 뒤에 다시 동조참군東曹參軍이 되었으나 너무 강직하여 남의 신임을 받지 못하였다. 일찍이 그가 어떤 공문을 처리하게 되었는데 그는 도대체 말 한마디가 없는 것이었다. 이에 선무가 물었다.

　"유동조劉東曹는 어찌 아무런 의견도 내놓지 않는 것이오?"

　유간은 이렇게 대답하였다.

　"능히 채택되지 않을 것이 뻔하기 때문입니다."

　이 말에 환선무 역시 그를 탓하는 기색이 없었다.

　劉簡作桓宣武別駕, 後爲東曹參軍, 頗以剛直見疎; 嘗聽訊, 簡都無言.

　宣武問:「劉東曹何以不下意?」

　答曰:「會不能用!」

　宣武亦無怪色.

【劉簡】 자는 仲約. 桓溫이 別駕로 있다가 뒤에 東曹參軍을 거쳐 大司馬參軍에 오름. '劉東曹'라고도 부름.

【桓宣武】 桓公. 桓溫(312~373). 자는 元子. 明帝의 사위. 荊州刺史를 지냈으며, 蜀을 정벌하고 前秦을 쳐부숨. 簡文帝를 세우고 자신이 다시 왕위를 빼앗고자 하였음. 시호는 武侯. 그의 아들 桓玄이 드디어 제위를 찬탈하여 楚나라를 세운 다음 아버지 환온을 宣武皇帝로 추존함. 《晉書》(99)에 전이 있음.

1. 《劉氏譜》

簡字仲約, 南陽人. 組喬, 豫州刺史. 父挺, 潁川太守. 簡仕至大司馬參軍.

337(5-51)

유진장(劉眞長, 劉惔)과 왕중조(王仲祖, 王濛)가 함께 길을 가다가 날이 저물도록 먹지를 못하였다. 마침 어떤 아는 소인小人이 그들에게 음식을 차려 주었는데 그 반찬이 풍성하였다. 그러나 진장은 사양하면서 먹지를 않았다.

중조가 말하였다.

"모름지기 먼저 허기진 배를 채울 것이지 어찌 사양하십니까?"

그러자 진장은 이렇게 말하였다.

"소인과는 인연을 맺을 수 없소."

劉眞長·王仲祖共行, 日旰未食; 有相識小人貽其餐, 肴案甚盛, 眞長辭焉.

仲祖曰:「聊以充虛, 何苦辭?」

眞長曰:「小人都不可與作緣」

【劉眞長】劉惔. 字는 眞長. 劉宏의 손자로 沛國 相 땅 출신. 明帝(323~326
재위)의 廬陵長公主에게 장가들어 駙馬가 됨. 司從左長史, 侍中, 丹陽尹 등을
지냄. 36세에 죽어 孫綽이 "居官無官官之事, 處事無事事之心"이라 誄文을
지어 명언이라 하였음. 《晉書》(75)에 전이 있음.
【王仲祖】王濛(309?~347?). 자는 仲祖. 太原 王氏. 王脩, 王蘊, 哀帝王后의
아버지. 司徒左長史를 지냄. 《晉書》(93)에 전이 있음.

> ## 참고 및 관련 자료

1. 劉孝標 注
『孔子稱:「唯女子與小人爲難養; 近之則不遜, 遠之則怨.」劉尹之意, 蓋從此
言也.』

338(5-52)

왕수령(王脩齡, 王胡之)이 일찍이 동산東山에 살 때 매우 가난하였다. 당시
도호노(陶胡奴, 陶範)가 오정烏程 현령으로 있었는데 그에게 배 한 척의
쌀을 보내주자 뿌리치고 받지를 않았다. 왕수령은 이렇게 말하였다.
"나 왕수령이 굶어죽게 되면 사인조(謝仁祖, 謝尙)에게 얻어먹는 것은
당연하지만 도호노의 쌀은 얻어먹지 않는다!"

王脩齡嘗在東山甚貧乏, 陶胡奴爲烏程令, 送一船米遺之, 却不肯取; 直答語:「王脩齡若飢, 自當就謝仁祖索食, 不須陶胡奴米!」

【王脩齡】王胡之. 자는 脩齡(?~349, 혹 ?~364?). 낭야 王氏로 王廙의 둘째 아들이며, 王和之의 아버지. 吳興太守, 侍中, 司州刺史 등을 지냈으며 石虎 (十六國 중의 後趙)가 죽자 西中郎將이 됨.《晉書》王廙傳 참조.

【陶胡奴】陶範. 자는 道則. 陶侃의 아홉째아들.《晉書》(66)에 전이 있음. 어릴 때 자는 胡奴. 陶侃의 여러 아들 중 가장 뛰어났으며 尙書秘書監을 지냄.

【烏程】지금의 浙江. 吳興縣

【謝仁祖】謝尙(308~357). 자는 仁祖. 謝鯤의 아들이며 王導가 '小安豊'이라 불렀음. 給事黃門侍郞을 거쳐 建武將軍, 歷陽太守, 江夏, 義陽 등 都督을 지냄. 穆帝 때 尙書僕射를 지냄. 음악과 기예에 밝았으며 太樂을 처음으로 정리하였던 인물.《晉書》(79)에 전이 있음.

○ 참고 및 관련 자료

1.《陶侃別傳》

範字道則, 侃第十子也. 侃諸子中最知名. 歷尙書, 祕書監.

339(5-53)

완광록(阮光祿, 阮裕)이 진성제(晉成帝, 司馬衍)의 장례에 참석하기 위해 서울로 와서는 은(殷, 殷浩)·유(劉, 劉惔) 등 명사들을 찾아보지도 않고 일이 끝나자 임지로 되돌아가 버렸다. 그러자 여러 사람들이 그를 뒤쫓아 갔다. 완광록 역시 이미 당시 분위기로 보아 그들이 틀림없이 자신을 뒤쫓아올 것임을 알고 아주 급히 달아나 버렸다. 쫓는 자들이 방산方山까지 갔지만 따라잡을 수가 없었다.

유윤(劉尹, 劉惔)은 당시 회계태수會稽太守로서 이 소문을 듣고 이렇게 탄식하였다.

"내 회계태수로 온 다음에 당연히 안석(安石, 謝安)의 집 근처에 배를 대고 그를 찾았지만 감히 사광(思曠, 阮裕)의 곁에는 가지도 못하였다. 그는 능히 사람을 때리기까지 하는 자로서 평범한 사람이 아니기 때문이다!"

阮光祿赴山陵, 至都, 不往殷·劉許, 過事便還. 諸人相與追之. 阮亦知時流必當逐己, 乃遄疾而去, 至方山不相及.

劉尹時索會稽, 乃歎曰:「我入, 當泊安石渚下耳, 不敢復近思曠傍; 伊便能捉杖打人不易!」

【阮光祿】阮裕. 자는 思曠(300?~360?). 처음 王敦의 主簿였으나 왕돈이 찬위의 뜻을 품고 있음을 알고 술과 광달한 행동으로 이를 면함. 臨海太守와 東陽太守를 지냈으나 벼슬할 뜻을 버리고 剡山으로 은거하였음. 뒤에 다시 吏部郎, 秘書監, 侍中, 散騎常侍, 金紫光祿大夫 등의 직책으로 부름을 받았으나 나가지 않음. 《晉書》(49)에 전이 있음. 宋 武帝(劉裕)의 이름을 피휘하여 阮光祿, 阮主簿, 阮公, 阮思曠이라 부름.
【山陵】황제의 죽음. 무덤·장례 등의 뜻으로 쓰임.

【方山】지금의 江寧縣 동남쪽에 있는 산.

【劉尹】劉惔. 字는 眞長. 劉宏의 손자로 沛國 相 땅 출신. 明帝(323~326 재위)의 盧陵長公主에게 장가들어 駙馬가 됨. 司從左長史. 侍中. 丹陽尹 등을 지냄. 36세에 죽어 孫綽이 "居官無官官之事, 處事無事事之心"이라 誄文을 지어 명언이라 하였음. 《晉書》(75)에 전이 있음.

【安石】謝安. 字는 安石(320~385). 謝裒의 아들이며 謝琰(望蔡)의 아버지. 謝奕의 동생. 덕망이 있고 기개가 높아 桓彝, 王濛의 사랑을 받음. 처음에는 벼슬할 뜻을 버리고 王羲之, 支遁 등과 산수를 즐기며 조정의 부름에 응하지 않았으나 40이 넘어 桓溫의 司馬를 거쳐 吳興太守, 侍中, 吏部尙書, 太保錄尙書事 등의 관직을 지냄. 뒤에 다시 太傅에 추증되었으며 시호는 文靖. 《晉書》(79)에 전이 있음.

> 참고 및 관련 자료

1. 《中興書》

裕終日頹然, 無所錯綜, 而物自宗之.

340(5-54)

왕王濛·유劉惔가 환공(桓公, 桓溫)과 함께 복주산覆舟山에 놀러 가서 술이 거나하게 취하자 유담이 자신의 발을 환공의 목에다 걸쳐놓았다. 환공은 이를 견뎌낼 수가 없어 손을 들어 이를 뿌리쳐 버렸다.

그 놀이에서 돌아오자 왕장사(王長史, 王濛)가 유담에게 물었다.

"어떻게 해야 그가 남에게 화를 내는 얼굴을 하도록 해 볼 수 있을까?"

王·劉與桓公共至覆舟山看; 酒酣後, 劉牽脚加桓公頸,
桓公甚不堪, 擧手撥去.
旣還, 王長史語劉曰:「伊詎可以形色加人不?」

【王】王濛(309?~347?). 자는 仲祖. 太原 王氏. 王脩, 王蘊, 哀帝王后의 아버지.
司徒左長史를 지냄.《晉書》(93)에 전이 있음.

【劉】劉尹. 劉惔을 가리킴. 字는 眞長. 劉宏의 손자로 沛國 相 땅 출신. 明帝
(323~326 재위)의 廬陵長公主에게 장가들어 駙馬가 됨. 司從左長史, 侍中,
丹陽尹 등을 지냄. 36세에 죽어 孫綽이 "居官無官官之事, 處事無事事之心"
이라 誄文을 지어 명언이라 하였음.《晉書》(75)에 전이 있음.

【桓公】桓宣武. 桓公. 桓溫(312~373). 자는 元子. 明帝의 사위. 荊州刺史를 지냈
으며, 蜀을 정벌하고 前秦을 쳐부숨. 簡文帝를 세우고 자신이 다시 왕위를
빼앗고자 하였음. 시호는 武侯. 그의 아들 桓玄이 드디어 제위를 찬탈하여
楚나라를 세운 다음 아버지 환온을 宣武皇帝로 추존함.《晉書》(99)에 전이
있음.

【覆舟山】龍舟山이라고도 함.

참고 및 관련 자료

1.《元和郡縣志》
覆舟山, 鍾山西足也, 形如覆舟.

2.《桓溫別傳》
溫有豪邁風氣也.

환공(桓公, 桓溫)이 환자야(桓子野, 桓伊)에게 물었다.

"사안석(謝安石, 謝安)이 자신의 동생 사만석(謝萬石, 謝萬)은 이번 싸움에 틀림없이 패하리라고 여기고 있는데 어찌 그대가 나서서 충간하지 않습니까?"

환자야는 이렇게 대답하였다.

"만석의 얼굴을 범할 수가 없어서 그럴 뿐입니다."

환공은 이 말에 화를 내며 이렇게 말하였다.

"만석은 약하고 평범한 인물이오. 어찌 그가 엄한 얼굴이어서 감히 말할 수 없다는 거요!"

桓公問桓子野:「謝安石料萬石必敗, 何以不諫?」
子野答曰:「故當出於難犯耳」
桓作色曰:「萬石撓弱凡才, 有何嚴顏難犯!」

【桓公】桓宣武. 桓公. 桓溫(312~373). 자는 元子. 明帝의 사위. 荊州刺史를 지냈으며, 蜀을 정벌하고 前秦을 쳐부숨. 簡文帝를 세우고 자신이 다시 왕위를 빼앗고자 하였음. 시호는 武侯. 그의 아들 桓玄이 드디어 제위를 찬탈하여 楚나라를 세운 다음 아버지 환온을 宣武皇帝로 추존함. 《晉書》(99)에 전이 있음.
【桓子野】桓伊. 자는 叔夏. 어릴 때의 자는 子野, 혹은 野王이라 함. 武備에 힘쓸 것을 주장하였으며 征西將軍, 右軍將軍, 西中郎將, 豫州刺史 등을 지냄. 前秦의 苻堅이 남침하자 謝玄, 謝琰과 함께 그들을 대패시키고 그 공으로 永修侯의 봉을 받음. 피리를 잘 불었으며 蔡邕의 柯亭笛을 소장하여 江左 第一 연주자라 하였다 함. 《晉書》(81)에 전이 있음.
【謝安石】謝安. 字는 安石(320~385). 謝哀의 아들이며 謝琰(望蔡)의 아버지. 謝奕의 동생. 덕망이 있고 기개가 높아 桓彝, 王濛의 사랑을 받음. 처음에는

벼슬에 뜻을 버리고 王羲之, 支遁 등과 산수를 즐기며 조정의 부름에 응하지 않았으나 40이 넘어 桓溫의 司馬를 거쳐 吳興太守, 侍中, 吏部尙書, 太保錄尙書事 등의 관직을 지냄. 뒤에 다시 太傅에 추증되었으며 시호는 文靖.《晉書》(79)에 전이 있음. 謝萬의 형.

【謝萬石】謝萬(320?~361?). 謝中郞. 자는 萬石(320?~361?). 謝安의 아우로 일찍 이름이 났으며 簡文帝가 재상으로 삼았음. 撫軍從事中郞을 거쳐 豫州刺史, 淮南太守 등을 역임함. 升平 연간에 北征하여 慕容儁을 토벌하러 나섰으나 실패하여 서인으로 강등됨. 언론에도 뛰어났으며 문장을 잘 지었음. 漁父, 屈原, 司馬季主, 賈誼, 楚老, 龔勝, 孫登, 嵇康 등 여덟 명을 四隱과 四顯으로 나누고 우열을 가린 〈八賢論〉이 유명함.《晉書》(79)에 전이 있음.

참고 및 관련 자료

1.《續晉陽秋》
伊字叔夏, 譙國銍人. 父景, 護軍將軍. 伊少有才藝, 又善聲律, 加以標悟省率, 爲王濛, 劉惔所知. 累遷豫州刺史. 贈右將軍.

342(5-56)

　　나군장(羅君章, 羅含)이 일찍이 남의 집에 놀러 간 적이 있었다. 그 집 주인은 이미 와 있던 어떤 상객上客과 이야기를 나누어 보라고 권하였다.

　　그러자 나군장은 이렇게 말하였다.

　　"이미 알고 지내는 자가 너무 많습니다. 번거롭게 다시 그렇게 하고 싶지 않습니다."

羅君章曾在人家, 主人令與坐上客共語.
答曰:「相識已多, 不煩復爾.」

【羅君章】羅含. 문장에 뛰어나 謝尙과 桓溫이 '湘中之琳瑯', '江右之秀'라 극찬하였던 인물. 《晉書》(92) 文苑傳 참조.

> **참고 및 관련 자료**

1. 《羅府君別傳》

含子君章, 桂陽耒陽人. 蓋楚熊姓之後, 啓土羅國, 遂氏族焉. 後寓湘境, 故爲桂陽人. 含, 臨海太守彦曾孫, 滎陽太守綏少子也. 桓宣武辟爲別駕, 以官廨諠擾, 於城西池小洲上立茅茨; 伐木爲牀, 織葦爲席, 布衣蔬食, 晏若有餘. 桓公嘗謂衆坐曰:「此自江左之淸秀, 豈唯荊楚而已!」累遷散騎常侍, 廷尉, 長沙相. 致仕, 中散大夫, 門施行馬. 含自在官舍, 有一白雀棲集堂宇, 及致仕還家, 階庭忽蘭菊挺生. 豈非至行之徵邪?

343(5-57)

한강백(韓康伯, 韓伯)이 병이 들어 지팡이에 의지해 정원을 산보하고 있었다. 거리에 지나가는 사謝씨 성을 가진 자를 보니 모두가 부귀하고 행차할 때는 도로가 꽉 메일 정도였다.

이에 그는 이렇게 탄식하였다.

"어찌 저 왕망王莽 시절에 모든 친족, 외척을 임용하던 것과 무엇이 다르리오!"

韓康伯病, 拄杖前庭消搖, 見諸謝皆富貴, 轟隱交路.
歎曰:「此復何異王莽時!」

【韓康伯】韓伯. 자는 康伯. 潁川人. 秀才로 천거되어 著作郞에 부름을 받았으나 응하지 않음. 뒤에 侍中, 丹陽尹, 吏部尙書, 令軍將軍, 豫章太守 등의 벼슬을 지냄. 죽은 후 太常에 추증됨. 韓太常, 韓豫章으로도 불림. 《晉書》(75)에 전이 있음.

【王莽】자는 巨君(B.C.45~A.D.23). 元帝 皇后의 조카로 어려서 고아가 되었으나 점차 이름을 날려 安漢公에 올랐음. 大司馬가 되어 平帝가 죽자 2살의 孺子嬰을 황제로 삼고 攝皇帝가 됨. 다시 初始 원년(A.D.8년)에 국호를 '新'으로 바꾸고 연호를 '始建國'으로 고쳐 劉氏 漢帝國을 멸하고 스스로 황제에 오름. 그러나 가혹한 정치와 화폐 주조 등 폭정을 일삼아 나라에 대란이 일어났으며, 이때 更始帝 劉玄과 赤眉軍, 綠林軍 등에 의해 살해됨. 《漢書》(99)에 전이 있음.

참고 및 관련 자료

1. 《漢書》
王莽宗族, 凡十侯, 五大司馬, 外戚莫盛焉.

344(5-58)

왕문도(王文度, 王坦之)가 환온桓溫의 장사長史가 되어 있을 때 환온은 자기 아들을 위해 왕문도의 딸에게 청혼을 하였다. 왕문도는 아버지(王藍田, 王述)에게 물어본 다음 결정하겠노라 하였다. 집에 오자 아버지藍田는 문도를 몹시 사랑하여 이미 다 컸음에도 그를 끌어안고 무릎에 앉혔다. 문도는 틈을 보아 환온이 자기 딸을 며느리로 삼고 싶어한다고 말하였다. 남전은 크게 화를 내면서 문도를 무릎 아래로 밀쳐 버리곤 이렇게 말하였다.

"어찌 문도 너는 이토록 멍청하여 환온의 얼굴을 두려워하느냐? 군인에게 어찌 딸을 시집보낸단 말이냐!"

문도가 돌아가서 환온에게 이렇게 고하였다.

"저의 아버지께선 그 딸을 이미 다른 집에 시집보내시기로 하였다 합니다."

그러자 환온은 이렇게 말하였다.

"내 이미 알지. 그것은 다만 너의 부친이 반대하였을 뿐 너의 뜻은 아니겠지."

뒤에 환온은 자기 딸을 문도의 아들에게 주어 사돈을 맺었다.

王文度爲桓公長史, 桓爲兒求王女, 王許諮藍田. 旣還, 藍田愛念文度; 雖長大, 猶抱著膝上. 文度因言桓求己女婚.

藍田大怒, 排文度下膝曰:「惡見文度已復癡, 畏桓溫面? 兵, 那可嫁女與之!」

文度還報云:「下官家中先得婚處.」

桓公曰:「吾知矣, 此尊府君不肯耳.」

後桓女遂嫁文度兒.

【王文度】 王坦之(330~375). 자는 文度. 태원 왕씨 王述의 아들이며, 王忱·
王愷·王愉의 아버지. '江東獨步'라 하였으며 中書令, 北中郞將을 지냄. 〈廢
莊論〉을 써서 당시의 방탕을 비난함. 《晉書》(75)에 전이 있음.

【桓公】 桓宣武. 桓公. 桓溫(312~373). 자는 元子. 明帝의 사위. 荊州刺史를
지냈으며, 蜀을 정벌하고 前秦을 쳐부숨. 簡文帝를 세우고 자신이 다시
왕위를 빼앗고자 하였음. 시호는 武侯. 그의 아들 桓玄이 드디어 제위를
찬탈하여 楚나라를 세운 다음 아버지 환온을 宣武皇帝로 추존함. 《晉書》
(99)에 전이 있음.

【藍田】 王述. 자는 懷祖(303~368). 王承의 아들이며 王坦之의 아버지. 고아가
되어 어머니를 극진히 모심. 아버지를 이어 藍田侯에 봉해졌으며 宛陵令,
臨海太守, 建威將軍, 會稽內史, 揚州刺史, 征虜將軍 등을 역임함. 청렴하기로
이름이 널리 알려졌음. 《晉書》(75)에 전이 있음.

【嫁文度兒】 桓溫이 자신의 딸을 文度(王坦之)의 아들(王子愉)에게 시집을 보냄.

참고 및 관련 자료

1. 《王中郞傳》

坦之字文度, 太原晉陽人, 祖承, 東海太守, 淸淡平遠父述, 貞貴簡正, 坦之器
淳深, 孝友天至, 譽緝朝野, 標的當世, 累遷侍中, 中書令領北中郞將, 徐袞
二州刺史.

2. 《王述別傳》

述字懷祖, 太原晉陽人, 父承, 並有高名, 述早孤, 事親孝謹, 簞瓢陋巷, 宴安永日,
由是爲有識所知, 襲爵藍田侯.

3. 《王氏世譜》

坦之子愉, 娶桓溫第二女, 字伯子.

345(5-59)

　왕자경(王子敬, 王獻之)이 몇 살 되지 않았을 때였다. 그가 여러 사람들이
저포樗蒲 도박을 하는 것을 구경하다가 누가 이기고 누가 질 것인지를
알아차리고 이렇게 읊었다.

　"남풍불경南風不競이로군요!"

　사람들이 이를 듣고 어린애 말이라고 가벼이 여기며 이렇게 대꾸하였다.

　"관중규표管中窺豹하니 시견일반時見一斑이지!"

　그러자 자경은 눈을 부릅뜨고 이렇게 말하였다.

　"멀리는 순봉천(荀奉倩, 荀粲)이 부끄럽고 가까이는 유진장(劉眞長, 劉惔)에게
창피합니다!"

　그리고는 그들을 뿌리치고 떠나 버렸다.

　王子敬數歲時, 嘗看諸門生樗蒲; 見有勝負, 因曰:『南風
不競.』

　門生輩輕其小兒, 迺曰:「此郎亦『管中窺豹, 時見一斑』」

　子敬瞋目曰:「遠慙荀奉倩, 近愧劉眞長!」

　遂拂衣而去.

【王子敬】王獻之(344~388). 王羲之의 아들이며 安帝皇后의 아버지. 첫 부인인
　郗曇의 딸을 버리고 다시 簡文帝의 딸 新安公主를 아내로 맞음. 아버지
　왕희지와 함께 글씨에 뛰어나 '二王'이라 불림. 지금 전하는 그의 작품은
　〈洛神賦十三行〉(眞書)·〈鴨頭丸帖〉(行書)·〈十二月帖〉(草書) 등이 있음.《晉書》
　(80)에 전이 있음.

【樗蒲】당시 유행하던 도박. 樗蒱로도 씀. 〈任誕〉편 및 〈忿狷〉편 참조.

【南風不競】力量이 매우 적음을 비유함.

【管中窺豹, 時見一斑】'대롱으로 표범을 보니 가끔 그 무늬가 조금 보일 뿐' 이라는 뜻.

【荀奉倩】荀粲. 자는 봉천(奉倩). 삼국시대 위나라 인물. 荀彧의 막내아들. 《三國志》 荀彧傳 참조.

【劉尹】劉惔. 字는 眞長. 劉宏의 손자로 沛國 相 땅 출신. 明帝(323~326 재위)의 廬陵長公主에게 장가들어 駙馬가 됨. 司從左長史, 侍中, 丹陽尹 등을 지냄. 36세에 죽어 孫綽이 "居官無官官之事, 處事無事事之心"이라 誄文을 지어 명언이라 하였음. 《晉書》(75)에 전이 있음.

참고 및 관련 자료

1. 《左傳》 襄公 18年

楚伐鄭, 師曠曰:「不害, 吾驟歌南風.」南風不競, 多死聲, 楚必無功.』(杜預 注: 「歌者吹律以詠八風; 南風音微, 故曰不競也.」

346(5-60)

사공(謝公, 謝安)은 양수羊綏가 훌륭한 인물이라는 말을 듣고 그를 불러 한 번 만나보려 하였으나 양수가 끝내 거절하는 것이었다. 뒤에 향수는 태학박사太學博士가 되어 일이 있어 결국 사공을 만나게 되었다. 그러자 사공은 즉시 그를 자신의 주부主簿로 삼아 버렸다.

謝公聞羊綏佳, 致意令來, 終不肯詣. 後綏爲太學博士, 因事見謝公, 公卽取以爲主簿.

【謝公】謝安. 字는 安石(320~385). 謝裒의 아들이며 謝琰(望蔡)의 아버지. 謝奕의 동생. 덕망이 있고 기개가 높아 桓彝, 王濛의 사랑을 받음. 처음에는 벼슬에 뜻을 버리고 王羲之, 支遁 등과 산수를 즐기며 조정의 부름에 응하지 않았으나 40이 넘어 桓溫의 司馬를 거쳐 吳興太守, 侍中, 吏部尙書, 太保錄尙書事 등의 관직을 지냄. 뒤에 다시 太傅에 추증되었으며 시호는 文靖.《晉書》(79)에 전이 있음.

【羊綏】자는 仲彦. 羊忱의 손자이며 羊孚의 아버지. 太學博士·中書侍郎을 역임하였으며 일찍 죽음.

참고 및 관련 자료

1.《羊氏譜》
綏字仲彦, 太山人. 父楷, 尙書郎. 綏仕至中書侍郎.

347(5-61)

왕우군(王右君, 王羲之)이 사공(謝公, 謝安)과 함께 완공(阮公, 阮裕)의 집을 방문하였다. 그 집 문에 이르자 왕우군이 사공에게 제의하였다.
"이 기회에 우리 둘이 함께 주인으로 받들어 줍시다."
사공은 이렇게 대답하였다.
"남을 받들어준다는 것은 진실로 스스로도 어려운 일이지요."

王右軍與謝公詣阮公, 至門, 語謝:「故當共推主人」
謝曰:「推人正自難」

【王右軍】王羲之(303~361, 혹은 309~365, 321~379). 자는 逸少. 어릴 때 이름은
虎犢. 王導의 조카. 어려서는 訥言하였으나 뒤에 정치와 예술에 큰 업적을
남김. 특히 글씨에 뛰어나 書聖으로 추앙받았음. 右軍將軍, 會稽內史, 臨川
太守 등을 지냈음. 山陰道士와《道德經》글씨를 거위와 바꾼 고사를 남겼
으며 그 외에 작품으로〈蘭亭集序〉·〈樂毅論〉·〈黃庭經〉·〈東方朔畫讚〉·
〈姨母〉·〈初月〉·〈憂懸〉·〈喪亂〉 등을 남김.《晉書》(80)에 전이 있음. 王右軍,
王逸少, 王羲之 등으로 불림. 그 아들 王獻之와 함께 글씨에 뛰어나 '二王'
이라 함.

【謝公】謝安. 字는 安石(320~385). 謝裒의 아들이며 謝琰(望蔡)의 아버지.
謝奕의 동생. 덕망이 있고 기개가 높아 桓彝, 王濛의 사랑을 받음. 처음에는
벼슬에 뜻을 버리고 王羲之, 支遁 등과 산수를 즐기며 조정의 부름에
응하지 않았으나 40이 넘어 桓溫의 司馬를 거쳐 吳興太守, 侍中, 吏部尚書,
太保錄尚書事 등의 관직을 지냄. 뒤에 다시 太傅에 추증되었으며 시호는
文靖.《晉書》(79)에 전이 있음.

【阮裕】자는 思曠(300?~360?). 처음 王敦의 主簿였으나 왕돈이 찬위의 뜻을
품고 있음을 알고 술과 광달한 행동으로 이를 면함. 臨海太守와 東陽太守를
지냈으나 벼슬에 뜻을 버리고 剡山으로 은거하였음. 뒤에 다시 吏部郎,
秘書監, 侍中, 散騎常侍, 金紫光祿大夫 등의 직책으로 부름을 받았으나
나가지 않음.《晉書》(49)에 전이 있음. 宋 武帝(劉裕)의 이름을 피휘하여
阮光祿, 阮主簿, 阮公, 阮思曠이라 부름.

348(5-62)

태극전太極殿이 비로소 준공되었다. 왕자경(王子敬, 王獻之)은 당시 사공(謝公,
謝安)의 장사長史였는데 사공이 편액을 왕자경에게 보내어 태극전의 제자
題字를 쓰도록 하였다. 왕자경은 매우 불쾌한 표정을 지으며 편지를 가져온
자에게 이렇게 말하였다.

"저 문 밖에 내던져 두시오!"

뒤에 사안이 왕자경을 만나 물었다.

"그 큰 태극전에 제자를 쓰는 것이 얼마나 영광스러운 일이오? 지난날 위魏나라 때 위탄韋誕 등도 역시 영광으로 생각하고 스스로 나서서 썼는데."

이 말에 왕자경은 이렇게 대꾸하였다.

"그래서 위나라 운명이 길지 못하였던 것입니다!"

사공은 왕자경의 이 말을 명언이라고 생각하였다.

太極殿始成, 王子敬時爲謝公長史; 謝送版, 使王題之.
王有不平色, 語信云:「可擲箸門外!」
謝後見王曰:「題之上殿何若? 昔魏朝韋誕諸人, 亦自
爲也」
王曰:「魏祚所以不長!」
謝以爲名言.

【太極殿】東晉 때의 皇宮. 孝武帝 太元 3년(378)에 완성.

【王子敬】王獻之(344~388). 王義之의 아들이며 安帝皇后의 아버지. 첫 부인인 郗曇의 딸을 버리고 다시 簡文帝의 딸 新安公主를 아내로 맞음. 아버지 왕희지와 함께 글씨에 뛰어나 '二王'이라 불림. 지금 전하는 그의 작품은 〈洛神賦十三行〉(眞書)·〈鴨頭丸帖〉(行書)·〈十二月帖〉(草書) 등이 있음. 《晉書》(80)에 전이 있음.

【謝公】謝安. 字는 安石(320~385). 謝裒의 아들이며 謝琰(望蔡)의 아버지. 謝奕의 동생. 덕망이 있고 기개가 높아 桓彛, 王濛의 사랑을 받음. 처음에는 벼슬에 뜻을 버리고 王義之, 支遁 등과 산수를 즐기며 조정의 부름에 응하지 않았으나 40이 넘어 桓溫의 司馬를 거쳐 吳興太守, 侍中, 吏部尙書, 太保錄尙書事 등의 관직을 지냄. 뒤에 다시 太傅에 추증되었으며 시호는 文靖. 《晉書》(79)에 전이 있음.

【韋誕】자는 仲將. 三國時代 魏明帝 및 齊王 曹芳의 代中을 지냄. 楷書大字에 능하여 위나라 보물의 題字를 거의 모두 그가 썼음.

> ### 참고 및 관련 자료

1.《晉紀》徐廣

孝武寧康二年, 尙書令王彪之等, 啓改作新宮. 太元三年二月, 內外軍六千人, 始營築, 至七月而成. 太極殿高八丈, 長二十七丈, 廣十丈. 尙書謝萬監視, 賜爵關內侯; 大匠毛安之, 關中侯.

2.《文章志》宋 明帝

太元中新宮成, 議者欲屈王獻之題榜, 以爲萬代寶. 謝安與王語次, 因及魏時起陵雲閣忘題榜, 乃使韋仲將縣櫈上題之; 比下, 須髮盡白, 裁餘氣息. 還語子弟云:「宜絶楷法.」安欲以此風動其意. 王解其旨, 正色曰:「此奇事. 韋仲將, 魏朝大臣, 寧可使其若此? 有以知魏德之不長!」安知其心, 迺不復逼之.

349(5-63)

왕공王恭이 강로노(江盧奴, 江斅)를 불러 자신의 장사長史로 삼고자 하여 이른 새벽에 강씨의 집을 찾아갔더니 강로노는 아직 침대 속에 자고 있는 것이었다. 왕공은 앉아서 감히 즉시 말을 꺼내지 못하고 한참 후에야 비로소 언급을 하였다. 강로노는 아무 대꾸도 아니 한 채 사람을 불러 술을 준비시키더니 자기만 한 사발을 들이키면서 왕공에게는 주지 않는 것이었다. 왕공은 웃으면서 이렇게 물었다.

"어찌 혼자 술을 마십니까?"

그제야 강로노는 이렇게 물었다.

"그대도 마시고 싶소?"

그러고는 왕공에게도 술을 따라 주도록 하였다. 왕공은 술을 다 마신 후 스스로 그 자리를 물러났다. 그가 대문을 다 나서기 전에 강로노는 이렇게 탄식하였다.

"사람이 자기 자신을 헤아린다는 것이 정말 어려운 일이로구나!"

王恭欲請江盧奴爲長史, 晨往詣江, 江猶在帳中; 王坐, 不敢卽言, 良久乃得及. 江不應, 直喚人取酒, 自飮一盌, 又不與王; 王且笑且言:「那得獨飮?」

江云:「卿亦復須邪?」

更使酌與王. 王飮酒畢, 因得自解去.

未出戶, 江歎曰:「人自量固爲難!」

【王恭】자는 孝伯(?~398). 王蘊의 아들이며 安帝의 처남. 太原 王氏. 著作郞·祕書丞·吏部郞 등을 지냄. 뒤에 난을 일으켰다가 피살됨.《晉書》(84)에 전이 있음.

【江盧奴】江斅, 江彪의 아들로 어린 시절의 이름은 盧奴(虜奴)였음.《晉書》 江通傳 참조.

> ### 참고 및 관련 자료

1.《晉安帝紀》
斅字仲凱, 濟陽人. 祖統, 散騎常侍. 父彪, 僕射. 並以義正器素, 知名當世. 斅歷位内外, 簡退箸稱. 歷黃門侍郞, 驃騎諮議.

2.《宋書》
斅卽湘州江夷之父也. 夷字茂遠, 湘州刺史.

효무제(孝武帝, 司馬曜)가 왕상王爽에게 물었다.

"그대와 그대 형을 비교하면 어떤가?"

그러자 왕상은 이렇게 대답하였다.

"풍류수출風流秀出함에 있어서는 제가 형 왕공王恭만 못하오나, 충효忠孝에 있어서는 역시 형에게 뒤지지 않는다고 봅니다!"

孝武問王爽:「卿何如卿兄?」

王答曰:「風流秀出, 臣不如恭; 忠孝亦何可以假人!」

【孝武帝】司馬曜. 東晉 제 9대 황제. 재위 24년(373~396). 廟號는 烈宗. 자는 明昌. 簡文帝의 셋째아들. 11세에 재위에 올라 35세에 죽음.《晉書》(9)에 紀가 있음. 王蘊의 딸 法惠를 비로 삼음.

【王睹】王爽(?~398). 자는 季明. 어릴 때의 자는 睹(道). 王蘊의 아들이며 王恭의 아우. 黃門侍郎과 侍中을 지냄. 孝武帝가 죽자 王國寶가 밤에 그 遺詔를 몰래 작성하려 하자 이를 반대하였다가 면직됨. 뒤에 王恭이 임금의 측근을 제거하려 기병하면서 왕상을 寧朔將軍으로 삼았으나 실패하여 주살당함.《晉書》(93)에 전이 있음.

【王恭】자는 孝伯(?~398). 王蘊의 아들이며 王爽의 형. 安帝의 처남. 太原 王氏. 著作郎·秘書丞·吏部郎 등을 지냄. 뒤에 난을 일으켰다가 피살됨.《晉書》(84)에 전이 있음.

〖 참고 및 관련 자료 〗

1.《中興書》

爽忠孝正直. 烈宗崩, 王國寶夜開門入, 爲遺詔; 爽爲黃門郎, 距之曰:「大行晏駕, 太子未立, 敢有先入者, 斬!」國寶懼, 乃止.

　　왕상王爽과 사마태부(司馬太傅, 司馬道子)가 같이 술을 마시다가 태부가
취하자 왕상을 '어린애小子'라 불렀다.
　　왕상은 이에 이렇게 대꾸하였다.
　　"저의 돌아가신 할아버지王濛는 장사長史 벼슬을 지내셨고 간문제(簡文帝,
司馬昱)와는 포의지교布衣之交가 있었습니다. 게다가 돌아가신 고모姑母와
누이는 애제(哀帝, 司馬丕)와 효무제(孝武帝, 司馬曜)의 왕비였는데 어찌 나를
자꾸 어린애小子라고 부르십니까?"

　　王爽與司馬太傅飮酒, 太傅醉, 呼王爲「小子」.
　　王曰:「亡祖長史, 與簡文皇帝爲布衣之交; 亡姑亡姊,
伉儷二宮. 何小子之有?」

【王爽】 자는 季明(?~398). 어릴 때의 자는 睹(道). 王蘊의 아들이며 王恭의
　　아우. 黃門侍郎과 侍中을 지냄. 孝武帝가 죽자 王國寶가 밤에 그 遺詔를
　　몰래 작성하려 하자 이를 반대하였다가 면직됨. 뒤에 王恭이 임금의 측근을
　　제거하려 기병하면서 왕상을 寧朔將軍으로 삼았으나 실패하여 주살당함.
　　《晉書》(93)에 전이 있음.
【司馬太傅】 司馬道子. 자는 道子(364~402). 흔히 司馬孝文王으로 불림. 簡文帝
　　의 다섯째아들. 文孝王으로도 불림. 10세 때 琅琊王에 봉해졌다가 다시
　　會稽王에 봉해졌음. 孝武帝 때 司徒·揚州刺史·太子太傅를 역임하였으며,
　　安帝 때 侍中, 太傅, 丞相을 역임함. 그러나 그 아들과 정권을 농단하면서
　　소인을 믿다가 王恭과 孫恩, 桓玄의 공격을 받아 주살당함. 《晉書》(64)에
　　전이 있음.
【簡文帝】 東晉의 제8대 황제 司馬昱. 字는 道萬. 中宗의 少子. 元帝 계실
　　鄭后 소생이며 司馬紹의 배다른 동생. 穆帝가 어려서 撫軍으로 보필, 뒤에

桓溫이 海西公을 폐하고 이를 세워 皇帝에 오름. 재위 2년(371~372).《世說
新語》에서는 흔히 '晉簡文', '簡文', '簡文帝', '簡文皇帝', '相王', '撫軍', '會稽王'
등으로 칭함.《晉書》(9)에 紀가 있음.
【哀帝】 司馬丕. 東晉의 제 6대 황제. 361~365 재위. 王濛의 딸 穆之를 비로
삼음.
【孝武帝】 司馬曜. 東晉 제 9대 황제. 재위 24년(373~396). 廟號는 烈宗. 자는
明昌. 簡文帝의 셋째아들. 11세에 재위에 올라 35세에 죽음.《晉書》(9)에 紀가
있음. 王蘊의 딸 法惠를 비로 삼음.

참고 및 관련 자료

1.《中興書》

王濛女, 諱穆之, 爲哀帝皇后. 王蘊女, 諱法惠, 爲孝武皇后.

352(5-66)

장현張玄과 왕건무(王建武, 王沈)는 본래 서로 아는 사이가 아니었다. 뒤에
우연히 범예장(范豫章, 范寧)의 집에서 만나자 예장은 두 사람이 서로 이야기
를 나누어 보도록 하였다. 장현은 이에 바로 앉아 옷깃부터 여미었다.

그러나 왕건무는 한참 장현을 주시하더니 그와 이야기도 하지 않으려는
것이었다. 장현은 크게 실망하고 돌아가려 하였다.

범예장은 억지로 그를 권유해서 머무르게 하였지만 끝내 그는 머물고
싶어하지 않았다. 범예장은 바로 왕건무의 외삼촌으로서 이에 이번엔
왕건무를 책망하였다.

"장현은 오군吳郡의 수재로서 지금 사람들이 추앙하는 인물이다. 너는 지금 이렇게 그를 실망시켰으니 난 네 뜻을 모르겠구나!"

그러자 왕건무는 웃으면서 이렇게 말하였다.

"장현이 만약 나를 알고자 한다면 당연히 우리 집을 방문해야지요."

범예장이 즉시 이를 장현에게 알리자 장현은 곧 띠를 띠고 예를 차려 그를 방문하였다. 이에 두 사람이 술잔을 서로 기울이며 말을 나누면서 객도 주인도 서로 아무런 미안한 기색을 찾아볼 수 없었다.

張玄與王建武先不相識, 後遇於范豫章許, 范令二人共語. 張因正坐斂衽, 王熟視良久不對. 張大失望便去. 范苦譬留之, 遂不肯住.

范是王之舅, 乃讓王曰:「張玄, 吳士之秀, 亦見遇於時; 而使至於此, 深不可解!」

王笑曰:「張祖希若欲相識, 自應見詣」

范馳報張, 張便束帶造之. 遂擧觴對語, 賓主無愧色.

【張玄】字는 祖希. 吳郡太守 張澄의 손자. 吏部尙書, 冠軍將軍, 吳興太守, 會稽內史 등을 지냈으며 謝玄과 병칭되어 "南北二玄"이라 함.

【王建武】王忱. 字는 元達(?~392). 어릴 때 字가 佛大. 王坦之의 넷째아들이며 王恭과는 族親 관계. 放達嗜酒하여 옷을 벗고 다니거나 며칠을 계속 술을 마시는 등 禮敎를 벗어나 살았음. 荊州刺史, 建武將軍 등을 지냄. 《晉書》(75)에 전이 있음.

【范豫章】范甯(范寧. 339~401). 자는 武子. 餘杭令과 豫章太守를 지냄. 王弼과 何晏을 비판하였던 인물로 鄕校를 부흥시키기에 노력함. 《春秋穀梁傳集解》를 씀. 《晉書》(75)에 전이 있음.

【舅】王忱의 어머니는 范汪의 딸로 이름은 蓋. 范寧의 여동생.

참고 및 관련 자료

1. 《晉安帝紀》

沈初作荊州刺史, 後爲建武將軍.

2. 《王氏譜》

王坦之娶順陽郡范汪女, 名蓋, 卽寗妹也, 生忱.

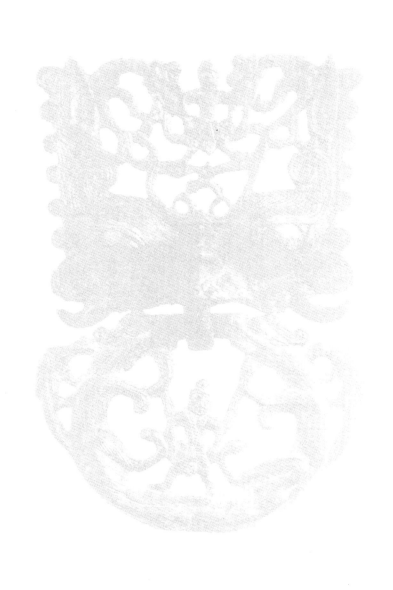

6. 아량雅量

총 66장(287-352)

'아량雅量'이란 아름다운 도량과 관용을 뜻한다. 본편은 인격이 단아하고 도량이 넓어 아름다운 이야기 거리로 남을 만한 내용을 모아 기록한 것이다. 양용楊勇〈교전校箋〉에 "雅量, 謂度量宏闊也"라 하였다.

총 43장이다.

풍랑을 만난 배. 380 참조.

353(6-1)

예장豫章 태수 고소顧劭는 고옹顧雍의 아들이었다. 고소가 근무 중에 죽었을 때 아버지는 이를 모른 채 여러 친구들을 불러놓고 바둑을 두고 있었다. 그때 밖에서 보고를 하러 사자가 왔는데 편지는 없었다. 고옹은 비록 얼굴색은 변하지 않았지만, 마음으로는 어떤 변고가 있음을 알았다. 그래서 손톱으로 손바닥을 꼬집어 옷깃이 피로 물들었다.

빈객들이 모두 흩어진 후 비로소 이렇게 탄식하였다.

"이미 연릉계자延陵季子 같은 고행高行도 없으니, 어찌 자하子夏가 실명한 질책叱責이 있으랴?"

이에 마음을 풀어놓고 애처로움을 흩으니 안색이 자약自若하였다.

豫章太守顧劭, 是雍之子; 劭在郡卒, 雍盛集僚屬自圍棊. 外啓信至, 而無兒書, 雖神色不變, 而心了其故; 以爪掐掌, 血流沾襟.

賓客旣散, 方歎曰:「已無延陵之高, 豈可有喪明之責!」

於是豁情散哀, 顔色自若.

【顧劭】 자는 孝則. 吳郡人. 나이 27세에 豫章太守가 되어 풍화를 크게 진작시킴.
【顧雍】 자는 元歎. 尚書令과 丞相을 지냄.
【延陵之高】 延陵은 春秋時代 吳나라 壽夢의 아들 季札을 가리킴. 왕위를 계승할 자격이 있음에도 이를 양위하였으며 어진 인물로 연릉군에 봉해짐. 《禮記》 檀弓(下)에 의하면 그는 齊나라에 갔다가 돌아와 보니 아들이 죽어 장례함에 그 묘는 泉에 이르지 않았고, 염하는 것은 時服으로 하였고, 세 번 울었다 하여 이를 두고 孔子는 季札을 예를 아는 이라고 칭찬하였음.

【喪明之責】《禮記》檀弓(上)에 子夏는 그 아들이 죽자 너무 슬피 울어 눈이 멀어 버렸다함. 증자가 조문을 갔다가 눈이 멀도록 애통한 것에 대하여 세 가지로 잘못을 지적한 내용이 있음.

참고 및 관련 자료

1.《吳記》(環濟)

劭字孝則, 吳郡人. 年二十七, 起家爲豫章太守, 擧善以敎民 風化大行.

2.《江表傳》

雍字元歎, 曾就蔡伯喈, 伯喈賞異之, 以其名與之.

3.《吳志》

雍累遷尙書令, 封陽遂鄕侯; 拜侯還第, 家人不知. 爲人不飮酒, 寡言語. 孫權嘗曰:「顧侯在坐, 令人不樂.」位至丞相.

4.《禮記》檀弓(上)

延陵季子適齊, 及其反也, 其長子死, 葬於嬴, 傳之間. 孔子曰:「延陵季子, 吳之習於禮者也, 往而觀其葬焉.」其坎深, 不至於泉, 其斂以時服. 旣葬而封, 廣輪掩坎, 其高可隱也. 旣封, 左袒, 石還其封, 且號者三, 曰:「骨肉歸復于土, 命也; 若魂氣, 則無不之也.」而遂行. 孔子曰:「延陵季子之於禮也, 莫合矣乎?」子夏喪其子, 而喪其明. 曾子弔之曰:「朋友喪明則哭之.」曾子哭, 子夏亦哭, 曰:「天乎! 予之無罪也!」曾子怒, 曰:「商, 汝何無罪也? 吾與汝事夫子於洙, 泗之間, 退而老於西河之上, 使西河之民, 疑汝於夫子, 爾罪一也, 喪爾親, 使民未有聞焉, 爾罪二也. 喪爾子, 喪爾明, 爾罪三也.」子夏投其杖而拜曰:「吾過矣! 吾過矣!」

354(6-2)

혜중산(嵆中散, 嵇康)이 동시東市에서 사형을 당할 때에 얼굴색이 조금도 변하지 않고 오히려 거문고를 달라고 하여 〈광릉산廣陵散〉이라는 곡조를 연주하는 것이었다. 곡을 마치자 문득 이렇게 탄식하였다.

"원효니(袁孝尼, 袁準)가 일찍이 나에게 이 곡조를 가르쳐 달라고 하였지만 나는 인색하게도 고집을 부려 일러주지 않았다. 〈광릉산〉, 이 곡조는 이제 끊어지게 되었구나!"

태학생太學生 3천여 명이 상서하여 이 곡조를 배우게 해달라고 하였지만 끝내 허락을 받지 못하였다. 그 후 문왕(文王, 司馬昭)도 그를 죽인 것을 늘 후회하곤 하였다.

嵇中散臨刑東市, 神氣不變; 索琴彈之, 奏〈廣陵散〉.

曲終曰:「袁孝尼嘗請學此散, 吾靳, 固未與, '廣陵散'於今絶矣!」

太學生三千人上書請以爲師, 不許. 文王亦尋悔焉.

【嵇中散】嵇康. 자는 叔夜(223~262). 어릴 때 고아였으며 奇才가 있었음. 老莊에 심취하였으며 시문에 능하였고 '竹林七賢'의 하나임. 뒤에 鍾會의 모함을 입어 司馬昭에게 죽임을 당함. 本姓은 奚氏였으나 뒤에 銍縣 嵇山 곁에 옮겨 살아 성을 嵇氏로 바꾸었다 함. 〈廣陵散曲〉, 〈琴賦〉, 〈養生論〉, 〈聲無哀樂論〉, 〈與山巨源絶交書〉 등이 유명함. 《晉書》(49)에 전이 있음.
【東市】洛陽의 牛馬市.
【廣陵散】곡조명. 《太平御覽》(579)에는 《靈異志》를 인용하여 싣고 있음.
【袁孝尼】袁準. 陳郡 夏陽人으로 벼슬에 뜻이 없었으며 아래 사람에게 묻기를 부끄러워하지 않았다 함. 晉 武帝 때 給事中을 역임함.

【文王】晉文王. 司馬昭. 晉文帝. 晉宣帝의 둘째아들이며 이름은 昭, 자는 子上. 晉武帝 司馬炎이 진나라를 세우고 나서 文帝로 추존함. 《晉書》(2)에 紀가 있음.

참고 및 관련 자료

1. 《洛陽伽藍記》卷2 崇眞寺

出建春門外一里餘, 至東石橋, 南北而行, 晉太康元年造, 橋西有魏朝牛馬市, 刑嵇康之所也.

2. 《魏志》王粲傳의 裴注

康以景元中坐事誅, 干寶, 孫盛, 習鑿齒諸書謂在正元二年, 司馬文王反自樂嘉, 殺嵇康, 呂安. 非是.

3. 《太平御覽》579(《靈異志》)

嵇中散神情高邁, 任心游憩, 嘗行西南, 出去洛數十里, 亭名華陽, 投宿, 夜了無人, 獨在亭中. 此亭由來殺人, 宿者多凶. 至一更中, 操琴先作諸弄, 而聞空中稱善聲. 中散撫琴而呼之曰:「君何以不來?」此人便答曰:「身是古人, 幽沒於此數千年矣. 聞君彈琴, 音曲清和, 故來聽耳; 而就終殘毀, 不宜以接侍君子.」向夜, 彷彿見以手持其頭, 遂與中散共論聲音, 其辭清辯. 謂中散:「君試過琴」於是中散以琴授之. 既彈, 悉作衆曲, 亦不出常, 唯廣陵散絶倫. 中散纔從受之; 半夕, 悉得. 與中散誓:「不得教他人, 又不得言其姓也.」

4. 《晉陽秋》

初, 康與東平呂安親善, 安嫡兄巽, 淫安妻徐氏, 安欲告巽, 遣妻, 以諮於康, 康喩而抑之. 巽內不自安, 陰告安撾母, 表求徙邊. 安當徙, 訴自理, 辭引康.

5. 《文士傳》

呂安罹事, 康詣獄以明之. 鍾曾庭論康曰:「今皇道開明, 四海風靡, 邊鄙無詭隨之民, 街巷無異口之議, 而康上不臣天子, 下不事王侯, 輕時傲世, 不爲物用, 無益於今, 有敗於俗. 昔太公誅華士, 孔子戮少正卯, 以其負才, 亂羣, 惑衆也. 今不誅康, 無以清潔王道」於是錄康閉獄. 臨死, 而兄弟親族, 咸與共別, 康顔色不變; 問其兄曰:「向以琴來不邪?」兄曰:「以來.」康取調之, 爲太平引; 曲成, 歎曰:「太平引於今絶也!」

6.《晉書》王隱

康之下獄, 大學生數千人請之, 于時豪俊, 皆隨康入獄; 悉解喩, 一時散遣. 康竟
與安同誅.

355(6-3)

하후태초(夏侯太初, 夏侯玄)가 일찍이 나무 기둥에 기대어 편지를 쓰고 있었다. 때마침 큰비가 내리면서 벼락이 그가 기대고 있는 나무를 쳐 부러뜨렸다. 그리고 그의 옷까지 새까맣게 그을렸다. 그래도 그는 조금도 얼굴색을 변하지 않고 그대로 글을 써 내려갔다. 빈객과 좌우가 모두 놀라 넘어져 일어날 줄을 몰랐다.

夏侯太初嘗倚柱作書, 時大雨, 霹靂破所倚柱, 衣服燋然, 神色無變, 書亦如故. 賓客左右, 皆跌蕩不得住.

【夏侯太初】夏侯玄(209~254). 자는 太初(泰初). 夏侯尙의 아들로 일찍이 능력을 인정받아 약관에 散騎黃門侍郞이 되었음. 曹爽을 보좌하여 中護軍이 되어 인재를 선발하였음. 뒤에 征西將軍이 되어 司馬氏가 曹爽을 주벌하여 정권을 쥐자 大鴻臚가 되었다가 太常에 올랐으나 李豐, 張緝 등이 司馬師를 없애고 하후현을 세우려는 모의가 발각되어 하후현도 이에 함께 주살됨. 淸言과 玄風에 뛰어나 당시 玄學의 영수로 추앙받았음. 저술에 〈樂毅論〉, 〈張良論〉, 〈本無肉刑論〉 등이 유명함. 《三國志》(9)에 전이 있음.

1.《語林》

太初從魏帝拜陵, 陪列於松相下; 時暴雨, 霹靂正中所立之樹. 冠冕燋壞, 左右 覩之皆伏, 太初顔色不改. 臧榮緖又以爲諸葛誕也.

2. 顧愷之의 《畫贊》이 있다 함.(劉孝標 주)

356(6-4)

왕융王戎이 일곱 살 때에 일찍이 어린 친구들과 놀고 있다가 길가 오얏 나무에 오얏이 많이 열려 가지가 거의 부러질 정도임을 보았다. 친구들이 다투어 가서 이를 땄지만, 오직 왕융은 꼼짝도 않고 있었다.

어떤 이가 그 이유를 묻자 이렇게 대답하였다.

"나무가 길가에 있으면서, 또한 열매까지 저렇게 많이 맺혔는데, 사람이 건드리지 않는 걸 보면 이는 반드시 쓴 오얏일 것입니다."

따서 맛을 보니 과연 그의 말과 같았다.

王戎七歲, 嘗與諸小兒遊, 看道邊李樹多子, 折枝; 諸兒 競走取之, 唯戎不動.

人問之, 答曰:「樹在道邊而多子, 此必苦李」取之信然.

【王戎】자는 濬沖(234~305). 王安豐으로도 불림. 王綏의 아버지이며 安豐縣侯를 역임함. 성격이 인색하였으며 禮敎에 얽매이지 않았음. 阮籍, 山濤, 向秀, 阮咸, 嵇康, 劉伶과 더불어 '竹林七賢'으로 불렸음. 《晉書》(43)에 전이 있음.

참고 및 관련 자료

1. 《名士傳》

戎由是幼有神理之稱也.

357(6-5)

위魏 명제(明帝, 曹叡)가 선무장宣武場에 발톱을 자른 호랑이를 갖다 놓고 백성들이 마음놓고 와서 구경하게 하였다.

왕융王戎은 당시 일곱 살로 역시 구경을 갔다. 호랑이가 우리 안에서 난간을 잡고 울부짖자 그 소리는 땅을 뒤흔들었다. 구경꾼 그 누구 하나 놀라 피하고 넘어지지 않은 자가 없었으나 왕융만은 태연히 조금도 무서워하는 기색이 없었다.

魏明帝於宣武場上, 斷虎爪牙, 縱百姓觀之. 王戎七歲, 亦往看, 虎承間攀欄而吼, 其聲震地, 觀者無不辟易顚仆; 戎湛然不動, 了無恐色.

【魏明帝】曹叡(206~239). 魏文帝(曹丕)와 甄后 사이에 남. 227년 문제를 이어
제위에 올랐음. 재위 13년(227~239). 시호는 明皇帝.《三國志》(3)에 紀가 있음.
【宣武場】군사 조련장.
【王戎】자는 濬沖(234~305). 王安豐으로도 불림. 王綏의 아버지이며 安豐
縣侯를 역임함. 성격이 인색하였으며 禮敎에 얽매이지 않았음. 阮籍, 山濤,
向秀, 阮咸, 嵇康, 劉伶과 더불어 '竹林七賢'으로 불렸음.《晉書》(43)에 전이
있음.

┌─ 참고 및 관련 자료 ─┐

1.《水經注》穀水
狄泉在洛陽北, 夏遂爲東宮池, 其一水, 自大夏門東逕宣武觀; 憑城結構, 不更
層墉, 南望天淵地, 北矚宣武場.
2. 楊勇〈校箋〉
『宣武場, 在洛陽縣故洛陽城北, 旁依宣武觀.』
3.《竹林七賢論》
明帝自閣上望見, 使人問戎姓名, 而異之.

358(6-6)

왕융王戎이 시중侍中으로 있을 때 남군태수南郡太守 유조劉肇가 통중전포
筩中箋布 50 단端을 싸서 보내왔다. 왕융은 이를 받지 않고 후의에 고맙다는
편지만 써보냈다.

王戎爲侍中, 南郡太守劉肇遺「筒中箋布」五十端; 戎雖不受, 厚報其書.

【王戎】 자는 濬沖(234~305). 王安豊으로도 불림. 王綏의 아버지이며 安豊縣侯를 역임함. 성격이 인색하였으며 禮敎에 얽매이지 않았음. 阮籍, 山濤, 向秀, 阮咸, 嵇康, 劉伶과 더불어 '竹林七賢'으로 불렸음. 《晉書》(43)에 전이 있음.

【劉肇】 晉나라 때 南郡(지금의 湖北省 江陵縣) 太守를 지낸 인물.

【筒中箋布】 《晉書》 王戎傳에는 "筒中細布"라 하였으며 "黃潤布"라고도 함. 좋은 옷감의 이름.

【端】 옷감의 길이를 재는 단위. 2장을 1단이라 함.

참고 및 관련 자료

1. 《晉陽秋》

司隷校尉劉毅奏: 「南郡太守劉肇, 以布五十疋, 雜物遺前豫州刺史王戎; 請檻車徵付廷尉治罪, 除名終身」 戎以書未達, 不坐.

2. 《竹林七賢論》

戎報肇書, 議者僉以爲譏; 世祖患之, 乃發口詔曰: 「以戎之爲士, 義豈懷私?」 議者乃息. 戎亦不謝.

359(6-7)

배숙칙(裴叔則, 裴楷)은 체포되고도 얼굴색 하나 변함이 없었고, 행동 또한 자약自若하였다. 그는 종이와 붓을 요구하더니 글을 썼다.

글이 다 이루어지자 그를 구해주려는 자가 많아 결국 형을 면하게 되었다. 뒤에 그는 직위가 의동삼사儀同三司에 이르렀다.

裴叔則被收, 神氣無變, 擧止自若, 求紙筆作書; 書成, 救者多, 乃得免. 後位儀同三司.

【裴叔則】裴楷(237~291). 자는 叔則. 《老子》와 《周易》에 밝았음. 살결이 희어 玉人이라 불림. 光祿大夫와 開府儀同三司에 오름. 시호는 元. 《晉書》 (35)에 전이 있음.

【儀同三司】開府儀同三司를 가리킴. 東漢 때에 大司馬를 司空으로 나누고 司徒와 함께 三司라 불렀음.

[참고 및 관련 자료]

1. 《晉諸公贊》
楷息瓚, 取楊駿女; 駿誅, 以楷婚黨, 收付廷尉. 侍中傳祇證楷素意, 由此得免.

2. 《名士傳》
楚王之難, 李肇惡楷名重, 收將害之. 楷神色不變, 擧動自若, 諸人請救, 得免.

3. 《晉陽秋》
楷與王戎, 得加儀同三司.

　　왕이보(王夷甫, 王衍)가 한번은 친척으로부터 부탁받은 일을 시간이 지나도록 처리해 주지 못하였다.

　　그러다가 어느 날 주연酒宴의 자리에서 그 친척을 만났다. 친척은 곧 왕이보에게 이렇게 말하였다.

　　"종전에 부탁한 일을 어째서 아직까지도 처리해 주지 않고 있소?"

　　그는 크게 화를 내고 또한 술그릇을 그의 얼굴에 던졌다.

　　왕이보는 아무 말도 않고 가서 얼굴을 씻고는 왕승상(王丞相, 王導)의 팔을 끼고 함께 수레를 타고 가버렸다.

　　가면서 수레 안에서 거울을 보며 왕승상에게 물었다.

　　"네가 보기에 나의 시선은 소의 등은 넘어섰노라."

　　王夷甫嘗屬族人事, 經時未行; 遇於一處飮燕, 因語之曰: 「近屬尊事, 那得不行?」

　　族人大怒, 便擧樏擲其面.

　　夷甫都無言; 盥洗畢, 牽王丞相臂, 與共載去.

　　在車中照鏡語丞相曰: 「汝看我眼光, 迺出牛背上」

【王夷甫】王衍(256~311). 자는 夷甫. 죽림칠현의 하나인 王戎의 從弟. 太尉를 지냄. 《晉書》(43)에 전이 있음.

【王丞相】王導(276~339). 자는 茂弘. 어릴 때 자는 阿龍. 王敦의 從弟. 서진이 망하자 王敦과 함께 司馬睿를 황제로 추대하여 東晉을 세움. 그 공으로 丞相이 되었으며 號를 '仲父'라 하였음. 천하의 권세를 잡아 당시 "王與馬,

共天下"라 하였음. 元帝와 明帝, 成帝를 차례로 즉위시켰음. 아울러 남방 세족의 도움으로 강남에서의 동진 정권을 안정시킴.《晉書》(65)에 전이 있음.

1. 소등(牛背)을 넘어섰다는 말은 시선이 단정하게 알맞은 높이를 지니고 있어 '관용(寬容)스럽다, 뛰어나다'의 뜻. 劉孝標 注에 『王夷甫蓋自謂風神英俊, 不至與人校』라 함.

361(6-9)

배하裴遐가 주복周馥의 집에 문객으로 가자, 주복은 빈주지례賓主之禮를 갖추어 대접하였다. 배하가 다른 사람과 바둑을 두고 있을 때 주복의 사마司馬가 술을 날라 왔다. 배하가 바둑에 빠져 술을 마시지 않자 사마는 기분이 상해 그를 끌어내어 땅에 쓰러뜨려 버렸다. 그런데도 배하는 다시 돌아와 자리를 잡는데 행동이 아무 일 없는 듯하였으며, 안색도 변하지 않고 여전히 바둑을 두는 것이었다. 왕이보(王夷甫, 王衍)가 이를 듣고 배하에게 물었다.

"그때 어찌 그리 안색이 여전할 수 있었습니까?"

그러자 배하는 이렇게 대답하였다.

"그저 멍청한 듯이 당하고 있을 뿐이었지."

裴遐在周馥所, 馥設主人, 遐與人圍棊, 馥司馬行酒. 正戲,
不時爲飲. 司馬恚, 因曳遐墜地. 遐還坐, 擧止如常, 顔色
不變, 復戲如故.

王夷甫問遐:「當時何得顔色不異?」

答曰:「直是闇當故耳」

【裴遐】자는 叔道. 裴徽의 손자이며 裴綽의 아들. 散騎郎을 지냄. 王衍의 사위
　이며 東海王(司馬越)의 太傅主簿를 지냈으나 司馬越의 아들 司馬毗에게
　죽임을 당함.《三國志》魏書 裴潛傳 注 및《晉書》裴秀傳 참조.
【周馥】자는 祖宣. 御史中丞, 侍中, 徐州刺史, 廷尉 등을 지냄. 永寧伯에
　봉해졌으며 한때 壽春으로 천도할 것을 주장하기도 하였음. 뒤에 東海王
　(司馬越)과 사이가 벌어져 전투를 벌이다가 분을 품고 죽음.《晉書》(61)에
　전이 있음.
【王夷甫】王衍(256~311). 자는 夷甫. 죽림칠현의 하나인 王戎의 從弟. 太尉를
　지냄.《晉書》(43)에 전이 있음.
【闇當】정확한 뜻을 알 수 없음. 혹 '바둑에 너무 몰두하여 깨닫지 못한
　상태'로 보기도 하며, 다른 주석본에는 '멍청함'(糊塗), 또는 '묵묵히 받아
　넘김'(黙黙承受)으로 풀이하고 있음.

참고 및 관련 자료

1.《晉紀》鄧粲
馥字祖宣, 汝南人. 代劉準爲鎭東將軍, 鎭壽陽; 移檄四方, 欲奉迎天子. 元皇
使甘卓攻之, 馥出奔, 道卒.

2. 劉孝標 注
『一作闇故當耳. 一作眞是鬪將故耳.』

362(6-10)

유경손(劉慶孫, 劉輿)은 태부(太傳, 司馬越)의 부중府中에 있으면서 권력을 믿고 횡포를 부려, 당시 인사들이 많이 얽혀들고 말았다. 다만 유자숭(庾子嵩, 庾敳)만은 이 일과 초연하여 어떤 틈을 보이지 않고 있었다.

뒤에 유자숭은 검소하고 또한 부유하여 유경손은 이를 이용하려고 태부太傳에게 돈을 1천만 금을 꾸어달라고 해보라고 하였다.

당연히 그는 인색하여 거절할 것이고, 그렇게 되면 구실을 잡을 수 있으리라 여겼기 때문이었다.

태부는 여러 사람 앞에서 유자숭에게 돈을 꿔달라고 요구하였다. 유자숭은 마침 술에 지독히 취해서 머리의 수건을 땅에 떨어뜨리고 머리로 그것을 쓰려고 쥐어박으며 천천히 이렇게 말하였다.

"저의 집에 약 2, 3천만 금은 있으니 마음대로 갖다 쓰시오!"

이렇게 되자 유경손은 끝내 감복하고 말았다.

뒤에 어떤 이가 유자숭에게 그 사실을 말하자, 유자숭은 이렇게 말하였다.

"소인의 염려로써 어찌 군자의 깊은 마음을 헤아릴 수 있으리오 라고 한다고나 할까!"

劉慶孫在太傅府, 于時人士, 多爲所構, 唯庾子嵩縱心事外, 無迹可間. 後以其性儉家富, 說太傅令換千萬, 冀其有吝, 於此可乘. 太傅於衆坐中問庾, 庾時頹然已醉, 幘墮几上, 以頭就穿取.

徐答云:「下官家故可有兩娑千萬, 隨公所取」

於是乃服.

後有人向庾道此, 庾曰:「可謂以小人之慮, 度君子之心!」

【劉慶孫】劉璵. 《晉書》에는 劉興로 되어 있음. 字는 慶孫. 劉琨의 형. 한 때 東海王(司馬越)의 左長史를 지냄. 형제가 평소 孫秀를 경멸하였는데 趙王 (司馬倫)이 찬위하여 손수가 득세하자 면직당함. 뒤에 齊王(司馬冏)을 보좌하여 中書侍郞, 散騎常侍 등을 역임함. 《晉書》(62)에 전이 있음.

【太傅】東海王 司馬越을 가리킴.

【庾子嵩】庾敳(261~311). 자는 子嵩. 王衍의 중시를 받아 吏部郞. 東海王 (司馬越)의 太傅가 되었으며 石勒의 난에 왕연과 함께 피살됨. 《晉書》(50)에 전이 있음.

참고 및 관련 자료

1.《晉陽秋》

劉輿字慶孫, 中山人. 有豪俠才算, 善交結. 爲范陽王虓所暱, 虓薨, 太傅召之, 大相委仗, 用爲長史.

2.《八王故事》

司馬越字元超, 高密王泰次子. 少尙布衣之操, 爲中外所歸. 累遷司空, 太傅.

3. 楊勇〈校箋〉

『庾曰云云, 晉書庾敳傳以爲東海王越之言. 與世說異.』

363(6-11)

왕이보(王夷甫, 王衍)와 배경성(裴景聲, 裴邈)은 지향하는 바와 기호가 서로 달랐다. 그래서 배경성은 왕이보가 자꾸 자신을 끌어들이려는 것을 싫어하였지만, 왕이보의 뜻을 돌릴 수는 없었다. 그래서 배경성은 고의로

왕이보를 찾아가 마구 욕을 퍼붓고 그가 무슨 대답이라도 자신에게
해주어 세상의 비방을 나누어 쓰고 싶었다. 그러나 왕이보는 얼굴색
하나 변하지 아니한 채 서서히 이렇게 말하는 것이었다.
　"흰 눈동자로 드디어 일을 벌이고 있군!"

　王夷甫與裴景聲志好不同, 景聲惡欲取之, 卒不能回.
乃故詣王, 肆言極罵, 要王答己, 欲以分謗.
　王不爲動色, 徐曰:「白眼兒遂作!」

【王夷甫】王衍(256~311). 자는 夷甫. 죽림칠현의 하나인 王戎의 從弟. 太尉를
　지냄.《晉書》(43)에 전이 있음.
【裴景聲】裴邈. 자는 景聲. 裴頠의 從弟. 청담에 뛰어나 밤을 새울 정도라
　하였음. 司馬越의 從事中郞, 左司馬 등을 지냄.《三國志》魏書 裴潛傳 注
　참조.

참고 및 관련 자료

1.《晉諸公贊》
邈字景聲, 河東聞喜人. 小有通才, 從兄頠器賞之, 每與淸言, 終日達曙. 自謂
理構多知, 輒每謝之, 然未能出也. 歷太傅從事中郞, 左司馬, 監東海王軍事.
少爲文士, 而經事爲將, 雖非其才, 而以宰重稱也.

364(6-12)

왕이보(王夷甫, 王衍)는 배성공(裴成公, 裴頠)보다 네 살이 많아 그와는 친구로 사귀지 않았다. 그런데 한번은 여러 사람이 함께 모일 기회가 있었는데, 모두가 당시의 명사들이었다.

어떤 이가 왕이보에게 물었다.

"배성공은 명망이 있소. 어찌 나이를 따지리오!"

왕이보는 그 때부터 배성공에게 경卿자를 붙여 높여 주었다.

그러자 배성공은 이렇게 말하였다.

"스스로 옛날처럼 그대君의 고아한 뜻을 그대로 지켜 주셔도 되는데"

王夷甫長裴成公四歲, 不與相知; 時共集一處, 皆當時名士.
謂王曰:「裴令令望何足計!」
王便卿裴. 裴曰:「自可全君雅志.」

【王夷甫】王衍(256~311). 자는 夷甫. 죽림칠현의 하나인 王戎의 從弟. 太尉를 지냄.《晉書》(43)에 전이 있음.
【裴成公】裴頠(267~300). 자는 逸民. 司空 裴秀의 막내아들. 박학원식(博學遠識)하여 刻石寫經에 참가하였으며 〈崇儒論〉을 지음. 뒤에 趙王(司馬倫)의 사건으로 被誅됨. 시호는 成.《晉書》(35)에 전이 있음.

365(6-13)

오가던 자들의 소문에 "유공(庾公, 庾亮)이 동으로 모반하여 올 뜻을 갖고 있다"라 하였다. 어떤 사람이 왕공(王公, 王導)에게 이렇게 말하였다.

"조금 방비를 해두십시오. 의외의 일이 일어나면 대비해야 하오."

그러자 왕공은 이렇게 말하였다.

"나와 유공은 비록 같이 신하가 되었지만 본래는 포의布衣를 좋아하던 인물들이오. 만약 그가 쳐들어온다면 나는 은거할 때 입는 옷을 입고 그를 만나 함께 오의항烏衣巷으로 가면 되지, 무슨 방비가 필요하겠소?"

有往來者, 云庾公有東下意.

或謂王公:「可潛稍嚴, 以備不虞.」

王公曰:「我與元規雖俱王臣, 本懷布衣之好; 若其欲來, 吾角巾徑還烏衣. 何所稍嚴?」

【庾公】庾亮(289~340). 자는 元規. 蘇峻, 祖約의 난을 평정하였으며 명제 때 王導를 이어 中書監이 됨. 征西大將軍, 荊州刺史 등을 재냄. 청담을 좋아하였으며 老莊에 밝았음. 죽은 후 太尉에 추증되었고 시호는 文康.《晉書》(73)에 전이 있음.

【王公】王導(276~339). 자는 茂弘. 어릴 때 자는 阿龍. 王敦의 從弟. 서진이 망하자 王敦과 함께 司馬睿를 황제로 추대하여 東晉을 세움. 그 공으로 丞相이 되었으며 號를 '仲父'라 하였음. 천하의 권세를 잡아 당시 "王與馬, 共天下"라 하였음. 元帝와 明帝, 成帝를 차례로 즉위시켰음. 아울러 남방 세족의 도움으로 강남에서의 동진 정권을 안정시킴.《晉書》(65)에 전이 있음.

【烏衣巷】지금의 江蘇 江寧縣으로 王氏·謝氏 등이 살던 곳.

1. 《丹陽記》

烏衣之起, 吳時烏衣營處所也. 江左初立, 琅邪諸王所居.

2. 楊勇 〈校箋〉

『明江寧縣志卷一: 「烏衣巷在秦淮南」 注: 「舊志云: 『今城南長干寺北有小巷曰烏衣, 去朱雀橋不遠, 相傳遂以重譯街爲古烏衣巷.』 又考紀瞻立宅烏衣巷, 卽其宅爲驃騎府, 側浮航, 曰驃騎航. 航渡秦淮, 今重譯街」 又曰: 「謝石宅在烏衣巷驃騎航之側. 乃秦淮南岸, 宅有聽箏堂」 宋書謝弘微傳: 「混與族子靈運, 瞻, 晦, 曜以文義賞曾, 常共宴處, 居在烏衣巷, 故謂之〈烏衣之游〉」 混詩所言 '昔爲烏衣游, 戚戚皆親姓'者也.」 劉禹錫烏衣巷詩: 『朱雀橋邊野草花, 烏衣巷口夕陽斜; 舊時王謝堂前燕, 飛入尋常百姓家.』 朱雀橋卽大桁, 亦曰浮航; 在建康南, 卽今江寧縣東南是.』

3. 《中興書》

於是風塵自消, 內外緝穆.

366(6-14)

왕승상(王丞相, 王導)의 주부主簿가 그 부하들을 검색하려 하였다.
그러자 왕승상은 주부에게 이렇게 일렀다.
"주부와 교왕하려면 남의 책상에 있는 문서는 몰라야 되는 법이라오!"

王丞相主簿欲檢校帳下.
公語主簿: 「欲與主簿周旋, 無爲知人几案間事!」

【王丞相】王導(276~339). 자는 茂弘. 어릴 때 자는 阿龍. 王敦의 從弟. 서진이 망하자 王敦과 함께 司馬睿를 황제로 추대하여 東晉을 세움. 그 공으로 丞相이 되었으며 號를 '仲父'라 하였음. 천하의 권세를 잡아 당시 "王與馬, 共天下"라 하였음. 元帝와 明帝, 成帝를 차례로 즉위시켰음. 아울러 남방 세족의 도움으로 강남에서의 동진 정권을 안정시킴.《晉書》(65)에 전이 있음.
【主簿】丞相府의 일을 맡아하는 직책.

367(6-15)

조사소(祖士少, 祖約)는 재물을 모으는 맛으로 살고, 완요집(阮遙集, 阮孚)은 나막신을 모으는 취미로 살고 있었다.

두 사람은 모두 계속 이것들로 분주하여 일상생활이 거기에 매여 있다고 해도 과언이 아니어서, 두 사람의 우열을 가리기 어려울 정도였다.

어떤 사람이 조사소를 방문하였더니, 그는 마침 모아 놓은 재물을 살피고 있다가 손이 오는 것을 보자 보던 물건을 다 거두지 못하고 두 상자의 재물을 등 뒤로 감추었다. 그러고는 다시 몸을 굽혀 그 것을 막아 숨기면서 당황한 표정을 지었다.

또 어떤 사람이 이번엔 완요집을 방문하자, 그는 스스로 밀랍蜜蠟을 풀무질하여 나막신의 모형을 뜨면서 탄식하였다.

"평생 산다고 해야 이 나막신 몇 켤레나 신어볼꼬?"

그러면서 얼굴색이 자연스러웠다. 이에 이 두 일로 해서 비로소 두 사람의 우열이 가려지게 되었다.

祖士少好財, 阮遙集好屐, 並恆自經營, 同是一累, 而未判
其得失. 人有詣祖, 見料視財物; 客至, 屏當未盡, 餘兩
小簏著背後, 傾身障之, 意未能平.

或有詣阮, 見自吹火蠟屐, 因歎曰:「未知一生當箸幾量屐?」
神色閑暢. 於是勝負始分.

【祖士少】祖約(?~330). 祖逖의 이복동생으로 平西將軍·豫州刺史 등을 지냈
　으며 石勒에게 피살됨.《晉書》(100)에 전이 있음.
【阮遙集】阮孚(279~327). 자는 遙集. 阮咸의 둘째아들임. 阮咸이 고모집 여종
　이었던 鮮卑族 여자를 좋아하여 그 사이에 태어남. 元帝 때 安東參軍을 거쳐
　侍中, 吏部尙書, 丹陽尹을 역임함. 成帝 때 서울에 난이 일어날 것을 예상
　하고 廣州刺史를 요구하여 떠나지 못한 채 죽음.《晉書》(49)에 전이 있음.

> 참고 및 관련 자료

1.《祖約別傳》
約字士少, 范陽道人. 累遷平西將軍, 豫州刺史, 鎭壽陽. 與蘇峻反; 峻敗, 約投
石勒. 約本幽州冠族, 賓客塡門; 勒登高望見車騎, 大驚. 又使占奪鄕里先人田
地, 地主多恨. 勒惡之, 遂誅約.

2.《晉陽秋》
阮孚字遙集, 陳留人, 咸弟二子也. 少有智調, 而無雋異. 累遷侍中, 吏部尙書,
廣州刺史.

3.《聖賢群輔錄》(下) 陶淵明
一云阮八百卽瞻弟孚字. 遙集明率多通, 故大將軍王敦方瞻, 有減, 故云八百.

4.《阮孚別傳》
孚風韻疎誕, 少有門風.

허시중(許侍中, 許璪)과 고사공(顧司空, 顧和)은 함께 왕승상(王丞相, 王導)의 종사로 있었고, 당시에 이미 높이 인정을 받고 있었다. 둘은 놀이나 모임에서 조금도 서로 다른 점이 없어 구별할 수가 없었다.

한 번은 밤에 왕승상 댁에서 놀게 되었다. 두 사람은 실컷 놀고 밤이 깊어 돌아갈 수 없게 되자, 승상은 문득 두 사람을 자기의 침상에서 자도록 하였다.

그런데 고사공은 새벽이 되도록 전전반측하며 잠을 이루지 못하였고, 허시중은 잠자리에 들자마자 코를 골며 곯아 떨어졌다. 승상은 이에 여러 손님들을 돌아보며 이렇게 말하였다.

"이 둘 중에서도 역시 잠을 못 이루는 차이는 있구나."

許侍中·顧司空俱作丞相從事; 爾時已被遇, 遊宴集聚, 略無不同. 嘗夜至丞相許戲, 二人歡極; 丞相便命使入己帳眠. 顧至曉廻轉, 不得快熟; 許上牀便自咍臺大鼾.

丞相顧語諸客曰:「此中亦是難得眠處.」

【許侍中】許璪. 자는 文思. 侍中. 吏部侍郞에 오름. 혹은 許琛이 아닌가 함. 〈排調篇〉 참조.

【顧司空】顧和(285~351). 자는 君孝. 侍中과 司空에 추증됨. 《晉書》(83)에 전에 있음.

【王丞相】王導(276~339). 자는 茂弘. 어릴 때 자는 阿龍. 王敦의 從弟. 서진이 망하자 王敦과 함께 司馬睿를 황제로 추대하여 東晉을 세움. 그 공으로 丞相이 되었으며 號를 '仲父'라 하였음. 천하의 권세를 잡아 당시 "王與馬,

共天下"라 하였음. 元帝와 明帝, 成帝를 차례로 즉위시켰음. 아울러 남방 세족의 도움으로 강남에서의 동진 정권을 안정시킴.《晉書》(65)에 전이 있음.

참고 및 관련 자료

1.《晉百官名》
許璪字思文, 義興陽羨人.

2.《許氏譜》
璪祖艷, 字子良, 永興長, 父裴, 字季顯, 烏程令, 璪仕至吏部侍郎.

3. 劉孝標 注
『顧和字君孝, 少和名, 族人顧榮曰: 此吾家騏驥也! 必興吾宗.』仕至尙書令, 五子: 治·隗·淳·履之·臺民.』

369(6-17)

유태위(庾太尉, 庾亮)의 풍도風度는 의젓하고 기품이 있어 경솔하게 행동하는 바가 없었다. 그러나 당시 사람들은 그것이 거짓으로 꾸민 행동일 것이라 여겼다.

유태위는 큰아들이 몇 살밖에 안 되었는데, 그도 또한 아중雅重한 기질이 아버지와 같아서 사람들은 그제야 이것이 천성으로 타고났음을 알게 되었다.

온태진(溫太眞, 溫嶠)이 한번은 몰래 장막 뒤에 숨어서 이 아이를 놀라게 해보았다. 그런데도 그는 염연恬然한 모습으로 천천히 무릎을 꿇고는 이렇게 말하는 것이었다.

"군후君侯께서 어찌 이런 모습을 취할 수 있습니까?"

말하는 사람들은 그 어린애가 아버지에 못지않다고 하였다.

유태위는 끝내 소준蘇峻의 반란으로 피살되었는데, 혹 이렇게들 말하였다.

"아공阿恭을 보면 곧 원규元規를 알 수 있다더니 틀린 말이 아니로구나."

庾太尉風儀偉長, 不輕擧止, 時人皆以爲假. 亮有大兒數歲,
雅重之質, 便自如此, 人知是天性.

溫太眞嘗隱慢怛之, 此兒神色恬然, 乃徐跪曰:「君侯何以
爲此?」

論者謂不減亮. 蘇峻時遇害.

或云:「見阿恭, 知元規非假.」

【庾太尉】庾亮(289~340). 자는 元規. 蘇峻, 祖約의 난을 평정하였으며 명제 때
　　王導를 이어 中書監이 됨. 征西大將軍, 荊州刺史 등을 재냄. 청담을 좋아
　　하였으며 老莊에 밝았음. 죽은 후 太尉에 추증되었고 시호는 文康.《晉書》
　　(73)에 전이 있음.

【庾亮】이름은 會. 자는 會宗. 어릴 때의 자는 阿恭.

【溫太眞】溫嶠. 자는 太眞(288~329). 太原 사람. 永嘉之亂 때 유곤의 심부름
　　으로 남으로 내려가 원제(司馬睿)의 추대에 힘씀. 시호는 忠武.《晉書》(67)에
　　전이 있음.

【恬然】아무런 놀라움이 없이 태연자약한 모습.

【君侯】온태진을 가리킴.

【蘇峻】자는 子高(?~328). 永嘉의 난 때 고향을 지키며 세력을 키워 元帝
　　(司馬睿)에게 발탁됨. 뒤에 王敦의 모반을 평정하여 공을 세웠음. 明帝(司馬紹)
　　가 죽은 다음 庾亮과 王導가 成帝(司馬衍)를 보좌하여 정권을 잡고 자신을
　　제거하려 한다고 의심을 품고 咸和 2년(327)에 난을 일으켜 建康을 함락,

성제를 石頭城에서 제거하고 자신이 驃騎令軍將軍과 尙書가 될 것을 요구하며 협박하다가 이듬해 陶侃과 溫嶠에 의해 토벌됨.《晉書》(100)에 전이 있음.

참고 및 관련 자료

1.《庾氏譜》
會字會宗, 太尉亮長子. 年十九, 咸和六年遇害.
2.《晉書》庾亮傳
彬年數歲, 雅量過人; 溫嶠嘗隱暗怛之, 彬神色恬如也. 乃徐跪謂嶠曰:「君侯何至於此?」論者謂不減於亮. 蘇峻之亂, 遇害.

370(6-18)

저공(褚公, 褚裒)이 장안령章安令에서 태위(太尉, 郗鑒)의 기실참군記室參軍으로 자리를 옮겨 이름이 드날렸으나, 지위는 낮아서 사람들이 그를 몰라보았다.

어느 날 그가 동행東行하며 배를 빌려 타고 친구 관리 몇 사람과 전당정錢塘亭에 투숙하게 되었다.

당시에 오흥吳興 지방의 어떤 현령이 성이 심씨沈氏였는데, 마침 절강浙江으로 손님을 전송하던 중 이곳에 이르게 되었다.

전당정의 관리는 저공의 무리들을 마구간으로 옮기라고 하였다. 그때 조수가 밀려오자 심현령沈縣令이 방에서 나와서 배회하다가 이렇게 물었다.

"저 마구간에 있는 이들은 어떤 사람이냐?"

전당정의 관리는 이렇게 설명하였다.

"어제 어떤 남루한 늙은이가 이 전당정에 투숙하고 있었습니다. 지금 당신처럼 존귀한 분이 오셔서 제가 잠시 저곳에 비켜 있으라고 한 것입니다."

심현령은 약간 취한 기분도 있고 해서 멀리 물어보았다.

"에이, 늙은이. 떡 한 조각 먹겠는가? 성은 무엇인가? 말 좀 나누겠는가?"

저공은 이에 손을 들어 이렇게 말하였다.

"나는 하남河南의 저계야(褚季野, 褚裒)라 하오."

그러자 원근에 오랫동안 그의 이름을 들어온 터라 심현령은 깜짝 놀라 저공을 감히 오도록 하지 못하고, 얼른 그 마구간 아래로 가서 명함을 저공에게 전해 올렸다. 그리고는 희생을 잡아 연석宴席을 베풀고는 저공을 모셔 놓고 전당성 관리를 불러 편달하며 저공에게 사죄하도록 하였다.

저공은 이에 그들과 더불어 술잔을 기울이면서 조금도 불쾌한 기색을 나타내지 않고, 마치 조금 전의 일을 까맣게 잊은 듯 보였다.

심현령은 뒤에 현의 경계까지 모셔다 드렸다.

褚公於章安令遷太尉記室參軍, 名字已顯而位微, 人未多識. 公東出, 乘估客船, 送故吏數人, 投錢唐亭住. 爾時吳興沈充爲縣令, 當送客過浙江; 客出, 亭吏驅公移牛屋下.

潮水至, 沈令起彷徨, 問:「牛屋下是何物人?」

吏云:「昨有一傖父, 來寄亭中, 有尊貴客, 權移之」

令有酒色, 因遙問:「傖父欲食餅不? 姓何等? 可共語?」

褚因擧手答曰:「河南褚季野」

遠近久承公名, 令於是大遽, 不敢移公, 便於牛屋下脩刺

詣公. 更宰殺爲饌, 具於公前; 鞭撻亭吏, 欲以謝愆. 公與
之酌宴, 言色無異, 狀如不覺. 令送公至界.

【褚公】褚裒(303~349). 자는 季野. 東晉 康帝(343~344 재위)의 장인이며 後趙
  를 토벌하러 나섰으나 병을 얻어 귀환 중에 죽음. 뒤에 都亭侯에 봉해졌
  으며 侍中太傅에 추증됨. 《晉書》(93)에 전이 있음.
【太尉】郗鑒(269~339). 晉나라 때 인물. 자는 道徽. 高平金鄕人. 두 아들
  郗愔과 郗曇 역시 뛰어난 인물이었음. 西晉이 망하자 가족과 마을 사람
  천여 명을 데리고 남으로 피난하였으며 陶侃, 溫嶠 등과 함께 祖約, 蘇峻을
  난을 평정함. 侍中을 역임하였으며 太尉에 오름. 《晉書》(67)에 전이 있음.
【錢塘亭】錢塘縣에 있는 마을.
【沈氏】劉孝標는 주에서 "未詳"이라 하였으나 楊勇은 이를 沈充으로 보았음.
【傖】吳 땅 사람들이 中原 사람을 낮추어 부르는 말.

참고 및 관련 자료

  1. 劉孝標 注
『案庾亮啓參佐名:「裒時直爲參軍, 不掌記室也.」

  2. 《錢塘縣記》
縣近海, 爲潮漂沒, 縣諸豪姓, 斂錢雇人, 輦土爲塘, 因以爲名也.

  3. 楊勇〈校箋〉
『旣沈充也. 別見規箴篇16註一. 晉書沈充傳:「字士居, 少好兵書, 頗以雄豪聞
  於鄉里, 敦引爲參軍; 敦起兵, 充應之, 後爲基故將吳儒所殺.」又王敦傳: 敦黨
  吳興人沈充.』

  4. 《晉陽秋》
吳人以中州人爲傖.

치태위(郗太尉, 郗鑒)가 경구京口에 있을 때 문생을 시켜 왕승상(王丞相, 王導)에게 사윗감을 구한다고 편지를 올리게 하였다.

그러자 왕승상은 문득 치태위의 문생에게 이렇게 말하였다.

"저 동쪽 방에 가서 맘대로 하나 고르시오."

문생은 돌아와서 치태위에게 이렇게 보고하였다.

"왕씨 집안에 몇 명의 아들이 있는데, 모두 비범합니다. 그러나 그들은 사위를 구한다는 말을 듣고 모두 스스로 긍지矜持의 모습을 짓고 있었는데, 다만 한 아들만이 동쪽 침상에 배를 깔고 누워 떡을 먹으며 못들은 척하고 있었습니다."

치공은 이에 이렇게 단정하였다.

"바로 그 아들이다."

그리고 방문하여 찾았더니, 이가 바로 왕희지王羲之였다. 치공은 이에게 딸을 주어 사위로 삼았다.

郗太尉在京口, 遣門生與王丞相書, 求女壻.

丞相語郗信:「君往東廂, 任意選之」

門生歸, 白郗曰:「王家諸郎, 亦皆可嘉, 聞來覓壻, 咸自矜持; 唯有一郎, 在東牀上坦腹食, 如不聞」

郗公云:「正此好」

訪之, 乃是逸少. 因嫁女與焉.

【郗太尉】郗鑒(269~339). 자는 道徽. 高平金鄕人. 두 아들 郗愔과 郗曇 역시 뛰어난 인물이었음. 西晉이 망하자 가족과 마을 사람 1천여 명을 데리고

남으로 피난하였으며 陶侃, 溫嶠 등과 함께 祖約, 蘇峻의 난을 평정함. 侍中을 역임하였으며 太尉에 오름.《晉書》(67)에 전이 있음. 그의 딸은 郗璿이었으며 王羲之의 처가 됨.

【京口】지금의 江蘇 丹徒縣.

【王丞相】王導(276~339). 자는 茂弘. 어릴 때 자는 阿龍. 王敦의 從弟. 서진이 망하자 王敦과 함께 司馬睿를 황제로 추대하여 東晉을 세움. 그 공으로 丞相이 되었으며 號를 '仲父'라 하였음. 천하의 권세를 잡아 당시 "王與馬, 共天下"라 하였음. 元帝와 明帝, 成帝를 차례로 즉위시켰음. 아울러 남방 세족의 도움으로 강남에서의 동진 정권을 안정시킴.《晉書》(65)에 전이 있음.

【逸少】王逸少. 王羲之(303~361, 혹은 309~365, 321~379). 王尊의 조카. 어려 서는 訥言하였으나 뒤에 정치와 예술에 큰 업적을 남김. 특히 글씨에 뛰어나 書聖으로 추앙받았음. 右軍將軍을 지냈으며 자는 逸少. 山陰道士와《道德經》 글씨를 거위와 바꾼 고사를 남겼으며, 그 외에 작품으로 〈蘭亭集序〉·〈樂 毅論〉·〈黃庭經〉·〈東方朔畫讚〉·〈姨母〉·〈初月〉·〈憂懸〉·〈喪亂〉 등을 남김. 《晉書》(80)에 전이 있음. 王右軍, 王逸少, 王羲之 등으로 불림.

【腹食】宋本에는 "腹臥"로 되어 있음. 그러나《晉書》王羲之傳에는 "腹食"으로 되어 있고,《太平御覽》(860)에《世說》을 인용하여 "羲之獨坦腹東牀嚙胡餅, 神色自若"이라 하였음. 그 밖에《太平御覽》371, 444에도 같은 기록으로 전재되어 있음.

참고 및 관련 자료

1.《元和郡縣志》

孫權自吳徙治丹徒, 號曰京城; 後遷建業, 於此置京口鎭.

2.《王氏譜》

逸少, 羲之小字, 羲之妻, 太尉郗鑒女, 名璿, 字子房也.

372(6-20)

강江을 건너 동진東晉에 들어서서 초기 관직을 받은 자는 모두 음식을 마련하여 남을 대접하는 풍습이 유행하였다.

양만羊曼이 단양윤丹陽尹으로 배수받자 초대받은 손님 중에 일찍 온 자는 음식이 훌륭하였지만, 날이 저물 때쯤에는 그릇이 점차 비어 더 이상 음식이 훌륭하지 못하였다.

그래서 나중에는 일찍, 혹은 늦게 온 순서에 따라 귀천을 가리지 않고 음식이 같아졌다.

한편 양고羊固가 임해태수臨海太守가 되자 역시 잔치를 벌였는데, 하루 종일 음식이 같아 누구나 좋은 음식을 제공받았다. 비록 늦게 나타난 자도 역시 성찬으로 대접하였다. 그런데 당시 사람들은 양고의 풍화豐華함이 양만의 진솔함만 못하였다고 여겼다.

過江初, 拜官, 與飾供饌. 羊曼拜丹陽尹, 客來早者, 並得佳設. 日晏漸罄, 不復及精; 隨客早晚, 不問貴賤. 羊固拜臨海, 竟日皆美供; 雖晚至者, 亦獲盛饌. 時論以固之豐華, 不如曼之眞率.

【羊曼】 자는 祖延(延祖. 274~328). 兗州八伯 중의 하나. 소준에게 죽음을 당하였음.《晉書》(49)에 전이 있음.
【丹陽】 지금의 江蘇省 江寧縣.
【羊固】 자는 道安. 임해태수. 黃門侍郎 등을 지냈으며 草書와 行書에 뛰어났음.
【臨海】 지명.

1. 《羊曼別傳》

曼字祖延, 泰山南城人. 父曁, 陽平太守. 曼頹縱宏任, 飮酒誕節, 與陳留阮放等, 號兗州八伯, 累遷丹陽尹, 爲蘇峻所害.

2. 《十○齋養新錄》

丹楊郡, 故鄣郡, 屬江都. 武帝元封二年更名丹揚, 揚從手: 其屬縣丹陽, 則從阜; 而南監板俱作陽. 攷晉書地理志或作揚, 或作陽, 紛紛不一, 而屬則作楊. 且注云: 丹楊山多赤柳. 然則縣名從木甚明.

3. 《明帝東宮僚屬名》

羊固字道安. 太山人.

4. 《文字志》

羊固父坦, 車騎長史. 固善草行, 著名一時. 避亂渡江, 累遷黃門侍郎. 褒其淸儉, 贈大鴻臚.

5. 楊勇〈校箋〉

『臨海郡, 治在今浙江臨海縣東南一百十五里, 海門是也.』

373(6-21)

주중지(周仲智, 周嵩)가 술에 취하여 눈을 부릅뜨고 얼굴색을 변하면서 백인(伯仁, 周顗)에게 말하였다.

"형은 아무래도 재주가 동생인 나만 못하면서 요행스럽게 명성을 얻고 있소!"

그러고는 끝내 촛불을 잡아 백인에게 던졌다. 이에 백인은 웃으면서
이렇게 말하였다.

"아노阿奴야, 화공火攻법은 제일 비열한 공격법이야!"

周仲智飮酒醉, 瞋目還面, 謂伯仁曰:「君才不如弟, 而橫
得重名!」

須臾, 擧蠟燭火擲伯仁.

伯仁笑曰:「阿奴火攻, 固出下策耳!」

【周仲智】周嵩. 字는 仲智. 周浚의 둘째아들이며 周謨의 兄, 周顗의 아우.
  元帝가 그를 불러 相을 삼았으며 뒤에 御史中丞을 지냄. 王敦의 기병에
  피살됨.《晉書》(61)에 전이 있음.
【伯仁】周顗(269~322). 자는 伯仁. 周仲智의 형. 周俊의 장자로 吏部尙書郎,
  荊州刺史를 지냄. 僕射로 임명되자 술에 취해 사흘 만에 깨어나 "三日僕射"란
  별명을 들음. 王敦에게 피살되어 "我雖不殺伯仁, 伯仁由我而死"의 고사를
  낳음.《晉書》(69)에 전이 있음.
【阿奴】周嵩의 어릴 때 字. 혹은《世說新語》에 많이 보이나 劉孝標의 注에
  의하면 "阿奴嵩之弟周謨也"라 함.

[참고 및 관련 자료]

1.《孫子兵法》
火攻有五: 一曰火人, 二曰火積, 三曰火車, 四曰火軍, 五曰火隊, 凡軍必知
五火之變, 故以火攻者明也.

374(6-22)

　고화顧和가 처음 양주종사揚州從事가 되었을 때, 초하룻날 첫 출근에 조회하러 가다가 들어가지 않고, 수레를 마침 주문州門 밖에 세우고 있었다. 이때 주후(周侯, 周顗)가 승상(丞相, 王導)을 방문하는 길에 이 세워 놓은 수레 옆을 지나고 있었다.

　그때 고화顧和는 수레 안에서 이를 잡고 있었는데, 주후가 지나가도 태연히 이만 잡고 있었다.

　주후가 지나쳤다가 다시 돌아와 들여다보며 마음 속으로 이렇게 생각하였다.

　"이 속에 무엇이 있길래."

　고화는 여전히 이를 잡고 있다가 천천히 이렇게 말하였다.

　"이 속에 있는 놈이 제일 측량하기 어렵지?"

　주후는 들어가 승상을 만나보고 이렇게 말하였다.

　"당신의 신하 중에 상서령이나 복야僕射를 맡길 만한 인재가 하나 있더 군요."

　顧和始爲揚州從事, 月旦當朝, 未入頃, 停車州門外. 周侯詣丞相, 歷和車邊過, 和覓虱, 夷然不動; 周旣過, 反還, 指顧心曰:「此中何所有?」

　顧搏虱如故; 徐應曰:「此中最是難測地」

　周侯旣入, 語丞相曰:「卿州吏中, 有一令僕才!」

【顧司空】顧和(285~351). 자는 君孝. 오군 사람으로 尙書令과 侍中과 司空에 추증됨. 《晉書》(83)에 전이 있음.

【揚州】晉 明帝 때 揚州, 吳君, 吳興, 新安, 東陽, 臨海, 永嘉, 宣城, 義興, 晉陵郡을 모두 통솔하고 있었음.

【從事】官名. 한나라 때 別駕·治中과 같으며 州에 소속되어 있었음.

【月旦】음력 매월 초하룻날. 이날 월단평을 하는 풍습이 있었음. 이 일의 일화를 설명한 것으로 보임.《後漢書》許劭傳에 의하면 劭와 靑 두 사람이 당시에 鄕黨의 인물평을 좋아하며 매월 대상인물을 정해서 토론한 데서 나온 말.

【周侯】周顗(269~322). 자는 伯仁. 周俊의 장자로 吏部尙書郞, 荊州刺史를 지냄. 僕射로 임명되자 술에 취해 사흘 만에 깨어나 "三日僕射"란 별명을 들음. 王敦에게 피살되어 "我雖不殺伯仁, 伯仁由我而死"의 고사를 낳음. 《晉書》(69)에 전이 있음.

참고 및 관련 자료

1.《語林》

周侯飮酒已醉, 箸白袷, 憑兩人來詣丞相.

2.《中興書》

和有操量, 弱冠知名.

375(6-23)

유태위(庾太尉, 庾亮)가 소준蘇峻과의 싸움에 패하여 좌우 부하 10여 명을 데리고 작은 배를 타고 서쪽으로 도망을 갔다.

그때 적병들은 마구 약탈하였다. 유량은 좌우로 활을 적에게 쏘았다.

그러나 그만 잘못하여 뱃사공이 활에 맞자, 모두들 활시위만 보아도 넘어지며 배 안의 모든 사람들은 놀라 흩어졌다.

　그러나 유량은 조금도 얼굴색이 변하지 않고 천천히 이렇게 말하였다.

"이런 선수들을 시켜 어찌 적을 맞출 수 있겠는가?"

　이 말에 모두들 안정을 찾았다.

庾太尉與蘇峻戰, 敗, 率左右十餘人, 乘小船西奔. 亂兵相剝掠, 亮左右射賊, 誤中柂工, 應弦而倒, 擧船上咸失色分散.

亮不動容, 徐曰:「此手那可使箸賊?」

衆迺安.

【庾太尉】庾亮(289~340). 자는 元規. 蘇峻, 祖約의 난을 평정하였으며 명제 때 王導를 이어 中書監이 됨. 征西大將軍, 荊州刺史 등을 지냄. 청담을 좋아하였으며 老莊에 밝았음. 죽은 후 太尉에 추증되었고 시호는 文康.《晉書》(73)에 전이 있음.

【蘇峻】자는 子高(?~328). 永嘉의 난 때 고향을 지키며 세력을 키워 元帝(司馬睿)에게 발탁됨. 뒤에 王敦의 모반을 평정하는 공을 세웠음. 明帝(司馬紹)가 죽은 다음 庾亮과 王導가 成帝(司馬衍)를 보좌하여 정권을 잡고 자신을 제거하려 한다고 의심을 품고 咸和 2년(327)에 난을 일으켜 建康을 함락, 성제를 石頭城에서 제거하고 자신이 驃騎令軍將軍과 尙書가 될 것을 요구하며 협박하다가 이듬해 陶侃과 溫嶠에 의해 토벌됨.《晉書》(100)에 전이 있음. 당시 난을 일으켜 建康을 공격하고 있었음.

1. 《晉陽秋》

蘇峻作逆, 詔亮都督征討, 戰于宣陽門外. 王師敗績, 亮於陳攜三弟奔溫嶠.

2. 《太平御覽》195(《丹陽記》)

七戰巷者, 庾亮與蘇峻戰宣陽外, 峻初小退, 尋復來攻, 交戰者七, 亮乃南奔.

376(6-24)

소정서(小征西, 庾翼)가 일찍이 외출하였다가 돌아오지 않았을 때였다. 그의 장모 완씨阮氏는 유만안(劉萬安, 劉綏)의 처였는데 그 딸, 즉 유익의 아내와 함께 안릉성安陵城의 누대에 올랐다가, 잠시 후 자신의 사위 유익이 돌아오는 모습을 보게 되었다. 그런데 유익은 좋은 말을 채찍질하는데, 그 수레와 호위하는 병사들이 매우 많았다. 완씨는 이를 보고 딸에게 이런 부탁을 하였다.

"듣자 하니 유랑庾郞은 말을 잘 탄다 하더라. 내 그의 솜씨를 구경할 수 있을까?"

아내가 집에 돌아와 그 말을 전하자, 유익은 즉시 길을 열어 노부鹵簿들의 말을 정렬시켰다. 두 번을 빙글빙글 돌고는 그만 말에서 떨어져 나뒹굴었지만 그의 표정은 조금도 흐트러짐이 없이 자약하였다.

庾小征西, 嘗出未還; 婦母阮, 是劉萬安妻, 與女上安陵城樓上. 俄頃翼歸, 策良馬, 盛興衛.

阮語女:「聞庾郎能騎, 我何由得見?」

婦告翼. 翼便爲於道開鹵簿盤馬; 始兩轉, 墜馬墮地,
意至自若.

【庾小征西】庾翼(303~345)을 가리킴. 유량을 大庾, 그 동생 유익을 小庾라고
　불렀으며 征西將軍을 지냄. 庾翼의 字는 穉恭. 太傅인 庾亮의 동생. 征西
　將軍과 荊州刺史를 지냄. 庾征西로도 불림.《晉書》(73)에 전이 있음.
【劉萬安】劉綏.〈賞譽篇〉 참조.
【安陵】지금의 河南 鄢陵縣 西北.
【鹵簿】제왕이 외출할 때의 의장대. 漢나라 이후에는 后妃, 太子, 大臣도
　의장대를 데리고 다님. 참고란의 楊勇이《獨斷》을 인용한 고증을 볼 것.

┌ 참고 및 관련 자료 ┐

1.《劉氏譜》
劉綏妻陳留阮蕃女, 字幼娥.
2.《庾氏譜》
翼娶高平劉綏女, 字靜女.
3. 楊勇〈校箋〉에《獨斷》을 인용한 고증
『天子出, 車駕次第, 謂之鹵簿. 有大駕. 大駕則公卿奉行, 大將軍參乘, 太僕御,
屬車八十一乘, 作三行. 法駕, 京兆尹奉行, 侍中參乘, 奉車郎御, 屬車三十六乘.
小駕, 祠宗廟用之.』《春明夢餘錄》:『鹵簿之制兆於秦, 而其名則始於漢. 或曰:
鹵簿, 大盾也; 以大盾領一部三人, 故亦曰鹵部. 或曰: 凡兵衛以甲盾居外, 爲導
從捍衛, 其先後皆著之簿籍, 故曰鹵簿. 然自漢以後, 后·妃·太子·王公·大臣皆
有鹵簿, 各有定制, 非僅爲天子所專用.』

377(6-25)

환선무(桓宣武, 桓溫)가 간문제(簡文帝, 司馬昱)·태재(太宰, 司馬晞) 등과 함께 수레를 타고 가면서 몰래 사람을 시켜 수레 앞뒤에서 북을 치며 시끄럽게 하여 놀라게 하도록 하였다.

그러자 호위병鹵簿은 물론 태재太宰도 크게 놀라 내려달라고 하였다. 환선무가 간문제를 돌아보았더니 태연히 앉아 요동이 없었다.

이에 환선무는 이렇게 감탄하였다.

"조정에 이토록 현덕진정賢德鎭靜한 이가 있었구나!"

宣武與簡文·太宰共載, 密令人在輿前後鳴鼓大叫; 鹵簿中驚擾, 太宰惶怖求下輿; 顧看簡文, 穆然清恬.

宣武語人曰:「朝廷間故復有此賢!」

【桓宣武】桓公. 桓溫(312~373). 자는 元子. 明帝의 사위. 荊州刺史를 지냈으며, 蜀을 정벌하고 前秦을 쳐부숨. 簡文帝를 세우고 자신이 다시 왕위를 빼앗고자 하였었음. 시호는 武侯. 그의 아들 桓玄이 드디어 제위를 찬탈하여 楚나라를 세운 다음 아버지 환온을 宣武皇帝로 추존함. 《晉書》(99)에 전이 있음.

【簡文帝】東晉의 제8대 황제 司馬昱. 字는 道萬. 中宗의 少子. 元帝 계실 鄭后 소생이며 司馬紹의 배다른 동생. 穆帝가 어려서 撫軍으로 보필, 뒤에 桓溫이 海西公을 폐하고 이를 세워 皇帝에 오름. 재위 2년(371~372). 《世說新語》에서는 흔히 '晉簡文', '簡文', '簡文帝', '簡文皇帝', '相王', '撫軍', '會稽王' 등으로 칭함. 《晉書》(9)에 紀가 있음.

【太宰】武陵王 司馬晞를 가리킴.

【鹵簿】옛날의 호위병. 경호원. 의장대.

1.《續晉陽秋》
帝性溫深, 雅有局鎭. 嘗與桓溫, 太宰武陵王晞同乘; 至板橋, 溫密敕令無因鳴
角鼓譟, 部伍並驚馳, 溫佯駭異, 晞太震, 帝擧止自若, 音顔無變, 溫每以此稱
其德量, 故論者謂溫服憚也.

378(6-26)

왕소王劭와 왕회王薈가 함께 환선무(桓宣武, 桓溫)의 집을 방문하였을 때
마침 유희庚希 가족을 잡으러 가는 무리를 만났다.

왕회는 분위기가 불안해 머뭇거리면서 되돌아가고자 하였지만, 왕소는
꼿꼿이 앉아 조금도 동요함이 없었다. 그리고 소식이 와서 그를 잡지
못하였다고 결정이 나자 왕소는 그 집을 나섰다.

논자들은 왕소가 더 뛰어난 인물이라고 여겼다.

王劭·王薈共詣宣武, 正値收庚希家. 薈不自安, 逡巡欲去;
劭堅坐不動, 待收信還, 得不定, 迺出. 論者以劭爲優.

【王劭】 자는 敬倫(?~279?). 尙書僕射를 지냄. 王導의 다섯째아들.《晉書》(65)에
    전이 있음.
【王薈】 王導의 막내아들. 자는 敬文. 어릴 때 이름이 小奴. 吏部郎, 侍中, 建威
    將軍, 吳國內史, 尙書, 會稽內史 등을 역임하였으며 흉년을 만나자 사사로이

곡식을 풀어 백성을 구제하였음. 죽은 뒤 衛將軍을 추증받음.《晉書》(65)에
전이 있음.

【桓宣武】桓公. 桓溫(312~373). 자는 元子. 明帝의 사위. 荊州刺史를 지냈으며,
蜀을 정벌하고 前秦을 쳐부숨. 簡文帝를 세우고 자신이 다시 왕위를 빼앗
고자 하였었음. 시호는 武侯. 그의 아들 桓玄이 드디어 제위를 찬탈하여
楚나라를 세운 다음 아버지 환온을 宣武皇帝로 추존함.《晉書》(99)에 전이
있음.

【庾希】자는 始彦. 劉冰의 長子. 난을 일으켰다가 建康에서 桓溫에게 참살
당함.《晉書》(73)에 전이 있음.

참고 및 관련 자료

1.《王劭·王薈別傳》
劭字敬倫, 丞相導第五子. 淸貴簡素, 研味玄賾, 大司馬桓溫稱爲鳳鶵, 累遷尙書
僕射, 吳國內史, 薈字敬文, 丞相最小子. 有淸譽, 夷泰無競. 仕至鎭軍將軍.

2.《晉書》劉冰傳
希曁后之戚屬, 冰女又爲海西公妃. 故希兄弟並顯貴.

3.《中興書》
希字始彦, 司空冰長子. 累遷徐, 兗二州刺史. 希兄弟貴盛, 桓溫忌之, 諷免希官,
遂奔于曁陽. 初, 敦璞筮冰子孫必有大禍, 唯固三陽可以有後: 故希求鎭山陽,
弟友爲東陽, 希自家曁陽. 及溫誅希, 弟柔, 倩聞希難, 逃於海陵. 後還京口聚衆,
事敗, 爲溫所誅.

379(6-27)

환선무(桓宣武, 桓溫)가 치초郗超와 조정의 신하들을 갈아치울 의논을 하여 조목조목 다 결정한 문서를 작성한 후 같이 밤을 보냈다.

이튿날 아침, 사안謝安과 왕탄지王坦之를 불러 이를 건네주어 보게 하였다.

그때 치초는 아직 침대 안에 자고 있었다. 사안은 이를 보고 아무 말이 없었고, 왕탄지는 되돌려 주며 많다고 하였다.

환선무가 붓을 들어 삭제하여 줄이려 하자, 치초가 사謝와 왕王이 와 있는 줄 모르고 몰래 침대 안에서 선무宣武에게 자기의 의견을 말하였다. 이에 사안은 웃으면서 이렇게 말하였다.

"치초는 가히 막중幕中의 참모參謀라 이를 수 있군요!"

桓宣武與郗超議芟夷朝臣, 條牒旣定, 其夜同宿; 明晨起, 呼謝安·王坦之入, 擲疏示之. 郗猶在帳內, 謝都無言; 王直擲還, 云多. 宣武取筆欲除, 郗不覺竊從帳中與宣武言.

謝含笑曰:「郗生可謂入幕賓也!」

【桓宣武】桓公. 桓溫(312~373). 자는 元子. 明帝의 사위. 荊州刺史를 지냈으며, 蜀을 정벌하고 前秦을 쳐부숨. 簡文帝를 세우고 자신이 다시 왕위를 빼앗고자 하였음. 시호는 武侯. 그의 아들 桓玄이 드디어 제위를 찬탈하여 楚나라를 세운 다음 아버지 환온을 宣武皇帝로 추존함. 《晉書》(99)에 전이 있음.

【郗超】자는 景興(336~377). 또는 嘉賓으로도 부름. 郗愔의 아들. 《晉書》(67)에 전이 있음.

【謝安】謝太傅. 字는 安石(320~385). 謝裒의 아들이며 謝琰(望蔡)의 아버지. 謝奕의 동생. 덕망이 있고 기개가 높아 桓彛, 王濛의 사랑을 받음. 처음에는 벼슬에 뜻을 버리고 王羲之, 支遁 등과 산수를 즐기며 조정의 부름에 응하지 않았으나 나이 40이 넘어 桓溫의 司馬를 거쳐 吳興太守, 侍中, 吏部尙書, 太保錄尙書事 등의 관직을 지냄. 뒤에 다시 太傅에 추증되었으며 시호는 文靖.《晉書》(79)에 전이 있음.

【王坦之】王中郞(330~375). 자는 文度. 태원 왕씨 王述의 아들이며, 王忱·王愷·王愉의 아버지. '江東獨步'라 하였으며 中書令, 北中郞將을 지냄. 〈廢莊論〉을 써서 당시의 방탕을 비난함.《晉書》(75)에 전이 있음.

참고 및 관련 자료

1.《續晉陽秋》
超謂溫雄武, 當樂推之運, 遂深自委結. 溫亦深相器重, 故潛謀密計, 莫不預焉.

380(6-28)

사태부(謝太傅, 謝安)가 동산東山에 은거할 때, 때때로 손흥공(孫興公, 孫綽) 등 여러 사람들과 바다로 뱃놀이를 자주 나갔다.

어느 날 배를 띄웠더니 바람이 일고 파도가 높아 손흥공과 왕희지王羲之가 모두 놀라 떨며 어서 바닷가로 배를 대라고 사공에게 소리쳤다.

그러나 태부만은 조금도 동요함이 없이 태연히 휘파람만 불고 있었다. 그래서 사공은 태부의 태연한 자세에 그대로 배를 계속 몰아 그치지

않았다. 이윽고 바람이 더 세어지고 파도가 더 높아지자 여러 사람들은
더욱 놀라 자리에서 일어나 발을 굴렀다.

태부는 이에 천천히 이렇게 말하였다.

"이렇게 하면 장차 살아 돌아가기 어려울걸!"

그리하여 모두들 그의 말대로 돌아가 자리에 앉았다.

태부의 그 도량을 이로 헤아려 보아 가히 조야朝野를 안정시키기에
충분한 인물임을 알게 되었다.

謝太傅盤桓東山時, 與孫興公諸人汎海戲. 風起浪涌,
孫·王諸人色並遽, 便唱使還; 太傅神情方王, 吟嘯不言. 舟人
以公貌閑意說, 猶去不止; 旣風轉急, 浪猛, 諸人皆諠動不坐.

公徐云: 「如此, 將無歸!」

衆人卽承響而回. 於是審其量, 足以鎮安朝野.

【謝太傅】謝安. 字는 安石(320~385). 謝裒의 아들이며 謝琰(望蔡)의 아버지.
　　謝奕의 동생. 덕망이 있고 기개가 높아 桓彝, 王濛의 사랑을 받음. 처음에는
　　벼슬에 뜻을 버리고 王羲之, 支遁 등과 산수를 즐기며 조정의 부름에
　　응하지 않으나 40이 넘어 桓溫의 司馬를 거쳐 吳興太守, 侍中, 吏部尚書,
　　太保錄尚書事 등의 관직을 지냄. 뒤에 다시 太傅에 추증되었으며 시호는
　　文靖.《晉書》(79)에 전이 있음.
【東山】회계산 근처. 東山之志는 은거의 뜻.
【孫興公】孫綽. 자는 興公(314~371). 孫楚의 손자로 형 孫統과 남으로 내려와
　　벼슬에 뜻을 버리고〈遂初賦〉를 씀. 그 외에〈遊天台山賦〉가 유명하며 뒤에
　　庾亮·殷浩·王羲之의 막료를 거쳐 永嘉太守·散騎常侍를 지냄. 桓溫이
　　수도를 洛陽으로 옮기려 하자 상소하여 반대함. 廷尉卿에 이르렀으며
　　長樂侯를 습봉받음.《晉書》(56)에 전이 있음.

【神情方王】《莊子》養生主에 "不蘄畜乎樊中, 神雖王不善也"라 함.

【王】王羲之(303~361, 혹은 309~365, 321~379). 王尊의 조카. 어려서는 訥言하였으나 뒤에 정치와 예술에 큰 업적을 남김. 특히 글씨에 뛰어나 書聖으로 추앙받았음. 右軍將軍을 지냈으며 자는 逸少. 山陰道士와 《道德經》글씨를 거위와 바꾼 고사를 남겼으며 그 외에 작품으로 〈蘭亭集序〉·〈樂毅論〉·〈黃庭經〉·〈東方朔畫讚〉·〈姨母〉·〈初月〉·〈憂懸〉·〈喪亂〉 등을 남김. 《晉書》(80)에 전이 있음. 王右軍, 王逸少, 王羲之 등으로 불림.

참고 및 관련 자료

1. 《中興書》

安, 元居會稽, 與支道林, 王羲之, 許詢共遊處. 出則漁弋山水, 入則談說屬文, 未嘗有處世意也.

381(6-29)

환공(桓公, 桓溫)이 복병을 숨겨 놓고 널리 조정 인사를 불러 잔치를 벌였다.

그리고 이 기회를 이용해서 사안謝安과 왕탄지王坦之를 처치해 버릴 참이었다. 왕탄지가 이를 알고 심히 두려워하며 사안에게 물었다.

"어떻게 대처하면 좋겠소?"

그러자 사안은 얼굴색 하나 변함이 없이 문도(文度, 王坦之)에게 이렇게 말하였다.

"진晉나라의 존망은 바로 우리들의 운명에 있는 거요!"

둘은 함께 연회석으로 나갔는데, 왕탄지의 얼굴은 두려움에 떠는 표정이 역력하였고, 사안은 늠름한 표정이 그대로 모습에 나타났다.

계단에 올라 자리를 향하면서 바야흐로 〈낙생영洛生詠〉의 노래 중에 "도도히 흐르는 저 물이여"를 읊조리자, 환공은 이에 그의 그 늠름한 모습에 두려워 복병을 얼른 풀어 버렸다.

왕탄지와 사안의 원래 명성은 같았으나, 이 일을 계기로 해서 우열이 가려지고 말았다.

桓公伏甲設饌, 廣延朝士, 因此欲誅謝安·王坦之.

王甚遽, 問謝曰:「當作何計?」

謝神意不變, 謂文度曰:「晉阼存亡, 在此一行!」

相與俱前. 王之恐狀, 轉見於色; 謝之寬容, 愈表於貌; 望階趨席, 方作〈洛生詠〉, 諷『浩浩洪流』. 桓憚其曠遠, 乃趣解兵. 王·謝舊齊名, 於此始判優劣.

【桓公】桓宣武. 桓公. 桓溫(312~373). 자는 元子. 明帝의 사위. 荊州刺史를 지냈으며, 蜀을 정벌하고 前秦을 쳐부숨. 簡文帝를 세우고 자신이 다시 왕위를 빼앗고자 하였음. 시호는 武侯. 그의 아들 桓玄이 드디어 제위를 찬탈하여 楚나라를 세운 다음 아버지 환온을 宣武皇帝로 추존함.《晉書》 (99)에 전이 있음.

【謝安】字는 安石(320~385). 謝裒의 아들이며 謝琰(望蔡)의 아버지. 謝奕의 동생. 덕망이 있고 기개가 높아 桓彝, 王濛의 사랑을 받음. 처음에는 벼슬에 뜻을 버리고 王羲之, 支遁 등과 산수를 즐기며 조정의 부름에 응하지 않았으나 40이 넘어 桓溫의 司馬를 거쳐 吳興太守, 侍中, 吏部尙書, 太保錄尙書事 등의 관직을 지냄. 뒤에 다시 太傅에 추증되었으며 시호는 文靖.《晉書》 (79)에 전이 있음.

【王坦之】王中郞(330~375). 자는 文度. 태원 왕씨 王述의 아들이며, 王忱·王愷·王愉의 아버지. '江東獨步'라 하였으며 中書令, 北中郞將을 지냄.〈廢莊論〉을 써서 당시의 방탕을 비난함.《晉書》(75)에 전이 있음.

【洛生詠】洛陽書生의 노래라는 뜻.

【浩浩洪流】《文選》嵇叔夜(嵇康)〈贈兄熹秀才入軍詩〉에 "浩浩洪流, 帶我邦畿"라 함.

참고 및 관련 자료

1.《晉書》安帝紀

簡文晏駕, 遺詔桓溫依諸葛亮. 王導故事; 溫大怒, 以爲黜其權, 謝安, 王坦之所建也. 入赴山陵, 百官拜于道側, 在位望者, 戰慄失色. 或云自此欲殺王·謝.

2. 楊勇〈校箋〉

『洛生詠, 孝標注:「洛下書生詠, 而少有鼻疾, 語音濁, 後名流多斅其詠, 莫能及, 手掩鼻而吟焉.」輕詆篇26: 人問顧長康:「何以不作洛生詠?」答曰:「何至作老婢聲?」孝標注:「洛下書生音重濁, 故云老婢聲.」齊書張融傳:「廣, 越嶂嶮, 撩賊執融, 將殺食之; 融神色不動, 方作洛生詠, 賊異之, 而不害也.」樂府詩集梁元帝長歌行:「朝爲洛生詠, 夕作據梧眠.」古者管山之北水之南, 都邑皆謂之下, 或謂之陽. 洛下書生詠, 洛陽書生詠也. 洛陽歷東周, 後漢, 魏, 西晉故都, 文物蔚盛, 四國是則; 南渡以後, 中原人士保其北人音容, 以與南方吳音競美, 蓋藉相矜持也. 本書言語篇104:「桓玄問羊孚:『何以共重吳聲?』羊曰:『當以其妖而浮.』」顏氏家訓音辭篇:「自玆以後, 音韻鋒出, 各有土風, 遞相非笑, 指馬之喩, 未知孰是. 共以帝王都邑, 參校方俗, 考覈古今, 爲之折衷; 権而量之, 獨金陵與洛下耳, 南方水土和柔, 其音淸舉而切詣, 失在浮淺, 其辭多鄙俗. 北方山川深厚, 其音沈濁而訛鈍, 得其質直, 其辭多古語.」釋文亦曰:「或失在浮淸, 或滯於重濁.」藉知晉時吳, 洛音聲之槪也.』

3.《文章志》宋 明帝

安能作洛下書生詠, 而少有鼻疾, 語音濁. 後名流多斅其詠, 莫能及, 手掩鼻而吟焉. 桓溫止新亭, 大陳兵衛, 呼安及坦之, 欲於坐害之. 王入先厝, 倒執手版, 汗流霑衣, 安神姿舉動, 不異於常, 舉目徧歷溫左右衛士, 謂溫曰:「安聞諸侯有道, 守在四鄰; 明公何須壁間箸阿堵輩?」溫笑曰:「正自不能不爾.」於是矜莊之心頓盡. 命卻左右, 促燕行觴, 笑語移日.

382(6-30)

사태부(謝太傳, 謝安)와 왕문도(王文度, 王坦之)가 함께 치초郗超를 예방하였다가 날이 저물도록 만날 수 없게 되자, 왕문도는 그냥 돌아가 버리려 하였다. 이에 사안은 이렇게 말하였다.

"생명을 위해 잠시를 못 참아낸단 말이오?"

謝太傳與王文度共詣郗超, 日旴未得前, 王便欲去.
謝曰:「不能爲性命忍俄頃?」

【謝太傳】謝安. 字는 安石(320~385). 謝裒의 아들이며 謝琰(望蔡)의 아버지. 謝奕의 동생. 덕망이 있고 기개가 높아 桓彝, 王濛의 사랑을 받음. 처음에는 벼슬에 뜻을 버리고 王羲之, 支遁 등과 산수를 즐기며 조정의 부름에 응하지 않았으나 40이 넘어 桓溫의 司馬를 거쳐 吳興太守, 侍中, 吏部尙書, 太保錄尙書事 등의 관직을 지냄. 뒤에 다시 太傳에 추증되었으며 시호는 文靖.《晉書》(79)에 전이 있음.

【王文度】王坦之(330~375). 자는 文度. 태원 왕씨 王述의 아들이며, 王忱·王愷·王愉의 아버지. '江東獨步'라 하였으며 中書令, 北中郞將을 지냄. 〈廢莊論〉을 써서 당시의 방탕을 비난함.《晉書》(75)에 전이 있음.

【郗超】자는 景興(336~377). 또는 嘉賓으로도 부름. 郗愔의 아들.《晉書》(67)에 전이 있음.

参고 및 관련 자료

1. 劉孝標 注

『超得寵桓溫, 專殺生之威.』

383(6-31)

지도림(支道林, 支遁)이 회계會稽로 돌아가려 하자, 당시의 많은 명사들이 그를 전송하기 위해 정로정征虜亭에 모였다.

채자숙(蔡子叔, 蔡系)이 먼저 이르러 임공(林公, 支道林)의 옆에 자리를 잡고, 사만석(謝萬石, 謝萬)이 늦게 이르러 좀 떨어진 곳에 자리를 잡았다.

채자숙이 잠시 자리를 뜬 사이 사만석은 곧 채자숙의 자리로 옮겨 앉았다. 채자숙이 돌아와 사만석이 자기 자리에 앉은 것을 보고 우선 자리를 같이하고는 그를 밀어내고 원 위치를 차지하였다.

사만석은 이렇게 밀리는 바람에 관과 두건이 벗겨져 버렸다.

이에 사만석은 천천히 일어나 옷을 털며 얼굴색이 조금도 변하지 않은 채 화도 내지 않으며 돌아갔다. 자리에 앉자 채자숙에게 이렇게 말하였다.

"그대는 이상한 사람이군. 어찌 내 면목을 그리도 망치는가?"

그러자 채자숙은 이렇게 말하였다.

"내 의도는 그대의 면목을 망치려는 데 있었던 게 아닐세!"

그 후에도 두 사람은 전혀 이 일에 개의치 않고 있었다.

支道林還東, 時賢並送於征虜亭. 蔡子叔前至, 坐近林公; 謝萬石後來, 坐小遠. 蔡暫起, 謝移就其處; 蔡還, 見謝在焉, 因合褥擧謝擲地, 自復坐. 謝冠幘傾脫, 乃徐起振衣就席, 神意甚平, 不覺瞋沮.

坐定, 謂蔡曰:「卿奇人, 殆壞我面?」

蔡答曰:「我本不爲卿面作計!」

其後二人俱不介意.

【支道林】林公. 支公. 支遁. 晉나라 때의 道僧. 河內 林廬人으로 속성은 關氏. 25세 때 출가하여 53세 때 洛陽에서 入滅함. 支硏山에 은거하여 支遁. 支道林. 林公 등으로 불림. 梁 慧皎 《高僧傳》(4)에 支遁傳이 있음.

【征虜亭】晉 惠帝 때 征虜將軍 謝安(이 책에 나오는 謝安太傅가 아님)이 세운 정자.

【蔡子叔】蔡系. 濟陽人. 蔡謨의 둘째아들로 자는 子叔. 撫軍長史를 지냄.

【謝萬石】謝中郞. 謝萬. 자는 萬石(320?~361?). 謝安의 아우로 일찍 이름이 났으며 簡文帝가 재상으로 삼았음. 撫軍從事中郞을 거쳐 豫州刺史, 淮南太守 등을 역임함. 升平 연간에 北征하여 慕容儁을 토벌하러 나섰으나 실패하여 서인으로 강등됨. 언론에도 뛰어났으며 문장을 잘 지었음. 漁父, 屈原, 司馬季主, 賈誼, 楚老, 龔勝, 孫登, 嵇康 등 여덟 명을 四隱과 四顯으로 나누어 우열을 가린 〈八賢論〉이 유명함. 《晉書》(79)에 전이 있음.

참고 및 관련 자료

1. 《沙門傳》高逸

遁爲哀帝所迎, 遊京邑久, 心在故山, 乃拂衣王都, 還就巖穴.

2. 《丹陽記》

太安中, 征虜將軍謝安立此亭, 因以爲名.

3. 楊勇 〈校箋〉

『方輿紀要二十:「征虜亭, 在石頭塢.」金陵記:「京師有三亭, 新亭, 治亭, 征虜亭也.」周記:「案謝安二字疑有誤, 但此地至梁世猶爲東行者祖送之所. 陳書二四袁憲傳:「及君正將之吳郡, 溉祖道于正虜亭.」』

4. 《中興書》

蔡系字子叔, 濟陽人. 司徒謨弟二子. 有文理, 任至撫軍長史.

5. 《晉書》謝萬傳

嘗與蔡系送客於征虜亭, 與系爭言, 系推萬落牀, 冠帽傾脫云云.

384(6-32)

치가빈(郗嘉賓, 郗超)은 석釋 도안道安의 덕과 학문을 아주 존경하였다. 그래서 쌀 1천 곡斛과 편지를 길게 써서 자신의 은근한 뜻을 부쳐 보냈다. 그러자 도안의 답은 곧바로 이러하였다.

"쌀을 많이 보내주셨군요. 어디 기대할 데가 있다는 번뇌를 더욱 깨닫게 하는군요."

郗嘉賓欽崇釋道安德問, 餉米千斛, 修書累紙, 意寄殷勤.
道安答, 直云:「損米. 愈覺有待之爲煩.」

【郗嘉賓】郗超(336~377). 자는 景興(336~377). 또는 嘉賓으로도 부름. 郗愔의 아들. 《晉書》(67)에 전이 있음.

【道安】동진 때의 고승(313~385). 속성은 衛氏. 梁나라 慧皎의 《高僧傳》(5)에 전이 있음.

【有待之爲煩】의지하여 기대할 데가 있다는 것은 도리어 번뇌가 됨을 말함.

참고 및 관련 자료

1. 《安和上傳》

釋道安者, 常山薄柳人, 本姓衛. 年十二作沙門, 神性聰敏. 而貌至陋, 佛圖澄甚重之. 値石氏亂, 於陸渾山木食修學. 爲慕容儁所逼, 乃住襄陽. 以佛法東流, 經籍錯謬, 更爲條章, 標序篇目, 爲之注解. 自支道林等皆宗其理. 無疾卒.

2. 《高僧傳》釋道安傳

損米千斛, 彌覺有待爲煩.

사안남(謝安南, 謝奉)이 이부상서吏部尚書에서 면직되고, 동쪽 고향으로 돌아오고 있었다. 그때 사태부(謝太傅, 謝安)는 환공(桓公, 桓溫)의 사마司馬가 되어 서쪽으로 부임하러 가는 길이었다.

두 사람은 파강破岡이란 곳에서 마주쳤다. 두 사람은 멀리 이별함을 당하게 되자 서로 갈 길을 늦추고 사흘을 머물러 환담을 나누었다. 사태부가 사봉의 면직을 위로해 주고자 말을 꺼내려 하면 사봉은 즉시 다른 이야기로 화제를 바꾸어 기회를 주지 않는 것이었다.

비록 서로 길 중간에 만나 밤을 새우며 믿음을 보였지만, 끝내 그의 면직사건은 언급해 보지도 못하였다.

사태부는 마음속으로 미진함을 한스럽게 여기고는 돌아오는 길에 같은 배를 탄 사람에게 이렇게 말하였다.

"사봉은 정말로 기이한 인물이야!"

謝安南免吏部尚書還東, 謝太傅赴桓公司馬出西, 相遇於破岡; 旣當遠別, 遂停三日共語. 太傅欲慰其失官, 安南輒引以他端, 雖信宿中塗, 竟不言及此事.

太傅深恨在心未盡, 謂同舟曰:「謝奉故是奇士!」

【謝安南】謝奉. 자는 弘道. 魏顗, 虞球, 虞存과 함께 四族之俊으로 일컬어졌던 인물. 何充에게 발탁되어 安南將軍, 廣州刺史, 吏部尚書 등을 지냄.
【還東】晉나라와 南朝 시대에 동쪽은 주로 會稽를 가리킴.
【謝太傅】謝安. 字는 安石(320~385). 謝裒의 아들이며 謝琰(망채望蔡)의 아버지. 謝奕의 동생. 덕망이 있고 기개가 높아 桓彝, 王濛의 사랑을 받음. 처음에는

벼슬에 뜻을 버리고 王羲之, 支遁 등과 산수를 즐기며 조정의 부름에
응하지 않았으나 40이 넘어 桓溫의 司馬를 거쳐 吳興太守, 侍中, 吏部尚書,
太保錄尚書事 등의 관직을 지냄. 뒤에 다시 太傅에 추증되었으며 시호는
文靖.《晉書》(79)에 전이 있음.

【桓公】桓宣武. 桓溫(312~373). 자는 元子. 明帝의 사위. 荊州刺史를 지냈으며,
蜀을 정벌하고 前秦을 쳐부숨. 簡文帝를 세우고 자신이 다시 왕위를 빼앗
고자 하였음. 시호는 武侯. 그의 아들 桓玄이 드디어 제위를 찬탈하여 楚
나라를 세운 다음 아버지 환온을 宣武皇帝로 추존함.《晉書》(99)에 전이
있음.

【出西】당시 서쪽은 주로 荊州 지역을 가리킴.

【破岡】지명. 지금의 江寧縣 부근.〈規箴篇〉참조.

참고 및 관련 자료

1.《晉百官名》

謝奉字弘道, 會稽山陰人.

2.《謝氏譜》

奉祖端, 散騎常侍. 父鳳, 丞相主簿. 奉歷安南將軍·廣州刺史·吏部尚書.

386(6-34)

대공(戴公, 戴逵)이 회계會稽에서 나오자 사태부(謝太傅, 謝安)가 가서 그를 만나보았다.

태부는 원래 그를 경시하고 있던 터라 그를 만나서 그저 거문고와 글씨 등 가벼운 화제만 꺼냈다.

그러나 대공은 조금도 천박한 기색이 없었으며, 거문고와 글씨만 가지고도 고묘高妙한 담론을 펴나가고 있었다.

이에 사태부는 비로소 대공의 도량을 알게 되었다.

戴公從東出, 謝太傅往看之. 謝本輕戴, 見但與論琴書; 戴旣無吝色, 而談琴書愈妙. 謝悠然知其量.

【戴公】戴逵(326~396). 자는 安道. 거문고 연주에 뛰어났으며 회화에도 뛰어나 佛畵와 불상 조각을 많이 남김. 불교를 신봉했으나 인과설을 의심하여 〈釋疑論〉을 지었음. 영리를 추구하지 않고 기절을 중시하여 國子博士에 초빙되었으나 나가지 않음. 《晉書》(94)에 전이 있음.

【謝太傅】謝安. 字는 安石(320~385). 謝裒의 아들이며 謝琰(望蔡)의 아버지. 謝奕의 동생. 덕망이 있고 기개가 높아 桓彝, 王濛의 사랑을 받음. 처음에는 벼슬에 뜻을 버리고 王羲之, 支道 등과 산수를 즐기며 조정의 부름에 응하지 않았으나 40이 넘어 桓溫의 司馬를 거쳐 吳興太守, 侍中, 吏部尙書, 太保錄尙書事 등의 관직을 지냄. 뒤에 다시 太傅에 추증되었으며 시호는 文靖. 《晉書》(79)에 전이 있음.

참고 및 관련 자료

1.《晉安帝紀》

戴逵字安道, 譙國人. 少有淸操, 恬和通任, 爲劉眞長所知. 性旣快暢, 泰於娛生. 好鼓琴, 善屬文, 尤樂遊燕, 多與高門風流者遊. 談者許其通隱. 履辭徵命, 遂箸高尙之稱.

387(6-35)

사공(謝公, 謝安)이 마침 바둑을 두고 있을 때, 사현謝玄이 회수淮水에서 보낸 전보戰報가 날아왔다.

사공은 이를 다 본 후에 묵묵히 말도 없이 계속 바둑을 두고 있었다.

객이 물었다.

"회수의 싸움이 어찌 됐다 하오?"

사공은 이렇게 대꾸하였다.

"어린 녀석들이 도적들을 대파하였다 하는군."

그리고는 표정이 조금도 바뀜이 없이 평상시와 같았다.

謝公與人圍棊, 俄而謝玄淮上信至, 看書竟, 黙然無言, 徐向局.

　客問:「淮上利害?」

答曰:「小兒輩大破賊」

意色擧止, 不異於常.

【謝公】謝安. 字는 安石(320~385). 謝裒의 아들이며 謝琰(望蔡)의 아버지. 謝奕의 동생. 덕망이 있고 기개가 높아 桓彛, 王濛의 사랑을 받음. 처음에는 벼슬에 뜻을 버리고 王羲之, 支遁 등과 산수를 즐기며 조정의 부름에 응하지 않았으나 40이 넘어 桓溫의 司馬를 거쳐 吳興太守, 侍中, 吏部尙書, 太保錄尙書事 등의 관직을 지냄. 뒤에 다시 太傅에 추증되었으며 시호는 文靖. 《晉書》(79)에 전이 있음.

【謝玄】자는 幼度(343~388). 어릴 때의 자는 遏(羯). 謝奕의 아들이며 謝靈運의 조부. 謝安의 조카. 徐州刺史로서 謝石, 謝琰 등과 肥水(淝水)에서 苻堅을 대파함. 그로 인해 康樂侯公에 봉해졌으며 죽은 뒤 車騎將軍으로 추증됨. 《晉書》(79)에 전이 있음.

【淮上利害】당시 苻堅이 반란하여 1백만을 이끌고 壽陽에 주둔하고 있었으며 謝玄 등이 정병을 이끌고 가서 대파시킨 일이다. 그러나 이 이야기는 《晉書》謝安傳에는 "得驛書, 還內 過戶限 心喜甚 不覺屐齒之折其橋情鎭物如此"라 하여 전혀 상반되게 기록되어 있다.

참고 및 관련 자료

1. 《續晉陽秋》

初, 苻堅南寇, 京師大震. 謝安無懼色, 方命駕出墅, 與兄子玄圍棊. 夜還, 乃處分, 少日皆辦. 破賊又無喜容. 其高量如此.

2. 《謝車騎傳》

氐賊苻堅, 傾國大出, 衆號百萬; 朝廷遣諸軍距之, 凡八萬. 堅進屯壽陽, 玄爲前鋒都督, 與從弟琰等選精銳決戰. 射傷堅, 俘獲數萬計, 得偽輦及雲母車, 寶器山積, 錦罽萬端, 牛馬驢騾駝十萬頭.

3. 《楊勇》(注)

『晉書謝安傳:「得驛書, 還內, 過戶限, 心喜甚, 不覺屐齒之折, 其矯情鎭物如此.」
與世說稍異.』

388(6-36)

왕자유(王子猷, 王徽之)와 자경(子敬, 王獻之) 두 형제가 일찍이 한 방에 같이
있을 때 집에 불이 났다.

자유는 이때 놀라 급히 나막신을 들고 뛰쳐나갔지만, 자경은 조금도
변함 없이 태연히 좌우의 시종을 불러 부축을 받으며 나갔다. 그러고도
조금도 놀라는 기색이 아니었다.

세상 사람들은 이 일로 해서 두 사람의 신채神彩의 우열을 결정하였다.

王子猷·子敬曾俱坐一室, 上忽發火, 子猷遽走避, 不惶
取屐; 子敬神色恬然, 徐喚左右扶憑而出, 不異平常. 世以
此定二王神宇.

【王子猷】王徽之(?~388). 자는 子猷. 낭야왕씨. 王羲之의 다섯째아들이며
王凝之의 아우, 王獻之의 형. 桓溫의 參軍과 黃門侍郎을 지냈음. 대나무를
좋아하였으며 한 때 관직을 버리고 山陰에 은거하기도 하였음.《晉書》(80)에
전이 있음.

【王子敬】王獻之(344~388). 王羲之의 아들이며 安帝皇后의 아버지. 첫 부인인
郗曇의 딸을 버리고 다시 簡文帝의 딸 新安公主를 아내로 맞음. 아버지
왕희지와 함께 글씨에 뛰어나 '二王'이라 불림. 지금 전하는 그의 작품은
〈洛神賦十三行〉(眞書)·〈鴨頭丸帖〉(行書)·〈十二月帖〉(草書) 등이 있음.《晉書》
(80)에 전이 있음.

참고 및 관련 자료

1.《晉百官名》
王徽之, 字子猷.
2.《中興書》
徽之, 羲之第五子. 卓犖不羈, 欲爲傲達. 仕至黃門侍郎.
3.《續晉陽秋》
獻之雖不脩常貫, 而容止不妄.

389(6-37)

부견符堅이 신출귀몰하게 멋대로 국경을 접근해 쳐들어오자 사태부
(謝太傅, 謝安)는 자경(子敬, 王獻之)에게 이렇게 말하였다.
"이곳에서 바로 그 적의 당축當軸을 상대해 엎을 만한 기회로다."

符堅遊魂近境, 謝太傅謂子敬曰:「可將當軸, 了其此處.」

【苻堅】자는 永固(338~385). 혹은 文玉. 晉나라 때 五胡 중에 제일 강하였던 前秦의 군주. 苻健이 秦을 세우고 아들 苻生에게 물려주자 부견이 부생을 죽이고 자립함. 이어 차례로 前燕과 前涼, 代 등을 취하여 강해지자 晉나라를 공략하여 淝水에서 謝玄 등과 결전을 벌여 대패함. 이에 鮮卑, 羌 등이 이반하여 국세가 약해졌으며 결국 姚萇(羌族)이 그와 태자 苻宏을 살해하고 後秦을 세움.《晉書》(113)에 전이 있음.

五胡들이 세운 나라들 《三才圖會》

【遊魂】혼백이 아무런 막힘 없이 떠돌아다니듯 자유자재로 무상하게 출몰함을 말함.

【謝太傅】謝安. 字는 安石(320~385). 謝裒의 아들이며 謝琰(望蔡)의 아버지. 謝奕의 동생. 덕망이 있고 기개가 높아 桓彝, 王濛의 사랑을 받음. 처음에는 벼슬에 뜻을 버리고 王羲之, 支遁 등과 산수를 즐기며 조정의 부름에 응하지 않았으나 40이 넘어 桓溫의 司馬를 거쳐 吳興太守, 侍中, 吏部尚書, 太保錄尚書事 등의 관직을 지냄. 뒤에 다시 太傅에 추증되었으며 시호는 文靖.《晉書》(79)에 전이 있음.

【子敬】王子敬. 王獻之(344~388). 자는 子敬. 王羲之의 아들이며 安帝皇后의 아버지. 첫 부인인 郗曇의 딸을 버리고 다시 簡文帝의 딸 新安公主를 아내로 맞음. 아버지 왕희지와 함께 글씨에 뛰어나 '二王'이라 불림. 지금 전하는 그의 작품은 〈洛神賦十三行〉(眞書)·〈鴨頭丸帖〉(行書)·〈十二月帖〉(草書) 등이 있음.《晉書》(80)에 전이 있음.

【當軸】가장 중요한 인물. 영수.

참고 및 관련 자료

1. 楊勇〈校箋〉

『當軸, 政局中重要人物也. 漢書田千秋傳贊:「當軸處中, 括囊不言」可將當軸, 可擒其領袖, 了其此處之游魂也. 後太元八年, 安果以八萬之衆於肥水擊潰秦軍.』

390(6-38)

왕승미(王僧彌, 王珉)와 사거기(謝車騎, 謝玄)가 함께 왕소노(王小奴, 王薈)의 집에 모이게 되었다.

왕승미가 술잔을 들어 사거기에게 권하면서 이렇게 말하였다.

"사군使君 한 잔 드시지요."

그러자 사거기는 대뜸 이렇게 반말을 하는 것이었다.

"좋지."

왕승미는 이 소리에 버럭 화를 내며 일어서서 얼굴을 붉히고 꾸짖었다.

"너는 원래 오흥吳興 시냇가에 고기나 잡던 비천한 인물이었을 뿐. 그런데 어찌 이리 망녕된 짓을 하는가?"

그러자 사거기는 천천히 손뼉을 치고 웃으면서 왕회에게 이렇게 받아 넘겼다.

"위군(衛軍, 王薈), 승미 이 친구 깊이 살필 줄 모르는군. 상국上國의 지위를 침릉侵陵하다니."

王僧彌·謝車騎共王小奴許集.

僧彌擧酒勸謝云:「奉使君一觴」

謝曰:「可爾」

僧彌勃然起, 作色曰:「汝故是吳興溪中釣碣耳, 何敢講張!」

謝徐撫掌而笑曰:「衛軍, 僧彌殊不肅省, 乃侵陵上國也」

【王僧彌】 王珉(361~388). 자는 季琰. 王洽(敬和)의 아들이며 승상 王導의 손자. 형 王珣과 함께 才藝로 이름이 남. 어릴 때 字는 僧彌. 提婆의 《阿毘

曇經》을 듣다가 반쯤에 이르러 이미 그 뜻을 알았다 함. 著作郎, 國子博士, 黃門侍郎, 侍中 등을 역임함. 王獻之를 이어 中書令을 지내어 흔히 大令, 小令이라 함. 《晉書》(65)에 전이 있음.

【謝車騎】謝玄(343~388). 자는 幼度. 어릴 때의 자는 遏(羯). 謝奕의 아들이며 謝靈運의 조부. 謝安의 조카. 徐州刺史로서 謝石, 謝琰 등과 肥水(淝水)에서 苻堅을 대파함. 그로 인해 康樂侯公에 봉해졌으며 죽은 뒤 車騎將軍으로 추증됨. 《晉書》(79)에 전이 있음.

【王小奴】王薈를 가리킴. 王導의 막내아들. 자는 敬文. 어릴 때 이름이 小奴. 吏部郎, 侍中, 建威將軍, 吳國內史, 尙書, 會稽內史 등을 역임하였으며 흉년을 만나자 사사로이 곡식을 풀어 백성을 구제하였음. 죽은 뒤 衛將軍을 추증받음. 《晉書》(65)에 전이 있음.

【使君】刺史 등을 높여 부르는 말. 사현이 일찍이 徐州刺史를 지냈으므로 불러 준 것.

【釣褐】宋本에는 '釣碣'로 되어 있음. 천한 낚시꾼이라는 뜻. '褐'은 천한 자의 복장을 뜻한다 함. 그러나 '遏'(謝玄의 어릴 때 자)로 보아 사현을 폄하한 뜻이라고도 함.

【譸張】狂妄의 뜻. 雙聲連綿語. 誑欺, 幻惑의 뜻을 가지고 있음.

参고 및 관련 자료

1. 《晉書》 王薈傳
督浙江東五郡左將軍·會稽內史, 進號鎭軍將軍, 加散騎常侍. 卒於官, 贈衛將軍.

2. 楊勇 〈校箋〉
『譸張, 狂妄也. 書無逸:「民無或胥譸張之幻」 疏:「無有相誑欺爲幻惑者.」』

3. 劉孝標 注
『玄叔父安, 曾爲吳興, 玄少時從之遊, 故珉云然.』

391(6-39)

왕동정(王東亭, 王珣)이 환선무(桓宣武, 桓溫)의 주부主簿가 되어 그 임무를 수행하고 나서 칭찬이 자자하였다. 이에 환선무 역시 그의 인품을 존경하여 그를 자신의 부처에 명망 있는 표준 인물로 여겼다.

왕순은 처음 손님을 맡는 일에 실수가 있었지만, 전혀 개의치 아니하고 태연히 행동하였다. 이를 본 자리의 빈객들이 서로 쳐다보고 비웃었다. 그러자 환선무는 이렇게 덮어 주었다.

"그렇지 않소. 그의 태도나 모습을 보면 결코 평범한 인물이 아닐 것이오. 두고 그를 시험해 지켜볼 작정이오."

뒤에 월조月朝 때에 모두가 모여 각하閣下에서 기다리고 있을 때 환선무는 일부러 말을 탄 채 그 안으로 직돌直突해 들어왔다. 그러자 좌우 부하들이 모두 놀라 엎어졌지만, 왕순만은 전혀 요동도 않는 것이었다. 이로써 왕순의 명성이 높아졌으며, 모두 이렇게 말하였다.

"이런 인물이야말로 공보公輔의 기량이 있도다!"

王東亭爲桓宣武主簿, 旣承藉有美譽, 公甚敬其人地, 爲一府之望. 初, 見謝失儀, 而神色自若; 坐上賓客卽相貶笑.

公曰:「不然. 觀其情貌, 必自不凡; 吾當試之」

後因月朝閣下伏, 公於內走馬直出突之, 左右皆宕仆, 而王不動.

名價於是大重, 咸云:「是公輔器也!」

【王東亭】王珣(349~400). 자는 元琳. 어릴 때의 자는 法護, 혹은 阿瓜. 王洽
 (敬和)의 아들이며 王導의 손자. 王珉(僧彌)의 형. 安帝 때 尙書令, 散騎常侍
 등을 역임함. 東亭侯에 봉해짐. 《晉書》(65)에 전이 있음.
【桓宣武】桓公. 桓溫(312~373). 자는 元子. 明帝의 사위. 荊州刺史를 지냈으며,
 蜀을 정벌하고 前秦을 쳐부숨. 簡文帝를 세우고 자신이 다시 왕위를 빼앗고자
 하였음. 시호는 武侯. 그의 아들 桓玄이 드디어 제위를 찬탈하여 楚나라를
 세운 다음 아버지 환온을 宣武皇帝로 추존함. 《晉書》(99)에 전이 있음.
【月朝】음력 매월 초하룻날 上官이 부하를 모아 놓고 여는 조회.
【公輔】桓公의 보좌. 혹은 재상을 총칭하는 말로 재상이 될 인물됨을 말함.

참고 및 관련 자료

1. 《續晉陽秋》
珣初辟大司馬掾, 桓溫至重之, 常稱「王掾必爲黑頭公, 未易才也!」

392(6-40)

태원太元 말末에 장성長星이 나타났다. 효무제(孝武帝, 司馬曜)는 대단히
이를 두려워하였다. 그날 밤 화림원華林園에서 술을 마시며 술잔을 들어
별에게 올리면서 이렇게 말하였다.

"장성長星이여, 술 한 잔 드시오. 자고 예로부터 내려오면서 어디에 만세
萬歲를 산 천자가 있겠습니까?"

太元末, 長星見, 孝武心甚惡之.

夜, 華林園中飮酒, 擧桮屬星云:「長星, 勸爾一桮酒, 自古
何時有萬歲天子?」

【太元】晉 孝武帝의 연호. 376~396년.

【長星】彗星·孛星. 흉조를 예상하는 별. 여기서는 天子의 죽음을 나타낸다
하여 두려워한 것임.

【孝武帝】司馬曜. 東晉 제 9대 황제 孝武帝. 재위 24년(373~396). 廟號는 烈宗.
자는 明昌. 簡文帝의 셋째아들. 11세 때에 재위에 올라 35세에 죽음.《晉書》
(9)에 紀가 있음. 王蘊의 딸 法惠를 비로 삼음.

【華林園】지금의 南京에 있는 苑林. 吳나라의 舊苑.

참고 및 관련 자료

1.《晉紀》徐廣

泰元二十年九月, 有蓬星如粉絮, 東南行, 歷須女, 至哭星.

2. 劉孝標 注

『案: 泰元末, 唯有此妖, 不聞長星也. 且漢文八年, 有長星出東方. 文穎注曰:
「長星有光芒, 或竟天, 或長十丈, 或二三丈, 無常也」此星見, 多爲兵革事. 此後
十六年, 文帝乃崩. 益知長星非關天子. 世說虛也.』

393(6-41)

은형주(殷荊州, 殷仲堪)가 자신이 알고 있는 바를 바탕으로 부賦를 지었는데, 내용은 속석束皙처럼 문자文字를 가지고 희학戱謔한 것이었다. 은형주 자신은 대단히 재기才奇 있는 글이라고 자처하면서 왕공王恭에게 이렇게 자랑하였다.

"마침 새로운 글을 지었소. 가히 볼 만합니다."

그러고는 수건으로 싼 상자 속에서 이를 꺼내어 보여 주었다. 왕공이 이를 읽어 나가자, 은형주는 곁에서 즐거운 웃음을 스스로 참아내지 못하고 있었다.

왕공은 이를 다 읽고 웃지도 않으면서 역시 좋다 나쁘다 말 한 마디 없었다. 다만 여의봉如意棒으로 그 문장을 툭툭 칠 뿐이었다. 은형주는 당연히 실망하고 말았다.

殷荊州有所識, 作賦, 是束皙慢戲之流.

殷甚以爲有才, 語王恭:「適見新文, 甚可觀.」

便於手巾函中出之. 王讀, 殷笑之不自勝. 王看竟, 旣不笑, 亦不言好惡, 但以如意點之而已. 殷悵然自失.

【殷荊州】殷仲堪(?~399). 殷融(洪遠)의 손자이며 殷仲文의 종형. 문장과 현언에 뛰어나 韓康伯과 이름을 나란히 하였음. 振威將軍, 荊州刺史 등을 역임함. 뒤에 桓玄에게 죽임을 당함. 《晉書》(84)에 전이 있음.

【束皙】자는 廣徵(261?~300?). 魏襄王 묘에서 출토된 《竹書紀年》을 정리함. 박학 다식하고 文字에 아주 밝았음. 저서로 《三魏人士傳》, 《七代通紀》, 《晉書紀》, 《晉書志》, 《五經通論》, 《發蒙記》, 〈補亡詩〉 등이 있음 《晉書》(51)에 전이 있음.

【如意】등을 긁는 막대기. 효자손.

1. 《文士傳》

晢字廣微, 陽平元城人, 漢太子太傅疎廣後也. 王莽末, 廣曾孫孟達自東海避
難元城, 改姓, 去「疎」之足, 爲束氏. 晢博學多識, 問無不對. 元康中, 有人自嵩高
山下, 得竹簡一枚, 上兩行科斗書, 司空張華以問晢: 晢曰:「此明帝顯節陵中策
文也.」檢校果然. 曾爲餠賦諸文, 文甚俳諧. 四十歲卒, 元城爲之廢市.

2. 楊勇〈校箋〉

『如意, 搔杖也. 吳曾能改齋漫錄卷二:「齊高祖隱士明僧詔竹根如意, 梁武帝賜
昭明太子木犀如意, 石季倫·王敦皆執鐵如意. 三者竹木鐵爲之, 蓋爪杖也. 故音
義指歸云:「如意者, 古之爪杖也. 或骨·角·竹·木削作人手指爪, 柄可長三尺許.
或脊有癢, 手所不到, 用以搔抓, 如人之意.」然釋流如文殊亦執之, 豈欲搔癢邪?
蓋講僧尙執之, 私記節文祝辭于柄, 以此忽忘: 手執目對, 如人之意, 凡兩意耳.』

394(6-42)

양수羊綏의 둘째아들 양부羊孚는 어려서 대단히 뛰어났으며, 사익수(謝益壽,
謝混)와 아주 친한 사이였다. 그는 일찍이 이른 아침에 사씨謝氏 집을 방문할
일이 있었는데, 아침 식사도 하기 전이었다.

잠시 후 왕제(王齊, 王熙)와 왕도(王睹, 王爽)도 그 집에 오게 되었다. 그런데
그들은 원래 양부를 모르고 있던 터라 왕씨 형제는 인사도 없이 자리에
앉아 편한 얼굴색이 아니었으며, 양부가 떠나기를 바랐다. 그러나 양부는
눈 하나 깜짝 않고 오히려 다리를 궤상几上에 올려놓은 채 입으로 읊조리며
태연자약하였다.

사익수는 왕씨 형제와 날씨 이야기 등 몇 마디를 끝낸 후, 다시 양부와 무슨 글을 읊느냐고 이야기를 나누었다. 왕씨 형제는 그제야 양부가 보통 인물이 아님을 깨닫고 이에 함께 이야기를 나누게 되었다.

잠시 후, 아침 식사가 나오자 왕씨 형제는 모두 감히 먼저 먹지 못하고 양부를 거드느라 여념이 없었다. 양부는 크게 그들을 대응하지 아니하고 좋은 음식을 먹고, 식사가 끝나자 곧바로 가겠다고 일어났다. 왕씨들이 드디어 그를 잡아 만류하였지만, 양부는 더 이상 머무를 뜻을 보이지 않고 곧바로 이렇게 말하였다.

"방금 그대들이 나를 나가라 할 때 이를 듣지 않은 것은, 중국中國이 염려되어서 그랬던 것이외다."

이 두 왕씨는 바로 왕효백(王孝伯, 王恭)의 아우들이었다.

羊綏第二子孚, 少有儁才, 與謝益壽相好, 嘗蚤往謝許, 未食; 俄而王齊·王睹來, 旣先不相識, 王向席, 有不說色, 欲使羊去. 羊了不眄, 唯脚委几上, 詠矚自若. 謝與王叙寒溫數語畢, 還與羊談賞; 王方悟其奇, 乃合共語. 須臾食下, 二王都不得餐, 唯屬羊不暇; 羊不大應對之, 而盛進食, 食畢便退.

遂苦相留, 羊義不住, 直云:「向者不得從命, 中國尙虛」

二王, 是孝伯兩弟.

【羊綏】자는 仲彦. 羊忱의 손자이며 羊孚의 아버지. 太學博士·中書侍郎을 지냈으며 일찍 죽음.

【羊孚】자는 子道. 羊綏의 아들로 太學博士, 兗州別駕, 太尉記室參軍 등을 지냄. 46(혹 31)세에 죽음.

【謝益壽】謝混(?~412). 자는 叔源. 어릴 때 자는 益壽. 謝琰의 막내아들로 많은 벼슬을 거쳤으나 劉裕에게 주살당함.《晉書》(79)에 전이 있음.

【王齊】王熙. 자는 叔和. 어릴 때 이름이 齊. 王恭의 아우. 太子洗馬를 지냄. 일찍 죽음.

【王道】王爽(?~398). 王睹. 자는 季明. 어릴 때의 자는 睹(道). 王蘊의 아들이며 王恭의 아우. 黃門侍郎과 侍中을 지냄. 孝武帝가 죽자 王國寶가 밤에 그 遺詔를 몰래 작성하려 하자 이를 반대하였다가 면직됨. 뒤에 王恭이 임금의 측근을 제거하려 기병하면서 왕상을 寧朔將軍으로 삼았으나 실패하여 주살당함.《晉書》(93)에 전이 있음.

【中國】배[腹]를 비유한 것.《世說新語辭典》에 “比喩腹部, 肚子”라 함.

【王孝伯】王恭(?~398). 자는 孝伯. 王蘊의 아들이며 王爽의 형. 安帝의 처남. 太原 王氏. 著作郎·祕書丞·吏部郎 등을 지냄. 뒤에 난을 일으켰다가 피살됨. 《晉書》(84)에 전이 있음.

참고 및 관련 자료

1.《中興書》
王熙字叔和, 恭次弟. 尙鄱陽公主, 太子洗馬, 蚤卒.

유월석(劉越石, 劉琨)이 호적胡賊의 기마병들에게 여러 겹으로 포위를 당했으나, 성城 안에는 아무것도 없어 어찌할 계책이 없게 되었다.

유월석은 저녁이 되자 달빛이 비치는 누대에 올라 휘파람을 불었다. 호인들은 이를 듣고 모두가 처연히 탄식하였다.

그리고 다시 한밤중에 호가胡笳를 연주하자, 호인들은 눈물을 흘리면서 허탈함에 빠져 누구나 모두 고향 생각에 절절하였다. 더 깊은 밤이 되어 달이 질 때 또 노래를 부르자 호적들은 포위를 풀고 흩어져 사라져 버리고 말았다.

혹, 어떤 이는 이 사건을 유도진(劉道眞, 劉寶)이 겪은 일이라고도 한다.

劉越石爲胡騎所圍數重, 城中窘迫無計. 劉始夕, 乘月登樓清嘯, 胡賊聞之, 皆悽然長歎; 中夜奏胡笳, 賊皆流涕歔欷, 人有懷土之切; 向晩, 又吹, 賊並棄圍而散走. 或云是劉道眞.

【劉越石】劉琨(270?~318). 자는 越石. 中山 사람으로 '文章二十四友'로 알려짐. 북방 출신으로 八王之亂 때 趙王倫·齊王冏·東海王越 을 섬겼으며, 懷帝 때 司空과 都督을 배수받음. 石勒에게 패하여 幽州刺史 鮮卑族 匹磾에게 투항, 함께 다시 晉室을 부흥시킬 것을 모의하였으나 그의 참언으로 王敦의 밀사에게 죽음. 죽은 후 侍中·太尉를 추증받았으며 시호는 '愍'. 《晉書》(62)에 전이 있음.
【胡笳】북쪽 이민족의 민요. 蔡琰(172~?)의 〈胡笳十八拍〉 詩 참조.

1. 劉孝標 注

『敬胤以爲魯連談笑, 乃可以卻秦軍. 越石一嘯, 犬羯奔走, 未爲信然也.』

2. 본장은 〈宋本〉에는 없다. 이에 대하여 楊勇 〈校箋〉에는 다음과 같이 설명하고 있다.

『勇按: 右條正文·注文, 宋本皆無, 考異有, 並云:「右前卷所無, 邵本收在雅量門.」今據錄, 姑繫于此.』

7. 식감識鑒

총 28장 (396-423)

   '식감識鑒'이란 사리에 대한 식별이 뛰어나고 시비와 미래에 대한 감별이 훌륭함을 말한다. 본 편은 이러한 내용을 모아 기록한 것이다. 양용楊勇 〈교전校箋〉에 "識鑒, 謂審察事理, 鑒別是非也"라 하였다.

   총 28장이다.

글을 몰랐던 석륵. 402 참조.

396(7-1)

조공(曹公, 曹操)이 어릴 때 교현橋玄을 방문하였다. 교현은 그에게 이렇게 말하였다.

"지금 천하가 어지러워 군웅이 다투고 있는데, 이를 바로잡아 다스릴 이는 바로 너 아니고 누구이겠는가? 그러나 너는 보아하니 난세의 영웅이요, 치세에는 간적姦賊이 될 상이로구나. 한스러운 것은 이제 내가 늙어 그대의 부귀영화를 직접 볼 수 없는 것이다. 내 자손이나 잘 부탁한다."

曹公少時見橋玄, 玄謂曰:「天下方亂, 羣雄虎爭, 撥而理之, 非君乎? 然君實是亂世之英雄, 治世之姦賊! 恨吾老矣, 不見君富貴; 當以子孫相累.」

【曹公】曹操(155~220). 자는 孟德. 어릴 때의 자는 阿瞞. 본래의 성은 夏侯氏였으나 그 아버지인 夏侯嵩이 당시 환관인 曹騰에게 양자로 가서 성이 바뀜. 沛國 출신으로 기지와 변화는 물론 문장에도 뛰어났으며, 曹丕의 아버지로 한말 세력을 키워 魏나라를 건립하는 기초를 세움. 후한 獻帝 때 대장군을 거쳐 丞相이 되었고, 위왕(魏王)에 봉해짐. 장자 曹丕가 결국 漢을 찬탈하고 曹操를 추존하여 武帝로 칭함. 《孫子略解》,《兵書接要》,《曹操集》 등이 있음. 《三國志》(1)에 紀가 있음.

【橋玄】자는 公祖. 尚書令을 지냈으며, 사람을 보는 눈이 뛰어났다고 함. 〈宋本〉에는 '喬玄'으로 되어 있음.

1. 楊勇〈校箋〉

『橋玄, 宋本作'喬玄'. 今依魏志武帝紀及注引魏書改. 宰相表:「橋, 姬姓後」急就
篇注:「黃帝葬橋山, 羣臣守冢不去者爲橋氏.」』

2.《續漢書》

玄字公祖, 梁國睢陽人. 少治禮, 及嚴氏春秋. 累遷尙書令. 玄嚴明有才略, 長於
知人. 初, 魏武帝爲諸生, 未知名也, 玄甚異之.

3.《魏書》

玄見太祖曰:「吾見士多矣, 未有若君者! 天下將亂, 非命世之才, 不能濟也;
能安之者, 其在君乎?」

4. 劉孝標 注

『案世語曰:「玄謂太祖: '君未有名, 可交許子將.'太祖乃造子將, 子將納焉.」孫盛
異同雜語曰:「太祖嘗問許子將: '我何如人?'子將不答. 固問, 然後子將答曰:
'治世之能臣, 亂世之姦雄!'太祖大笑.」世說所言, 謬矣.』

397(7-2)

조공(曹公, 曹操)이 배잠裴潛에게 물었다.

"그대는 일찍이 유비劉備를 쫓아 형주荊州에 있었으니 유비의 재주가
어느 정도인지 알 텐데?"

그러자 배잠은 이렇게 설명하였다.

"만약 그를 중원中原에 처하게 한다면 사람을 어지럽힐 뿐 정치는 못할
인물이지만, 만약 그를 변방요지에 처하게 한다면 족히 한 지방의 패주는
될 만한 인물입니다."

曹公問裴潛曰:「卿昔與劉備共在荊州, 卿以備才如何?」
潛曰:「使居中國, 能亂人, 不能爲治; 若乘邊守險, 足爲
一方之主」

【曹公】魏武帝. 曹操(155~220). 자는 孟德. 어릴 때는 阿瞞으로 불렸음. 沛國
　　출신으로 기지와 변화는 물론 문장에도 뛰어났으며, 曹丕의 아버지로 한
　　말 세력을 키워 魏나라를 건립하는 기초를 세움. 아들 조비가 獻帝로부터
　　선양을 받아 武帝로 추존함. 《孫子略解》,《兵書接要》,《曹操集》등이 있음.
　　《三國志》(1)에 紀가 있음.
【裴潛】자는 文行(?~244). 河東人. 裴秀의 아버지. 황건적이 기병하자 형주로
　　피난하였다가 劉表를 거쳐 劉備를 따르다가 뒤에 曹操를 따름. 문제 때
　　散騎常侍, 荊州刺史를 거쳐 關內侯에 봉해졌으며 明帝 때 尙書令을 거쳐
　　淸陽亭侯에 봉해짐. 죽은 후 太常을 추증받았고 시호는 貞侯.《三國志》
　　(23)에 전이 있음.
【劉備】자는 玄德(161~223). 涿縣人. 한나라 景帝의 아들인 中山靖王 劉勝의
　　후손. 關羽, 張飛와 결교하여 黃巾賊의 난을 평정하고 安喜尉가 되었으며,
　　曹丕와 대립하여 諸葛亮을 三顧草廬로 모셔 赤壁之戰 뒤에 成都로 들어가
　　蜀漢을 세워 삼국 정립의 판세를 형성함. 뒤에 彝陵에서 패하여 白帝城에서
　　죽음. 시호는 昭烈帝.《三國志》(2)에 기가 있음.

　　참고 및 관련 자료

1.《魏志》
潛字文行, 河東人. 避亂荊州, 劉表待以賓客禮. 潛私謂王粲, 司馬芝曰:「劉牧
非霸王之才, 而欲以西伯自處, 其敗無日矣.」遂南適長沙. 累遷尙書令. 贈太常.

하안何晏·등양鄧颺·하후현夏侯玄 세 사람이 모두 부하傅嘏와 교제를 가졌으면 하였지만 부하는 이를 원하지 않고 있었다. 이에 세 사람은 순찬荀粲이 부하와 친함을 알고 그를 내세워 담합談合을 부탁하였다. 순찬은 부하에게 이렇게 운을 떼었다.

"하후현(夏侯太初, 夏侯玄)은 지금의 걸사傑士로서 허심탄회하게 교제를 원하는데, 당신은 오히려 긍허肯許하지 않으니 웬일이오? 만약 둘의 교제가 이루어진다면 더 좋을 게 없지만, 교제가 이루어지지 않는다면 곧 원한이 생길 것입니다. 둘이 친해지면 곧 나라에 좋을뿐더러 저 인상여藺相如가 염파廉頗에게 머리 숙인 것처럼 미담이 될 텐데 말입니다."

그러자 부하는 이렇게 거절하였다.

"하후현이 열심히 뛰고 닫는 것은 헛된 명예에 현혹되어 있기 때문입니다. 진실로 날카로운 입으로 나라를 뒤엎을 인물이지요. 또 하안과 등양은 하는 일에 시끄럽게 떠들기를 좋아해서 박통하나 요체要諦가 적어, 밖으로 이利를 좋아하면서 안으로 빗장을 채울 줄 모르는 인물입니다. 또한 의견이 같으면 금방 친해지고 자기와 다르면 미워하고 말이 많고 앞선 자를 질투하는 성격들입니다. 말이 많으면 누설도 많아지고 앞선 자를 질투하다보면 친한 자가 없어지는 것 내기 보기에 이 세 사람은 모두 패덕敗德한 인물들로서 멀리해도 오히려 해가 미칠까 봐 두려운 처지에 하물며 어찌 가히 이들을 가까이한단 말이오?"

뒤에 모든 것이 그의 말과 같았다.

何晏·鄧颺·夏侯玄並求傅嘏交, 而嘏終不許.

諸人乃因荀粲說合之, 謂嘏曰:「夏侯太初, 一時之傑士, 虛心於子, 而卿意懷不可; 交合則好成, 不合則致隙. 二賢若穆, 則國之休, 此藺相如所以下廉頗也」

傅曰:「夏侯太初, 志大心勞, 能合虛譽, 誠所謂利口覆國
之人. 何晏·鄧颺有爲而躁, 博而寡要, 外好利而內無關籥,
貴同惡異, 多言而妬前; 多言多釁, 妬前無親. 以吾觀之,
此三賢者, 皆敗德之人爾; 遠之猶恐罹禍, 況可親之邪?」

後皆如其言.

【何晏】 자는 平叔(190~249). 한나라 때 何進의 손자이며 삼국시대 魏나라
인물. 평소 분을 발라 용모가 아름다웠으며 魏나라 金鄉公主에게 장가들
었음. 尚書 벼슬로 관리를 선발하면서 자신의 친구를 등용시켜 曹爽에게
빌붙었다가 司馬懿에게 죽임을 당함. 老莊에 밝았고 청담에 뛰어났으며
夏侯玄, 王弼 등과 玄學을 창도함. 〈道德論〉, 〈無爲論〉 등을 지었으며
특히 그의 《論語集解》는 지금도 전함. 《晉書》(9)에 전이 있음.

【鄧颺】 자는 玄茂(?~249). 南陽人. 鄧禹의 후손으로 명제 때 尚書郞, 洛陽令을
지냈으며 뒤에 潁川太守를 거쳐 侍中尚書를 지냄. 탐욕을 부리다가 결국
曹爽의 무리에게 죽임을 당함. 《三國志》(9)에 전이 있음.

【夏侯玄】 자는 泰初(太初, 209~254). 夏侯尚의 아들로 일찍이 능력을 인정받아
약관에 散騎黃門侍郞이 되었음. 曹爽을 보좌하여 中護軍이 되어 인재를 선발
하였음. 뒤에 征西將軍이 되어 司馬氏가 曹爽을 주벌하여 정권을 쥐자
大鴻臚가 되었다가 太常에 올랐으나 李豐, 張緝 등이 司馬師를 없애고
하후현을 세우려는 모의가 발각되어 하후현도 이에 함께 주살됨. 淸言과
玄風에 뛰어나 당시 玄學의 영수로 추앙받았음. 저술에 〈樂毅論〉, 〈張良論〉,
〈本無肉刑論〉 등이 유명함. 《三國志》(9)에 전이 있음.

【傅嘏】 자는 蘭石(蘭碩. 209~255). 泥陽人. 河南尚書를 지냄. 才性의 문제를
깊이 다루었던 인물. 《三國志》(21)에 전이 있음.

【荀粲】 자는 봉천(奉倩). 삼국시대의 위나라 인물. 荀彧의 막내아들. 《三國志》
荀彧傳 참조.

【廉頗·藺相如】 전국시대 趙나라의 두 인물. '完璧歸趙', '兩虎相鬪', '刎頸之交',
'肉袒'등의 고사를 낳음. 《史記》廉頗藺相如列傳 참조.

1.《魏略》

鄧颺字玄茂, 南陽宛人, 鄧禹之後也. 少得士名. 明帝時, 爲中書郞, 以與李勝等爲浮華被斥. 正始中, 遷侍中尙書. 爲人好貨, 臧艾以父妾與颺, 得顯官, 京師爲之語曰:「以官易婦鄧玄茂.」何晏選不得人, 頗由颺, 以黨曹爽誅.

2.《論語》陽貨篇

子曰:「惡紫之奪朱也, 惡鄭聲之亂雅樂也, 惡利口覆邦家者.」

3.《史記》廉頗藺相如列傳

相如以功大拜上卿, 位在廉頗右; 頗怒, 欲辱之. 相如每稱疾, 望見, 引車避匿. 其舍人欲去之, 相如曰:「夫以秦王之威而吾廷叱之, 何畏廉將軍哉? 顧秦彊趙弱, 秦以吾二人故, 不敢加兵於趙. 今兩虎鬪, 勢不俱生, 吾以公家急而後私讎也.」頗聞 謝罪.

4.《傳子》

是時何晏以才辯顯於貴戚之間, 鄧颺好交通, 合徒黨, 鬻聲名於閭閻, 夏侯玄以貴臣子, 少有重名, 皆求交於嘏; 嘏不納也. 嘏友人荀粲有淸識遠志, 然猶勸嘏結交云.

399(7-4)

진晉 무제(武帝, 司馬炎)가 선무장宣武場에서 군사에 대해 강연회를 벌였다. 여기서 무제는 무비를 낮추고 문풍을 높일 생각이어서 스스로 그곳에 도착하였으며, 아울러 모든 신하들도 그곳에 모이도록 하였다. 이에 산공(山公, 山濤)은 이 일에 반대하면서 상서尙書들과 손자孫子·오자吳子의 용병의 본뜻을 설명하였는데, 철저히 연구하여 모인 이들이 감탄하지 않는 자가 없었다.

모두들 이렇게 칭찬하였다.

"산도의 말은 명언이로다!"

그 뒤에 팔왕八王이 교만과 사치를 부리다가 경솔히 화란을 일으키자 도적이 여러 곳에서 개미떼처럼 일어났다. 그러나 무비武備가 없어 모두 제압할 길이 없고, 정세는 점점 치열해져서 산도의 말과 같았다.

당시 사람들은 모두 이렇게 말하였다.

"산도는 방법을 배우지 않았지만, 그의 예견은 사리에 맞았다."

왕이보(王夷甫, 王衍) 역시 이렇게 감탄하였다.

"산도가 생각하였던 것은 도리에 딱 맞았어!"

晉武帝講武於宣武場, 帝欲偃武修文, 親自臨幸, 悉召群臣. 山公謂不宜爾, 因與諸尚書言孫吳用兵本意; 遂究論, 擧坐無不咨嗟.

皆曰:「山少傅乃天下名言!」

後諸王驕汰, 輕遘禍難, 於是寇盜處處蟻合, 郡國多以無備, 不能制服; 遂漸熾盛, 皆爲公言.

時人以謂:「山濤不學孫吳, 而闇與之理會」

王夷甫亦歎云:「公闇與道合!」

【宣武場】 병사 조련장. 지금의 河南省 洛陽縣 북쪽 洛陽城에 있었음.

【孫吳】 孫武와 吳起. 유명한 兵法家. 《史記》에 "孫武, 齊人. 吳起, 衛人. 並善兵法"이라 함.

【山公】 山濤. 자는 巨源(205~283). 老莊에 심취하였으며 술을 좋아하였음. 嵇康, 阮籍, 呂安 등과 친하였으며 죽림칠현의 하나. 〈任誕〉편 참조. 《晉書》(43)에 전이 있음.

【八王】晉나라는 惠帝의 失政 후에 汝南王(司馬亮)·楚王(司馬瑋)·趙王(司馬倫)·齊王(司馬冏)·成都王(司馬穎)·長沙王(司馬乂)·河間王(司馬顒)·東海王(司馬越) 등이 10여 년간 서로 반란한 사건. 懷帝 때에 이르러서야 난이 평정됨.

【王夷甫】王衍(256~311). 자는 夷甫. 죽림칠현의 하나인 王戎의 從弟. 太尉를 지냄.《晉書》(43)에 전이 있음.

参고 및 관련 자료

1.《竹林七賢論》

咸寧中, 上將爲桃林, 華山之事, 息弭役兵, 示天下以大安. 於是州郡悉去兵, 大郡置武吏百人, 小郡五十人. 時京師猶講武, 山濤因論孫吳用兵本意. 濤爲人常簡黙, 蓋以爲國者, 不可以忘戰, 故及之.

2.《名士傳》

濤居魏晉之間, 無所標名. 嘗與尙書盧欽言及用兵本意. 武帝聞之曰:「山少傅名言也!」

3.《竹林七賢論》

永寧之後, 諸王搆禍, 狄虜歎起, 皆如濤言.

4.《名士傳》

王夷甫推歎濤: 晻晻爲與道合, 其深不可測. 皆此類也.

400(7-5)

왕이보(王夷甫, 王衍)의 아버지 왕예王乂가 북평장군北平將軍으로 있을 때, 공무를 처리하기 위하여 사람을 조정에 보내어 토론을 벌였지만 처리하지 못하였다. 이때 왕이보는 마침 서울에 있었는데, 이를 알고 수레를 준비시켜 복야僕射 양호羊祜와 상서尚書 산도山濤를 찾아갔다.

왕이보는 당시 총각總角으로서 모습과 재주가 뛰어났고, 서술하는 내용이 명쾌하고 사리가 분명하였다.

산도는 이를 보고 아주 기이한 인물로 여겼다. 그래서 그가 물러 나갈 때도 그에게 눈을 떼지 못할 정도였다. 그는 이렇게 감탄하였다.

"아이를 낳는다면 마땅히 저 왕이보 같은 자를 낳아야 하지 않겠는가?"

그러자 양호는 이렇게 말하였다.

"천하를 어지럽힐 자는 바로 저런 아이리라!"

王夷甫父乂, 爲平北將軍, 有公事, 使行人論不得; 時夷甫
在京師, 命駕見僕射羊祜·尚書山濤. 夷甫時總角, 姿才秀異,
敍致旣快, 事加有理, 濤甚奇之.

旣退, 看之不輟; 乃歎曰:「生兒不當如王夷甫邪?」

羊祜曰:「亂天下者, 必此子也!」

【王夷甫】王衍(256~311). 자는 夷甫. 王乂의 아들이며 王玄의 父. 죽림칠현의
하나인 王戎의 從弟. 太尉를 지냄.《晉書》(43)에 전이 있음.
【王乂】北平將軍을 지냄.
【羊祜】羊叔子(221~278). 자는 叔子. 羊續의 손자이며 司馬師 羊皇后의 아우.
司馬昭가 권력을 독점하자 이에 좇아 中書侍郎, 給事中, 黃門郎, 秘書監 등의
직책을 담당하면서 荀勗과 더불어 국가 기밀을 관장함. 晉나라가 되면서
中軍將軍, 散騎常侍 등을 거쳐 尚書左僕射, 衛將軍 등을 역임함. 荊州를
지키면서 뭇나라 백성에게 잘해주어 오나라 사람들이 그들 羊公이라 불렀음.
선정을 베풀고 그가 죽자 백성들이 罷市를 할 정도였다 함. 그의 碑廟는
杜預가 짓고 〈墮淚碑〉라 불렀음.《老子傳》이 있으며《晉書》(34)에 전이 있음.

【山濤】자는 巨源(205~283). 老莊에 심취하였으며 술을 좋아하였음. 嵇康, 阮籍, 呂安 등과 친하였으며 죽림칠현의 하나. 〈任誕〉편 참조.《晉書》(43)에 전이 있음.

【總角】總髮과 같으며, 머리를 둘로 묶어 뿔처럼 올림. 未成年의 두발형식으로 未婚·未成年·어린아이라는 뜻임.

참고 및 관련 자료

1.《晉書》王衍傳

總角嘗遊山濤, 嗟歎良久. 旣去, 目而送之曰:「何物老嫗生寧馨兒! 然誤天下蒼生者, 未必非此人也.」

2.《晉書》王衍傳

父乂爲平北將軍, 常有公事, 使行人列上, 不時報; 衍年十四, 時在京師, 造僕射羊祜, 申陳事狀.

3.《晉陽秋》

夷甫父乂, 有簡書將免官, 夷甫年十四, 見所繼從舅羊祜, 申陳事狀, 辭甚俊偉. 祜不然之, 夷甫拂衣而起. 祜顧謂賓客曰:「此人必將以盛名處當世大位; 然敗俗傷化者, 必此人也!」

4.《漢晉春秋》

初, 羊祜以軍法欲斬王戎, 夷甫又忿祜言其必敗, 不相貴重. 天下爲之語曰:「二王當朝, 世人莫敢稱羊公之有德.」

401(7-6)

반양중(潘陽仲, 潘滔)이 어린 왕돈王敦을 보고 이렇게 예견하였다.
"너의 벌눈蜂目은 이미 튀어나왔으나 다만 승냥이 목소리를 안 낼 뿐, 장래에 틀림없이 사람을 잡아먹거나 사람에게 잡아먹힐 것이다!"

潘陽仲見王敦少時, 謂曰:「君蜂目已露, 但豺聲未振耳. 必能食人, 亦當爲人所食!」

【潘陽仲】潘滔. 太常이었던 潘尼의 조카이며 永嘉末에 河南尹이 됨.
【王敦】자는 處仲(266~324). 어릴 때는 阿黑이라 부름. 王舍의 아우이며 王導의 종제로 八王之亂 때 공을 세워 散騎常侍, 侍中, 靑州刺史, 鎭東大將軍 등을 지냄. 西晉이 망하자 司馬睿를 옹립하여 황제로 삼음. 뒤에 明帝 때 난을 일으켰다가 軍中에서 죽음. 《晉書》(98)에 전이 있음.
【蜂目】흉악한 일을 저지를 目相.
【豺聲】승냥이의 울음소리와 같은 목소리.

참고 및 관련 자료

1.《晉陽秋》
潘滔字陽仲, 滎陽人, 太常尼從子也. 有文學才識. 永嘉末, 爲河南尹, 遇害.
2.《漢晉春秋》
初, 王夷甫言東海王越, 轉王敦爲揚州. 潘滔初爲太傅長史, 言於太傅曰:「王處仲蜂目已露, 豺聲未發, 今樹之江外, 肆其豪彊之心, 是賊之也!」
3.《左傳》文公 元年
楚令尹子上謂世子商臣, 蜂目而豺聲, 忍人也.

4. 楊勇〈校箋〉

『左傳文公元年: 「楚子將以商臣爲太子, 訪諸令尹子上; 子上曰: '是人也, 蜂目而豺聲, 忍人也. 不可立也'」』

5. 劉孝標 注

『晉陽秋曰: 「敦爲太子舍人, 與滔同僚, 故有此言」 習, 孫二說, 便小遷異.』

402(7-7)

석륵石勒은 일자무식이었다. 사람을 시켜 《한서漢書》를 읽어달라고 하였다가, 역이기酈食其가 육국六國을 세우기를 권하여 유방劉邦이 그들에게 직인을 새겨 주려 하였다는 대목을 듣고 크게 놀라서 이렇게 말하였다.

"이런 법은 실패한다. 이렇게 해서 어떻게 천하를 다스린단 말이냐?"

또 유후(留侯, 張良)가 육국六國 설립의 폐지를 간하였다는 대목에 이르자 이에 이렇게 말하였다.

"이런 말을 믿어야지!"

石勒不知書, 使人讀《漢書》, 聞酈食其勸立六國後, 刻印將授之, 大驚曰: 「此法當失, 云何得遂有天下?」

至留侯諫, 迺曰: 「賴有此耳!」

【石勒】 자는 世龍(274~333). 上黨人으로 羯奴의 후예. 조카 石虎(季龍)과 함께 五胡十六國 중의 後趙를 건립함. 어려서 洛陽으로 팔려 와 노예가 되었다가 八王의 난을 틈타 成都王(司馬穎)의 부장이 됨. 그 뒤 흉노족의

劉淵, 劉聰 등과 세력을 다투었으며, 晉 成帝 咸和 5년(330)에 칭제하여
연호를 建平이라 함. 그는 文史를 좋아하여 軍中에서도 항상 유생으로
하여금 역사를 읽어주도록 하여 고금 제왕의 업적을 평가하기도 하였다 함.
《晉書》(104-105)에 전이 있음.

【漢書】고조(高祖)부터 王莽까지 230년간의 역사를
120권으로 씀. 班固가 썼으며 25사의 하나.

【酈食其】고조가 項羽에게 滎陽에서 고난을 당할 때
역이기가 함곡관 동쪽 전국시대의 六國(楚·齊·燕·
韓·魏·趙)을 부활하면 6국의 백성이 감복, 고조를
도와 항우를 제압할 수 있다고 전한 말. '食'은 '이'
로 읽음.

【留侯】張良을 가리킴. 字는 子房. 留侯에 封해짐.
6국을 세우려 함에 8가지 불가함을 들어 반대하자
철폐함.《史記》劉侯世家 참조.

〈漢高祖〉《三才圖會》

참고 및 관련 자료

1.《石勒傳》

勒字世龍, 上黨武鄉人. 匈奴之苗裔也. 椎勇好騎射. 晉元康中, 流宕山東, 與平
原茌平人師歡家傭, 耳恆聞鼓角鞞鐸之音, 勒私異之. 初, 勒鄉里原上地中, 生石
日長, 類鐵騎之象; 家園中生人參, 菹葉甚盛. 于時父老相者皆云:「此胡體貌
奇異, 有不可知!」勸邑人厚遇之, 人多哂而不信. 永嘉初, 豪傑並起, 與胡王陽
等十八騎詣汲桑, 爲左前督: 桑敗, 共推勒爲主. 攻下州縣, 都於襄國. 後僭正號,
死, 諡明皇帝.

2.《晉紀》鄧粲

勒手不能書, 目不識字; 每於軍中令人誦讀, 聽之, 皆解其意.

3.《漢書》

項羽急圍漢王於滎陽, 漢王與酈食其謀撓楚權; 食其勸立六國後, 王令趣刻印.
張良入諫, 以爲不可. 輟食吐哺, 罵酈生曰:「豎儒! 幾敗乃公事! 趣令銷印.」

403(7-8)

위개衛玠가 다섯 살 때 총명하고 귀엽기가 대단하였다. 이에 조부祖父 태보(太保, 衛瓘)는 이렇게 말하였다.

"이 아이는 다른 데가 있어. 내가 이미 늙어 현달한 모습을 보지 못하고 죽는 것이 안타깝구나!"

衛玠年五歲, 神衿可愛; 祖太保曰:「此兒有異; 顧吾老, 不見其大耳!」

【衛玠】 자는 叔寶(287~313). 어릴 때는 虎라 부름. 衛瓘의 손자이며 衛恒의 아들.《老莊》에 조예가 깊었음. 어려서 王澄, 王玄, 王濟와 함께 이름을 날려 "王家三子, 不如衛家一兒"라 하였음. 中原大亂 때 남으로 피난하여 王敦에게 발탁됨. 太子洗馬를 지냈으며 王承과 더불어 '中興第一名士'로 불림.《晉書》(36)에 전이 있음.

【太保】 太保는 벼슬 이름. 衛瓘(220~291)을 가리킴. 자는 伯玉. 衛恒의 아버지이며 衛玠의 조부. 晉初 人物. 약관에 이미 尙書郎을 거쳐 通事郎, 中書郎, 散騎常侍, 侍中, 廷尉卿 등을 지냄. 鄧艾와 鍾會를 따라 蜀을 벌하였으며 다시 등애와 종회의 반란을 평정하여 關中의 여러 군사를 관할하는 도독이 됨. 鎭西將軍, 鎭東將軍을 거쳐 晉나라가 들어서자 侍中, 司空이 됨. 汝南王(司馬亮)을 돕다가 賈后와 틈이 벌어져 죽임을 당함. 草書에도 능하여 張芝의 풍을 이어받았다는 평을 받았음.《晉書》(36)에 전이 있음.

참고 및 관련 자료

1.《晉諸公贊》

瓘字伯玉, 河東安邑人. 少以明識淸允稱, 傅嘏極貴重之, 謂之寗武子. 仕至太保,爲楚王瑋所害.

2.《衛玠別傳》

玠有虛令之秀, 清勝之氣, 在羣伍之中, 有異人之望. 祖太保見玠五歲曰:「此兒
神爽聰令, 與衆大異; 恐吾年老, 不及見爾!」

404(7-9)

유월석(劉越石, 劉琨)이 이렇게 말하였다.

"화언하(華彦夏, 華軼)는 남을 감별하는 능력은 모자라고 고집부리고 과감
하기로는 남을 정도이다."

劉越石云:「華彦夏識能不足, 彊梁有餘」

【劉越石】劉琨(270?~318). 자는 越石. 中山 사람으로 '文章二十四友'로 알려짐.
북방 출신으로 八王之亂 때 趙王倫·齊王冏·東海王越 을 섬겼으며, 懷帝
때 司空과 都督을 배수받음. 石勒에게 패하여 幽州刺史 鮮卑族 匹磾에게
투항, 함께 다시 晉室을 부흥시킬 것을 모의하였으나 그의 참언으로 王敦의
밀사에게 죽음. 죽은 후 侍中·太尉를 추증받았으며 시호는 '愍'.《晉書》(62)에
전이 있음.

【華彦夏】華軼. 華歆의 증손으로 江州刺史를 지냈으며 洛陽의 대란 때
元帝에게 죽음.《晉書》(61)에 전이 있음.

1. 《晉書》虞預

華軼字彦夏, 平原人, 魏太尉歆曾孫也. 累遷江州刺史. 傾心下士, 甚得士歡心.
以不從元皇命見誅.

2. 《漢晉春秋》

劉琨知軼必敗, 謂其自取之也.

405(7-10)

장한張翰이 제왕(齊王, 司馬冏)의 동조연東曹掾에 피임되어 낙양洛陽에 살게
되었다. 어느 날 그는 추풍이 불어오자 고향 오강吳江의 고채菰菜 순갱蓴羹
및 농어회鱸魚膾 생각이 솟아올랐다.

그러면서 문득 이렇게 중얼거렸다.

"인생에 제일 귀한 것은 바로 자기 마음에 만족을 얻는 것이다. 어찌 집을
떠나 1천리 먼 곳까지 와서 명예와 관직을 구하랴?"

그리고는 수레를 준비시켜 귀향해 버렸다.

얼마 후 제왕이 패배하자 당시 사람들은 그는 곧 화복의 예조豫兆를
아는 인물이라 하였다.

張季鷹辟齊王東曹掾, 在洛, 見秋風起, 因思吳中菰菜‧
蓴羹‧鱸魚膾, 曰:「人生貴得適意爾! 何能羈宦數千里以要名爵?」

遂命駕便歸. 俄而齊王敗, 時人皆謂爲見機.

【張翰】 자는 季鷹. 吳郡人. 재주가 있고 문장에 능하였으며 당시 '江東步兵'
이라 불렸음. 齊王(司馬冏)의 大司馬東曹掾을 지내다가 장차 큰 변고가 있을
것을 예견하고 고향으로 돌아가기를 결심하여 본장의 '吳江鱸魚'의 고사를
낳은 인물. 《晉書》(92)에 전이 있음.

【齊王】 司馬冏(?~302). 자는 景治. 齊王에 봉해짐. 晉 宗室 獻王(司馬攸)의
아들. 八王의 난으로 趙王(司馬倫)이 찬위하자 기병하여 司馬倫을 토벌하여
그 공으로 九錫을 하사받고 大司馬가 됨. 뒤에 교만을 부려 長沙王(司馬乂)
에게 피살되었음. 시호는 武閔. 《晉書》(59)에 전이 있음.

【蓴羹】 순채(蓴菜)라는 水中 채소로 끓인 국. 吳江 지역의 特味라 함.

참고 및 관련 자료

1. 《文士傳》

張翰字季鷹. 父儼, 吳大鴻臚. 翰有淸才美望, 博學善屬文, 造次立成, 辭義淸新.
大司馬齊王冏辟爲東曹掾. 翰謂同郡顧榮曰:「天下紛紛未已, 未有四海之名者,
求退良難, 吾本山林間人, 無望於時久矣. 子善以明防前, 以智慮後!」榮捉其手,
愴然曰:「吾亦與子採南山蕨, 飮三江水爾!」翰以疾歸, 榮以輒去除吏名. 性至孝,
遭母艱, 哀毀過禮. 自以年宿, 不營當世, 以疾終于家.

山濤　字巨源　河内懷人也

傅玄　字休奕　北地泥陽人也

劉毅　字仲雄　東萊掖人也

杜預　字元凱　京兆杜陵人也

王濬　字士治　弘農湖人也

羊祜　字叔子　泰山南城人也

郗鑒　字道徽　高平金鄉人也

庾袞　字叔褒　潁川鄢陵人也

王羲之　字逸少　琅邪臨沂人也

張翰　字季鷹　吳郡人也

魏舒　字陽元　任城樊人也

王祥　字休徵　琅邪臨沂人也

陶潛　字淵明　潯陽柴桑人也

祖逖　字士稚　范陽遒人也

陶侃　字士行　本鄱陽人也

王導　字茂弘　琅邪臨沂人也

〈東晉 人物들〉《三才圖會》

406(7-11)

제갈도명(諸葛道明, 諸葛恢)이 처음 강좌江左로 천도하였을 때, 스스로 이름을 도명道明이라 고쳐 불렀고, 그 명성이 왕도王導나 유량庾亮에 버금갈 정도였다. 그가 일찍이 임기臨沂의 현령을 지냈기 때문에 승상(丞相, 王導)은 그에게 이렇게 말하였다.

"명부明府께서는 당연히 흑두공黑頭公이 될 것이오!"

諸葛道明初過江左, 自名道明, 名亞王·庾之下.
先爲臨沂令, 丞相謂曰:「明府當爲黑頭公!」

【諸葛道明】諸葛恢. 자는 道明. 諸葛誕의 손자이며 諸葛靚의 아들. 王導와 庾亮에 버금가는 명성을 누림. 元帝가 安東大將軍일 때 主簿가 되었으며 다시 江寧令을 지냄. 博陵亭侯에 봉해졌으며 愍帝 때 會稽太守를 거쳐 侍中, 金紫光祿大夫가 됨. 《晉書》(77)에 전이 있음.

【江左】강남을 말함. 북쪽을 기준으로 내려다볼 때 長江의 왼쪽 지역이 建康 (지금의 南京)이었으므로 동진시대를 이렇게 불렀음.

【王導】자는 茂弘(276~339). 어릴 때 자는 阿龍. 王敦의 從弟. 서진이 망하자 王敦과 함께 司馬睿를 황제로 추대하여 東晉을 세움. 그 공으로 丞相이 되었으며 號를 '仲父'라 하였음. 천하의 권세를 잡아 당시 "王與馬, 共天下"라 하였음. 元帝와 明帝, 成帝를 차례로 즉위시켰음. 아울러 남방 세족의 도움으로 강남에서의 동진 정권을 안정시킴. 《晉書》(65)에 전이 있음. 琅邪 臨沂 사람.

【庾亮】庾公(289~340). 자는 元規. 蘇峻, 祖約의 난을 평정하였으며 명제 때 王導를 이어 中書監이 됨. 征西大將軍, 荊州刺史 등을 지냄. 청담을 좋아하였으며 老莊에 밝았음. 죽은 후 太尉에 추증되었고 시호는 文康. 《晉書》(73)에 전이 있음.

【臨沂】지금의 山東省 臨沂縣. 동진 때 주민이 피난 와서 江蘇 江寧縣에 같은 이름의 현을 세움.

【丞相】王導를 가리킴.

【明府】漢魏 시대 太守를 높여 부르던 존칭.

【黑頭公】머리가 검을 때. 즉 어린 나이에 三公의 지위에 오름을 말함.

참고 및 관련 자료

1.《續晉陽秋》

珣初辟大司馬掾, 桓溫至重之. 常稱:「王掾必爲黑頭公, 未易才也.」

2.《中興書》

恢避難過江, 與潁川荀道明, 陳留蔡道明俱有名譽, 號曰「中興三明.」時人爲之語曰:「京都三明各有名, 蔡氏儒雅, 荀·葛淸!」

3.《語林》

丞相拜司空, 諸葛道明在公坐; 導指冠冕曰:「君當復著此!」

407(7-12)

왕평자(王平子, 王澄)는 평소 조카 왕미자(王眉子, 王玄)를 높이 보지 않았다. 그래서 왕미자를 보고 이렇게 평하였다.

"뜻이 그 도량보다 크니 끝내 성벽에서 죽으리라!"

王平子素不知眉子, 曰:「志大其量, 終當死塢壁間!」

【王平子】王澄(269~312). 자는 平子. 王衍의 아우. 荊州刺史를 지냄. 뒤에
　王敦에게 죽임을 당함.《晉書》(43)에 전이 있음.
【王眉子】王玄(?~313?). 王衍(夷甫)의 아들. 뒤에 尉氏 땅에 가는 길에 성곽
　에서 피살당함.《晉書》 43에 전이 있음.
【塢壁】성곽. 흙으로 쌓은 보루. 전쟁터를 의미함.

참고 및 관련 자료

1.《晉諸公贊》
　王玄字眉子, 夷甫子也. 東海王越辟爲掾, 後行陳留太守. 大行威罰, 爲塢人所害.

408(7-13)

　왕대장군(王大將軍, 王敦)이 군대를 일으켜 강동에서 내려오기 시작할 때
양랑楊朗이 고언苦言으로 말렸지만 왕돈이 듣지 않자, 드디어 그를 위해 힘을
다 바칠 각오로 바꾸었다. 이에 그는 중명운로거中鳴雲露車라는 수레를 몰고
왕돈에게 달려가 이렇게 말하였다.

　"부하들의 북소리를 들어보니 진격하기만 하면, 이길 수 있을 것 같습
니다."

　왕돈은 그의 손을 잡으며 이렇게 약속하였다.

　"이번 일에 성공하면 그대를 형주자사荊州刺史로 삼아드리겠소!"

　그러자 그 일이 끝나고 나서 왕돈은 그 약속을 잊은 채, 그를 남군태수
南郡太守로 삼아 버렸다.

그 뒤 왕돈이 다시 패하자 명제(明帝, 司馬紹)는 양랑을 잡아들여 처형하려 하였다. 그러다가 마침 명제가 죽는 바람에 그는 사형을 면할 수 있었다. 양랑은 뒤에 삼공三公을 겸하여 그가 거느린 관속이 수십 명이나 되었다. 그들 수십 명은 당시 이름난 자들이 아니었으나 양랑에게 발탁된 후 이름이 알려지게 된 인물들이었다.

그 때문에 당시 사람들은 양랑이 사람을 알아보는 자라고 칭하였다.

王大將軍始下, 楊朗苦, 諫不從; 遂爲王致力, 乘中鳴雲露車逕前, 曰:「聽下官鼓音, 一進而捷!」

王先把其手曰:「事克, 當相用爲荊州!」

旣而忘之, 以爲南郡. 王敗後, 明帝收朗, 欲殺之; 帝尋崩, 得免. 後兼三公, 署數十人爲官屬; 此諸人當時並無名, 後皆被知遇. 于時稱其知人.

【王大將軍】 자는 處仲(266~324). 어릴 때는 阿黑이라 부름. 王舍의 아우이며 王導의 종제로 八王之亂 때 공을 세워 散騎常侍, 侍中, 靑州刺史, 鎭東大將軍 등을 지냄. 西晉이 망하자 司馬睿를 옹립하여 황제로 삼음. 뒤에 明帝 때 난을 일으켰다가 軍中에서 죽음. 《晉書》(98)에 전이 있음.
【楊朗】 자는 世彦. 弘農人으로 楊準의 셋째아들이며 어려서부터 王敦과 謝安에게 칭찬을 들음. 南郡太守, 雍州刺史에 이름.
【中鳴雲露車】 雲露車는 2층 이상의 樓車. 中鳴은 그 수레에 방울을 달아 아군의 진퇴를 알리도록 되어 있는 장치.
【南郡】 지금의 湖北省 江陵縣 동남지역.
【明帝】 司馬紹. 元帝(司馬睿)의 맏아들이며 東晉의 제 2대 황제. 자는 道畿. 재위 3年(323~326). 묘호는 肅宗. 《晉書》(6)에 기가 있음.

1.《晉百官名》

郞字世彦, 弘農人.

2.《楊氏譜》

朗祖囂, 典軍校尉. 父準, 冀州刺史.

3.《晉書》王隱

朗有器識才量, 善能當世. 仕至雍州刺史.

4. 楊勇〈校箋〉

『雲露車, 卽雲車, 亦名樓車, 車上有望樓, 以窺敵之進退也. 後漢書光武紀:
「雲車十餘丈, 瞰臨城中.」章懷注:「雲車卽樓車, 稱言其高也. 升之望敵, 猶梯
之言雲梯也.」中鳴者, 雲車中特置鼓金, 擊之, 指揮我軍進退也.』

409(7-14)

　주백인(周伯仁, 周顗)의 어머니가 동짓날에 세 아들에게 술을 주면서
이렇게 말하였다.

　"내가 강을 건너 남으로 내려올 때 어디 의지할 곳이 없으리라 여겼
는데, 너희들이 서로 돕고 또 이렇게 장성해서 항렬行列을 이루고 있으니
내 또 무엇을 근심하겠는가?"

　그러자 주숭周嵩이 일어나 길게 무릎을 꿇고 울면서 이렇게 말하였다.

　"어머니 말씀과 같지만은 않습니다. 백인伯仁의 사람됨은 지기志氣는
크나 재주가 짧고, 명성은 높으나 식견이 어둡고, 남의 폐단을 이용하기를
좋아합니다. 이는 곧 스스로를 온전히 하는 방법이 아닙니다. 또 저는

성질이 편협하여 남에게 용납이 되지 않습니다. 게다가 아노(阿奴, 周謨)는 용열庸劣하고 무능하여 다만 어머님의 눈 아래에서 응석을 부릴 수 있을 것입니다.”

周伯仁母, 冬至擧酒賜三子曰: 「吾本謂度江託足無所. 爾家有相, 爾等並羅列, 吾復何憂?」

周嵩起, 長跪而泣曰: 「不如阿母言. 伯仁爲人, 志大而 才短, 名重而識闇, 好乘人之弊, 此非自全之道. 嵩性狼抗, 亦不容於世. 唯阿奴碌碌, 當在阿母目下耳」

【周伯仁】周顗(269~322). 자는 伯仁. 周俊의 장자로 吏部尙書郞, 荊州刺史를 지냄. 僕射로 임명되자 술에 취해 사흘 만에 깨어나 “三日僕射”란 별명을 들음. 王敦에게 피살되어 “我雖不殺伯仁, 伯仁由我而死”의 고사를 낳음. 《晉書》(69)에 전이 있음.

【周嵩】字는 仲智. 周浚의 둘째아들이며 周謨의 兄, 周顗의 아우. 元帝가 그를 불러 相을 삼았으며 뒤에 御史中丞을 지냄. 王敦의 기병에 피살됨.《晉書》 (61)에 전이 있음.

【阿奴】원래는 ‘어린 녀석’이라는 뜻. 여기서는 주숭의 아우 周謨를 가리킴.

참고 및 관련 자료

1.《晉書》列女傳 周顗母李氏傳
吾本渡江託足無所, 不謂爾等並貴列吾目前, 吾復何憂?

2.《晉紀》鄧粲
阿奴, 嵩之弟周謨也.

　왕대장군(王大將軍, 王敦)이 죽은 후, 왕응王應은 세유(世儒, 王彬)에게 의지하려 하였는데, 세유는 당시 강주자사江州刺史였다. 그러나 왕응의 아버지 왕함王含은 왕서王舒에게 의지하려 하였다. 왕서는 형주자사荊州刺史였다. 왕함이 아들 왕응에게 물었다.

　"대장군께서 평소 강주자사인 세유와 어떤 교분이 있었기에 너는 그에게 의탁하려 하는 것이냐?"

　이에 왕응은 이렇게 설명하였다.

　"이것이 바로 마땅히 그에게 의탁하려는 이유입니다. 강주자사 세유는 남이 강성하였을 때 오히려 감히 의견의 차이를 항변하였으니, 이는 보통 사람이 할 수 있는 행동이 아닙니다. 그리고 또 남의 쇠약함이나 곤궁함을 보면 반드시 나서서 구제하고 측은히 여겼습니다. 그러나 형주자사 왕서는 문약文弱함만 지켰으니 어찌 능히 자기 뜻을 내세워 일을 처리할 수 있겠습니까?"

　그러나 왕함은 아들 왕응의 말을 듣지 않고 함께 왕서에게로 의탁해 버렸다. 과연 왕서는 이 두 부자父子를 강에 던져 죽여 버렸다. 한편 왕빈은 왕응이 자신에게 온다는 말을 듣고 몰래 배를 준비하여 그를 기다렸지만 끝내 그가 나타나지 않자 크게 한스럽게 여겼다.

　王大將軍旣亡, 王應欲投世儒, 世儒爲江州; 王含欲投王舒, 舒爲荊州.

　含語應曰:「大將軍平素與江州云何, 而汝欲歸之?」

　應曰:「此乃所以宜往也: 江州當人彊盛時, 能抗同異, 此非常人所行; 及覩衰厄, 必興愍惻. 荊州守文, 豈能作意表行事?」

　舍不從, 遂共投舒. 舒果沈舍父子于江. 彬聞應當來, 密具船以待之; 竟不得來, 深以爲恨.

【王大將軍】王敦(266~324). 자는 處仲. 어릴 때는 阿黑이라 부름. 王舍의
아우이며 王導의 종제로 八王之亂 때 공을 세워 散騎常侍, 侍中, 靑州刺史,
鎭東大將軍 등을 지냄. 西晉이 망하자 司馬睿를 옹립하여 황제로 삼음.
뒤에 明帝 때 난을 일으켰다가 軍中에서 죽음. 《晉書》(98)에 전이 있음.
【王應】王安期(?~324). 王舍의 아들이며 왕함의 동생. 王敦이 자식이 없어
그의 양자가 됨. 다른 王安期(王承. 275~320)와는 다른 인물임.
【世儒】王彬(275~333). 江州刺史・度支尙書・尙書右僕射 등을 지냈음. 《晉書》
(76)에 전이 있음.
【王舍】字는 處弘(?~234). 王應의 아버지. 王敦의 형. 琅邪人. 徐州刺史 光祿
勳을 지냄. 祖逖의 북벌을 적극 도왔으며 왕돈이 기병하여 조정을 향하자
이에 호응하여 太寧 2년(324)에 元帥가 됨. 그러나 싸움에 패하여 가족을
데리고 종제인 荊州刺史 王舒에게 갔으나 왕서가 그를 강에 던져 죽여 버림.
【王舒】자는 處明(266?~333). 蘇峻의 亂을 평정한 공로로 彭澤侯가 됨. 왕함
과 왕응이 투항해 오자 공을 세우기 위해 이들을 죽여 강에 던짐. 《晉書》
(76)에 전이 있음.

참고 및 관련 자료

1.《晉陽秋》

應字安期, 舍子也. 敦無子, 養爲嗣, 以爲武衛將軍, 用爲副貳, 伏誅.

2.《王彬別傳》

彬字世儒, 琅邪人. 祖覽, 父正, 並有名德. 彬爽氣出儕類, 有雅正之韻. 與元帝
姨兄弟, 佐佑皇業, 累遷侍中. 從兄敦下石頭, 害周伯仁; 彬與顗素善, 往哭
其尸, 甚慟. 旣而見敦, 敦怪其有慘容, 而問之. 答曰:「向哭周伯仁, 情不能已.」
敦曰:「伯仁自致刑戮, 汝復何爲者哉?」彬曰:「伯仁淸譽之士, 有何罪?」因數

敦曰:「抗旌犯上, 殺戮忠良!」音辭慷慨, 與淚俱下. 敦怒甚. 丞相在坐, 代爲
之懼, 命彬曰:「拜謝.」彬曰:「有足疾. 比來見天子尚不欲拜, 何跪之有?」
敦曰:「脚疾何如頸疾?」以親故不害之. 累遷江州刺史, 左僕射. 贈衛將軍.

3.《王舒傳》

舒字處明, 琅邪人. 祖覽, 知名. 父會, 御史. 舒器業簡素, 有文武榦. 中宗用爲
北中郎將, 荊州刺史, 尚書僕射; 出爲會稽太守; 以父名會, 累表自陳, 求換他郡,
上於是改會爲鄶. 舒不得已而行. 討蘇峻有功, 封彭澤侯. 贈車騎大將軍.

4. 劉孝標 注

『含之投舒, 舒遣軍逆之, 含父子赴水死. 昔酈寄賣友見譏, 況販兄弟以求安?
舒非人矣!』

411(7-16)

무창武昌의 맹가孟嘉는 유태위(庾太尉, 庾亮)의 주종사州從事로서 이미
이름이 널리 알려져 있었다. 저태부(褚太傅, 褚裒)는 능히 사람을 식별하는
능력이 있어 예장豫章 태수를 그만두고 돌아오다가 무창을 지나게 되었다.
그가 유태위에게 이렇게 물었다.

"듣자 하니 이곳에 맹종사孟從事라고 있다던데 지금 있소, 없소?"

유태위는 이렇게 대답하였다.

"그대가 직접 찾아보시지요."

그러고는 늘어선 사람을 가리켰다. 저태부는 한참 그들을 훑어보다가
맹가를 가리키며 이렇게 물었다.

"이 사람이 어딘가 다르군. 혹시 이 사람이 아니오?"

태위는 크게 웃으며 대답하였다.

"그렇소."

이에 모두 저태부의 능력에 감탄하였고, 또한 맹가가 칭찬을 받은 모습에 즐거워하였다.

武昌孟嘉作庾太尉州從事, 已知名. 褚太傅有知人鑒, 罷豫章還, 過武昌, 問庾曰:「聞孟從事佳, 今在此不?」

庾云:「試自求之」

褚眄睞良久, 指嘉曰:「此君小異, 得無是乎!」

庾大笑曰:「然」

于時旣歎褚之黙識, 又欣嘉之見賞.

【孟嘉】 자는 萬年. 뒤에 桓溫의 參軍을 거쳐 從事中郎과 長史를 지냄. 陶淵明의 〈晉故征西大將軍長史孟府軍傳〉 참조.

【庾太尉】 庾亮(289~340). 자는 元規. 蘇峻, 祖約의 난을 평정하였으며 명제 때 王導를 이어 中書監이 됨. 征西大將軍, 荊州刺史 등을 지냄. 청담을 좋아하였으며 老莊에 밝았음. 죽은 후 太尉에 추증되었고 시호는 文康. 《晉書》(73)에 전이 있음.

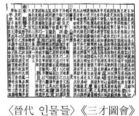

〈晉代 인물들〉 《三才圖會》

【褚太傅】 褚裒(303~349). 자는 季野. 東晉 康帝(343~344 재위)의 장인이며 後趙를 토벌하려 나섰으나 병을 얻어 귀환 중에 죽음. 뒤에 都亭侯에 봉해졌으며 侍中太傅에 추증됨. 《晉書》(93)에 전이 있음.

[참고 및 관련 자료]

1. 《孟嘉別傳》

嘉字萬年, 江夏鄳人. 曾祖父宗, 吳司空. 祖父揖, 晉廬陵太守. 宗葬武昌陽新縣, 子孫家焉. 嘉少以淸操知名. 太尉庾亮領江州, 辟嘉部廬陵從事. 下郡還,亮引問風俗得失. 對曰:「待還, 當問從事吏.」亮擧麈尾掩口而笑, 語弟翼曰: 「孟嘉故是盛德人!」轉勸學從事. 太傅褚裒有器識, 亮正旦大會, 裒問亮:「聞江 州有孟嘉, 何在?」亮曰:「在坐, 卿但自覓.」裒歷觀久之, 指嘉曰:「將無是乎!」 亮欣然而笑, 喜裒得嘉, 奇嘉爲裒所得, 乃益器之. 後爲征西桓溫參軍, 九月九日, 溫遊龍山, 參寮畢集, 時佐史並箸戎服, 風吹嘉帽墮落, 溫戒左右勿言, 以觀其 擧止. 嘉初不覺, 良久如厠, 命取還之; 令孫盛作文嘲之, 成, 箸嘉坐. 嘉還見 卽答, 四坐嗟嘆. 嘉善酣暢, 愈多不亂. 溫問:「酒有何好, 而卿嗜之?」嘉曰: 「明公未得酒中趣爾.」又問:「聽伎, 絲不如竹, 竹不如肉, 何也?」答曰:「漸近 自然.」轉從事中郎, 遷長史. 年五十三而卒.」

412(7-17)

대안도(戴安道, 戴逵)는 나이 10여 세 때에 와관사瓦官寺에서 그림을 그리고 있었다. 왕장사(王長史, 王濛)가 이를 보고 이렇게 말하였다.

"이 아이는 그림에 능할 뿐 아니라, 끝내 이름을 크게 날릴 인물이다. 한스럽기는 내가 늙어 그 성공을 보지 못하고 죽는 것이로다!"

戴安道年十餘歲, 在瓦官寺畫.

王長史見之曰:「此童非徒能畫, 亦終當致名; 恨吾老, 不見其盛時耳!」

【戴安道】戴逵(326~396). 자는 安道. 거문고 연주에 뛰어났으며 회화에도 뛰어나 佛畫와 불상 조각을 많이 남김. 불교를 신봉했으나 인과설을 의심

하여 〈釋疑論〉을 지었음. 영리를 추구하지 않고 기절을 중시하여 國子博士에 초빙되었으나 나가지 않음.《晉書》(94)에 전이 있음.

【瓦官寺】東晉 때 유명한 절. 364년 惠力이 당시 수도 建康(지금의 南京市)에 세움.

【王長史】王濛(309?~347?). 자는 仲祖. 太原 王氏. 王脩, 王蘊, 哀帝王后의 아버지. 司徒左長史를 지냄.《晉書》(93)에 전이 있음.

참고 및 관련 자료

1.《續晉陽秋》
逮善圖畵, 窮巧丹靑也.

413(7-18)

왕중조(王仲祖, 王濛)・사인조(謝仁祖, 謝尙)・유진장(劉眞長, 劉惔) 셋이 함께 단양丹陽으로 성묘 가는 길에 은양주(殷揚州, 殷浩)를 찾아갔지만, 은양주는 벼슬에 나서지 않을 확연한 뜻을 보였다. 돌아오면서 왕중조와 사인조는 서로 이렇게 말하였다.

"은연원(殷淵源, 殷浩) 같은 이가 다시 벼슬로 나오지 않는다면 백성들이 어찌 살 수 있을까?"

그리고 아주 심히 한탄하였다. 그러자 유진장은 이렇게 말하였다.

"그대 두 사람은 정말로 은연원 같은 분이 다시 나오지 않을 것으로 걱정하는 겁니까?"

王仲祖·謝仁祖·劉眞長俱至丹陽墓所省殷揚州, 絶有
確然之志.

旣反, 王·謝相謂曰:「淵源不起, 當如蒼生何?」

深爲憂歎. 劉曰:「卿諸人眞憂淵源不起邪?」

【王仲祖】王濛(309?~347). 王長史. 자는 仲祖. 太原 王氏. 王脩, 王蘊, 哀帝
王后의 아버지. 司徒左長史를 지냄.《晉書》(93)에 전이 있음.

【謝仁祖】謝尙(308~357). 자는 仁祖. 謝鯤의 아들이며 王導가 '小安豐'이라
불렀음. 給事黃門侍郎을 거쳐 建武將軍, 鎭西將軍, 歷陽太守, 豫州刺史,
江夏, 義陽 등 都督을 지냄. 穆帝 때 尙書僕射를 지냄. 음악과 기예에
밝았으며 太樂을 처음으로 정리하였던 인물.《晉書》(79)에 전이 있음.

【劉眞長】劉惔. 丹陽尹을 지내어 劉尹으로도 부름. 字는 眞長. 劉宏의 손자로
沛國 相 땅 출신. 明帝(323~326 재위)의 廬陵長公主에게 장가들어 駙馬가 됨.
司從左長史, 侍中, 丹陽尹 등을 지냄. 36세에 죽어 孫綽이 "居官無官官之事,
處事無事事之心"이라 誄文을 지어 명언이라 하였음.《晉書》(75)에 전이 있음.

【殷揚州】殷浩(?~356). 자는 淵源. 殷羨(洪喬)의 아들이며 弱冠에 이미 이름이
났으며 玄言에 뛰어나 당시 풍류 재자의 숭앙을 받음. 정사에도 뛰어나
사람들은 그를 管仲이나 諸葛孔明에 비유할 정도였음. 建武將軍, 揚州刺史,
記室參軍·安西將軍·中軍將軍 등을 역임하였으며 北征에 나섰다가 姚襄에게
패배하여 서인으로 강등되기도 하였음. '咄咄怪事'의 고사를 남김.《晉書》
(77)에 전이 있음. 당시 단양에 은거해 있었음.

⊂ 참고 및 관련 자료 ⊃

1.《晉書》殷浩傳

三府辟, 皆不就, 征西將軍庾亮引爲記室參軍, 累遷司徒左長史. 安西庾翼復請
爲司馬, 除侍中, 並稱疾不起. 遂屛居墓所, 幾將十年, 于時擬之管·葛.

2.《中興書》

浩棲遲積年, 累聘不至.

소유(小庾, 庾翼)가 임종이 가까워지자 스스로 표表를 올려 자신의 아들 원객(園客, 庾爰之)이 자신의 직무를 잇게 해달라고 하였다. 조정에서는 그의 의견을 들어 주고 싶지 않았지만, 그렇다고 다시 누구를 소유의 직무인 형주자사로 파견해야 할지도 난감하였다. 그래서 환온桓溫을 임명하자고 의견이 모아지자 유윤(劉尹, 劉惔)이 이렇게 말렸다.

"그 자를 가게 하면 틀림없이 서초西楚 지역은 안정될 것이오. 그러나 다시는 그를 통제하지 못할까 하는 것이 걱정이오."

小庾臨終, 自表以子園客爲代; 朝廷慮其不從命, 未知 所遣, 乃共議用桓溫.

劉尹曰:「使伊去, 必能克定西楚, 然恐不可復制」

【小庾】 庾翼(305~345). 庾亮의 동생. 자는 稚恭. 征西將軍을 지내 庾征西 로도 불리며, 유량(大庾)에 대칭하여 소유라 부름. 《晉書》(73)에 전이 있음.
【園客】 유치공의 아들 庾爰之의 어릴 때 이름.
【桓溫】 桓宣武. 桓公(312~373). 자는 元子. 明帝의 사위. 荊州刺史를 지냈 으며, 蜀을 정벌하고 前秦을 쳐부숨. 簡文帝를 세우고 자신이 다시 왕위를 빼앗고자 하였음. 시호는 武侯. 그의 아들 桓玄이 드디어 제위를 찬탈 하여 楚나라를 세운 다음 아버지 환온을 宣武皇帝로 추존함. 《晉書》(99)에 전이 있음.
【劉尹】 劉惔. 字는 眞長. 劉宏의 손자로 沛國 相 땅 출신. 明帝(323~326 재위)의 盧陵長公主에게 장가들어 駙馬가 됨. 司從左長史, 侍中, 丹陽尹 등을 지냄. 36세에 죽어 孫綽이 "居官無官官之事, 處事無事事之心"이라 誄文을 지어 명언이라 하였음. 《晉書》(75)에 전이 있음.

1. 劉孝標 注

『園客, 爰之小字也.』

2.《庾氏譜》

爰之字仲眞, 翼第二子.

3.《中興書》

爰之有父翼風. 桓溫徙于豫章, 年三十六而卒.

4.《陶侃別傳》

庾翼薨, 表其子爰之代爲荊州. 何充曰:「陶公重勳也, 臨終高讓; 丞相未薨, 敬豫爲四品將軍, 于今不改; 親則道恩, 優游散騎; 未有超卓若此之授!」乃以徐州刺史桓溫, 爲安西將軍, 荊州刺史.

5.《文章志》宋 明帝

翼表其子代任, 朝廷畏憚之; 議者欲以授桓溫. 時簡文輔政, 然之. 劉惔曰:「溫去, 必能定西楚, 然恐不能復制; 願大王自鎭上流, 惔請爲從軍司馬.」簡文不許. 溫後果如惔所算也.

415(7-20)

환공(桓公, 桓溫)이 촉蜀을 토벌하려 나서자, 조정의 많은 사람들이 한결같이 촉의 이세李勢는 촉에 근거를 닦은 지 오래인데다가 대대로 이어온 많은 세력이 있고, 나아가 장강 상류의 삼협三峽의 유리한 지형을 근거로 하고 있기 때문에 쉽게 이길 수 없다고 의견을 내었다.

그러나 유윤(劉尹, 劉惔)만은 이렇게 말하였다.

"그는 틀림없이 촉을 평정할 거요. 그가 도박을 하는 것을 보면 반드시 이길 수 있는 경우가 아니면 그는 아예 덤비지 않는 성격이오."

桓公將伐蜀, 在事諸賢, 咸以李勢在蜀旣久, 承藉累葉, 且形據上流, 三峽未易可克.

唯劉尹云:「伊必能克蜀. 觀其蒲博, 不必得, 則不爲」

【桓公】桓宣武. 桓溫(312~373). 자는 元子. 明帝의 사위. 荊州刺史를 지냈으며, 蜀을 정벌하고 前秦을 쳐부숨. 簡文帝를 세우고 자신이 다시 왕위를 빼앗고자 하였음. 시호는 武侯. 그의 아들 桓玄이 드디어 제위를 찬탈하여 楚나라를 세운 다음 아버지 환온을 宣武皇帝로 추존함. 《晉書》(99)에 전이 있음.

【蜀】지금의 四川 지역으로 李勢가 점거하고 있었음.

【李勢】자는 子仁(?~361). 할아버지 李特이 중원 대란 때 蜀 땅을 점거하였으며 아버지 李壽가 동진 때 成漢이라는 나라를 세워 中宗이라 하였음. 이수가 죽고 장자인 李勢가 들어서 연호를 太和로 바꾸고 後主가 됨. 이세의 아우와 한왕(李廣)이 이세가 아들이 없음을 이유로 자신을 太弟로 삼아줄 것을 요구하자, 이세는 太保 李奕을 보내어 이광을 공격하였으며 이광은 자살하고 말았음. 그런데 그곳 사람들이 이혁을 따르는 자가 수만 명에 이르자, 이세는 두려움을 느낀 나머지 이혁을 죽이고 연호를 嘉寧으로 바꿈. 재위 5년 만인 347년에 桓溫이 촉을 정벌할 때 항복하여 歸義侯에 봉해졌으며 晉 穆帝 升平 5년(361) 建康에서 생을 마침. 《晉書》(121)에 載記가 있음.

【三峽】長江 중류의 세 개의 협곡. 그 명칭은 각각 다르나 대체로 瞿塘峽, 巫峽, 西陵峽을 들고 있음.

【劉尹】劉惔. 字는 眞長. 劉宏의 손자로 沛國 相 땅 출신. 明帝(323~326 재위)의 廬陵長公主에게 장가들어 駙馬가 됨. 司從左長史, 侍中, 丹陽尹 등을 지냄. 36세에 죽어 孫綽이 "居官無官官之事, 處事無事事之心"이라 誄文을 지어 명언이라 하였음. 《晉書》(75)에 전이 있음.

참고 및 관련 자료

1. 《華陽國志》

李勢字子仁, 略陽臨渭人也. 本巴西宕渠賨人也. 其先李特, 因晉亂據蜀, 特子雄,

稱號成都. 勢祖驤, 特弟也; 驤生壽, 壽簒位自立; 勢卽壽子也. 晉安西將軍伐蜀,
勢歸降, 遷之揚州. 自起至亡六世, 三十七年.

2. 楊勇〈校箋〉

『三峽, 通以瞿塘峽·巫峽·西陵峽稱. 地當長江上游, 介川·鄂兩省之間. 瞿塘峽在
四川省奉節縣東, 爲三峽之首; 東爲巫峽, 在四川省巫山縣東; 又東爲西陵峽,
在湖北省宜昌縣西北. 三峽相連, 長七百里, 重巖疊嶂, 隱天蔽日, 中以瞿塘最險,
巫峽最長. 亦有以西陵峽·巫峽·歸峽爲三峽者. 亦有以西陵·明月·黃中爲三峽者,
然其說不普遍.』

3. 《桓溫別傳》

初, 朝廷以蜀處險遠, 而溫衆寡少, 懸軍深入, 甚以憂懼; 而溫直指成都, 李勢面縛.

4. 《語林》

劉尹見桓公, 每嬉戲, 必取勝. 謂曰:「卿乃爾好利, 何不焦頭?」及伐蜀, 故有
此言.

416(7-21)

사공(謝公, 謝安)이 동산東山에 살고 있을 때 많은 기녀를 거느리고 있었다.
간문제(簡文帝, 司馬昱)가 이를 듣고 이렇게 평하였다.

"안석(安石, 謝安)이 세상에 나오면 반드시 사람들과 더불어 즐길 것이며,
또한 근심도 사람들과 함께 하지 않을 수 없으리라."

謝公在東山畜妓, 簡文曰:「安石必出; 旣與人同樂, 亦不
得不與人同憂.」

【謝公】謝安. 字는 安石(320~385). 謝裒의 아들이며 謝琰(望蔡)의 아버지. 謝奕의 동생. 덕망이 있고 기개가 높아 桓彝, 王濛의 사랑을 받음. 처음에는 벼슬에 뜻을 버리고 王羲之, 支遁 등과 산수를 즐기며 조정의 부름에 응하지 않았으나 40이 넘어 桓溫의 司馬를 거쳐 吳興太守, 侍中, 吏部尙書, 太保錄尙書事 등의 관직을 지냄. 뒤에 다시 太傅에 추증되었으며 시호는 文靖.《晉書》(79)에 전이 있음.

【東山】지금의 浙江省 上虞縣에 있는 산. 謝安이 이곳에 은거하여 뒤에 東山, 東山之志, 東山志는 은거의 뜻으로 쓰임.

【簡文帝】東晉의 제8대 황제 司馬昱. 字는 道萬. 中宗의 少子. 元帝 계실 鄭后 소생이며 司馬紹의 배다른 동생. 穆帝가 어려서 撫軍으로 보필, 뒤에 桓溫이 海西公을 폐하고 이를 세워 皇帝에 오름. 재위 2년(371~372).《世說新語》에서는 흔히 '晉簡文', '簡文', '簡文帝', '簡文皇帝', '相王', '撫軍', '會稽王' 등으로 칭함.《晉書》(9)에 紀가 있음.

참고 및 관련 자료

1.《晉書》謝安傳

安雖放情丘壑, 然每游賞, 必以妓女從. 旣累辟不就, 簡文帝時爲相云云.

2.《桓溫別傳》

初, 朝廷以蜀處險遠, 而溫衆寡少, 懸軍深入, 甚以憂懼; 而溫直指成都, 李勢面縛.

3.《語林》

劉尹見桓公, 每嬉戲, 必取勝. 謂曰:「卿乃爾好利, 何不焦頭?」及伐蜀, 故有此言.

4.《文章志》宋 明帝

安縱心事外, 疎略常節, 每畜女妓, 攜持遊肆也.

417(7-22)

치초郗超와 사현謝玄은 사이가 아주 나빴다. 당시 부견苻堅이 진晉나라
조정을 무너뜨리려고 이미 승냥이처럼 양주梁州·기주岐州를 집어삼킨 다음,
다시 회음淮陰지역을 호시虎視하고 있었다. 이에 조정에서는 사현을 시켜
북벌에 나서도록 의견을 내었지만, 사람들 사이에 논의가 자못 엇갈렸다.

그러나 치초만은 오직 이렇게 말하였다.

"이 사람은 능히 일을 잘 처리할 거요. 내 일찍이 그와 함께 환선무(桓宣武,
桓溫)밑에서 함께 일한 적이 있는데, 그는 사람을 각각 그 맞는 자리에 잘
이용할 줄 아는 것을 보았소. 비록 신발 크기 차이의 작은 일도 능히
사람의 임무를 배치할 줄 아는 자요. 이로써 추측하건대 틀림없이 그는
공을 세울 인물이라 여겨지오!"

훌륭한 공을 이루어 승리하자 당시 사람들은 누구나 치초의 선각先覺에
대해 찬탄하면서 또한 애증을 이유로 훌륭함을 감추지 않은 점에 대해서도
높이 평가하였다.

郗超與謝玄不善, 苻堅將問晉鼎, 旣已狼噬梁·岐, 又虎
視淮陰矣. 于時朝議遣玄北討, 人間頗有異同之論.

唯超曰:「是必濟事. 吾昔嘗與共在桓宣武府, 見使才皆盡,
雖履屐之間, 亦得其任; 以此推之, 容必能立勳!」

元功旣擧, 時人咸歎超之先覺, 又重其不以愛憎匿善.

【郗超】 자는 景興(336~377). 혹은 嘉賓. 많은 사람과 교류하여 그가 죽자
誄를 쓰겠다는 사람이 수십 명이었다 함.《晉書》(67)에 전이 있음.

【謝玄】자는 幼度(343~388). 어릴 때의 자는 遏(갈). 謝奕의 아들이며 謝靈運의 조부. 謝安의 조카. 徐州刺史로서 謝石, 謝琰 등과 肥水(淝水)에서 苻堅을 대파함. 그로 인해 康樂侯公에 봉해졌으며 죽은 뒤 車騎將軍으로 추증됨. 《晉書》(79)에 전이 있음.

【苻堅】자는 永固(338~385), 혹은 文玉. 晉나라 때 五胡 중에 제일 강하였던 前秦의 군주. 苻健이 秦을 세우고 아들 苻生에게 물려주자 부견이 부생을 죽이고 자립함. 이어 차례로 前燕과 前涼, 代 등을 취하여 강해지자 晉나라를 공략하여 淝水에서 謝玄 등과 결전을 벌여 대패함. 이에 鮮卑, 羌 등이 이반하여 국세가 약해졌으며 결국 姚萇(羌族)이 그와 태자 苻宏을 살해하고 後秦을 세움. 《晉書》(113)에 전이 있음.

【梁岐】冀州지역. 서북쪽 일대.

【淮陰】지금의 江蘇省 淮陰縣.

【桓宣武】桓公. 桓溫(312~373). 자는 元子. 明帝의 사위. 荊州刺史를 지냈으며, 蜀을 정벌하고 前秦을 쳐부숨. 簡文帝를 세우고 자신이 다시 왕위를 빼앗고자 하였었음. 시호는 武侯. 그의 아들 桓玄이 드디어 제위를 찬탈하여 楚나라를 세운 다음 아버지 환온을 宣武皇帝로 추존함. 《晉書》(99)에 전이 있음.

【履屐之間】履屐은 신발, 나막신. '한 발 차이의 미세한 임무'(三民本). 혹은 '아주 사소한 일'(貴州本)로도 풀이 함.

참고 및 관련 자료

1. 《秦書》車頻

車頻秦書曰:「苻堅字永固, 武都氐人也. 本姓蒲, 祖父洪, 詐稱讖文, 改曰〈苻〉; 言己當王, 應苻命也. 堅初生, 有赤光流其室, 及誕, 背赤色, 隱起若篆文. 幼有美度; 石虎司隸徐統名知人, 堅六歲時, 嘗戲於路, 統見而異焉, 問曰: 「苻郎, 此官街, 小兒行戲, 不畏縛邪?」堅曰:「吏縛有罪, 不縛小兒!」統謂左右曰:「此兒有王霸相.」石氏亂, 伯父健及父雄西入關, 健夢天神使者朱衣冠, 拜肩頭爲龍驤將軍; 肩頭, 堅小字也. 健卽拜爲龍驤, 以應神命. 後健僭帝號; 死, 子生立, 凶暴, 羣臣殺之而立堅. 堅立十五年, 遣長樂公丕攻沒襄陽. 十九年, 大興師伐晉, 衆號百萬, 水陸俱進, 次于項城. 自項城至長安, 連旗千里, 首尾

不絶; 乃遣告晉曰: 「已爲晉君於長安城中建廣夏之室; 今故大擧渡江相迎,
克日入宅也.」

2.《中興書》

于時氏賊彊盛, 朝議求文武良將可鎭靖北方者, 衛大將軍安曰: 「唯兄子玄可任
此事.」 中書郎郗超聞而嘆曰: 「安違衆擧親, 明也; 玄必不負其擧!」

418(7-23)

한강백(韓康伯, 韓伯)과 사현謝玄은 본래 좋은 사이는 아니었다. 사현이
북쪽으로 토벌을 나간 후, 모두들 사현이 제대로 싸우지 못할 것이라고
여겼다. 그러나 한강백은 이렇게 말하였다.

"사현이란 자는 명예를 좋아하기 때문에라도 잘 싸울 거요."

사현이 이 말을 전해 듣고는 매우 화를 내며 항상 여러 사람이 모이는
자리에서 험한 표정으로 이렇게 말하였다.

"대장부가 1천 명의 병사를 이끌고 사지에 들어가는 것은, 나라에 충성
하고 부모에 효도하기 위한 것이지, 어찌 이름을 위해서라고 말할 수
있겠는가!"

韓康伯與謝玄亦無深好, 玄北征後, 巷議疑其不振.

康伯曰: 「此人好名, 必能戰.」

玄聞之甚忿, 常於衆中厲色曰: 「丈夫提千兵, 入死地,
以事君親故發, 不得復云爲名!」

【韓康伯】韓伯. 자는 康伯. 潁川人. 秀才로 천거되어 著作郎에 부름을 받았
으나 응하지 않음. 뒤에 侍中, 丹陽尹, 吏部尙書, 令軍將軍, 豫章太守 등의
벼슬을 지냄. 죽은 후 太常에 추증됨. 韓太常, 韓豫章으로도 불림.《晉書》
(75)에 전이 있음.
【謝玄】자는 幼度(343~388). 어릴 때의 자는 遏(羯). 謝奕의 아들이며 謝靈運의
조부. 謝安의 조카. 徐州刺史로서 謝石, 謝琰 등과 肥水(淝水)에서 苻堅을
대파함. 그로 인해 康樂侯公에 봉해졌으며 죽은 뒤 車騎將軍으로 추증됨.
《晉書》(79)에 전이 있음.

参고 및 관련 자료

1.《孟子》梁惠王
未有仁而遺其親者也, 未有義而後其君者也.
2.《續晉陽秋》
玄識局貞正, 有經國之才畧.

419(7-24)

저기생(褚期生, 褚爽)이 소년시절이었다. 사공(謝公, 謝安)은 그를 대단히
뛰어난 인물로 보아 아껴 주면서 늘 이렇게 말하였다.
"저기생이 만약 재주가 뛰어난 인물로 판명되지 않는다면, 나는 다시는
선비의 품평을 하지 않으리라!"

褚期生少時, 謝公甚知之, 恆云:「褚期生若不佳者, 僕不
復相士!」

【褚期生】褚爽. 자는 茂弘. 河南人 褚裒의 증손. 뒤에 中書郎과 義興太守를 지냄. 그의 딸은 恭帝의 帝后였음.《晉書》(93)에 전이 있음.

【謝公】謝安. 字는 安石(320~385). 謝裒의 아들이며 謝琰(望蔡)의 아버지. 謝奕의 동생. 덕망이 있고 기개가 높아 桓彝, 王濛의 사랑을 받음. 처음에는 벼슬에 뜻을 버리고 王羲之, 支遁 등과 산수를 즐기며 조정의 부름에 응하지 않았으나 40이 넘어 桓溫의 司馬를 거쳐 吳興太守, 侍中, 吏部尙書, 太保錄尙書事 등의 관직을 지냄. 뒤에 다시 太傅에 추증되었으며 시호는 文靖.《晉書》(79)에 전이 있음.

참고 및 관련 자료

1.《續晉陽秋》

爽字弘茂, 河南人; 太傅裒之孫, 祕書監歆之子. 太傅謝安見其少時, 歎曰:「若期生不佳, 我不復論士!」及長, 果俊邁有風氣. 好老莊之言, 當世榮譽, 弗之屑也. 唯與殷仲堪善. 累遷中書郎·義興太守. 女爲恭思皇后.

2.《晉書》后妃傳

恭思褚皇后, 諱靈媛, 河南陽翟人, 義興太守爽之女也.

420(7-25)

치초郗超와 부원傅瑗이 서로 교왕하고 있을 때 부원은 자신의 두 아들을 품평해 달라고 보여 주었는데, 둘 다 머리를 묶은 총각들이었다. 치초는 한참을 보고 있다가 부원에게 이렇게 말하였다.

"동생傅亮은 재기와 명망이 형傅迪보다 나을 것 같소. 그러나 그대 집안을 보전해 낼 임무는 끝내 형에게 있겠구려."

이 두 아들은 바로 부량傅亮 형제이다.

郗超與傅瑗周旋, 瑗見其二子並總髮; 超觀之良久,
謂瑗曰:「小者才名皆勝; 然保卿家, 終當在兄」
　　即傅亮兄弟也.

【郗超】자는 景興(336~377). 또는 嘉賓으로도 부름. 郗愔의 아들. 《晉書》(67)에
　전이 있음.
【傅瑗】자는 叔玉. 傅亮의 아버지로 護軍長史, 安城太守를 지냄. 두 아들은
　傅迪과 傅亮을 가리킴.

참고 및 관련 자료

1. 《傅氏譜》
瑗字叔玉, 北地靈州人, 歷護軍長史·安城太守.
2. 《宋書》
迪字長猷, 瑗長子也. 位至五兵尙書. 贈太常.
3. 《文章錄》丘淵之
亮字季友, 迪弟也. 歷尙書令·左光祿大夫. 元嘉三年, 以罪伏誅.

421(7-26)

　　왕공王恭이 아버지를 따라 회계會稽에 있을 때, 왕대(王大, 王忱)가 서울에서
성묘하러 그곳에 오게 되었다. 이에 왕공은 왕침이 찾아갈 묘소에 가서
왕대와 교왕을 맺을 양으로 머물게 되었다. 두 사람은 아주 친해져서
드디어 10여 일을 함께 지낸 뒤 돌아왔다. 그러자 아버지가 왕공에게
물었다.

"어찌 그리 오랫동안 있었느냐?"

이에 왕공은 이렇게 대답하였다.

"아대(阿大, 王忱)와 이야기를 계속 나누느라 며칠 동안 집으로 돌아올 수가 없었습니다."

아버지는 이렇게 말하였다.

"그런데 그 아대라는 사람, 너의 친구로 계속될 수는 없겠지?"

두 사람의 우정은 끝내 허물어져 과연 그 아버지의 말과 같았다.

王恭隨父在會稽, 王大自都來拜墓, 恭暫往墓下看之;
二人素善, 遂十餘日方還.

　父問:「恭何故多日?」

　對曰:「與阿大語, 蟬連不得歸」

　因語之曰:「恐阿大非爾之友?」

　終乖愛好, 果如其言.

【王恭】자는 孝伯(?~398). 王蘊의 아들이며 王爽의 형. 安帝의 처남. 太原
　王氏. 著作郎·祕書丞·吏部郎 등을 지냄. 뒤에 난을 일으켰다가 피살됨.
　《晉書》(84)에 전이 있음.

【王大】王忱. 字는 元達(?~392). 어릴 때 字가 佛大. 王坦之의 넷째아들이며
　王恭과는 族親 관계. 放達嗜酒하여 옷을 벗고 다니거나 며칠을 계속 술을
　마시는 등 禮敎를 벗어나 살았음. 荊州刺史, 建武將軍 등을 지냄. 《晉書》
　(75)에 전이 있음.

【蟬連】疊韻連綿語로 "계속하여 끊임없음"을 말함.

【阿大】王忱. 字는 元達(?~392). 어릴 때 字가 佛大. 王坦之의 넷째아들이며
　王恭과는 族親 관계. 放達嗜酒하여 옷을 벗고 다니거나 며칠을 계속 술을
　마시는 등 禮敎를 벗어나 살았음. 荊州刺史, 建武將軍 등을 지냄. 《晉書》
　(75)에 전이 있음.

1. 楊勇〈校箋〉

『蟬連, 亦作蟬聯, 不絶貌. 左思吳都賦:「蟬聯陵都」南史王筠傳:「自開闢以來, 未聞爵位蟬聯, 文彩相映, 如王氏之盛者.」』

2. 劉孝標 注

『忱與恭爲王緖所間, 終成怨隙別見.』(〈賞譽篇〉53의 註 참조.)

422(7-27)

차윤車胤의 아버지車育는 남평군南平郡의 공조功曹 벼슬이었다. 당시 남평군의 태수 왕호지王胡之는 사마무기司馬無忌의 난을 피하기 위해 군청을 풍음澧陰에 두고 있었다. 그때 차윤은 10여 세의 어린 나이였는데, 왕호지는 매번 외출할 때마다 울타리 너머로 그 어린애를 보고 보통아이가 아니라고 여겼다. 그리하여 왕호지는 차윤의 아버지에게 이렇게 일렀다.

"이 아이는 틀림없이 높은 명성을 얻을 거요!"

그런 후로 놀이나 모임에 항상 차윤을 참가시켰다. 차윤은 자라서 환선무(桓宣武, 桓溫)에게 발탁되어 인물 많은 세상에 청결하고 통명한 자가 되어 관직이 선조상서選曹尙書에까지 이르렀다.

車胤父作南平郡功曹, 太守王胡之避司馬無忌之難, 置郡 于澧陰. 是時胤十餘歲, 胡之每出, 嘗於籬中見而異焉.

謂胤父曰:「此兒當致高名!」

後遊集, 恆命之. 胤長, 又爲桓宣武所知. 清通於多士之世, 官至選曹尙書.

【車胤】車武子. 孫康과 함께 '螢雪之功'의 고사를 남김. 字는 武子, 南平人, 丹陽尹, 護軍將軍, 吏部尙書 등을 역임함.《晉書》(83)에 전이 있음.

【南平郡】지금의 湖南省 安鄕縣.

【功曹】관직 이름. 州郡의 佐吏. 功勞를 기록하는 업무를 맡음.

【王胡之】자는 脩齡(?~349, 혹 ?~364?). 낭야 王氏로 王廙의 둘째아들이며, 王和之의 아버지. 吳興太守, 侍中, 司州刺史 등을 지냈으며, 石虎(十六國 중의 後趙)가 죽자 西中郞將이 됨.《晉書》王廙傳 참조.

【司馬無忌】자는 公壽(?~350). 司馬丞의 아들로 桓溫을 따라 蜀을 벌함.

【澧陰】지명. 남평경내. 지금의 湖南省 石門縣. 다른 기록에는 '酆陰'으로 되어 있음.

【桓宣武】桓公. 桓溫(312~373). 자는 元子. 明帝의 사위. 荊州刺史를 지냈으며, 蜀을 정벌하고 前秦을 쳐부숨. 簡文帝를 세우고 자신이 다시 왕위를 빼앗고자 하였음. 시호는 武侯. 그의 아들 桓玄이 드디어 제위를 찬탈하여 楚나라를 세운 다음 아버지 환온을 宣武皇帝로 추존함.《晉書》(99)에 전이 있음.

【選曹尙書】吏部尙書의 별칭. 관리를 선발하는 업무로 인해 붙여진 명칭임.

참고 및 관련 자료

1.《晉書》車胤傳

桓溫在荊州, 辟爲從事, 以辯識義理, 深重之; 引爲主簿, 稍遷別駕, 征西長史, 遂顯於朝廷.

2.《續晉陽秋》

胤字武子, 南平人. 父育, 爲郡主簿. 太守王胡之有知人識裁, 見謂其父曰:「此兒當成卿門戶! 宜資令學問.」胤就業恭勤, 博覽不倦. 家貧不常得油, 夏月則練囊盛數十螢火以繼日焉. 及長, 風姿美劭, 機悟敏率. 桓溫在荊州取爲從事, 一歲至治中. 胤旣博學多聞, 又善於激賞; 當時每有盛坐, 胤必同之, 皆云:「無車公不樂.」太傅謝公遊集之日, 開筵以待之. 累遷丹陽尹, 護軍將軍, 吏部尙書.

왕침王忱이 죽고 아직 서쪽 진수인鎭守人 파견이 결정 나지 않자, 조정의 귀인들이 모두 희망을 갖고 설레고 있었다.

당시 은중감殷仲堪은 그 문하門下에 있었는데, 중요 기밀을 다루는 요직에 있었으면서도 명성은 아주 낮은 상태였다. 그래서 사람들은 모두 설마 그에게 진수인의 직책이 떨어지리라고는 생각지 않고 있었다.

진晉 효무제(孝武帝, 司馬曜)는 근친의 심복을 뽑으려고 은중감을 형주자사(즉 서쪽 진수인으로)로 삼았다. 이렇게 서쪽 진수인을 결정해 놓고 아직 발표만 않고 있는 상태에 왕순王珣이 은중감에게 물었다.

"섬서陝西의 진수인 결정이 어찌 아직 이루어지지 않았소?"

은중감은 이렇게 대답하였다.

"이미 뽑았습니다."

그러자 왕순은 공경들의 이름을 하나씩 대면서 물어 나갔다.

그러나 은중감의 대답은 모두 아니라 하였다.

왕순은 스스로 재주나 지위로 보아 이 직무는 반드시 자기에게 떨어졌을 것이라 여기며 다시 물었다.

"혹시 나 아니요?"

그러자 은중감은 이렇게 말하였다.

"그것도 아닌 것 같은데요."

그 날 밤에 은중감으로 결정되었다고 발표가 나자 왕순은 가까운 친지에게 이렇게 말하였다.

"어찌 황문랑 벼슬에게 이런 임무를 맡긴단 말인가? 중감이 이에 결정되었다니 이는 나라가 망할 징조로다!"

王忱死, 西鎭未定, 朝貴人人有望; 時殷仲堪在門下,
雖居機要, 資名輕小, 人情未以方嶽相許. 晉孝武欲拔親

近腹心, 遂以殷爲荊州.

事定, 詔未出, 王珣問殷曰:「陝西何故未有處分?」

殷曰:「已有人.」

王歷問公卿, 咸云非. 王自許才地必應在己, 復問:「非我邪?」

殷曰:「亦似非.」

其夜詔出用殷.

王語所親曰:「豈有黃門郎而受如此任? 仲堪此擧, 迺是國之亡徵!」

【王忱】字는 元達(?~392). 어릴 때 字가 佛大. 王坦之의 넷째아들이며 王恭과는 族親 관계. 放達嗜酒하여 옷을 벗고 다니거나 며칠을 계속 술을 마시는 등 禮敎를 벗어나 살았음. 荊州刺史, 建武將軍 등을 지냄. 《晉書》(75)에 전이 있음.

【殷仲堪】(?~399). 殷融(洪遠)의 손자이며 殷仲文의 종형. 문장과 현언에 뛰어나 韓康伯과 이름을 나란히 하였음. 振威將軍, 荊州刺史 등을 역임함. 뒤에 桓玄에게 죽임을 당함. 《晉書》(84)에 전이 있음.

【方嶽】方伯, 四嶽, 즉 제후.

【孝武帝】司馬曜. 東晉 제 9대 황제 孝武帝. 재위 24년(373~396). 廟號는 烈宗. 자는 明昌. 簡文帝의 셋째아들. 11세 때에 재위에 올라 35세에 죽음. 《晉書》(9)에 紀가 있음. 王蘊의 딸 法惠를 비로 삼음.

【진수인】荊州刺史의 자리를 말함.

【王珣】자는 元琳(349~400). 어릴 때의 자는 法護, 혹은 阿瓜. 王洽(敬和)의 아들이며 王導의 손자. 王珉(僧彌)의 형. 安帝 때 尙書令, 散騎常侍 등을 역임함. 東亭侯에 봉해짐. 《晉書》(65)에 전이 있음.

【陝西】周나라 때 주공(周公)이 陝의 서쪽을 다스린 데서 유래한 것으로 여기서는 중요한 자리임을 나타내는 말.

1. 《晉安帝紀》

老武深爲晏駕後計, 擢仲堪代王忱爲荊州. 仲堪雖有美譽, 議者未以方嶽相許也. 旣受腹心之任, 居上流之重, 議者謂其殆矣. 終爲桓玄所敗.

8. 상예賞譽

총 157장(424-580)

'상예賞譽'란 훌륭함을 선양宣揚하고, 그 명예를 존중하며 아름다움을 칭찬함을 말한다. 본 편은 이러한 내용을 기록한 것이다. 양용楊勇 〈교전校箋〉에 "賞譽, 謂宣揚以延其譽也"라 하였다.

총 157장이다.

"요순이 아닌데 어찌 모든 일이 옳기만 하겠는가?" 485 참조.

424(8-1)

진중거(陳仲擧, 陳蕃)가 일찍이 이렇게 찬탄하였다.

"주자거(周子居, 周乘) 같은 인물은 정말 치국治國의 그릇이다. 보검에 비유하면 간장干將이라 할 만하다."

陳仲擧嘗歎曰:「若周子居者, 眞治國之器! 譬諸寶劍, 則世之干將」

【陳仲擧】漢나라 때 인물 陳蕃(?~168). 자는 仲擧. 汝南人. 太傅에 이르렀으며 桓帝 때 대장군 寶武와 宦官을 탄핵하다가 해를 입었음. 《後漢書》(66)에 傳이 있음.

【周子居】周乘을 가리킴. 東漢 때 汝南 사람으로 泰山太守, 西陽太守 등을 지냄.

【干將】춘추시대 吳王 闔閭가 干將을 시켜 얻은 두 명검 중의 하나. 그의 처는 莫邪. 이에 칼 중에 陽을 干將, 陰을 莫邪라 함. 《吳越春秋》참조.

참고 및 관련 자료

1.《汝南先賢傳》

周乘字子居, 汝南安成人. 天資聰明, 高崎嶽立, 非陳仲擧, 黃叔度之儔則不交也. 仲擧嘗歎曰:「周子居者, 眞治國之器也!」爲太山太守, 甚有惠政.

2.《吳越春秋》

吳王闔閭請干將作劍. 干將者, 吳人, 其妻曰莫邪. 干將採五山之鐵精, 六合之金英, 候天地, 何陰陽, 百神臨視, 而金鐵之精未流; 夫妻乃剪髮及瓜而投之鑪中, 金鐵乃濡, 遂成二劍. 陽曰「干將」, 而作龜文; 陰曰「莫邪」, 而作漫理. 干將匿其陽, 出其陰以獻闔閭, 闔閭甚寶重之.

425(8-2)

세상 사람들은 이원례(李元禮, 李膺)를 이렇게 평하였다.
"속속諷諷함이 마치 굳센 소나무 아래 부는 바람 같다."

世目李元禮:「諷諷如勁松下風」

【李元禮】李膺(110~169). 인물 품평에 가장 뛰어났던 사람. 孔融과의 '小時了了', 그리고 본장의 '登龍門'등의 고사를 남김. 뒤에 당쟁에 얽혀 자결함. 《後漢書》(67)에 전이 있음.
【諷諷】높고 우뚝한 모습.

⌜ 참고 및 관련 자료 ⌟

1.《李氏家傳》
膺嶽崎淵淸, 峻貌貴重. 華夏稱曰:「潁川李府君, 頵頵如玉山; 汝南陳仲擧, 軒軒如千里馬; 南陽朱公叔, 颲颲如行松柏之下.」

426(8-3)

사자미(謝子微, 謝甄)가 허자장(許子將, 許虔) 형제를 보고 이렇게 말하였다.
"이 두 사람은 평여平輿의 연못 속에 두 마리의 용이로다!"

사자미가 동생 허자장(許子將, 許劭)을 처음 보았을 때 허자장은 겨우 약관弱冠의 나이였는데, 그를 보고는 이렇게 찬탄하였다.

"이런 허자장 같은 인물이라면 나라의 근간이 될 그릇이로다! 바른 표정으로 충성되기는 진중거(陳仲擧, 陳蕃)에 필적할 만하고, 악한 자를 벌하고 불초한 자를 물리치는 데는 범맹박(范孟博, 范滂)의 풍모로다!"

謝子微見許子將兄弟, 曰:「平輿之淵, 有二龍焉!」

見許子政弱冠之時, 歎曰:「若許子政者, 有斡國之器!
正色忠蹇, 則陳仲擧之匹; 伐惡退不肖, 范孟博之風」

【謝子微】謝甄. 자는 子微. 汝南召陵人. 郭泰가 크게 칭찬하였던 인물.《後漢書》郭泰傳 참조.
【許子將】許劭(150~195). 漢末 汝南人. 許虔의 아우. 郭泰와 이름을 함께 하였고 '月旦評'을 실행하였음.《後漢書》(68)에 전이 있음.
【平輿】당시 汝南의 지명(지금의 河南 平輿縣). 두 형제의 고향.
【陳仲擧】漢나라 때 인물 陳蕃(?~168). 자는 仲擧. 汝南人. 太傅에 이르렀으며 桓帝 때 대장군 竇武와 宦官을 탄핵하다가 해를 입었음.《後漢書》(66)에 傳이 있음.
【范孟博】范滂(137~069). 자는 孟博. 동한 汝南人. 효렴으로 천거되어 청조사가 되었으며 워낙 강직하여 그가 군에 들어서면 관리들이 피할 정도였다 함.《後漢書》(67)에 전이 있음.

〈范滂(孟博)〉《三才圖會》

⟮ 참고 및 관련 자료 ⟯

1.《汝南先賢傳》

謝甄字子微, 汝南召陵人. 明識人倫, 雖郭林宗不及甄之鑒也. 見許子將兄弟弱冠時, 則曰:「平輿之淵有二龍」仕爲豫章從事. 許虔字子政, 平輿人. 體尙高潔, 雅正寬亮. 謝子微見虔兄弟, 歎曰:「若許子政者, 榦國之器也!」虔弟劭, 聲未發時, 時人以謂不如虔. 虔恒撫髀稱劭, 自以爲不及也. 釋褐爲郡功曹, 黜姦廢惡, 一郡肅然. 年三十五卒.

2.《海內先賢傳》

許劭字子將, 虔弟也. 山峙淵停, 行應規表. 召陵謝子微高才遠識, 見劭十歲時, 歎曰:「此乃希世之偉人也!」初, 劭拔樊子昭於市肆, 出虞承賢於客舍, 召李叔才於無聞, 擢郭子瑜於小吏. 廣陵徐孟本來臨汝南, 聞劭高名, 召功曹. 時袁紹以公族爲漢陽長, 棄官還, 副車從騎, 將入郡界, 乃歎曰:「許子將秉特淸格, 豈可以吾輿服見之邪?」遂單馬而歸. 辟公府掾, 敦辟皆不就. 避地江南, 卒於豫章也.

3.《漢紀》張璠

范滂字孟博, 汝南細陽人. 爲功曹, 辟公府掾. 升車攬轡, 有澄淸天下之志. 百城聞滂高名, 皆解印綬去. 爲黨事見誅.

427(8-4)

공손도公孫度가 병원邴原을 이렇게 평하였다.

"이런 인물이야말로 소위 구름 속의 백학白鶴으로서, 제비나 참새를 잡는 그물로는 어쩔 수 없는 자로다."

公孫度目邴原:「所謂雲中白鶴, 非燕雀之網所能羅也」

【公孫度】자는 升濟. 후한 때 人物. 遼東太守가 되어 高句麗와 싸웠으며

자립하여 遼東侯가 되자 曹操가 無威將軍을 삼음.《三國志》(8),《後漢書》
(74)에 전이 있음.

【邴原】자는 根矩(?~211). 후한 때 인물로 孔融의 추천을 받았으나 黃巾賊
의 난으로 피난함. 曹操가 五官將長史를 삼았으나 나가지 않음.《三國志》
(11)에 전이 있음.

참고 및 관련 자료

1.《魏書》

度字升濟, 襄平人. 累遷冀州刺史·遼東太守.

2.《邴原別傳》

原字根矩, 北海朱虛人. 少孤, 數歲時, 過書舍而泣. 師問曰:「童子何泣也?」
原曰:「凡得學者, 有親也. 一則願其不孤, 二則羨其得學, 中心感傷, 故泣耳.」
師惻然曰:「苟欲學, 不須資也.」於是就業. 長則博覽洽聞, 金玉其行; 知世將亂,
避地遼東. 公孫度厚禮之. 中國旣寧, 欲還鄉里, 爲度禁絶. 原密自治嚴, 謂部
落曰:「移北近郡, 以觀其意?」皆曰樂移. 原舊有捕魚大船, 請村落皆令熟醉,
因夜去之. 數日, 度乃覺, 吏欲追之. 度曰:「邴君所謂雲中白鶴, 非鶉鷃之網所
能羅也.」魏王辟祭酒, 累遷五官中郎將長史.

428(8-5)

종사계(鍾士季, 鍾會)가 왕안풍(王安豊, 王戎)을 이렇게 평하였다.

"아융阿戎은 남의 속마음을 요료了了하게 알아낸다."

그리고 다시 이렇게 덧붙였다.

"배령공(裴令公, 裴楷)은 종일토록 현담을 해도 다함이 없다."

그때 마침 이부랑吏部郎의 자리가 결원이 생겨 문제(文帝, 司馬昭)가 종회
鍾會에게 어떤 인물이 적임이냐고 묻자 종회는 이렇게 대답하였다.
"배해裴楷는 청통清通하고, 왕융王戎은 간요簡要하여 둘 모두 적임자입니다."
이에 무제는 배해를 등용하였다.

鍾士季目王安豐:「阿戎了了解人意」

謂:「裴令公之談, 經日不竭」

吏部郎闕, 文帝問其人於鍾會.

會曰:「裴楷清通, 王戎簡要, 皆其選也」

於是用裴.

【鍾士季】鍾會(225~264). 자는 士季. 鍾繇의 아들이며 鍾毓의 아우. 蜀을
평정한 후 그곳 장수 姜維와 蜀地를 갖기로 모의하다가 그 부하에게 죽음.
《三國志》(28)에 전이 있음.

【王安豐】王戎. 자는 濬沖(234~305). 王綏의 아버지이며 安豐縣侯를 역임함.
성격이 인색하였으며 禮敎에 얽매이지 않았음. 阮籍, 山濤, 向秀, 阮咸,
嵇康, 劉伶과 더불어 '竹林七賢'으로 불렸음. 《晉書》(43)에 전이 있음. 阿戎
이라 부름.

【裴令公】裴楷(237~291). 자는 叔則. 河東 聞喜人. 裴徽의 셋째아들이며 司空
裴秀의 從弟. 용모가 준수하고 깨끗하여 '玉人'이라 불렸음. 河南尹과 中書令
을 지냄. 시호는 元. 《晉書》(35)에 전이 있음. 劉孝標의 《注》에 裴頠라 하였
으나 잘못임.

【文帝】司馬昭. 晉文王. 晉文帝. 晉宣帝의 둘째아들이며 이름은 昭, 자는 子上.
晉武帝 司馬炎이 진나라를 세우고 나서 文帝로 추존함. 《晉書》(2)에 紀가
있음.

1. 《晉書》王隱

戎少淸明曉悟.

2. 劉孝標 注

『安諸書皆云: 鍾會薦裴楷·王戎於晉文王, 文王辟爲掾, 不聞爲吏部郞.』

429(8-6)

왕준충(王濬沖, 王戎)·배숙칙(裴叔則, 裴楷) 두 사람이 총각시절에 종사계(鍾士季, 鍾會)를 방문하였다. 잠깐 후에 그들이 돌아가자 어떤 객이 종회에게 물었다.

"방금 그 두 아이들 어떻습니까?"

이에 종회는 이렇게 대답하였다.

"배해는 청통하고 왕융은 간요하니, 앞으로 20년 후 이 두 사람이 이부상서吏部尚書가 된다면 그때는 천하의 인재들이 길이 막혀 체증이 일어나는 일이 없게 되기를 기대해 본다."

王濬沖·裴叔則二人, 總角詣鍾士季; 須臾去後, 客問鍾曰: 「向二童何如?」

鍾曰:「裴楷淸通, 王戎簡要. 後二十年, 此二賢當爲吏部尚書, 冀爾時天下無復滯才.」

【王濬沖】王戎. 자는 濬沖(234~305). 王安豐으로도 불림. 王綏의 아버지이며 安豐縣侯를 역임함. 성격이 인색하였으며 禮敎에 얽매이지 않았음. 阮籍, 山濤, 向秀, 阮咸, 嵇康, 劉伶과 더불어 '竹林七賢'으로 불렸음. 《晉書》(43)에 전이 있음.

【裴叔則】裴楷(237~291). 자는 叔則. 河東 聞喜人. 裴徽의 셋째아들이며 司空 裴秀의 從弟. 용모가 준수하고 깨끗하여 '玉人'이라 불렸음. 河南尹과 中書令 을 지냄. 시호는 元. 《晉書》(35)에 전이 있음.

【鍾士季】鍾會(225~264). 자는 士季. 鍾毓의 아우. 蜀을 평정한 후 그곳 장수 姜維와 蜀地를 갖기로 모의하다가 그 부하에게 죽음.《三國志》(28)에 전이 있음.

> 참고 및 관련 자료

1. 《晉陽秋》
戎爲兒童, 鍾會異之.

430(8-7)

이렇게들 말해 왔다.
"뒤에 사림士林의 영수가 될 자는 배수裴秀이리라."

諺曰:「後來領袖有裴秀」

【裴秀】 자는 季彦(224~271). 晉나라 때 인물. 裴潛의 아들. 司空에까지 올랐
으며 《禹貢地域圖》 18편이 있어 지리학의 기초를 다짐. (지금은 서문만 전함.)
《晉書》(35)에 전이 있음.

참고 및 관련 자료

1. 《晉書》虞預

秀字季彦, 河東聞喜人. 父潛, 魏太常. 秀有風操, 八歲能著文. 叔父徽, 有聲名;
秀年十餘歲, 有賓客詣徽, 出則過秀; 時人爲之語曰:「後進領袖有裴秀」大將軍
辟爲掾. 父終, 推財與兄. 年二十五, 遷黃門侍郎. 晉受禪, 封鉅鹿公. 後累遷
左光祿·司空. 四十八薨, 謚元公, 配食宗廟.

431(8-8)

배령공(裴令公, 裴楷)이 하후태초(夏侯太初, 夏侯玄)를 두고 이렇게 평하였다.

"숙엄하기가 마치 종묘에 들어간 것 같아, 수양과 공경을 닦지 않아도
남들로 하여금 저절로 공경심이 우러나게 한다."

그리고 한편 이렇게 말하였다고도 한다.

"배령공은 마치 종묘에 들어서서 낭랑하기가 오직 예기禮器·악기樂器만
보이는 것 같다. 한편 종사계(鍾士季, 鍾會)를 만나면 마치 무기고를 참관할
때 다만 삼엄하기가 모극矛戟을 보는 것 같고, 부란석(傅蘭碩, 傅嘏)을 대할
때면 시원스럽기가 세상에 없는 것이 없는 듯하고, 산거원(山巨源, 山濤)을
보면 마치 높은 산에 올라 아래를 내려다보는 것 같아 유연幽然히 심원
深遠함을 느낀다."

裴令公目夏侯太初:「肅肅如入廊廟中, 不脩敬而人自敬」

一曰:「如入宗廟, 琅琅但見禮樂器」

「見鍾士季, 如觀武庫, 森森但覩矛戟在前. 見傅蘭碩, 汪翔靡所不有. 見山巨源, 如登山臨下, 幽然深遠」

【裴令公】 裴楷(237~291). 자는 叔則. 裴徽의 셋째아들. '玉人'이라 불린 인물. 시호는 元.《晉書》(35)에 전이 있음.

【夏侯玄】 자는 泰初(太初, 209~254). 夏侯尚의 아들로 일찍이 능력을 인정받아 약관에 散騎黃門侍郎이 되었음. 曹爽을 보좌하여 中護軍이 되어 인재를 선발하였음. 뒤에 征西將軍이 되어 司馬氏가 曹爽을 주벌하여 정권을 쥐자 大鴻臚가 되었다가 太常에 올랐으나 李豐, 張緝 등이 司馬師를 없애고 하후현을 세우려는 모의가 발각되어 하후현도 이에 함께 주살됨. 淸言과 玄風에 뛰어나 당시 玄學의 영수로 추앙받았음. 저술에 〈樂毅論〉, 〈張良論〉, 〈本無肉刑論〉 등이 유명함.《三國志》(9)에 전이 있음.

【鍾士季】 鍾會(225~264). 자는 士季. 鍾繇의 아들이며 鍾毓의 아우. 蜀을 평정한 후 그곳 장수 姜維와 蜀地를 갖기로 모의하다가 그 부하에게 죽음.《三國志》(28)에 전이 있음.

【傅蘭碩】 傅嘏(209~255). 자는 蘭石(蘭碩). 泥陽人. 삼국시대 위나라 사람. 毌丘儉을 평정한 후 陽鄕侯에 봉해짐. 河南尙書를 지냄. 才性의 문제를 깊이 다루었던 인물.《三國志》(21)에 전이 있음.

【山巨源】 山濤. 자는 巨源(205~283). 老莊에 심취하였으며 술을 좋아하였음. 嵇康, 阮籍, 呂安 등과 친하였으며 죽림칠현의 하나. 〈任誕〉편 참조.《晉書》(43)에 전이 있음.

참고 및 관련 자료

1.《禮記》

周豐謂魯哀公曰: 宗廟社稷之中, 未施敬而民自敬.

432(8-9)

　양공(羊公, 羊祜)이 낙양洛陽으로 돌아올 때, 곽혁(郭奕, 郭太業)은 야왕현野王縣의 현령이었다. 양호가 그 야야현 경계에 들어서면서 사람을 보내어 한 번 만나보기를 청하였다. 곽혁은 스스로 직접 찾아가 양호를 만나보고는 이렇게 찬탄하였다.

　"양숙자羊叔子가 어찌 나 곽태업郭太業에게 못 미칠 게 있으리오!"

　그가 다시 양호가 묵고 있는 곳까지 갔다가 잠시 함께 만난 후 돌아오면서 이번에는 이렇게 감탄하였다.

　"양숙자는 보통 사람이 따를 수 없이 훌륭하다!"

　양호가 그 고을을 떠나게 되자 곽혁은 그를 종일 따라가며 보내 주었는데, 그만 수백 리를 함께 모시느라 자신의 경계지역을 넘어서고 말았다. 이로 인해 그는 그만 파면되고 말았다. 그럼에도 그는 다시 이렇게 탄복하였다.

　"양숙자가 어찌 안자(顔子, 顔回)만 못할 게 있으리오?"

羊公還洛, 郭奕爲野王令; 羊至界, 遣人要之, 郭便自往.

旣見, 歎曰:「羊叔子何必減郭太業!」

復往羊許, 小悉還, 又歎曰:「羊叔子去人遠矣!」

羊旣去, 郭送之彌日, 一擧數百里; 遂以出境免官.

復歎曰:「羊叔子何必減顔子?」

【羊祜】羊叔子(221~278). 자는 叔子. 羊續의 손자이며 司馬師 羊皇后의 아우. 司馬昭가 권력을 독점하자 이에 좇아 中書侍郎, 給事中, 黃門郎, 秘書監 등의 직책을 담당하면서 荀勖과 더불어 국가 기밀을 관장함. 晉나라가 되면서

中軍將軍, 散騎常侍 등을 거쳐 尙書左僕射, 衛將軍 등을 역임함. 荊州를 지키면서 뭇나라 백성에게 잘해주어 오나라 사람들이 그를 羊公이라 불렀음. 선정을 베풀고 그가 죽자 백성들이 罷市를 할 정도였다 함. 그의 碑廟는 杜預가 짓고 〈墮淚碑〉라 불렀음.《老子傳》이 있으며《晉書》(34)에 전이 있음. 【郭奕】 자는 泰業. 진나라 때 인물. 雍州刺, 尙書 등을 지냄.《晉書》(45)에 전이 있음. 〈宋本〉에 弈이라 되어 있으나 이는 오기임.

┌─────────────────────┐
│ 참고 및 관련 자료 │
└─────────────────────┘

1.《晉諸公贊》

奕字泰業, 太原陽曲人. 累世舊族. 奕有才望, 歷雍州刺史・尙書.

433(8-10)

왕융王戎이 산거원(山巨源, 山濤)을 이렇게 평하였다.

"마치 다듬지 않은 옥, 야금하지 않은 금과 같아 사람들이 모두 그의 보배를 흠모하여, 무어라 그 이름을 붙여야 할지 모른다."

王戎目山巨源:「如璞玉渾金, 人皆欽其寶, 莫知名其器」

【王戎】 자는 濬沖(234~305). 王安豐으로도 불림. 王綏의 아버지이며 安豐縣侯를 역임함. 성격이 인색하였으며 禮敎에 얽매이지 않았음. 阮籍, 山濤,

向秀, 阮咸, 嵇康, 劉伶과 더불어 '竹林七賢'으로 불렸음.《晉書》(43)에 전이 있음.

【山濤】 자는 巨源(205~283). 老莊에 심취하였으며 술을 좋아하였음. 嵇康, 阮籍, 呂安 등과 친하였으며 죽림칠현의 하나. 〈任誕〉편 참조.《晉書》(43)에 전이 있음.

1.《畫贊》顧愷之

濤無所標名, 淳深淵默, 人莫見其際; 而囂然亦入道, 故見者莫能稱謂, 而服其偉量.

「璞玉渾金」 如初 金膺顯 글씨(현대)

434(8-11)

　　양장화(羊長和, 羊忱)의 아버지 양요羊繇는 태부太傅인 양호羊祜와 숙백叔伯의
형제로 서로가 친밀한 사이였다. 양요는 벼슬이 거기연車騎掾에 올랐으나
그만 일찍 죽었다. 양장화의 형제 다섯은 모두 어린 채로 고아가 되고
말았다.

　　양호가 문상을 와서 곡을 하다가 양장화가 슬퍼하는 모습과 행동거지가
완연히 어른 같은 것을 보고는 이에 이렇게 찬탄하였다.

　　"종형從兄께서는 죽었지만, 죽은 것이 아니로구나!"

羊長和父繇, 與太傅祜同堂相善, 仕至車騎掾, 蚤卒.
長和兄弟五人, 幼孤. 祜來哭, 見長和哀容擧止, 宛若成人.
迺歎曰:「從兄不亡矣!」

【羊長和】羊忱(?~311). 일명 羊陶. 자는 長和. 羊繇의 다섯째아들이며 羊權의
　　아버지. 侍中·徐州刺史를 지냈으며, 永嘉의 亂에 죽음.
【羊繇】양침 등 다섯 아들을 낳음.
【羊祜】羊叔子(221~278). 자는 叔子. 羊續의 손자이며 司馬師 羊皇后의 아우.
　　司馬昭가 권력을 독점하자 이에 좇아 中書侍郎, 給事中, 黃門郎, 秘書監 등의
　　직책을 담당하면서 荀勖과 더불어 국가 기밀을 관장함. 晉나라가 되면서
　　中軍將軍, 散騎常侍 등을 거쳐 尙書左僕射, 衛將軍 등을 역임함. 荊州를
　　지키면서 吳나라 백성에게 잘해주어 오나라 사람들이 그들 羊公이라 불렀음.
　　선정을 베풀고 그가 죽자 백성들이 罷市를 할 정도였다 함. 그의 碑廟는
　　杜預가 짓고 〈墮淚碑〉라 불렀음. 《老子傳》이 있으며 《晉書》(34)에 전이 있음.

1.《羊氏譜》

祜字堪甫, 太山人. 祖續, 漢太尉, 不拜. 父祕, 京兆太守. 祜歷車騎掾, 娶樂國
禎女, 生五子: 秉·給·式·亮·忱也.

435(8-12)

산공(山公, 山濤)이 완함阮咸을 이부랑吏部郞에 천거하면서 이렇게 말하였다.
"청진과욕淸眞寡欲하여, 어떤 물건으로도 그의 절조를 동요시킬 수 없다."

山公擧阮咸爲吏部郞, 目曰:「淸眞寡欲, 萬物不能移也」

【山濤】자는 巨源(205~283). 老莊에 심취하였으며 술을 좋아하였음. 嵇康,
阮籍, 呂安 등과 친하였으며 죽림칠현의 하나. 〈任誕〉편 참조.《晉書》(43)에
전이 있음.
【阮咸】자는 중용(234~304). 阮籍의 從子. 음악에 조예가 깊었으며 비파
연주에 뛰어났다 함. 散騎侍郞, 始平太守 등을 역임함. 술과 청담으로 이름이
났으며 역시 竹林七賢 중의 하나.《晉書》(49)에 전이 있음. 〈任誕篇〉 참조.

1.《名士傳》

咸字仲容, 陳留人, 籍兄子也. 任達不拘, 當世皆怪其所爲. 及與之處, 少嗜欲,

哀樂至到, 過絶於人, 然後皆忘其向議. 爲散騎侍郞, 山濤擧爲吏部, 武帝不用.
太原郭奕見之心醉, 不覺嘆服. 解音, 好酒以卒.

2. 《啓事》山濤

吏部郞史曜出處缺, 當選, 濤薦咸曰:「眞素寡欲, 深識淸濁, 萬物不能移也. 若左
官人之職, 必妙絶於時.」詔用陸亮.

3. 《晉陽秋》

咸行己多遠禮度. 濤擧以爲吏部郞, 世祖不許.

4. 《竹林七賢論》

山濤之擧阮咸, 固知上不能用, 蓋惜曠世之雋, 莫識其意故耳. 夫以咸之所犯,
方外之意, 稱其淸眞寡欲, 則迹外之意自見耳.

南京 西善橋 宮山墓의 〈阮咸〉

436(8-13)

왕융王戎이 완문업(阮文業, 阮武)을 이렇게 평하였다.

"덕행이 높고 인재를 감식하는 능력이 있으니, 한초漢初 이래로 이런 인물이 없었다."

王戎目阮文業:「淸倫有鑒識, 漢元以來, 未有此人」

【王戎】 자는 濬沖(234~305). 王安豊으로도 불림. 王綏의 아버지이며 安豊縣侯를 역임함. 성격이 인색하였으며 禮敎에 얽매이지 않았음. 阮籍, 山濤, 向秀, 阮咸, 嵇康, 劉伶과 더불어 '竹林七賢'으로 불렸음.《晉書》(43)에 전이 있음.

【阮文業】 阮武. 자는 文業(200?~265?). 陳留人. 阮籍의 족형. 완적의 뛰어남을 알고 매우 칭찬하였음. 淸河太守를 지냈으며《阮子》18편을 남김.

참고 및 관련 자료

1.《新書》杜篤

阮武字文業, 陳留尉氏人. 父諶, 侍中. 武闊達博通, 淵雅之士.

2.《陳留志》

武, 魏末淸河太守. 族子籍, 年總角, 未知名; 武見而偉之, 以爲勝己. 知人多此類. 著書十八篇, 謂之阮子, 終於家.

3. 劉孝標 注

『郭泰友人宋子俊, 稱泰: 自漢元以來, 未有林宗之匹!』

437(8-14)

무원하(武元夏, 武陔)가 배해裵楷와 왕융王戎을 두고 이렇게 평하였다.

"왕융은 간약簡約함을 숭상하고, 배해는 청통淸通하다."

武元夏目裴·王曰:「戎尚約, 楷淸通」

【武元夏】武陔. 자는 元夏. 晉初의 인물. 武周의 아들이며 左僕射, 左光祿
大夫, 開府儀同三司 등을 지냄.《晉書》(45)에 전이 있음.

참고 및 관련 자료

1.《晉書》虞預

武陔字元夏, 沛國竹邑人. 父周, 魏光祿大夫. 陔及二弟韶·茂, 皆總角見稱, 並有
器望, 鄕人諸父, 未能覺其多少. 時同郡劉公榮名知人, 嘗造周, 周見其三子.
公榮曰:「君三子皆國士! 元夏器量最優, 有輔佐之風, 展力仕宦, 可爲亞公;
叔夏·季夏不減常伯納言也.」陔至左僕射.

438(8-15)

유자숭(庾子嵩, 庾敳)이 화교和嶠를 이렇게 평하였다.

"울창하기가 천 길 소나무 같아, 비록 울퉁불퉁 옹이가 져 있으나 마디가
분명하니 큰 건물의 동량으로 쓸 만하다."

庾子嵩目和嶠:「森森如千丈松, 雖磊砢有節目, 施之大廈, 有棟梁之用」

【庾子嵩】庾敳(261~311). 자는 子嵩. 王衍의 중시를 받아 吏部郞. 東海王
　(司馬越)의 太傅가 되었으며 石勒의 난에 왕연과 함께 피살됨.《晉書》(50)에
　전이 있음.
【和嶠】자는 長輿. 太子少傅, 中書令, 散騎常侍, 光祿大夫 등을 지냄. 성품이
　인색하고 돈에 대하여 집착을 가졌다 함.《晉書》(45)에 전이 있음.

(참고 및 관련 자료)

1.《晉諸公賛》
嶠常慕其舅夏侯玄爲人, 故於朝士中峨然不羣, 時類憚其風節.

439(8-16)

왕융王戎이 말하였다.
"태위太尉는 신자고철神姿高徹한 모습이 마치 구슬 숲의 구슬나무 같아서,
자연스럽게 풍진風塵 밖의 인물이로다!"

王戎云:「太尉神姿高徹, 如瑤林瓊樹, 自然是風塵外物!」

【王戎】자는 濬沖(234~305). 王安豐으로도 불림. 王綏의 아버지이며 安豐縣侯를 역임함. 성격이 인색하였으며 禮敎에 얽매이지 않았음. 阮籍, 山濤, 向秀, 阮咸, 嵇康, 劉伶과 더불어 '竹林七賢'으로 불렸음. 《晉書》(43)에 전이 있음.

【太尉】王太尉. 王衍(256~311). 자는 夷甫. 죽림칠현의 하나인 王戎의 從弟. 太尉를 지냄. 《晉書》(43)에 전이 있음.

참고 및 관련 자료

1. 《名士傳》

夷甫天形奇特, 明秀若神.

2. 《八王故事》

石勒見夷甫, 謂長史孔萇曰:「吾行天下多矣, 未嘗見如此人. 當可活不?」萇曰: 「彼晉三公, 不爲我用!」勒曰:「雖然, 要不可加以鋒刃也.」夜使推牆殺之.

440(8-17)

왕여남(王汝南, 王湛)은 이미 부친의 상복을 벗고도 묘소 옆의 초막에 거하였다. 종형王渾의 아들 왕제王濟가 매번 성묘를 와서도 그 삼촌 왕여남을 예방하지 않을 뿐 아니라 가끔 그의 집을 자나면서도 그저 안부만 물을 뿐이었다. 뒤에 한번은 심심풀이로 근일近日의 일을 물었는데 삼촌의 대답하는 태도가 너무 진지해서 왕제는 의외라고 깜짝 놀랐다. 이에 계속 이야기를 나누어 봤더니 갈수록 이론이 정연한 것이었다.

왕제는 애초에 삼촌에 대해 조금도 존경하는바가 없었는데, 이 일이 있은 후부터 자기도 모르게 놀라움과 영육靈肉이 시원해짐을 느꼈다.

드디어 그 집에 머물면서 담론을 나누어 하루 밤낮 계속하였다. 왕제 자신도 원래 인품이 높았지만 자기 경험을 살핀 후, 이에 탄식하며 이렇게 말하였다.

"집안에 이런 훌륭한 분이 있었는데, 30년이 되도록 몰랐구나!"

왕제가 그 집을 떠날 때 왕여남은 문 앞까지 나왔다. 그때 마침 왕제 부하의 말 한 필이 있었는데, 아주 어려워 탈 수 있는 자가 드물었다.

왕제는 시험삼아 삼촌에게 물었다.

"아저씨는 말 타기를 좋아하십니까?"

그러자 여남은 그저 건성으로 대답하는 것이었다.

"그것 역시 좋아하지."

왕제가 그 타기 어려운 말을 건네주자 여남은 그 다루는 모습이 묘하여 돌리고 채찍질하는 것이 마치 실타래 다루는 듯 하는 것이었다. 뛰어난 기수騎手라도 해낼 수 없는 솜씨였다. 왕제는 남이 예측할 수 없는 삼촌의 재주가 한 가지 정도가 아님에 더욱 놀라움을 금치 못하였다.

그가 집에 돌아오자 아버지 왕혼王渾이 아들 왕제에게 물었다.

"잠시 다녀온다더니 무슨 일로 며칠을 나가 있었느냐?"

왕제는 이렇게 설명하였다.

"비로소 삼촌 한 분을 얻었습니다."

왕혼이 그 사정을 묻자 왕제는 있었던 일을 모두 이야기하였다. 그러자 왕혼은 이렇게 물었다.

"나와 비교하면 어떠냐?"

왕제는 이렇게 말을 돌렸다.

"저보다는 뛰어납니다."

무제(武帝, 司馬炎)는 매번 왕제를 볼 때마다 왕여남 이야기를 하면서 그에게 이런 농담을 던졌었다.

"너의 집 그 바보 같은 삼촌 아직도 살아 있느냐?"

왕제는 언제나 대답할 수가 없었다.

그러나 이번엔 이미 삼촌에 대해 알고 난 후라, 무제의 전과 같은 물음에 이렇게 대답하였다.

"저의 삼촌은 바보스럽지 않습니다."

그리고는 그의 멋진 실력을 이야기하였다. 무제는 이렇게 되물었다.

"누구에게 비교할 정도냐?"

이에 왕제는 이렇게 설명하였다.

"산도山濤보다는 아래지만 위서魏舒보다는 위입니다."

왕여남은 이때부터 세상에 알려지기 시작하여 스물여덟에 비로소 벼슬길에 올랐다.

王汝南既除所生服, 遂停墓所. 兄子濟, 每來拜墓, 略不過叔. 叔亦不候濟. 脫時過止, 寒溫而已. 後聊試問近事, 答對甚有音辭, 出濟意外, 濟極惋愕. 仍與語, 轉造精微. 濟先略無子姪之敬, 既聞其言, 不覺懍然, 心形俱肅. 遂留共語, 彌日累夜.

濟雖雋爽, 自視缺然, 乃喟然歎曰:「家有名士, 三十年而不知!」

濟去, 叔送至門. 濟從騎有一馬, 絶難乘, 少能騎者.

濟聊問叔:「好騎乘不?」

曰:「亦好爾」

濟又使騎難乘馬; 叔姿形既妙, 回策如縈, 名騎無以過之. 濟益歎其難測, 非復一事.

既還, 渾問濟:「何以暫行累日?」

濟曰:「始得一叔」

渾問其故? 濟具歎述如此.

渾曰:「何如我?」

濟曰:「濟以上人」

武帝每見濟, 輒以湛調之, 曰:「卿家癡叔死未?」

濟常無以答; 旣而得叔後, 武帝又問如前, 濟曰:「臣叔不癡」

稱其實美. 帝曰:「誰比?」

濟曰:「山濤以下, 魏舒以上」

於是顯名. 年二十八, 始宦.

【王汝南】王湛(249~295). 자는 處沖. 太原王氏 王渾의 아우이며 王承의 아버지. 太子洗馬, 尙書郞, 太子中庶子, 汝南內史 등을 지냄.《晉書》(75)에 전이 있음.

【王濟】王武子(240?~285?). 자는 武子. 王渾의 아들.《易》과《老莊》에 밝아 裵楷와 함께 이름을 날렸음. 武帝의 딸 常山公主의 남편. 侍中을 역임함. 말에 대해서 잘 알았다고 함. 王愷와 사치와 호기를 다툰 일로도 유명함. 中書郞, 驍騎將軍, 侍中 등을 역임함.《晉書》(42)에 전이 있음. 王湛의 조카.

【王渾】자는 玄沖(223~297). 王昶의 아들. 처음 魏를 섬겼으나 晉이 들어서자 徐州刺史 등을 거쳐 侍中에 오름.《晉書》(42)에 전이 있음.

【晉武帝】司馬炎. 晉나라 첫 황제. 武帝. 재위 26년(265~290). 司馬昭의 長子. 자는 安世. 咸熙 2年(265)에 魏나라로부터 禪讓의 형식으로 나라를 이어받아 洛陽에 晉나라를 세움. 묘호는 世祖.《晉書》(3)에 紀가 있음.

【山濤】자는 巨源(205~283). 老莊에 심취하였으며 술을 좋아하였음. 嵇康, 阮籍, 呂安 등과 친하였으며 죽림칠현의 하나. 〈任誕〉편 참조.《晉書》(43)에 전이 있음.

【魏舒】자는 陽元(209~290). 冀州刺史·侍中·司徒 등을 지냄.《晉書》(41)에 전이 있음.

참고 및 관련 자료

1.《晉紀》鄧粲

王湛字處沖, 太原人. 隱德, 人莫之知, 雖兄弟宗族, 亦以爲癡, 唯父昶異焉. 昶喪, 居墓次, 兄子濟往省湛, 見牀頭有《周易》, 謂湛曰:「叔父用此何爲? 頗曾看不?」湛笑曰:「體中佳時, 脫復看耳! 今日當與汝言.」因共談《易》. 剖析入微, 妙言寄趣, 濟所未聞, 歎不能測. 濟性好馬, 而所乘馬駿駃, 意甚愛之. 湛曰:「此雖小駃, 然力薄不堪苦. 近見督郵馬, 當勝此, 但養不至耳.」濟取督郵馬穀食十數日, 與湛試之. 湛未嘗乘馬, 卒然便馳騁, 步驟不異於濟, 而馬不相勝. 湛曰:「今直行車路, 何以別馬勝不? 唯當就蟻封耳.」於是就蟻封盤馬, 果倒躓. 其雋識天才乃爾.

2.《晉陽秋》

濟有人倫鑒識, 其雅俗是非, 少所優調; 見湛, 歎服其德宇. 時人謂湛「上方山濤不足, 下比魏舒有餘.」湛聞之曰:「欲以我處季孟之間乎?」

3.《晉書》王隱

魏舒字陽元, 任城人. 幼孤, 爲外氏寗家所養. 寗氏起宅, 相者曰:「當出貴甥.」外祖母意以魏氏甥小而惠, 謂應相也. 舒曰:「當爲外氏成此宅相.」少名遲鈍. 叔父衡使守水碓, 每言:「舒堪八百戶長, 我願畢矣.」舒不以介意. 身長八尺二寸, 不修常人近事. 少工射, 箸韋衣入山澤, 每獵大獲. 爲後將軍鍾毓長史, 毓與參佐射戲, 舒常爲坐畫籌; 後値朋人少, 以舒充數, 於是發無不中, 加擧措閑雅, 殆盡其妙. 毓歎謝之, 曰:「吾之不足以盡, 卿才有如此射矣, 豈一事哉!」轉相國參軍. 晉王每朝罷, 目送之曰:「魏舒堂堂, 人之領袖!」累遷侍中·司徒.」

441(8-18)

배복야(裴僕射, 裴頠)에 대해 당시의 사람들은 그를 언담言談의 총집總集이라 하였다.

裴僕射, 時人謂爲言談之林藪.

【裴僕射】裴頠(267~300). 字는 逸民. 裴秀의 막내아들. 老莊과 醫術에 밝았으며 〈崇有論〉을 지어 儒家의 인의도덕을 중시할 것을 주장하였음. 尙書左僕射, 侍中 등을 지냈으며 賈后의 난에 인척임에도 정도를 지켰음. 趙王(司馬倫)이 가후에게 빌붙자 이를 탄핵하다가 결국 34세에 司馬倫에게 주살당함. 惠帝가 反正하여 그를 복권시켰으며 시호를 成이라 함. 《晉書》(35)에 전이 있음.

⌜ 참고 및 관련 자료 ⌝

1. 《惠帝起居注》
頠理甚淵博, 贍於論難.

442(8-19)

장화張華가 저도褚陶를 만나보고는 육평원(陸平原, 陸機)에게 이렇게 말하였다.

"그대의 형제(陸機, 陸雲)는 용약운진龍躍雲津의 기상이 있고, 고언선(顧彦先, 顧榮)은 봉명조양鳳鳴朝陽의 기상이어서, 나는 동남東南의 인재가 이로서 끝났다 하였더니, 의외로 저생(褚生, 褚陶) 같은 인물을 보게 되었소!"

육평원은 이에 이렇게 말하였다.

"그대는 뛰지도躍 않고 울지도鳴 않는 그런 어진 이를 보지 못하였을 뿐입니다!"

張華見褚陶, 語陸平原曰:「君兄弟龍躍雲津, 顧彦先鳳鳴
朝陽, 謂東南之寶已盡, 不意復見褚生!」

陸曰:「公未覩不鳴不躍者耳!」

【張華】 자는 茂先(232~300). 詩, 書, 文章 등에 고루 능하였던 晉나라 때의
문호이며 학자. 司空을 지냈으며 趙王 司馬倫에게 해를 입음. 후인이 집필한
《張茂先集》이 있으며 저서로는 유명한 《博物志》가 전함. 《晉書》(36)에
전이 있음.

【褚陶】 자는 季雅. 문장이 뛰어나 《鷗鳥賦》·《水碓賦》를 씀. 張華에게 인정을
받음. 《晉書》(92)에 전이 있음.

【陸平原】 陸機(261~303). 자는 土衡. 吳郡人. 조부 陸遜과 아버지 陸抗은
모두 吳나라 將相을 지냈으며 西晉이 吳나라를 멸하자 10년 동안 문을
잠그고 공부하여 동생 陸雲과 함께 洛陽으로 들어가 고관과 사귀어
'二十四友'에 그 이름이 오름. 太子洗馬를 거쳐 著作郎, 平原内史를 지냈
으며 八王의 난에 成都王(司馬穎)이 長沙王(司馬乂)를 토벌하는 일에 참여함.
뒤에 河北大都督을 지냈으나 전투에 패하여 孟玖, 盧志 등의 참훼를 입어
동생과 함께 피살됨. 당시 대문장가로 〈文賦〉는 중국문학비평사에 유명한
글로 평가받음. 《晉書》(54)에 전이 있음. 그 아우 육운과 함께 '二陸'이라
불림.

【顧彦先】 顧榮. 자는 彦先. 晉나라 때 인물. 吳郡 사람. 吳나라가 평정되자
陸機, 陸雲 형제와 낙양으로 들어가 흔히 '三俊'이라 불렸음. 뒤에 다시
남으로 내려와 남쪽 인재를 적극 추천한 것으로도 유명함. 《晉書》(68)에
전이 있음.

참고 및 관련 자료

1.《褚氏家傳》

陶字季雅, 吳郡錢塘人, 褚先生後也. 陶聰惠絶倫, 年十三, 作鷗鳥·水碓二賦.
宛陵嚴仲弼見而奇之曰:「褚先生復出矣!」弱不好弄, 清淡閑黙, 以墳典自娛.

語所親曰:「聖賢備在黃卷中, 捨此何求?」州郡辟不就. 吳歸命, 世祖補臺郎, 建忠校尉. 司空張華與陶書曰:「二陸龍躍於江漢, 彥先鳳鳴於朝陽. 自此以來, 常恐南金已盡, 而復得之於吾子! 故知延州之德不孤, 淵岱之寶不匱.」仕至中尉.

443(8-20)

어떤 이가 수재秀才 채홍蔡洪에게 물었다.

"오吳 땅에 예로부터 내려오던 명문 거족의 성씨는 어떠하오?"

그러자 채홍은 이렇게 설명하였다.

"오부군(吳府君, 吳展)은 오나라 황제의 원로였으며, 지금처럼 청명한 시절에는 준사의 몫을 하고 있습니다. 그리고 주영장(朱永長, 朱誕)은 만물의 이치에 대해 지극한 덕을 가졌고, 남을 추천하는데 높은 신망이 있는 분입니다. 또 엄중필(嚴仲弼, 嚴隱)은 구고九皋의 명학鳴鶴이요, 공곡空谷의 백구白駒 같은 분이며, 고언선(顧彥先, 顧榮)은 팔음八音 중에 금슬琴瑟 악기와 같고 오색五色으로 따지면, 용무늬 같은 분이시지요. 그런가 하면 장위백(張威伯, 張暢)은 세한歲寒의 무송茂松이요, 깊은 밤에 빛나는 광채와 같습니다. 그리고 육사형(陸士衡, 陸機)·사룡(士龍, 陸雲) 형제는 홍곡鴻鵠이 배회하는 형상이요, 누군가 쳐주기를 바라는 높이 달린 북과 같습니다. 무릇 이 몇몇 분들이 큰 붓을 농기구로 삼고, 종이를 양전良田으로 삼으며, 현묵玄黙을 농사거리로 여기고, 의리義理를 풍년으로 삼고, 담론談論을 영화榮華라 여기며, 충서忠恕를 진귀한 보물로 여기고, 문장저술을 금수錦繡라 여기고, 오색五色의 품은 뜻을 비단으로 보며, 겸허함을 깔고 앉는 자리로 여기고, 의로운 겸양을 둘러쳐진 장막으로 여기며, 인의를 행하며 이를 집이라 여기며, 도덕을 수양함을 넓은 저택이라 여기고 있습니다."

有問秀才:「吳舊姓何如?」

答曰:「吳府君, 聖王之老成, 明時之雋乂; 朱永長, 理物之至德, 清選之高望; 嚴仲弼, 九皐之鳴鶴, 空谷之白駒; 顧彦先, 八音之琴瑟, 五色之龍章; 張威伯, 歲寒之茂松, 幽夜之逸光; 陸士衡·士龍, 鴻鵠之裴回, 懸鼓之待槌. 凡此諸君, 以洪筆爲鉏耒, 以紙札爲良田, 以玄黙爲稼穡, 以義理爲豐年, 以談論爲英華, 以忠恕爲珍寶, 著文章爲錦繡, 蘊五色爲繒帛, 坐謙虛爲席薦, 張義讓爲帷幕, 行仁義爲室宇, 修道德爲廣宅」

【蔡洪】 자는 叔開. 吳郡(지금의 蘇州市) 출신. 秀才科로 천거되어 洛陽에 이르러 晉惠帝를 섬김. 松滋令이 됨.

【吳府君】 吳展. 자는 士季. 廣州刺史·吳郡太守 등을 지냈음.

【朱永長】 朱誕. 賢良科로 천거되어 議郎을 지냄.

【嚴仲弼】 嚴隱. 삼국시대 吳나라 사람으로 賢良科로 천거되어 宛陵令을 지냈으나 吳나라가 망하자 낙향함.

【九皐】 《詩經》 小雅 鶴鳴편 참조. 현인·은사를 비유함.

【白駒】 白馬. 《詩經》 小雅 白駒편 참조. 고매한 선비를 비유함.

【顧彦先】 顧榮. 자는 彦先. 三國시대부터 晉나라 때 인물. 吳郡 사람. 吳나라가 평정되자 陸機, 陸雲 형제와 낙양으로 들어가 흔히 '三俊'이라 불렸음. 뒤에 다시 남으로 내려와 남쪽 인재를 적극 추천한 것으로도 유명함. 《晉書》 (68)에 전이 있음.

【張威伯】 張暢. 志趣가 고결하여 칭송을 받았음.

【陸士衡】 陸機(261~303). 자는 士衡. 吳郡人. 조부 陸遜과 아버지 陸抗은 모두 吳나라 將相을 지냈으며 西晉이 吳나라를 멸하자 10년 동안 문을 잠그고 공부하여 동생 陸雲과 함께 洛陽으로 들어가 고관과 사귀어 '二十四友'에 그 이름이 오름. 太子洗馬를 거쳐 著作郎, 平原內史를 지냈으며 八王의 난에

成都王(司馬穎)이 長沙王(司馬乂)를 토벌하는 일에 참여함. 뒤에 河北大都督을 지냈으나 전투에 패하여 孟玖, 盧志 등의 참훼를 입어 동생과 함께 피살됨. 당시 대문장가로 〈文賦〉는 중국문학비평사에 유명한 글로 평가받음. 《晉書》(54)에 전이 있음.

【陸士龍】陸機의 동생으로 함께 문장에 뛰어나 '二陸'이라 불림.《晉書》(54)에 전이 있음.

참고 및 관련 자료

1.《陸雲別傳》

雲字士龍, 吳大司馬抗之第五子, 機同母之弟也. 儒雅有俊才. 容貌瓌偉, 口敏能談, 博聞强記, 善箸述, 六歲便能賦詩, 時人以爲項託, 楊烏之疇也. 年十八, 刺史周浚命爲主簿. 浚常歎曰:「陸士龍當今之顏淵也!」累遷太子舍人, 淸河內史, 爲成都王所害.

2.《蔡洪集》蔡洪이 周浚에게 준 편지

『秀才, 蔡洪也. 集載洪與刺史周浚書曰:「一日侍坐, 言及吳士, 詢于芻蕘, 遂見下問. 造次承顏, 載辭不擧, 敕令條列名狀, 退輒思之. 今稱疏所知: 吳展字士季, 下邳人. 忠足矯非, 淸足厲俗, 信可結神, 才堪幹世. 仕吳爲廣州刺史, 吳郡太守. 吳平, 還下邳, 閉門自守, 不交賓客. 誠聖王之老誠, 明時之雋乂也! 朱誕字永長, 吳郡人. 體履淸和, 黃中通理. 吳朝擧賢良, 累遷議郎. 今歸在家. 誠理物之至德, 淸選之高望也! 嚴隱字仲弼, 吳郡人. 稟氣淸純, 思度淵偉, 吳朝擧賢良, 宛陵令. 吳平, 去職. 九皐之鳴鶴, 空谷之白駒也! 張鴻字威伯, 吳郡人. 稟性堅明, 志行淸朗, 居磨涅之中, 無淄磷之損. 寒歲之松栢, 幽夜之逸光也!』

3. 劉孝標 注

『按: 蔡所論士十六人, 無陸機兄弟, 又無'凡此諸君'以下, 疑益之.』

444(8-21)

어떤 사람이 왕이보(王夷甫, 王衍)에게 물었다.

"산거원(山巨源, 山濤)의 의리義理는 어떠합니까? 어떤 무리와 같다고 할 수 있습니까?"

이에 왕연은 이렇게 표현하였다.

"이 분은 처음에는 현담을 잘한다고 자처한 사람이 아니었소. 그러나 《노자老子》·《장자莊子》는 읽지 않았지만, 때때로 그가 읊조리는 것을 들어보면 왕왕 그 노장의 종지宗旨와 똑같은 것을 볼 수 있습니다."

人問王夷甫:「山巨源義理何如? 是誰輩?」

王曰:「此人初不肯以談自居, 然不讀《老》·《莊》, 時聞其詠, 往往與其旨合.」

【王夷甫】王衍(256~311). 자는 夷甫. 王乂의 아들이며 王玄의 父. 죽림칠현의 하나인 王戎의 從弟. 太尉를 지냄. 《晉書》(43)에 전이 있음.

【山巨源】山濤. 자는 巨源(205~283). 老莊에 심취하였으며 술을 좋아하였음. 嵇康, 阮籍, 呂安 등과 친하였으며 죽림칠현의 하나. 〈任誕〉편 참조. 《晉書》(43)에 전이 있음.

【義理】세상과 우주를 보는 견해, 철학, 그 기준.

> 참고 및 관련 자료

1. 《畫贊》顧愷之

濤有而不恃, 皆此類也.

낙양洛陽에 문아文雅한 인재로서 하瑕의 이름을 가진 자가 셋이니, 유수
劉粹는 자가 순하純瑕요, 유굉劉宏은 자가 종하終瑕이며, 유막劉漠은 자가
충하忠瑕로써 친형제간이었다.

또한 왕안풍(王安豐, 王戎)의 생질이면서 동시에 그의 사위였고, 유굉은
유진장(劉眞長, 劉惔)의 조부였다. 또 낙양 안에 쟁쟁한 인물로는 풍혜경馮惠卿
이 있는데, 이름은 손蓀이었고, 풍파馮播의 아들이었다. 풍손馮蓀과 형교
邢喬는 둘 모두 사도司徒 이윤李胤의 외손이었다.

이들은 모두 이윤의 아들 이신(李愼, 李順)과 나란히 명성이 있었는데
당시의 사람들은 이렇게들 말하였다.

"풍씨馮氏 집의 재주는 맑고, 이씨 집의 재주는 밝으며, 순수하기 그지없는
형씨邢氏 집안이로다."

洛中雅雅有三瑕: 劉粹字純瑕, 宏字終瑕, 漢字沖瑕; 是親
兄弟, 王安豐甥, 並是王安豐女壻. 宏, 眞長祖也. 洛中錚錚
馮惠卿, 名蓀, 是播子. 蓀與邢喬俱司徒李胤外孫, 及胤子
愼並知名.

時稱:「馮才清, 李才明, 純粹邢」

【劉粹】자는 純瑕. 劉宏·劉漠의 형. 侍中·南中郎將을 지냄.

【劉宏】자는 終瑕. 劉粹의 아우. 秘書監·光祿大夫를 지냄.

【劉漠】자는 沖瑕. 劉潢으로도 씀. 吏部尙書를 지냄.《晉書》(75) 劉惔傳을
참고할 것.

【王安豐】王戎(234~315). 죽림칠현의 하나.《晉書》43에 전이 있음. 인색하여
膏肓之疾이라 평하였던 인물.

【劉尹】劉惔. 字는 眞長. 劉宏의 손자로 沛國 相 땅 출신. 明帝(323~326 재위)의 廬陵長公主에게 장가들어 駙馬가 됨. 司從左長史, 侍中, 丹陽尹 등을 지냄. 36세에 죽어 孫綽이 "居官無官官之事, 處事無事事之心"이라 誄文을 지어 명언이라 하였음. 《晉書》(75)에 전이 있음.

【馮惠卿】馮蓀. 侍中을 지냈으며 뒤에 長沙王(司馬乂)에게 살해됨. 馮播의 아들.

【馮播】馮蓀의 아버지.

【邢喬】자는 曾伯(?~306). 司隷校尉를 지냈으며 八王之亂 때 죽음.

【李胤】자는 宣伯(?~282). 遼東 출신으로 御史中丞·河南尹을 거쳐 廣陵伯에 봉해짐. 시호는 成. 《晉書》(44)에 전이 있음.

【李慎】본명은 李順(당태종 아들 이름을 諱함). 자는 曼長. 李胤의 아들로 太僕卿을 지냄. 《晉書》(44)에 전이 있음.

참고 및 관련 자료

1. 《晉諸公贊》

粹, 沛國人. 歷侍中·南中郎將. 宏歷秘書監, 光禄大夫.

2. 《晉後略》

漠少以清識爲名, 與王夷甫友善, 並好以人倫爲意, 故世人許以才智之名. 自相國右長史, 出爲湘州刺史, 以貴簡稱.

3. 劉孝標 注

『案劉氏譜: 劉邠妻, 武周女, 生粹, 宏·漠. 非王氏甥.』

4. 《八王故事》

蓀少以才悟, 識當世之宜, 蚤歷清職, 仕至侍中. 爲長沙王所害.

5. 《晉後略》

播字友聲. 長樂人. 位至大宗正 生蓀.

6. 《晉諸公贊》

喬字曾伯, 河間人. 有才學, 仕至司隷校尉.

7. 《晉諸公贊》

愼字曼長, 仕至太僕卿.

446(8-23)

위백옥(衛伯玉, 衛瓘)이 상서령尙書令이 되었을 때, 악광樂廣이 여러 명사들과 현담을 나누는 것을 보고는 훌륭하다 여기며 이렇게 말하였다.

"옛 여러 훌륭한 명사가 세상을 떠난 후, 그 멋진 미언微言이 끊어질까 걱정하였더니, 지금은 다시 그 현리를 그대에게 듣게 되었소!"

그러고는 제자들을 시켜 그를 방문하게 하면서 이렇게 일렀다.

"그는 사람의 맑은 수경水鏡이다. 그를 보면 곧 저 구름과 안개를 걷고 청천靑天을 보는 것과 같을 것이다!"

衛伯玉爲尙書令, 見樂廣與中朝名士談議, 奇之曰:「自昔諸人沒已來, 常恐微言將絶, 今乃復聞斯言於君矣!」

命子弟造之, 曰:「此人, 人之水鏡也; 見之, 若披雲霧覩靑天!」

【衛伯玉】 衛瓘(220~291). 자는 伯玉. 衛恒의 아버지이며 衛玠의 조부. 晉初 人物. 약관에 이미 尙書郎을 거쳐 通事郎, 中書郎, 散騎常侍, 侍中, 廷尉卿 등을 지냄. 鄧艾와 鍾會를 따라 蜀을 벌하였으며 다시 등애와 종회의 반란을 평정하여 關中의 여러 군사를 관할하는 도독이 됨. 鎭西將軍, 鎭東 將軍을 거쳐 晉나라가 들어서자 侍中, 司空이 됨. 汝南王(司馬亮)을 돕다가 賈后와 틈이 벌어져 죽임을 당함. 草書에도 능하여 張芝의 풍을 이어받았 다는 평을 받았음. 《晉書》(36)에 전이 있음.

【樂廣】 자는 彦輔(?~304). 王衍과 같은 시대 인물로 당시 청담 풍조에 이름을 날렸음. 여러 관직을 거쳐 王戎을 이어 尙書令이 됨. 그 때문에 흔히 '樂令' 으로도 불림. 두 딸이 있어 하나는 衛玠에게, 하나는 成都王(司馬穎)에게

시집을 보냈으나 마침 사마영과 長沙王(司馬乂)의 싸움이 심해지나 근심을 품고 죽음. 《晉書》(43)에 전이 있음. 단 '樂'은 성씨의 경우 '악'(yue)으로 읽으나(예 樂毅) 《世說新語辭典》(1992, 四川)에서는 '락'(le)의 항목에 실려 있어 '락광'으로 되어 있음.

【微言】원래 孔子의 春秋筆法인 微言大義를 말하나 여기서는 당시 성행하던 玄言淸談을 뜻함.

【水鏡】물처럼 맑고 거울처럼 보여줌을 말함.

참고 및 관련 자료

1.《晉陽秋》

尚書令衛瓘見廣曰:「昔何平叔諸人沒, 常謂淸言盡矣; 今復聞之於君!」

2.《晉書》王隱

衛瓘有名理, 及與何晏. 鄧颺等數共談講, 見廣奇之曰:「每見此人, 則瑩然猶廓雲霧, 而覩靑天也.」

447(8-24)

왕태위(王太尉, 王衍)가 이렇게 말하였다.

"배령공(裴令公, 裴楷)을 보고 있노라면 그는 정명랑연精明朗然하여 세상 사람들을 다 덮을 것 같다. 그는 비범한 식견을 가지고 있도다! 내 만약 죽어서 다시 태어난다면 그와 같은 길을 가고 싶다."

이는 혹은 왕융王戎이 한 말이라고도 한다.

王太尉曰:「見裴令公精明朗然, 籠蓋人上, 非凡識也!
若死而可作, 當與之同歸」
或云王戎語.

【王太尉】 王衍(256~311). 자는 夷甫. 王乂의 아들이며 王玄의 父. 죽림칠현의
하나인 王戎의 從弟. 太尉를 지냄. 《晉書》(43)에 전이 있음.

【裴令公】 裴楷(237~291). 자는 叔則. 河東 聞喜人. 裴徽의 셋째 아들이며 司空
裴秀의 從弟. 용모가 준수하고 깨끗하여 '玉人'이라 불렸음. 河南尹과 中書令
을 지냄. 시호는 元. 《晉書》(35)에 전이 있음.

【王戎】 자는 濬沖(234~305). 王安豊으로도 불림. 王綏의 아버지이며 安豊縣
侯를 역임함. 성격이 인색하였으며 禮敎에 얽매이지 않았음. 阮籍, 山濤,
向秀, 阮咸, 嵇康, 劉伶과 더불어 '竹林七賢'으로 불렸음. 《晉書》(43)에 전이
있음.

┌─────────────────────┐
│ 참고 및 관련 자료 │
└─────────────────────┘

1. 《禮記》
趙文子與叔譽觀乎九原, 文子曰:「死者如可作也, 吾誰與歸.」

448(8-25)

왕이보(王夷甫, 王衍)는 스스로 이렇게 탄식하였다.
"내가 악령(樂令, 樂廣)과 얘기를 나눌 때면 내 말이 번거롭다고 느끼지
않은 때가 없었다."

王夷甫自嘆: 「我與樂令談, 未嘗不覺我言爲煩」

【王夷甫】王衍(256~311). 자는 夷甫. 王乂의 아들이며 王玄의 父. 죽림칠현의
하나인 王戎의 從弟. 太尉를 지냄. 《晉書》(43)에 전이 있음.

【樂令】樂廣(?~304). 자는 彦輔. 王衍과 같은 시대 인물로 당시 청담 풍조에
이름을 날렸음. 여러 관직을 거쳐 王戎을 이어 尙書令이 됨. 그 때문에
흔히 '樂令'으로도 불림. 두 딸이 있어 하나는 衛玠에게, 하나는 成都王
(司馬穎)에게 시집을 보냈으나 마침 사마영과 長沙王(司馬乂)의 싸움이
심해지니 근심을 품고 죽음. 《晉書》(43)에 전이 있음. 단 '樂'은 성씨의 경우
'악'(yue)으로 읽으나(예 樂毅) 《世說新語辭典》(1992, 四川)에서는 '락'(le)의
항목에 실려 있어 '락광'으로 되어 있음.

> 참고 및 관련 자료

1. 《晉陽秋》
樂廣善以約言厭人心, 其所不知, 黙如也. 太尉王夷甫, 光禄大夫裴叔則能淸言,
常曰: 「與樂君言, 覺其簡至, 吾等皆煩也.」

449(8-26)

곽자현(郭子玄, 郭象)은 빼어난 재주가 있어 능히 《노자老子》·《장자莊子》에
대해 설명을 잘 하였다.
유애(庾敱, 庾子嵩)는 일찍이 그를 칭찬하면서 매번 이렇게 말하였다.
"곽자현이 어찌 나 유자숭에 뒤질 게 있으리오!"

郭子玄有儁才, 能言《老》·《莊》; 庾敳嘗稱之, 每曰:「郭子玄何必減庾子嵩!」

【郭子玄】郭象. 자는 子玄. 晉나라 때 유명한 玄學家.《莊子》의 向秀 주가 사라지고 게다가〈秋水〉와〈至樂〉편이 없음을 알고 자신의 주를 넣어〈郭氏注〉를 냄. 뒤에〈向秀本〉이 발견되어《장자》의 주가 二本이 전함. 司徒掾을 거쳐 黃門侍郎을 지냈으며 東海王(司馬越)에게 발탁되어 太傅主簿를 역임함.《晉書》(50)에 전이 있음.

【庾敳】庾敳(261~311). 자는 子嵩. 王衍의 중시를 받아 吏部郎, 東海王(司馬越)의 太傅가 되었으며, 石勒의 난에 왕연과 함께 피살됨.《晉書》(50)에 전이 있음.

참고 및 관련 자료

1.《名士傳》

郭象字子玄, 自黃門郎爲太傅主簿, 任事用勢, 傾動一府. 敳謂象曰:「卿自是當世大才, 我疇昔之意, 都已盡矣.」其伏理推心, 皆此類也.

450(8-27)

왕평자(王平子, 王澄)가 자기 형인 태부(太傅, 王衍)를 이렇게 평하였다.

"우리 형님은 겉을 보면 도에 가깝지만, 그 정신의 날카로움은 아주 뛰어나십니다."

그러자 태위는 이렇게 답하였다.

"진실로 너의 낙락목목落落穆穆함만은 못하지."

王平子目太尉:「阿兄形似道, 而神鋒太儁」

太尉答曰:「誠不如卿落落穆穆」

【王平子】王澄(269~312). 자는 平子. 王衍의 아우. 荊州刺史를 지냄. 뒤에
　王敦에게 죽임을 당함. 《晉書》(43)에 전이 있음.
【王衍】자는 夷甫(256~311). 王乂의 아들이며 王玄의 父. 죽림칠현의 하나인
　王戎의 從弟. 太尉를 지냄. 《晉書》(43)에 전이 있음.
【落落穆穆】시원하고 아름다움을 뜻함.

　　참고 및 관련 자료

1.《晉書》
澄通朗好人倫, 情無所繫.
2. 楊勇〈校箋〉
落落, 疎闊貌; 穆穆, 美也.

451(8-28)

태부(太傅, 東海王 司馬越)의 부府에는 세 명의 재사才士가 있었다.
　유경손(劉慶孫, 劉輿)은 장재長才요, 반양중(潘陽仲, 潘滔)은 대재大才요, 배경성
(裴景聲, 裴邈)은 청재淸才였다.

太傅府有三才: 劉慶孫長才, 潘陽仲大才, 裴景聲淸才.

【太傅】司馬太傅. 東海王 司馬越(?~311). 자는 元初. 宣帝의 玄孫이며 高密王 司馬泰의 장자. 八王의 난 때 太傅를 지냈으며 惠帝를 洛陽으로 모셔옴. 永嘉 5년(311)에 石勒을 토벌하러 나섰다가 군영에서 죽음. 《晉書》(59)에 전이 있음.

【劉慶孫】劉璵. 《晉書》에는 劉輿로 되어 있음. 字는 慶孫. 劉琨의 형. 한 때 東海王(司馬越)의 左長史를 지냄. 형제가 평소 孫秀를 경멸하였는데 趙王(司馬倫)이 찬위하여 손수가 득세하자 면직당함. 뒤에 齊王(司馬冏)을 보좌하여 中書侍郎, 散騎常侍 등을 역임함. 《晉書》(62)에 전이 있음.

【潘陽仲】潘滔(?~311). 潘尼의 조카. 河南尹을 지냈으며 石勒에게 죽임을 당함.

【裴景聲】裴邈. 자는 景聲. 裴頠의 從弟. 청담에 뛰어나 밤을 새울 정도라 하였음. 東海王(司馬越)의 從事中郎, 左司馬 등을 지냄. 《三國志》魏書 裴潛傳 注 참조.

참고 및 관련 자료

1. 《晉陽秋》

太傅將召劉輿, 或曰:「輿猶膩也, 近將汙人.」太傅疑而禦之. 輿乃密視天下兵簿, 諸屯戍及倉庫處所, 人穀多少, 牛馬器械, 水陸地形, 皆黙識之. 是時軍國多事, 每會議事, 自潘滔以下, 皆不知所對. 輿便屈指籌計, 所發兵伏處所, 糧廩運轉, 事無凝滯. 於是太傅遂委仗之.

2. 《八王故事》

劉輿才長綜覈, 潘滔以博學爲名, 裴邈彊立方正; 皆爲東海王所眠, 俱顯一府. 故時人稱曰:「輿長才, 滔大才, 邈淸才也.」

452(8-29)

죽림칠현竹林七賢의 여러 현사들은 각각 뛰어난 아들들이 있었다.

완적阮籍의 아들 완혼阮渾은 기량器量이 홍광弘曠하였고, 혜강嵇康의 아들 혜소嵇紹는 청원아정淸遠雅正하였으며, 산도山濤의 아들 산간山簡은 소통고소疎通高素하였으며, 완함阮咸의 아들 완첨阮瞻은 허이虛夷하여 원대한 뜻이 있었다.

그리고 완첨의 아우 완부阮孚는 상랑爽朗하여 남에게 베풀기를 즐겨하였고, 상수向秀의 아들 상순向純과 상제向悌는 모두가 영숙令淑하여 청류淸流가 있었다. 또 왕융王戎의 아들 만자(萬子, 王綏)는 크게 성공할 풍모가 있었으나, 그만 싹을 틔우고 열매를 맺지 못한 채 일찍 죽고 말았다.

오직 유령劉伶만은 그 아들이 어떠하였는지 전하는 바가 없다. 무릇 이들 여러 아들들 중에 완첨이 가장 뛰어났고 혜소·산간 역시 당세 중시를 받는 인물들이었다.

林下諸賢, 各有儁才子; 籍子渾, 器量弘曠; 康子紹, 淸遠雅正; 濤子簡, 疎通高素; 咸子瞻, 虛夷有遠志; 瞻弟孚, 爽朗多所遺; 秀子純·悌, 並令淑有淸流; 戎子萬子, 有大成之風, 苗而不秀; 唯伶子無聞. 凡此諸子, 唯瞻爲冠, 紹·簡亦見重當世.

【竹林七賢】王戎, 阮籍, 山濤, 向秀, 阮咸, 嵇康, 劉伶 등 일곱 명이 '竹林'에 모여 술과 담론으로 즐겨 이들을 '竹林七賢'으로 불렀음. 〈任誕篇〉 1장 참조.
【阮籍】자는 嗣宗(210~263). 陳留의 尉氏人. 阮瑀의 아들. 老莊에 밝았으며 거문고, 바둑, 시문 등에 능하였음. 步兵校尉를 역임하여 흔히 '阮步兵'이라

불림. '竹林七賢'중의 하나. 〈豪傑詩〉, 〈詠懷詩〉, 〈達莊論〉, 〈大人先生傳〉
등이 있으며《三國志》(21),《晉書》(49)에 전이 있음. 유유자적하며 휘파람을
잘 불었음.

【阮渾】 자는 長成. 阮籍의 아들로 일찍 죽음.

【嵇康】 자는 叔夜(223~262). 어릴 때 고아였으며 奇才가 있었음. 老莊에 심취
하였으며 시문에 능하였고 '竹林七賢'의 하나임. 뒤에 鍾會의 모함을 입어
司馬昭에게 죽임을 당함. 本姓은 奚氏였으나 뒤에 銍縣 嵇山 곁에 옮겨
살아 성을 嵇氏로 바꾸었다 함. 〈廣陵散曲〉, 〈琴賦〉, 〈養生論〉, 〈聲無哀樂論〉,
〈與山巨源絶交書〉 등이 유명함.《晉書》(49)에 전이 있음.

【嵇紹】 자는 延祖(253~304). 嵇康의 아들이며 10세에 고아가 되어 어머니를
극진히 모심. 山濤의 추천으로 秘書丞이 되었으며 王戎과 裴頠의 추천
으로 侍中에 오름. 八王의 난에 惠帝와 함께 成都王(司馬穎)에게 맞서 전투를
벌이다가 죽음을 당하였으며, 그 때 임금을 호위하면서 흘린 피를 씻지
말도록 한 고사를 남김. 元帝가 즉위하여 '忠穆'이라는 시호를 내림.《晉書》
(89)에 전이 있음.

【山濤】 자는 巨源(205~283). 老莊에 심취하였으며 술을 좋아하였음. 嵇康,
阮籍, 呂安 등과 친하였으며 죽림칠현의 하나. 〈任誕〉편 참조.《晉書》(43)에
전이 있음.

【山簡】 자는 季倫(253~312). 山濤의 아들. 太子舍人, 太子庶人, 侍中, 吏部
尙書, 靑州, 荊州, 雍州 등의 刺史를 지냈으며 천하에 대란이 일어나자 술에
빠져 정사를 돌보지 않다가 劉聰, 嚴嶷에게 패배를 당함. 죽은 뒤 征南
大將軍, 儀同三司에 추증됨.《晉書》(43)에 전이 있음.

【阮咸】 자는 仲容(234~304). 阮籍의 從子. 음악에 조예가 깊었으며 비파
연주에 뛰어났었다 함. 散騎侍郎, 始平太守 등을 역임함. 술과 청담으로
이름이 났으며 역시 竹林七賢 중의 하나.《晉書》(49)에 전이 있음.

【阮瞻】 자는 千里. 阮咸의 장자. 司徒掾, 司馬越의 記室參軍을 지냈으며 懷帝
때 太子舍人을 지냄. 〈無鬼論〉으로 유명함. 30세에 병으로 죽음.《晉書》
(49)에 전이 있음.

【阮孚】 자는 遙集(297~327). 阮咸의 둘째아들이며 阮咸이 고모집 여종이었던
鮮卑族 여자를 좋아하여 그 사이에 태어남. 元帝 때 安東參軍을 거쳐 侍中,
吏部尙書, 丹陽尹을 역임함. 成帝 때 서울에 난이 일어날 것을 예상하고
廣州刺史를 요구하여 떠나지 못한 채 죽음.《晉書》(49)에 전이 있음.

【向秀】자는 子期(227?~272?). 竹林七賢의 하나. 처음 山濤·嵇康·呂安 등과
　자연을 즐기다가 嵇康과 呂安이 司馬氏에게 죽음을 당한 후 벼슬길로 들어서
　黃門侍郞, 散騎常侍를 지냄.《老·莊》에 심취하여《莊子注》를 완성하였으며,
　이를 바탕으로 한 郭象의《莊子注》가 지금도 전함. 賦에도 뛰어나〈思舊賦〉
　를 남김.《晉書》(49)에 傳이 있음. 向은 姓氏나 地名일 경우 '상'으로 읽음.

【向純】向秀의 아들.

【向悌】역시 向秀의 아들.

【王戎】자는 濬沖(234~305). 王安豊으로도 불림. 王綏의 아버지이며 安豊
　縣侯를 역임함. 성격이 인색하였으며 禮敎에 얽매이지 않았음. 阮籍, 山濤,
　向秀, 阮咸, 嵇康, 劉伶과 더불어 '竹林七賢'으로 불렸음.《晉書》(43)에 전이
　있음.

【萬子】王綏(257?~275?). 자는 萬子. 王衍의 아들로 裴康과 비유된 인물.
　일찍 죽음.

【劉伶】자는 伯倫. 용모가 못생겼다 하며 魏末 司馬氏가 정권을 휘두르자
　自然으로 돌아가 老莊을 신봉하여 無爲而治를 주장하면서 음주로 세월을
　보냄. 죽림칠현의 하나.〈酒德頌〉을 남김.〈任誕〉편 참조.《晉書》(49)에
　전이 있음. 唐 이전에는 '劉靈'으로 표기하였음.

참고 및 관련 자료

1.《世言》

渾字長成, 淸虛寡欲, 位至太子中庶子.

2.《晉書》

簡字季倫, 平雅有父風, 與嵇紹, 劉漠等齊名. 遷尙書, 出爲征南將軍.

3.《名士傳》

瞻字千里, 夷任而少嗜欲, 不修名行, 自得於懷, 讀書不甚硏求, 而識其要. 仕至
太子舍人, 年三十卒.

4.《中興書》

孚風韻疎誕, 少有門風. 初爲安東參軍, 蓬髮飮酒, 不以王務嬰心.

5.《竹林七賢論》

純字長悌, 位至侍中, 悌字叔遜, 位至御史中丞.

6.《晉諸公贊》

洛陽敗, 純·悌出奔, 爲賊所害.

7.《晉諸公贊》

王綏字萬子, 辟太尉掾, 不就, 年十九卒.

8.《晉書》

戎子萬, 有美號, 而太肥; 戎令食糠, 而肥愈甚也.

453(8-30)

유자궁(庾子躬, 庾琮)은 몹쓸 병에 걸렸지만 세상에 널리 알려진 인물
이었다. 그의 집은 낙양성의 서쪽에 있었다. 그래서 그의 집을 '성서공부
城西公府'라 불렀다.

庾子躬有廢疾, 甚知名; 家在城西, 號曰「城西公府」.

【庾子躬】 이름은 琮. 庾顗의 형이며 太尉掾을 지냄.
【城西公府】 '城西'는 洛陽城의 서쪽. '公府'는 원래 三公의 저택을 가리킴.

참고 및 관련 자료

1.《晉書》虞預

琮字子躬, 潁川人, 太常峻第二子. 仕至太尉掾.

2.《寒食散考》余嘉錫

庾之廢疾, 殆亦食散致患.

454(8-31)

왕이보(王夷甫, 王衍)가 악령(樂令, 樂廣)에게 이렇게 말하였다.

"명사는 많지 않다. 그러므로 왕평자(王平子, 王澄)에게 알려져 용납된 자여야 한다."

王夷甫語樂令:「名士無多人, 故當容平子知」

【王夷甫】王衍(256~311). 자는 夷甫. 王乂의 아들이며 王玄의 父. 죽림칠현의 하나인 王戎의 從弟. 太尉를 지냄.《晉書》(43)에 전이 있음.

【樂令】樂廣(?~304). 자는 彦輔. 王衍과 같은 시대 인물로 당시 청담 풍조에 이름을 날렸음. 여러 관직을 거쳐 王戎을 이어 尙書令이 됨. 그 때문에 흔히 '樂令'으로도 불림. 두 딸이 있어 하나는 衛玠에게, 하나는 成都王 (司馬穎)에게 시집을 보냈으나 마침 사마영과 長沙王(司馬乂)의 싸움이 심해지니 근심을 품고 죽음.《晉書》(43)에 전이 있음. 단 '樂'은 성씨의 경우 '악'(yue)으로 읽으나(예 樂毅)《世說新語辭典》(1992, 四川)에서는 '락'(le)의 항목에 실려 있어 '락광'으로 되어 있음.

【王平子】王澄(269~312). 자는 平子. 王衍의 아우. 荊州刺史를 지냄. 뒤에 王敦에게 죽임을 당함.《晉書》(43)에 전이 있음. 본 장의 내용은 왕이보가 동생 왕평자의 인물 품평 능력을 높이 여겨 말한 것임.

1.《王澄別傳》

澄風韻邁達, 志氣不羣. 從兄戎, 兄夷甫, 名冠當年. 四海人士, 一爲澄所題目, 則二兄不復措意, 云:「已經平子.」其見重如此. 是以名聞益盛, 天下知與不知, 莫不傾注. 澄後事迹不逮, 朝野失望; 及舊遊識見者, 猶曰當今名士也.

455(8-32)

왕태위(王太尉, 王衍)가 이렇게 말하였다.

"곽자현(郭子玄, 郭象)의 이론은 마치 현하사수懸河寫水 같아 부어도 부어도 다함이 없다."

王太尉云:「郭子玄語議, 如懸河寫水, 注而不竭.」

【王太尉】王衍(256~311). 자는 夷甫. 王乂의 아들이며 王玄의 父. 죽림칠현의 하나인 王戎의 從弟. 太尉를 지냄.《晉書》(43)에 전이 있음.

【郭子玄】郭象. 자는 子玄. 晉나라 때 유명한 玄學家.《莊子》의 向秀 주가 사라지고 게다가 〈秋水〉와 〈至樂〉편이 없음을 알고 자신의 주를 넣어 〈郭氏注〉를 냄. 뒤에 〈向秀本〉이 발견되어 《장자》의 주가 二本이 전함. 司徒掾을 거쳐 黃門侍郎을 지냈으며 東海王(司馬越)에게 발탁되어 太傅 主簿를 역임함.《晉書》(50)에 전이 있음.

【懸河寫水】懸河瀉水와 같음. 물을 매달아 놓은 것. 비유하여 물을 쏟아 붓듯이 시원한 말솜씨를 뜻함. "懸河之辯·懸河卷霧"의 성어와 같은 뜻임.

「卷霧懸河」 如初 金膺顯 글씨(현대)

참고 및 관련 자료

1.《名士傳》
子玄有雋才, 能言莊老.

456(8-33)

사마태부(司馬太傅, 司馬越)의 휘하에는 명사들이 많았는데, 모두가 당시의
준걸들이었다. 이를 두고 유문강(庾文康, 庾亮)이 이렇게 말하였다.
　"유자숭(庾子嵩, 庾敳)이 그 속에 있을 때면 항상 스스로 신왕神王하였지."

司馬太傅府多名士, 一時儁異.
庾文康云:「見子嵩在其中, 常自神王.」

【司馬太傅】司馬越(?~311). 자는 元初. 晉 宣帝의 姪孫으로 侍中·司空·太傅를
   지냈으며, 東海王에 봉해짐. 石勒의 난을 평정하다가 죽어 그 관이 石勒의
   군대에 의해 불태워짐. 《晉書》(59)에 전이 있음.
【庾文康】庾亮(289~340). 자는 元規. 蘇峻, 祖約의 난을 평정하였으며 명제 때
   王導를 이어 中書監이 됨. 征西大將軍, 荊州刺史 등을 지냄. 청담을 좋아하였
   으며 老莊에 밝았음. 죽은 후 太尉에 추증되었고 시호는 文康. 《晉書》(73)에
   전이 있음.
【庾子嵩】庾敳(261~311). 자는 子嵩. 王衍의 중시를 받아 吏部郎. 東海王(司馬越)
   의 太傅가 되었으며, 石勒의 난에 왕연과 함께 피살됨. 《晉書》(50)에 전이 있음.
【神王】王은 旺의 뜻. 정신이 충만함을 말함.

참고 및 관련 자료

1. 《晉陽秋》
庾敳爲太傅從事中郎.

457(8-34)

   태부(太傅, 司馬越)가 동해왕東海王 시절 허창許昌을 진수하고 있을 때,
왕안기(王安期, 王承)를 자신의 기실참군記室參軍으로 삼아 아주 훌륭히 여기며
중히 대하였다. 그리고는 자신의 세자世子의 비(妣, 司馬妣)에게 이렇게 칙령을
내렸다.

"무릇 학문을 통해서 얻는 것은 얕고, 몸소 체험하여 편안히 여기는 것은 깊은 법이다. 한가할 때 예도禮度를 익히는 데에는 남의 훌륭한 의표를 보고 따라 하는 것만 한 것이 없고, 옛 선현의 남긴 말을 익히고 맛보는 데에는 살아 있는 훌륭한 분의 말을 직접 들어 이어 받드는 것만 한 게 없다. 왕참군(王參軍, 王承)은 바로 인륜의 표준이니, 너는 그를 스승으로 삼아 배우도록 하라."

그런데 혹은 그 말 중에 "왕王·조趙·등鄧, 세 참군參軍은 인륜의 표준이니 너는 그를 따라 배우도록 하라"라고 하였다고도 하는데, 바로 왕안기王安期·등백도(鄧伯道, 鄧攸)·조목趙穆을 가리킨 것이다.

원굉袁宏이 지은 《명사전名士傳》에서는 다만 왕참군만을 거론하고 있지만, 어떤 이는 조씨 집안의 선대들은 세 참군을 거론한 원본原本을 가지고 있다고도 한다.

太傅東海王鎭許昌, 以王安期爲記室參軍, 雅相知重.

勅世子毗曰:「夫學之所益者淺, 體之所安者深; 閑習禮度, 不如式瞻儀形; 諷味遺言, 不如親承音旨. 王參軍人倫之表, 汝其師之」

或曰:「王·趙·鄧三參軍, 人倫之表, 汝其師之」謂安期·鄧伯道·趙穆也. 袁宏作《名士傳》, 直云王參軍. 或云趙家先猶有此本.

【司馬太傅】司馬越(?~311). 자는 元初. 晉 宣帝의 姪孫으로 侍中·司空·太傅를 지냈으며, 東海王에 봉해짐. 石勒의 난을 평정하다가 죽어 그 관이 石勒의 군대에 의해 불태워짐. 《晉書》(59)에 전이 있음.
【許昌】縣 이름. 지금의 河南省 許昌市.
【王安期】王承(275~320). 자는 安期. 太原 晉陽人. 汝南太守 王湛의 아들이며

王述의 아버지. 東海太守가 되어 덕정을 베풀었음. 王導, 衛玠, 周顗, 庾亮 등과 함께 東晉의 명사로 추앙됨. 《晉書》(75)에 전이 있음.

【司馬毗】司馬越의 아들(?~311?). 石勒난 때 洛陽을 지키다가 포로가 되어 죽음.

【鄧伯道】鄧攸(?~326). 자는 伯道. 河東태수일 때 그곳이 石勒에게 함락되자 가족을 데리고 피난하면서 조카를 살리고 아들을 포기함. 元帝 때 吳郡太守, 吏部尚書·尙書左僕射 등을 지냈으며 아들이 없어 "天道無知, 使鄧伯道無兒!" 라 한탄함. 《晉書》(90)에 전이 있음.

【趙穆】자는 季子. 吳郡太守를 거쳐 南鄕侯에 봉해짐.

참고 및 관련 자료

1. 《趙吳郡行狀》

穆字季子, 汲郡人. 眞淑平粹, 才識淸通. 歷尙書郎·太傅參軍. 代太傅越與穆 及王承·阮瞻·鄧攸書曰:「禮, 八歲出就外傅, 十年曰幼學, 明可以漸先王之敎也. 然學之所受者淺, 體之所安者深, 是以閑習禮度, 不如式瞻軌儀: 諷味遺言, 不如 親承辭旨. 小兒毗, 旣無令淑之資, 未聞道德之風, 欲屈諸君, 時以閑豫, 周旋 燕誨也.」穆歷晉明帝師, 冠軍將軍, 吳郡太守. 封南鄕侯.

458(8-35)

유태위(庾太尉, 庾亮)는 젊을 때 왕미자(王眉子, 王玄)에게 칭찬을 받았다. 유량은 강江을 건너 남천한 후, 왕현의 은혜를 생각하며 이렇게 탄식하였다. "그의 집에 보호를 받으면 사람으로 하여금 추위도 더위도 다 잊게 하는 분이었는데!"

庾太尉少爲王眉子所知; 庾過江, 歎王曰:「庇其宇下,
使人忘寒暑!」

【庾太尉】 庾亮(289~340). 자는 元規. 蘇峻, 祖約의 난을 평정하였으며 명제
때 王導를 이어 中書監이 됨. 征西大將軍, 荊州刺史 등을 재냄. 청담을 좋아
하였으며 老莊에 밝았음. 죽은 후 太尉에 추증되었고 시호는 文康.《晉書》
(73)에 전이 있음.

【王眉子】 王玄(?~313?). 자는 眉子. 낭야왕씨. 王衍의 아들. 東海王 司馬越을
도움. 가혹한 정치를 하다가 피살됨.《晉書》(43)에 전이 있음.

참고 및 관련 자료

1.《晉諸公贊》
玄少希慕簡曠.

2.《八王故事》
玄爲陳留太守, 或勸玄過江投琅邪王, 玄曰:「王處仲得志, 於彼家叔, 猶不免害,
豈能容我?」謂其器宇, 不容于敦也.

459(8-36)

사유여(謝幼興, 謝鯤)가 이렇게 말하였다.

"내 친구 중에 왕미자(王眉子, 王玄)는 청통간창清通簡暢하고, 혜연조(稽延祖,
稽紹)는 홍아소장弘雅劭長하며, 동중도(董仲道, 董養)는 탁락卓犖하여 풍도가
있는 인물들이다."

謝幼輿曰:「友人王眉子, 淸通簡暢; 嵇延祖, 弘雅劭長; 董仲道, 卓犖有致度」

【謝幼輿】 謝鯤(280~322). 자는 幼輿. 謝衡의 아들이며 謝尙의 아버지. 老莊과 《易》에 밝았으며 豫章太守를 지냄. 東海王(司馬越)에게 발탁되어 掾을 거쳐 參軍을 지냄. 뒤에 다시 王敦에게 발탁되었으며 왕돈이 난을 일으키자 이를 극구 간언하였음. 《晉書》(49)에 전이 있음.

【王眉子】 王玄(?~313?). 王衍의 아들. 《晉書》(43)에 전이 있음.

【嵇延祖】 嵇紹(253~304). 嵇康의 맏아들. 10세에 고아가 되어 효성이 있었으며, 祕書丞에 올랐으며, 侍中을 역임함. 惠帝와 함께 成都王 司馬穎과의 전투에서 혜제를 호위하다가 죽음. 시호는 忠穆. 《晉書》(89)에 전이 있음.

【董仲道】 董養. 司馬睿(晉元帝)에게 사랑을 받았으나 천하대란을 예견하고 처와 함께 蜀으로 숨어 버림. 《晉書》隱逸傳 참조.

【卓犖】 뛰어남. 탁월함. 疊韻連綿語.

┌─ 참고 및 관련 자료 ─┐

1. 《晉書》 王隱

董養字仲道. 太始初到洛下, 不干祿求榮. 永嘉中, 洛城東北角步廣里中地陷, 中有二鵝, 蒼者飛去, 白者不能飛; 問之博識者不能知. 養聞, 歎曰:「昔周時所盟會狄泉, 此地也. 卒有二鵝, 蒼者胡象, 後胡當入洛; 白者不能飛, 此國讖也.」

2. 《元化論序》(謝鯤)

陳留董仲道, 於元康中見惠帝廢楊悼后, 升太學堂歎曰:「建此堂也, 將何爲乎? 每見國家赦書, 謀反逆皆赦, 孫殺王父母·子殺父母不赦, 以爲王法所不容也. 奈何公卿處議, 文飾禮典以至此乎? 天人之理旣滅, 大亂斯起!」顧謂謝鯤, 阮孚曰:「易稱知幾其神乎! 君等可深藏矣.」乃與妻荷儋入蜀, 莫知其所終.

왕공(王公, 王導)이 태위(太尉, 王衍)를 이렇게 평하였다.

"높고 청치淸峙함이 암벽이 천 길 높이로 우뚝 서 있는 것 같다."

王公目太尉:「巖巖淸峙, 壁立千仞」

【王公】王導(276~339). 자는 茂弘. 어릴 때 자는 阿龍. 王敦의 從弟. 서진이
망하자 王敦과 함께 司馬睿를 황제로 추대하여 東晉을 세움. 그 공으로
丞相이 되었으며 號를 '仲父'라 하였음. 천하의 권세를 잡아 당시 "王與馬,
共天下"라 하였음. 元帝와 明帝, 成帝를 차례로 즉위시켰음. 아울러 남방
세족의 도움으로 강남에서의 동진 정권을 안정시킴. 《晉書》(65)에 전이 있음.
【太尉】王衍(256~311). 자는 夷甫. 王乂의 아들이며 王玄의 父. 죽림칠현의
하나인 王戎의 從弟. 太尉를 지냄. 《晉書》(43)에 전이 있음.

참고 및 관련 자료

1.《夷甫畫贊》顧愷之
夷甫天形瓌特, 識者以爲巖巖秀峙, 壁立千仞.

461(8-38)

유태위(庾太尉, 庾亮)가 낙양洛陽에 살 때에 유중랑(庾中郎, 庾敳)을 찾아갔더니, 중랑은 그를 붙들어 머물게 하면서 이렇게 말하였다.

"곧 여러 명사들이 올 것이오."

잠시 후 온원보(溫元甫, 溫幾)·유왕교(劉王喬, 劉疇)·배숙칙(裴叔則, 裴楷)이 함께 왔다. 그들은 종일 서로 주고받으며 한담하였다.

유태위는 뒷날 유왕교·배숙칙 두 분의 뛰어난 재주와 온원보의 청중淸中함을 늘 기억에 떠올리곤 하였다.

庾太尉在洛下, 問訊中郎.

中郎留之云:「諸人當來!」

尋溫元甫·劉王喬·裴叔則俱至, 酬酢終日.

庾公猶憶劉·裴之才儁, 元甫之淸中.

【庾太尉】庾亮(289~340). 자는 元規. 蘇峻, 祖約의 난을 평정하였으며 명제 때 王導를 이어 中書監이 됨. 征西大將軍, 荊州刺史 등을 지냄. 청담을 좋아하였으며 老莊에 밝았음. 죽은 후 太尉에 추증되었고 시호는 文康.《晉書》(73)에 전이 있음.

【庾中郎】庾敳(261~311). 자는 子嵩. 王衍의 중시를 받아 吏部郎. 東海王(司馬越)의 太傅가 되었으며 石勒의 난에 왕연과 함께 피살됨.《晉書》(50)에 전이 있음.

【溫元甫】溫幾. 자는 元甫. 司徒右長史·湘州刺史 등을 지냄. 혹시 溫畿가 아닌가 함.

【劉王喬】劉疇. 자는 王喬. 劉訥의 아들이며 懷帝 때 司徒左長史를 지냈으며 뒤에 閻鼎에게 살해됨.《晉書》(69)에 전이 있음.

【裴叔則】裴楷(237~291). 裴令公. 자는 叔則. 河東 聞喜人. 裴徽의 셋째 아들이며 司空 裴秀의 從弟. 용모가 준수하고 깨끗하여 '玉人'이라 불렸음. 河南尹과 中書令을 지냄. 시호는 元.《晉書》(35)에 전이 있음.

【酬酢】酬酌과 같음. 원래 술잔을 주고받는 것을 말하나 여기서는 대화를 뜻함.

【淸中】청명하고 공정함. 맑고 치우침이 없음.

참고 및 관련 자료

1.《晉諸公贊》
溫幾字元甫, 太原人. 才性淸婉. 歷司徒右長史, 湘州刺史, 卒官.

2.《晉紀》曹嘉之
劉疇字王喬, 彭城人. 父訥, 司隸校尉. 疇善談名理. 曾避亂塢壁, 有胡數百欲害之; 疇無懼色, 援笳而吹之, 爲出塞入塞之聲, 以動其遊客之思. 於是群胡皆泣而去之. 位至司徒左長史.

462(8-39)

채사도(蔡司徒, 蔡謨)가 낙양洛陽에 있을 때, 육기陸機 형제가 소속된 관서에 있는 것을 보았다. 육운陸雲은 동쪽에 있고, 육기는 서쪽에 있었는데, 육운은 문아文雅하며 유약하게 보였고, 육기는 키가 7척으로 말소리가 마치 종소리 같았고, 의기가 격앙되어 있었다.

蔡司徒在洛, 見陸機兄弟住參佐廨中, 三間瓦屋; 士龍住東頭, 士衡住西頭. 士龍爲人, 文弱可愛; 士衡長七尺餘, 聲作鐘聲, 言多慷慨.

【蔡司徒】 蔡謨(281~356). 자는 道明. 蔡克의 아들로 侍中에 오름. 시호는 文穆. 《晉書》(77)에 전이 있음. 남쪽으로 피난하여 왕돈(王敦)을 도와 소준(蘇峻)의 난을 평정함.

【士龍】 陸雲의 자. 陸機의 아우.

【士衡】 陸機. 자는 土衡(261~303). 吳郡人. 조부 陸遜과 아버지 陸抗은 모두 吳나라 將相을 지냈으며 西晉이 吳나라를 멸하자 10년 동안 문을 잠그고 공부하여 동생 陸雲과 함께 洛陽으로 들어가 고관과 사귀어 '二十四友'에 그 이름이 오름. 太子洗馬를 거쳐 著作郎, 平原內史를 지냈으며 八王의 난에 成都王(司馬穎)이 長沙王(司馬乂)를 토벌하는 일에 참여함. 뒤에 河北大都督을 지냈으나 전투에 패하여 孟玖, 盧志 등의 참훼를 입어 동생과 함께 피살됨. 당시 대문장가로 〈文賦〉는 중국문학비평사에 유명한 글로 평가받음. 《晉書》(54)에 전이 있음.

┌─────────────────┐
│ 참고 및 관련 자료 │
└─────────────────┘

1. 《文士傳》
雲性弘靜, 怡怡然爲士友所宗. 機淸厲有風格, 爲鄕黨所憚.

왕장사(王長史, 王濛)는 유자궁(庚子躬, 庚琮)의 외손이었다. 승상(丞相, 王導)은
유자궁을 이렇게 평하였다.

"이치에 몰입하여 깊이 잠긴 모습은 나에 비해 이미 윗사람이로다."

王長史是庚子躬外孫, 丞相目子躬云:「入理泓然, 我已上人」

【王長史】王濛(309?~347?). 자는 仲祖. 太原 王氏. 王脩, 王蘊, 哀帝王后의
아버지. 司徒左長史를 지냄.《晉書》(93)에 전이 있음.
【庚子躬】庚琮. 자는 子躬. 庚子嵩의 형.
【丞相】王丞相. 王導(276~339). 자는 茂弘. 어릴 때 자는 阿龍. 王敦의 從弟.
서진이 망하자 王敦과 함께 司馬睿를 황제로 추대하여 東晉을 세움. 그
공으로 丞相이 되었으며 號를 '仲父'라 하였음. 천하의 권세를 잡아 당시
"王與馬, 共天下"라 하였음. 元帝와 明帝, 成帝를 차례로 즉위시켰음. 아울러
남방 세족의 도움으로 강남에서의 동진 정권을 안정시킴.《晉書》(65)에 전이
있음.

[참고 및 관련 자료]

1.《王氏譜》
濛父訥, 娶穎川庚琮之女, 字三壽也.

464(8-41)

유태위(庾太尉, 庾亮)는 유중랑(庾中郎, 庾敳)을 이렇게 평하였다.
"우리 집안의 종부從父께서는 언론의 대가이시다!"

庾太尉目庾中郎:「家從談談之許!」

【庾太尉】 庾亮(289~340). 자는 元規. 蘇峻, 祖約의 난을 평정하였으며 명제
때 王導를 이어 中書監이 됨. 征西大將軍, 荊州刺史 등을 지냄. 청담을 좋아
하였으며 老莊에 밝았음. 죽은 후 太尉에 추증되었고 시호는 文康. 《晉書》
(73)에 전이 있음.
【庾中郎】 庾敳(261~311). 자는 子嵩. 王衍의 중시를 받아 吏部郎, 東海王
(司馬越)의 太傅가 되었으며 石勒의 난에 왕연과 함께 피살됨. 《晉書》(50)에
전이 있음.
【談談之許】 '談談'은 당시 유행하던 玄言淸談. '之許'는 句末感歎語氣詞.

참고 및 관련 자료

1. 《名士傳》
敳不爲辨析之談, 而擧其旨要; 太尉王夷甫雅重之也.

465(8-42)

유공(庾公, 庾亮)이 중랑(中郎, 庾敳)을 이렇게 평하였다.

"신기神氣가 융산融散하여 거의 그를 넘어설 만한 자가 드물다."

庾公目中郎:「神氣融散, 差如得上」

【庾亮】자는 元規(289~340). 蘇峻, 祖約의 난을 평정하였으며 명제 때 王導를
이어 中書監이 됨. 征西大將軍, 荊州刺史 등을 지냄. 청담을 좋아하였으며
老莊에 밝았음. 죽은 후 太尉에 추증되었고 시호는 文康.《晉書》(73)에 전이
있음.

【中郎】庾敳(261~311). 자는 子嵩. 王衍의 중시를 받아 吏部郎. 東海王(司馬越)
의 太傅가 되었으며 石勒의 난에 왕연과 함께 피살됨.《晉書》(50)에 전이
있음.

참고 및 관련 자료

1.《晉陽秋》
敳穨然淵放, 莫有動其聽者.

466(8-43)

유곤庾琨이 조거기(祖車騎, 祖逖)를 아주 고랑高朗하다고 칭찬하면서 이렇게
말하였다.

"젊을 때 왕돈王敦에게 탄복을 받았었지."

劉琨稱祖車騎爲朗詣, 曰:「少爲王敦所歎」

【庾琨】 (270?~318). 자는 越石. 자신의 형제와 石崇·陸氏 형제(陸機·陸雲)
등과 함께 문장에 뛰어나 '二十四友'라 불림. 侍中·太尉를 추증받았으며,
시호는 愍.《晉書》(62)에 전이 있음.

【祖車騎】 祖逖(266~321). 자는 士稚. 中原 수복에 의지를 보였던 인물. 車騎
將軍을 추증받음.《晉書》(62)에 전이 있음.

【王敦】 자는 處仲(266~324). 어릴 때는 阿黑이라 부름. 王含의 아우이며
王導의 종제로 八王之亂 때 공을 세워 散騎常侍, 侍中, 靑州刺史, 鎭東
大將軍 등을 지냄. 西晉이 망하자 司馬睿를 옹립하여 황제로 삼음. 뒤에
明帝 때 난을 일으켰다가 軍中에서 죽음.《晉書》(98)에 전이 있음.

╭─────────────────╮
│ 참고 및 관련 자료 │
╰─────────────────╯

1.《晉書》虞預

祖逖字士稚, 范陽道人. 豁蕩不修儀檢, 輕財好施.

2.《晉陽秋》

逖與司空劉琨, 俱以雄豪箸名. 年二十四, 與琨同辟司州州簿, 情好綢繆, 共被
而寢. 中夜聞雞鳴, 俱起曰:「此非惡聲也!」每語世事, 或中宵起坐, 相謂曰:
「若四海鼎沸, 豪傑共起, 吾與足下相避中原耳!」爲汝南太守, 値京師傾覆, 率流
民數百家南度; 行達泗口, 安東板爲徐州刺史. 逖旣有豪才, 常慷慨以中原爲己任,

乃說中宗雪復神州之計. 拜爲豫州刺史, 使自招募. 逖遂率部曲百餘家, 北度江,
誓曰:「祖逖若不淸中原, 而復濟此者, 有如大江!」攻城略地, 招懷義士, 屢摧
石虎. 虎不敢復闚河南. 石勒爲逖母墓置守吏. 劉琨與親舊書曰: 吾枕戈待旦,
志梟逆虜, 常恐祖生先吾箸鞭耳! 會其病卒. 先有妖星見豫州分, 逖曰:「此必
爲我也, 天未欲滅寇故耳!」贈車騎將軍.

467(8-44)

당시 사람들은 유중랑(庾中郎, 庾敳)을 이렇게 평하였다.

"세상 밖의 큰 것에 의탁하는 데에 뛰어나면서도 스스로 감추어 갈무리
하는 데에도 훌륭한 분이로다."

時人目庾中郎:「善於託大, 長於自藏」

【庾中郎】庾敳(261~311). 자는 子嵩. 王衍의 중시를 받아 吏部郎, 東海王
(司馬越)의 太傅가 되었으며 石勒의 난에 왕연과 함께 피살됨.《晉書》(50)에
전이 있음.

참고 및 관련 자료

1.《名士傳》

敳雖居職任, 未嘗以事自嬰; 從容博暢, 寄通而已. 是時天下多故, 機事屢起,
有爲者拔奇吐異, 而禍福繼之. 敳常黙然, 故憂喜不至也.

468(8-45)

왕평자(王平子, 王澄)는 고매한 인격의 준재로서 그의 탄복을 받을 만한
인물이란 거의 적었다. 그러나 매번 위개衛玠의 말을 들으면 곧 탄식하여
절도할 정도였다.

王平子邁世有儁才, 少所推服; 每聞衛玠言, 輒歎息絶倒.

【王平子】 王澄(269~312). 자는 平子. 王衍의 아우. 荊州刺史를 지냄. 뒤에
  王敦에게 죽임을 당함. 《晉書》(43)에 전이 있음.
【衛玠】 자는 叔寶(287~313). 어릴 때는 虎라 부름. 衛瓘의 손자이며 衛恒의
  아들. 《老莊》에 조예가 깊었음. 어려서 王澄, 王玄, 王濟와 함께 이름을 날려
  "王家三子, 不如衛家一兒"라 하였음. 中原大亂 때 남으로 피난하여 王敦
  에게 발탁됨. 太子洗馬를 지냈으며 王承과 더불어 '中興第一名士'로 불림.
  《晉書》(36)에 전이 있음.

참고 및 관련 자료

1. 《衛玠別傳》

玠少有名理, 善通莊老. 琅邪王平子高氣不群, 邁世獨傲, 每聞玠之語議, 至于
理會之間, 要妙之際, 輒絶倒於坐; 前後三聞, 爲之三倒. 時人遂曰:「衛君談道,
平子三倒.」

왕대장군(王大將軍, 王敦)이 원황제(元皇帝, 司馬睿)에게 올린 표表에 이렇게
썼다.

"왕서王舒는 풍개간정風槪簡正하여 사실 아름다운 군자로서 왕수王邃보다
낫습니다. 제가 젊을 때 가장 중시하여 선발하였던 인물이지요. 그 중간에
왕이보(王夷甫, 王衍)와 왕징王澄이 저에게 이런 의견을 말하였습니다. '그대는
처명(處明, 王舒)·무홍(茂弘, 王導)을 중시하고 있는데, 무홍은 과연 이미 이름이
올라 그대의 기대와 추천의 말에 부합되지만, 처명은 그 친소간에 아직도
그 이름을 아는 자가 없습니다. 내 항상 그대의 말을 염두에 두고 있었는데,
왕서가 아직 저렇게 미미한 것을 보면 아마도 후회하고 있지 않나 걱정됩니다'
라구요. 그러나 저는 개연히 이렇게 말하였지요. '그대는 이로써 아직 시험
해 보시오! 잠시 후면 비로소 그의 이름을 칭하는 자가 나타날 테니'라구요.
　가히 이렇게 말할 수 있는 것입니다. 보통 사람은 자신이 알고 있는
사람에 대해서는 지나칠까 걱정하고, 모르는 사람에 대해서는 그 실질에
대해 미치지 못할까 하는 병폐를 가지고 있다고 말입니다."

　王大將軍與元皇表云:「舒風槪簡正, 允作雅人, 自多於邃,
最是臣少所知拔. 中間夷甫·澄見語:『卿知處明·茂弘. 茂弘
已有令名, 眞副卿淸論; 處明親疎無知之者, 吾常以卿言爲意,
絶未有得, 恐已悔之?』臣慨然曰:『君以此試, 頃來始乃有
稱之者!』言常人正自患知之使過, 不知使負實」

【王大將軍】王敦(266~324). 자는 處仲. 어릴 때는 阿黑이라 부름. 王舍의
아우이며 王導의 종제로 八王之亂 때 공을 세워 散騎常侍, 侍中, 靑州刺史,

鎭東大將軍 등을 지냄. 西晉이 망하자 司馬睿를 옹립하여 황제로 삼음. 뒤에 明帝 때 난을 일으켰다가 軍中에서 죽음. 《晉書》(98)에 전이 있음.

【元皇帝】 東晉의 첫 임금 元帝. 司馬睿. 317~323 재위. 字는 景文. 西晉이 망하자 建康(지금의 남경)에 동진을 세운 황제로 묘호는 中宗. 《晉書》(6)에 기가 있음.

【王舒】 자는 處明(266?~333). 낭야왕씨. 王導의 從弟. 少傅를 지냈으며, 소준란을 평정한 공로로 彭澤縣侯에 봉해짐. 《晉書》(76)에 전이 있음.

【王邃】 자는 處重. 王舒의 아우.

【王夷甫】 王衍(256~311). 자는 夷甫. 王乂의 아들이며 王玄의 父. 죽림칠현의 하나인 王戎의 從弟. 太尉를 지냄. 《晉書》(43)에 전이 있음.

【王澄】 자는 平子(269~312). 東海王 司馬越의 司空長史를 지냈음. 王衍의 아우. 荊州刺史를 지냄. 뒤에 王敦에게 죽임을 당함. 《晉書》(43)에 전이 있음.

【茂弘】 王導(276~339). 자는 茂弘. 어릴 때 자는 阿龍. 王敦의 從弟. 서진이 망하자 王敦과 함께 司馬睿를 황제로 추대하여 東晉을 세움. 그 공으로 丞相이 되었으며 號를 ‘仲父’라 하였음. 천하의 권세를 잡아 당시 "王與馬, 共天下"라 하였음. 元帝와 明帝, 成帝를 차례로 즉위시켰음. 아울러 남방 세족의 도움으로 강남에서의 동진 정권을 안정시킴. 《晉書》(65)에 전이 있음.

참고 및 관련 자료

1. 《王邃別傳》

邃字處重, 琅邪人, 舒弟也. 意局剛淸, 以政事稱. 累遷中領軍·尙書左僕射.

주후(周侯, 周顗)가 형주荊州에서 패배하고 돌아와서는 더 이상 임용이
되지 않았다. 이에 왕승상(王丞相, 王導)이 사람들에게 이런 편지를 보냈다.
"훌륭한 풍류에 큰 그릇인데, 어찌 그대로 버려 둘 수 있겠습니까?"

周侯於荊州敗績, 還, 未得用; 王丞相與人書曰:「雅流弘器,
何可得遺?」

【周侯】周顗(269~322). 자는 伯仁. 周俊의 장자로 吏部尙書郞, 荊州刺史를
　지냄. 僕射로 임명되자 술에 취해 사흘 만에 깨어나 "三日僕射"란 별명을
　들음. 王敦에게 피살되어 "我雖不殺伯仁, 伯仁由我而死"의 고사를 낳음.
　《晉書》(69)에 전이 있음.
【王丞相】王導(276~339). 자는 茂弘. 어릴 때 자는 阿龍. 王敦의 從弟. 서진이
　망하자 王敦과 함께 司馬睿를 황제로 추대하여 東晉을 세움. 그 공으로
　丞相이 되었으며 號를 '仲父'라 하였음. 천하의 권세를 잡아 당시 "王與馬,
　共天下"라 하였음. 元帝와 明帝, 成帝를 차례로 즉위시켰음. 아울러 남방
　세족의 도움으로 강남에서의 동진 정권을 안정시킴.《晉書》(65)에 전이 있음.

참고 및 관련 자료

1.《晉紀》鄧粲

顗爲荊州, 始至, 而建平民傅密等叛, 迎蜀賊; 顗狼狽失據, 陶侃救之, 得免.
顗至武昌投王敦, 敦更選侃代顗. 顗還建康, 未卽得用也.

471(8-48)

당시 사람들은 고좌高坐 스님을 어떻게라도 표현하고 싶었으나 마땅한 말이 없었다. 이에 환정위(桓廷尉, 桓彝)가 이 문제를 가지고 주후(周侯, 周顗)에게 묻자 주후는 이렇게 대답하였다.

"탁랑卓朗하다는 표현이면 될 것 같은데."

그러나 환공(桓公, 桓溫)은 이렇게 표현하였다.

"정신精神이 연저淵箸한 분이지."

時人欲題目高坐而未能, 桓廷尉以問周侯.

周侯曰:「可謂卓朗」

桓公曰:「精神淵箸」

【高坐】高坐道人. 晉나라 때의 고승. 원래 서역의 龜玆(庫車) 왕국 출신으로 본명은 尸黎密多羅(Similtra). 慧皎《高僧傳》(1)에 傳이 있음.

【桓廷尉】桓彝(276~328). 자는 茂倫.《晉書》(74)에 전이 있음.

【周侯】周顗(269~322). 자는 伯仁. 周俊의 장자로 吏部尚書郞, 荊州刺史를 지냄. 僕射로 임명되자 술에 취해 사흘 만에 깨어나 "三日僕射"란 별명을 들음. 王敦에게 피살되어 "我雖不殺伯仁, 伯仁由我而死"의 고사를 낳음.《晉書》(69)에 전이 있음.

【桓公】桓宣武. 桓溫(312~373). 자는 元子. 明帝의 사위. 荊州刺史를 지냈으며, 蜀을 정벌하고 前秦을 쳐부숨. 簡文帝를 세우고 자신이 다시 왕위를 빼앗고자 하였었음. 시호는 武侯. 그의 아들 桓玄이 드디어 제위를 찬탈하여 楚나라를 세운 다음 아버지 환온을 宣武皇帝로 추존함.《晉書》(99)에 전이 있음.

【淵箸】깊으면서 드러남.

1. 《高坐傳》

庾亮·周顗·桓彝一代名士, 一見和尙, 披衿致契; 曾爲和尙作目, 久之未得. 有云: 「尸黎密可稱卓朗.」 於是桓始咨嗟, 以爲標之極. 但宣武嘗云: 「少見和尙, 稱其精神淵箸, 當年出倫.」 其爲名士所歎如此.

2. 《高僧傳》 (1) 尸黎密傳 (慧皎)

桓宣武每至, 少見高座, 稱其精神箸出當年.

472(8-49)

왕대장군(王大將軍, 王敦)이 자신의 아들王應을 두고 이렇게 말하였다.
"그 신후神候가 사람들에게 만족할 만한 경지에 이를 것 같아."

王大將軍稱其兒云: 「其神候似欲可」

【王大將軍】 王敦(266~324). 자는 處仲. 어릴 때는 阿黑이라 부름. 王舍의 아우이며 王導의 종제로 八王之亂 때 공을 세워 散騎常侍, 侍中, 靑州刺史, 鎭東大將軍 등을 지냄. 西晉이 망하자 司馬睿를 옹립하여 황제로 삼음. 뒤에 明帝 때 난을 일으켰다가 軍中에서 죽음. 《晉書》(98)에 전이 있음.

【王應】 자는 安期(?~324). 낭야왕씨. 원래 王舍의 아들이었으나 王敦이 아들이 없어 양자로 맞았음. 왕돈을 도와 起兵하였다가 패하여 친아버지 왕함과 함께 王舒에게 투항, 그러나 왕서가 이들을 강에 던져 죽여버림.

【神候】 精神面貌, 風貌를 뜻함.

473(8-50)

변령(卞令, 卞壺)이 숙향(叔向, 羊舌肸)을 이렇게 평하였다.
"낭랑하기가 마치 1백 간의 큰 집과 같다."

卞令目叔向:「朗朗如百間屋」

【卞令】卞壺(281~328). 자는 望之. 蘇峻의 난에 항거하다가 죽음.《晉書》(70)에
　전이 있음.
【叔向】羊舌肸을 말함. 춘추시대 晉나라 大夫. 羊舌赤의 아우로 숙힐(叔肸)
　로도 불리며, 박학다식하였음.《左傳》및《說苑》등 참조.《左傳》에 "叔向,
　乃羊說肸也. 晉大夫"라 함.

```
참고 및 관련 자료
```

1.《世說新語》전체에 고대 인물을 평한 곳은 특이하며 본 장 한 곳뿐이다.

474(8-51)

왕돈王敦이 대장군이 되어 예장豫章을 진수할 때였다. 당시 위개衛玠가
난을 피하여 낙양洛陽으로부터 왕돈에게 투신해 왔다. 서로 보고 대단히
기뻐서 종일 이야기를 나누었다. 이때에 사곤謝鯤이 장사長史로 있었는데,
왕돈은 사곤에게 이렇게 일렀다.

"생각도 못하였어. 이 영가永嘉 중에 다시 정시正始 시대의 청담을 들을 수 있다니. 아평(阿平, 王澄)이 지금 있다면 다시 한 번 절도絶倒할 걸!"

王敦爲大將軍, 鎭豫章, 衛玠避亂從洛投敦, 相見欣然, 談話彌日.

于時謝鯤爲長史, 敦謂鯤曰:「不意永嘉之中, 復聞正始之音; 阿平若在, 當復絶倒!」

【王敦】자는 處仲(266~324). 어릴 때는 阿黑이라 부름. 王舍의 아우이며 王導의 종제로 八王之亂 때 공을 세워 散騎常侍, 侍中, 靑州刺史, 鎭東大將軍 등을 지냄. 西晉이 망하자 司馬睿를 옹립하여 황제로 삼음. 뒤에 明帝 때 난을 일으켰다가 軍中에서 죽음. 《晉書》(98)에 전이 있음.

【豫章】郡名. 楊州에 속하며 지금의 江蘇, 安徽의 長江 서쪽. 治所는 지금의 河南省 汝南.

【衛玠】자는 叔寶(287~313). 어릴 때는 虎라 부름. 衛瓘의 손자이며 衛恒의 아들. 《老莊》에 조예가 깊었음. 어려서 王澄, 王玄, 王濟와 함께 이름을 날려 "王家三子, 不如衛家一兒"라 하였음. 中原大亂 때 남으로 피난하여 王敦에게 발탁됨. 太子洗馬를 지냄. 王承과 더불어 '中興第一名士'로 불림. 《晉書》(36)에 전이 있음.

【謝鯤】자는 幼輿(280~322). 謝衡의 아들이며 謝尙의 아버지임. 老·莊과 《易》에 밝았으며 豫章太守를 지냄. 東海王(司馬越)에게 발탁되어 掾을 거쳐 參軍을 지냄. 뒤에 다시 王敦에게 발탁되었으며 왕돈이 난을 일으키자 이를 극구 간언하였음. 《晉書》(49)에 전이 있음.

【永嘉】晉 懷帝의 연호. 307~313년의 7년.

【正始】三國 시대 魏나라 齋王 曹芳의 연호. 240~249년의 10년.

【阿平】王澄(269~312). 자는 平子. 王衍의 아우. 荊州刺史를 지냄. 뒤에 王敦에게 죽임을 당함. 《晉書》(43)에 전이 있음. 청담에 뛰어나 王衍의 중시를 받았던 인물.

1.《衛玠別傳》

玠至武昌見王敦, 敦與之談論, 彌日信宿. 敦顧謂僚屬曰:「昔王輔嗣吐金聲於
中朝, 此子今復玉振於江表, 微言之緒, 絕而復續. 不悟永嘉之中, 復聞正始之音;
阿平若在, 當復絕倒矣!」

475(8-52)

왕평자(王平子, 王澄)가 남에게 편지를 쓰면서 자신의 아들王微을 이렇게
칭찬하였다.
"풍기風氣가 날마다 상승하여 족히 남의 근심을 산랑散朗하게 해주고
있다오."

王平子與人書, 稱其兒:「風氣日上, 足散人懷」

【王平子】王澄(269~312). 자는 平子. 王衍의 아우. 荊州刺史를 지냄. 뒤에
　　王敦에게 죽임을 당함.《晉書》(43)에 전이 있음.
【아들】王微를 가리킴.

1.《永嘉流人名》
澄第四子微.(《晉書》王澄傳에는 次子로 되어 있음)

2. 《王澄別傳》

徽迁上有父風.

476(8-53)

　호모언국(胡母彥國, 胡母輔之)은 그 입에서 훌륭한 말이 톱밥가루 쏟아지듯
하더니 과연 후진後進들 중에 영수領袖가 되었다.

胡母彥國吐佳言如屑, 後進領袖.

【胡母彥國】 이름은 輔之(補之). 자는 彥國. 泰山 高峯人. 湘州刺史를 지냄.
王澄, 王敦, 庾顗 등과 함께 太尉 王衍에게 사랑을 받음. '胡母'는 복성으로
판본에 따라 흔히 '胡毋'로도 표기함.《晉書》(49)에 전이 있음.

　　[참고 및 관련 자료]

　1. 劉孝標 注
『言談之流, 霏霏如解木出屑也.』

477(8-54)

　왕승상(王丞相, 王導)이 이렇게 말하였다.

　"조현량(刁玄亮, 刁協)은 명확히 관찰하는 데에 뛰어나고, 대약사(戴若思, 戴儼)는 꼿꼿한 모습이 장점이며, 변망지(卞望之, 卞壺)는 배포가 큰 것이 장점이다."

王丞相云:「刁玄亮之察察, 戴若思之巖巖, 卞望之之峯岠」

【王丞相】王導(276~339). 자는 茂弘. 어릴 때 자는 阿龍. 王敦의 從弟. 서진이 망하자 王敦과 함께 司馬睿를 황제로 추대하여 東晉을 세움. 그 공으로 丞相이 되었으며 號를 '仲父'라 하였음. 천하의 권세를 잡아 당시 "王與馬, 共天下"라 하였음. 元帝와 明帝, 成帝를 차례로 즉위시켰음. 아울러 남방 세족의 도움으로 강남에서의 동진 정권을 안정시킴.《晉書》(65)에 전이 있음.
【刁玄亮】刁協(?~322). 字는 玄亮. 원제(司馬睿)의 신임을 얻어 尙書左僕射를 거쳐 尙書令 등을 역임하였으며, 너무 강직하여 公卿을 능멸함. 王敦이 반란하자 이를 토벌하러 나섰다가 패배하여 죽음.《晉書》(69)에 전이 있음.
【戴若思】戴儼(260~332). 이름은 淵으로도 씀. 趙王 司馬倫에게 추천되어 征書將軍을 지냈으며 王敦의 기병 때에 살해됨.《晉書》(69)에 전이 있음.
【卞望之】卞壺(281~328). 明帝 때 尙書令을 지냈으며, 蘇峻 난을 평정하다가 죽음.《晉書》(70)에 전이 있음.

참고 및 관련 자료

1.《晉書》虞預

戴儼字若思, 廣陵人. 才義辯齊, 有風標鋒穎, 累遷征西將軍, 爲王敦所害. 贈左光祿大夫, 儀同三司.

2. 《卞壺別傳》

壺字望之, 濟陰冤句人. 父粹, 太常卿, 壺少以貴正見稱. 累遷御史中丞: 權門屏迹, 轉領軍尚書令. 蘇峻作亂, 率衆拒戰, 父子三人俱死王難.

3. 《晉書》鄧粲

初, 咸和中, 貴遊子弟能談嘲者, 慕王平子·謝幼輿等爲達, 壺厲色於朝曰:「悖禮傷教, 罪莫斯甚! 中朝傾覆, 實由於此」 欲奏治之: 王導·庾亮不從, 乃止. 其後皆折節爲名士.

4. 《語林》

孔坦爲侍中, 密啓成帝不宜拜曹夫人. 丞相聞之曰:「王茂弘鴑痫耳! 若卞望之之巖巖, 刁玄亮之察察, 戴若思之峯岻當敢爾不? 此言殊有由緖, 故聊載之耳.」

478(8-55)

왕대장군(王大將軍, 王敦)이 우군(右軍, 王羲之)에게 이렇게 말하였다.
"너는 우리 집안의 좋은 인물이다. 응당 완주부(阮主簿, 阮裕)에게 밀져서는 안 된다."

大將軍語右軍:「汝是我家佳子弟, 當不減阮主簿.」

【王大將軍】 王敦(266~324). 자는 處仲. 어릴 때는 阿黑이라 부름. 王含의 아우이며 王導의 종제로 八王之亂 때 공을 세워 散騎常侍, 侍中, 靑州刺史, 鎭東大將軍 등을 지냄. 西晉이 망하자 司馬睿를 옹립하여 황제로 삼음. 뒤에 明帝 때 난을 일으켰다가 軍中에서 죽음. 《晉書》(98)에 전이 있음.

【王羲之】자는 逸少(303~361, 혹은 309~365, 321~379). 王尊의 조카. 어려서는 訥言하였으나 뒤에 정치와 예술에 큰 업적을 남김. 특히 글씨에 뛰어나 書聖으로 추앙받았음. 右軍將軍을 지냈으며 자는 逸少. 山陰道士와 《道德經》 글씨를 거위와 바꾼 고사를 남겼으며 그 외에 작품으로 〈蘭亭集序〉·〈樂毅論〉·〈黃庭經〉·〈東方朔畫讚〉·〈姨母〉·〈初月〉·〈憂懸〉·〈喪亂〉 등을 남김. 《晉書》(80)에 전이 있음. 王右軍, 王逸少, 王羲之 등으로 불림. 그 아들 王獻之와 함께 글씨에 뛰어나 '二王'이라 함.

【阮主簿】阮裕(300?~360?). 자는 思曠. 金紫光祿大夫를 지내어 阮光祿으로도 불림. 王敦의 主簿를 지냈으며, 뒤에 王敦이 기병할 때 거짓 술버릇으로 사직하여 화를 면함. 《晉書》 49에 전이 있음. 宋(南朝) 劉裕(武帝)의 이름을 휘하여 《世說新語》에서는 그의 이름을 적지 않음.

참고 및 관련 자료

1. 《王氏譜》

羲之是敦從父兄子.

2. 《晉書》 王羲之傳

深爲從伯敦, 導所器重. 時陳留阮裕有重名, 爲敦主簿. 敦嘗謂羲之曰:「汝是吾家佳子弟, 當不減阮主簿.」

3. 《中興書》

阮裕少有德行, 王敦聞其名, 召爲主簿. 知敦有不臣之心, 縱酒昏酣, 不綜其事.

479(8-56)

세상 사람들은 주후(周侯, 周顗)를 이렇게 평하였다.
"우뚝하기가 마치 산의 단애斷崖 낭떠러지 같다."

世目周侯: 「嶷如斷山」

【周顗】 자는 伯仁(269~322). 周俊의 장자로 吏部尙書郞, 荊州刺史를 지냄.
僕射로 임명되자 술에 취해 사흘 만에 깨어나 "三日僕射"란 별명을 들음.
王敦에게 피살되어 "我雖不殺伯仁, 伯仁由我而死"의 고사를 낳음. 《晉書》
(69)에 전이 있음.

참고 및 관련 자료

1. 《晉陽秋》
顗正情嶷然, 雖一時儕類, 皆無敢媟近.

480(8-57)

왕승상(王丞相, 王導)이 조약祖約을 초대하여 밤에 토론을 벌여, 날이 밝도록
잠을 자지 않고 계속하였다. 이튿날 아침 손님이 찾아왔는데, 그때 왕승상
은 머리도 빗지 않았으며, 약간 피곤한 상태였다.
　　손님이 이렇게 말하였다.
　　"승상께서는 어젯밤에 잠을 주무시지 못한 것 같군요?"
　　그러자, 그는 이렇게 설명하였다.
　　"어젯밤 사소(士少, 祖約)와 이야기를 나누었는데 피로를 잊게 해주었소."

王丞相招祖約夜語, 至曉不眠; 明旦有客, 公頭鬢未理,體亦小倦.

客曰:「公昨如似失眠?」

公曰:「昨夜與士少語, 遂使人忘疲.」

【王丞相】王導(276~339). 자는 茂弘. 어릴 때 자는 阿龍. 王敦의 從弟. 서진이
망하자 王敦과 함께 司馬睿를 황제로 추대하여 東晉을 세움. 그 공으로
丞相이 되었으며 號를 '仲父'라 하였음. 천하의 권세를 잡아 당시 "王與馬,
共天下"라 하였음. 元帝와 明帝, 成帝를 차례로 즉위시켰음. 아울러 남방
세족의 도움으로 강남에서의 동진 정권을 안정시킴. 《晉書》(65)에 전이 있음.
【祖約】자는 士少(?~330). 祖逖의 동생으로 형을 대신해서 豫州刺史를 지냄.
뒤에 石勒에게 피살됨. 《晉書》(100)에 전이 있음.

481(8-58)

왕대장군(王大將軍, 王敦)이 승상(丞相, 王導)에게 편지를 보내어 양랑楊朗을
이렇게 칭찬하였다.

"세언(世彦, 楊朗)은 식기識器와 이치理致에 훌륭하고, 그 재주는 감추면서
판단력에는 밝습니다. 이는 이미 나라의 그릇이 될 만할뿐더러 그는 또한
양후楊侯 준準의 아들이기도 합니다. 그런데도 그의 지위와 명망은 이상
하게도 능지陵遲합니다. 경께서 그에게 알맞은 지위를 주시기에 충분한
인물입니다."

王大將軍與丞相書, 稱楊朗曰:「世彦識器理致, 才隱

明斷, 旣爲國器, 且是楊侯準之子. 位望絶爲陵遲, 卿亦
足與之處.」

【王大將軍】王敦(266~324). 자는 處仲. 어릴 때는 阿黑이라 부름. 王含의
아우이며 王導의 종제로 八王之亂 때 공을 세워 散騎常侍, 侍中, 靑州刺史,
鎭東大將軍 등을 지냄. 西晉이 망하자 司馬睿를 옹립하여 황제로 삼음.
뒤에 明帝 때 난을 일으켰다가 軍中에서 죽음.《晉書》(98)에 전이 있음.
【丞相】王導(276~339)를 가리킴. 자는 茂弘. 어릴 때 자는 阿龍. 王敦의 從弟.
서진이 망하자 王敦과 함께 司馬睿를 황제로 추대하여 東晉을 세움.
그 공으로 丞相이 되었으며 號를 '仲父'라 하였음. 천하의 권세를 잡아
당시 "王與馬, 共天下"라 하였음. 元帝와 明帝, 成帝를 차례로 즉위시켰음.
아울러 남방 세족의 도움으로 강남에서의 동진 정권을 안정시킴.《晉書》
(65)에 전이 있음.
【楊朗】자는 世彦. 楊準의 셋째아들. 南郡太守와 雍州刺史를 지냄.
【楊準】자는 始玄. 西晉 때 인물로 어려서 山簡・嵇紹와 이름을 같이함. 27세
에 죽음.《三國志》魏書 陳思王植傳 주 참조.
【陵遲】천천히, 느릿느릿. 한길 담은 넘을 수 없어도, 높은 산은 비스듬하여
오를 수 있다는 말.《說苑》참조.

참고 및 관련 자료

1.《世語》

準字始立, 弘農華陰人. 曾祖彪・祖脩, 有名前世. 父囂, 典軍校尉. 準元康末爲
冀州刺史.

2.《冀州記》荀綽

準見王綱不振, 遂縱酒不以官事規意, 消搖卒歲而已. 成都王知準不治, 猶以
其名士, 惜而不遺, 召爲軍咨議祭酒, 府散停家. 關東諸侯欲以準補三事, 以示
懷賢尙德之事, 未施行而卒. 時年二十有七矣.

482(8-59)

하차도(何次道, 何充)가 승상(丞相, 王導)을 방문하자, 승상은 주미塵尾로 자리를 가리키며 하차도를 불러 같이 앉으며 이렇게 재촉하였다.
"어서! 어서! 이것은 바로 그대의 앉을 자리야."

何次道往丞相許, 丞相以塵尾指坐, 呼何共坐曰:「來! 來! 此是君坐」

【何次道】何充(292~340). 자는 次道. 王敦의 主簿를 거쳐 驃騎將軍이 됨. 會稽內史, 侍中, 驃騎將軍, 揚州刺史를 거쳐 司空을 추증받음. 佛寺 증수에 많은 돈을 썼다 함. 《晉書》(77)에 전이 있음.
【丞相】王導(276~339). 王丞相. 王導(276~339). 자는 茂弘. 어릴 때 자는 阿龍. 王敦의 從弟. 서진이 망하자 王敦과 함께 司馬睿를 황제로 추대하여 東晉을 세움. 그 공으로 丞相이 되었으며 號를 '仲父'라 하였음. 천하의 권세를 잡아 당시 "王與馬, 共天下"라 하였음. 元帝와 明帝, 成帝를 차례로 즉위시켰음. 아울러 남방 세족의 도움으로 강남에서의 동진 정권을 안정시킴. 《晉書》(65)에 전이 있음.
【塵尾】육조시대 청담·현학의 선비들이 서로 토론할 때 손에 들고 儀容을 부리던 기구. 사슴꼬리에 상아, 금은, 옥 등으로 장식하였음.

　　승상(丞相, 王導)이 양주揚州 자사가 되어 그 관사를 수리하였다. 그리고 순시를 하면서 이렇게 말하였다.

　　"나는 하차도(何次道, 何充)를 위해 이곳을 수리하는 것일 뿐이야!"

　　하차도는 어릴 때 왕도에게 아주 훌륭한 인물로 인정받았다. 그래서 왕도는 여러 차례 이런 감탄을 연발하였던 것이다.

　　丞相治揚州廨舍, 案行而言曰:「我正爲次道治此爾!」

　　何少爲王公所重, 故屢發此歎.

【丞相】 王導(276~339). 자는 茂弘. 어릴 때 자는 阿龍. 王敦의 從弟. 서진이 망하자 王敦과 함께 司馬睿를 황제로 추대하여 東晉을 세움. 그 공으로 丞相이 되었으며 號를 '仲父'라 하였음. 천하의 권세를 잡아 당시 "王與馬, 共天下"라 하였음. 元帝와 明帝, 成帝를 차례로 즉위시켰음. 아울러 남방 세족의 도움으로 강남에서의 동진 정권을 안정시킴. 《晉書》(65)에 전이 있음.

【何次道】 何充(292~340). 자는 次道. 王敦의 主簿를 거쳐 驃騎將軍이 됨. 會稽內史, 侍中, 驃騎將軍, 揚州刺史를 거쳐 司空을 추증받음. 佛寺 증수에 많은 돈을 썼다 함. 《晉書》(77)에 전이 있음.

　　參考 및 관련 자료

1. 《晉陽秋》

充, 導妻姊之子, 明穆皇后之妹夫也. 思韻淹濟, 有文義才情, 導深器之. 由是少有美譽, 遂歷顯位. 導有副貳己使繼相意, 故屢顯此指於上下.

484(8-61)

왕승상(王丞相, 王導)이 사도司徒 벼슬을 배수받자 이렇게 탄식하였다.

"유왕교(劉王喬, 劉疇)가 만약 강을 건너 이곳으로 왔더라면, 나 혼자만 삼공의 지위에 오르지는 않았을 텐데."

王丞相拜司徒, 而歎曰:「劉王喬若過江, 我不獨拜公」

【王丞相】王導(276~339). 자는 茂弘. 어릴 때 자는 阿龍. 王敦의 從弟. 서진이 망하자 王敦과 함께 司馬睿를 황제로 추대하여 東晉을 세움. 그 공으로 丞相이 되었으며 號를 '仲父'라 하였음. 천하의 권세를 잡아 당시 "王與馬, 共天下"라 하였음. 元帝와 明帝, 成帝를 차례로 즉위시켰음. 아울러 남방 세족의 도움으로 강남에서의 동진 정권을 안정시킴. 《晉書》(65)에 전이 있음.

【劉王喬】劉疇. 자는 王喬. 劉訥의 아들이며 懷帝 때 司徒左長史를 지냈으며 뒤에 閻鼎에게 살해됨. 《晉書》(69)에 전이 있음.

참고 및 관련 자료

1.《晉紀》曹嘉之

疇有重名, 永嘉中爲閻鼎所害. 司徒蔡謨每歎曰:「若使劉王喬得南渡, 司徒公之美選也.」

왕람전(王藍田, 王述)은 사람이 늦게 틔였다. 당시 사람들은 그를 바보라
불렀다. 왕승상(王丞相, 王導)은 그가 동해東海태수 왕승王承의 아들이었기
때문에 그러한 그를 불러 연掾이란 속관을 삼았다.

여러 사람이 모일 때 왕승상이 한 마디 하면 앉은 사람들이 모두 다투어
그에게 찬성하는 것이었다. 이때 왕람전은 끝자리에 앉았다가 이렇게
말하였다.

"승상께서는 요순堯舜이 아닌데, 어찌 일마다 모두 옳다고들 하십니까?"
이 말에 승상은 심히 찬탄하였다.

王藍田爲人晚成, 時人乃謂之癡; 王丞相以其東海子,
辟爲掾. 常集聚, 王公每發言, 衆人競贊之.

述於末坐曰:「主非堯舜, 何得事事皆是?」

丞相甚相歎賞.

【王藍田】 王述(303~368). 자는 懷祖. 王承의 아들이며 王坦之의 아버지. 고아가
되어 어머니를 극진히 모심. 아버지를 이어 藍田侯에 봉해졌으며 宛陵令,
臨海太守, 建威將軍, 會稽內史, 揚州刺史, 征虜將軍 등을 역임함. 청렴하기로
이름이 널리 알려졌음. 《晉書》(75)에 전이 있음.

【東海太守】 王承. 王安期(275~320). 太原王氏. 王述의 아버지로 東海太守를
지냄. 《晉書》(75)에 전이 있음.

【掾】 屬官. 지방장관의 屬吏.

【王丞相】 王導(276~339). 자는 茂弘. 어릴 때 자는 阿龍. 王敦의 從弟. 서진이
망하자 王敦과 함께 司馬睿를 황제로 추대하여 東晉을 세움. 그 공으로
丞相이 되었으며 號를 '仲父'라 하였음. 천하의 권세를 잡아 당시 "王與馬,

共天下"라 하였음. 元帝와 明帝, 成帝를 차례로 즉위시켰음. 아울러 남방 세족의 도움으로 강남에서의 동진 정권을 안정시킴. 《晉書》(65)에 전이 있음.

참고 및 관련 자료

1. 《晉陽秋》
述體道清粹, 簡貴靜正, 怡然自足, 不交非類. 雖羣英紛紛, 俊乂交馳, 述獨蔑然, 曾不慕羨. 由是名譽久蘊.

2. 劉孝標 注
『言非聖人, 不能無過. 意譏讚述之徒.』

486(8-63)

세상 사람들은 양랑(楊朗, 楊世彦)이 생각이 깊고 판단이 훌륭하다고 평가하였다. 이에 채사도(蔡司徒, 蔡謨)가 이렇게 아쉬워하였다.

"만약 중원中原에 난리가 나지 않았더라면 양씨 집안에서 삼공 하나 나오는 것으로 그치지 않았을 텐데!"

그러자 사공(謝公, 謝安)도 역시 이렇게 말하였다.

"양랑은 큰 인물이지요!"

世目楊朗: 沈審經斷.

蔡司徒云:「若使中朝不亂, 楊氏作公方未已!」

謝公云:「朗是大才!」

【楊朗】楊世彦. 楊準의 셋째아들. 南郡太守·雍州刺史 등을 지냄.

【蔡司徒】蔡謨(281~356). 자는 道明. 蔡克의 아들. 侍中을 거쳐 康帝 때 侍中 司徒에 오름. 시호는 文穆. 《晉書》(77)에 전이 있음.

【謝公】謝安. 字는 安石(320~385). 謝裒의 아들이며 謝琰(望蔡)의 아버지. 謝奕의 동생. 덕망이 있고 기개가 높아 桓彝, 王濛의 사랑을 받음. 처음에는 벼슬에 뜻을 버리고 王羲之, 支遁 등과 산수를 즐기며 조정의 부름에 응하지 않았으나 40이 넘어 桓溫의 司馬를 거쳐 吳興太守, 侍中, 吏部尚書, 太保錄尚書事 등의 관직을 지냄. 뒤에 다시 太傅에 추증되었으며 시호는 文靖. 《晉書》(79)에 전이 있음.

참고 및 관련 자료

1. 《八王故事》

楊準有六子: 曰喬·髦·朗·琳·俊·伸, 皆得美名. 論者以謂悉有台輔之望. 文康 庾公每追歎曰:「中朝不亂, 諸楊作公未已也!」

487(8-64)

유만안(劉萬安, 劉綏)은 유도진(劉道眞, 劉寶)의 조카로서 유공(庾公, 庾琮)이 소위 "번쩍임이 옥을 들어 보이는 것 같다"라고 한 인물이다.

그리고 다시 이렇게도 말하였다.

"1천 사람 속에 있어도 눈에 띄고, 1백 사람 속에 있어도 눈에 보인다."

劉萬安卽道眞從子, 庾公所謂「灼然玉舉」.

又云:「千人亦見, 百人亦見」

【劉萬安】劉綏. 자는 萬安. 驃騎長史를 지냈음. 阮幼娥에게 장가들었으며 그의 딸 女靜이 庾翼의 아내가 됨.

【劉道眞】劉寶. 초택에 묻혀 살다가 죄를 짓자, 扶風王 司馬駿이 그의 재주를 아껴 베 5백 필을 대속해 주고 從事中郎을 시킴.

【庾公】庾琮. 자는 子躬. 庾歆의 형으로 太尉掾을 지냄.

참고 및 관련 자료

1. 《劉氏譜》

綏字萬安, 高平人. 祖奧, 太祝令. 父斌, 著作郎. 綏歷驃騎長史.

2. 본장에서 庾公에 대해 劉孝標 주에 「琮字子躬」이라 하였으나, 이는 庾亮의 잘못이 아닌가 한다. 이에 대해 楊勇 〈校箋〉에는 이렇게 의문을 표시하였다. 『時人通稱庾亮爲庾公, 今孝標以爲庾琮, 不知何據. 琮, 晉書無傳. 本篇30: 「庾子躬有廢疾, 甚知名」 注云: 「琮字子躬, 潁川人, 太常峻第三子, 仕至太尉掾」.』

488(8-65)

유공(庾公, 庾亮)이 호군장군護軍將軍으로 있을 때, 환정위(桓廷尉, 桓彝)에게 위촉하여 좋은 관리를 하나 찾아 달라고 하였다.

그리고 1년이 지났을 때 환정위는 서녕徐寧을 만나 알게 되었다. 드디어 그를 유공에게 추천하면서 이렇게 말하였다.

"사람이란 남이 갖추어야 할 것이라 하여 그가 이를 모두 갖추고 있을 필요를 느끼지 않고, 남이 지니고 있어서는 안 되는 것이라 하여 자신이 이를 없앨 필요도 없다고 하는 자입니다. 정말로 해대海岱 일대의 맑은 선비입니다!"

庾公爲護軍, 屬桓廷尉覓一佳吏, 乃經年; 桓後遇見徐寧, 而知之, 遂致

於庾公曰: 「人所應有, 其不必有; 人所應無, 己不必無. 眞 海岱清士!」

【庾亮】 자는 元規(289~340). 蘇峻, 祖約의 난을 평정하였으며 명제 때 王導를 이어 中書監이 됨. 征西大將軍, 荊州刺史 등을 지냄. 청담을 좋아하였으며 老莊에 밝았음. 죽은 후 太尉에 추증되었고 시호는 文康. 《晉書》(73)에 전이 있음.

【桓廷尉】 桓彝(276~328). 자는 茂倫. 王敦과 맞섰다가 뒤에 소준 난 때 韓晃 에게 피살됨. 廷尉를 추증받음. 《晉書》(74)에 전이 있음.

【徐寧】 자는 安期. 환이의 추천으로 유량에게 발탁되어 吏部郞, 左將軍, 江州 刺史를 지냄. 《晉書》(74)에 전이 있음.

【海岱】 지금의 山東省 東海와 泰山(岱山) 사이 일대.

참고 및 관련 자료

1. 《徐江州本事》

徐寧字安期, 東海郯人. 通朗有德素, 少知名. 初爲興縣令. 譙國桓彝有人倫鑒識, 嘗去職無事, 至廣陵尋親舊, 遇風, 停浦中累日, 在船憂邑, 上岸消搖, 見一空宇, 有似廨舍, 彝訪之. 云: 「興縣廨也, 令姓徐名寧.」 彝旣獨行, 思逢悟賞, 聊造之. 寧淸惠博涉, 相遇怡然. 遂停宿, 因留數夕, 與寧結交而別. 至都, 謂庾亮曰: 「吾爲卿得一佳吏部郞!」 亮問所在, 彝卽敍之. 累遷吏部郞·左將軍·江州刺史.

489(8-66)

환무륜(桓茂倫, 桓彝)이 이렇게 말하였다.

"저계야(褚季野, 褚裒)는 그 피부 속에 《춘추春秋》를 품고 있다."

이는 그 마음속에 옳고 그름을 모두 재단하고 있는 인물임을 말한 것이다.

桓茂倫云:「褚季野皮裏《陽秋》」

謂其裁中也.

【桓茂倫】桓彝(276~328). 中書郞, 尙書吏部郞을 지냈고 廷尉를 추증받음.
《晉書》(74)에 전이 있음.

【褚太傅】褚裒(303~349). 자는 季野. 東晉 康帝(343~344 재위)의 장인이며
後趙를 토벌하러 나섰으나 병을 얻어 귀환 중에 죽음. 뒤에 都亭侯에
봉해졌으며 侍中太傅에 추증됨.《晉書》(93)에 전이 있음.

【陽秋】《春秋》. 역사의 뜻. 鄭太后(簡文帝의 모친)의 字인 阿春을 피휘하여
《陽秋》로 바꾼 것임.

참고 및 관련 자료

1.《晉陽秋》

裒簡穆有器識, 故爲彝所目也.

2.《晉書》褚裒傳

裒有皮裏陽秋; 言其外無臧否, 而內有褒貶也.

490(8-67)

하차도(何次道, 何充)가 일찍이 동쪽으로 사람을 전송하면서 멀리 가녕賈寧이 맨 뒤쪽의 수레를 타고 가는 모습을 보고는 이렇게 말하였다.

"이 친구가 죽지 않는다면 끝내 제후의 상객上客 정도는 될 거야!"

何次道嘗送東人, 瞻望見賈寧在後輪中, 曰:「此人不死, 終爲諸侯上客!」

【何次道】 何充(292~340). 자는 次道. 王敦의 主簿를 거쳐 驃騎將軍이 됨. 會稽內史, 侍中, 驃騎將軍, 揚州刺史를 거쳐 司空을 추증받음. 佛寺 증수에 많은 돈을 썼다 함.《晉書》(77)에 전이 있음.

【賈寧】 자는 建寧. 처음에 蘇峻에게 가담하였으나 뒤에 조정에 투항하여 新安太守를 지냄.《晉書》蘇峻傳 참조.

> 참고 및 관련 자료

1.《晉陽秋》

寧字建寧, 長樂人, 賈氏孽子也. 初, 自結於王應·諸葛瑤; 應敗, 浮遊吳會, 吳人咸侮辱之. 聞京師亂, 馳出投蘇峻, 峻甚暱之, 以爲謀主. 及峻聞義軍起, 自姑孰屯于石頭, 是寧之計. 峻敗, 先降. 仕至新安太守.

491(8-68)

두홍치(杜弘治, 杜乂)의 선대 묘가 무너지자 마음 속의 슬픔을 얼굴에 모두 드러내지 못하고 있었다. 그러자 유공(庾公, 庾亮)이 여러 객들을 돌아보며 이렇게 감싸주었다.

"홍치는 너무나 쇠약해. 저렇게까지 슬퍼하지 않아도 되는데."

그리고 다시 이렇게 말하였다.

"홍치는 곡만 하고 슬퍼하지는 않아야 돼."

杜弘治墓崩, 哀容不稱.

庾公顧謂諸客曰:「弘治至羸, 不可以致哀」

又曰:「弘治哭, 不可哀」

【杜弘治】 두예(杜乂). 杜預의 손자로 용모가 준수하여 강좌에 이름이 났으며 丹楊丞, 公府掾 등을 지냄. 當陽侯에 봉해짐. 일찍 죽음. 《晉書》(93)에 전이 있음.

【庾公】 庾亮(289~340). 자는 元規. 蘇峻, 祖約의 난을 평정하였으며 명제 때 王導를 이어 中書監이 됨. 征西大將軍, 荊州刺史 등을 지냄. 청담을 좋아하였으며 老莊에 밝았음. 죽은 후 太尉에 추증되었고 시호는 文康. 《晉書》(73)에 전이 있음.

> 참고 및 관련 자료

1. 《晉陽秋》

杜乂字弘治, 京兆人. 祖預·父錫, 有譽前朝. 乂少有令名, 仕丹楊丞, 早卒. 成帝納乂女爲后.

세상 사람들은 이렇게 칭하였다.

"유문강(庾文康, 庾亮)은 풍년시대의 옥과 같아 태평세대를 윤색하고, 치공(穉公, 庾翼)은 흉년 때의 곡식과 같아 기아를 해결해 준다."

그러나 〈유가론庾家論〉에는 이렇게 씌어있다.

"문강이 칭하기를 치공은 흉년의 곡식 같고, 유장인(庾長仁, 庾統)은 풍년의 옥과 같다."

世稱「庾文康爲豐年玉, 穉恭爲荒年穀」

〈庾家論〉云:「是文康稱恭爲荒年穀, 庾長仁爲豐年玉」

【文康】庾亮(289~340). 자는 元規. 혹은 文康. 蘇峻, 祖約의 난을 평정하였으며 명제 때 王導를 이어 中書監이 됨. 征西大將軍, 荊州刺史 등을 지냄. 청담을 좋아하였으며 老莊에 밝았음. 죽은 후 太尉에 추증되었고 시호는 文康. 《晉書》(73)에 전이 있음.

【穉公】晉나라 때의 庾翼(303~345). 字는 穉恭. 太傅이 庾亮의 동생. 征西將軍과 荊州刺史를 지냄. 庾征西로도 불림. 《晉書》(73)에 전이 있음.

【庾家論】책 이름.

【庾長仁】庾統. 자는 長仁. 어릴 때 자는 赤玉. 太尉 庾懌의 아들이며 庾亮의 조카. 建威將軍, 尋陽太守를 지냄. 29세에 죽음. 《晉書》(73)에 전이 있음.

참고 및 관련 자료

1. 劉孝標 注

『謂亮廊廟之器, 翼有匡世之才, 各有用也.』

493(8-70)

세상 사람들은 이렇게 평하였다.

"두홍치(杜弘治, 杜乂)는 표선標鮮하고, 저계야(褚季野, 褚裒)는 목소穆少하다."

世目:「杜弘治標鮮, 季野穆少」

【杜弘治】 두예(杜乂). 杜預의 손자. 용모가 준수하여 강좌에 이름이 났으며 丹楊丞, 公府掾 등을 지냄. 當陽侯에 봉해짐. 일찍 죽음. 《晉書》(93)에 전이 있음.

【標鮮】 푯대처럼 우뚝하여 깨끗함.

【褚季野】 褚裒(303~349). 康帝의 장인. 侍中太傅를 추증받음. 《晉書》(93)에 전이 있음.

【穆少】 화평하고 과묵함.

참고 및 관련 자료

1. 《江左名士傳》
乂淸標令上也.

494(8-71)

어떤 사람은 두홍치(杜弘治, 杜乂)를 이렇게 평하였다.

"표선청령標鮮淸令하고 성덕盛德의 풍모가 있어, 가히 그를 두고 노래를 부를 수 있다."

有人目杜弘治:「標鮮淸令, 盛德可風, 可樂詠也」

【杜弘治】杜乂. 杜預의 손자. 용모가 준수하여 강좌에 이름이 났으며 丹楊丞, 公府掾 등을 지냄. 當陽侯에 봉해짐. 일찍 죽음. 《晉書》(93)에 전이 있음.

참고 및 관련 자료

1. 《語林》
有人目杜弘治鮮標淸令, 性若熙怡, 容無非韻. 盛德之風, 可樂詠也.

495(8-72)

유공(庾公, 庾亮)이 이렇게 말하였다.

"일소(逸少, 王羲之)는 온 나라 사람이 다 받드는 자로다."

그리하여 유예(庾倪, 庾倩)는 왕희지의 비문碑文에 '발췌국거拔萃國擧'라 표현하였던 것이다.

庾公云:「逸少國擧」
故庾倪爲碑文云:「拔萃國擧」

【庾公】庾亮(289~340). 자는 元規. 蘇峻, 祖約의 난을 평정하였으며 명제 때
    王導를 이어 中書監이 됨. 征西大將軍, 荊州刺史 등을 지냄. 청담을 좋아하였
    으며 老莊에 밝았음. 죽은 후 太尉에 추증되었고 시호는 文康. 《晉書》(73)에
    전이 있음.
【逸少】王羲之(303~361, 혹은 309~365, 321~379). 王尊의 조카. 어려서는 訥言
    하였으나 뒤에 정치와 예술에 큰 업적을 남김. 특히 글씨에 뛰어나 書聖으로
    추앙받았음. 右軍將軍을 지냈으며 자는 逸少. 山陰道士와 《道德經》글씨를
    거위와 바꾼 고사를 남겼으며 그 외에 작품으로 〈蘭亭集序〉·〈樂毅論〉·
    〈黃庭經〉·〈東方朔畫讚〉·〈姨母〉·〈初月〉·〈憂懸〉·〈喪亂〉 등을 남김. 《晉書》(80)
    에 전이 있음. 王右軍, 王逸少, 王羲之 등으로 불림. 그 아들 王獻之와 함께
    글씨에 뛰어나 '二王'이라 함.
【庾倪】유천(庾倩). 자는 少彦. 庾冰의 아들. 太宰長史를 지냈으며 桓溫이 그를
    미워하여 모반의 죄를 씌워 살해함.
【拔萃】순수한 알맹이만 뽑아냄. 《孟子》 公孫丑(上)에 "有若曰: '豈惟民哉?
    麒麟之於走獸, 鳳凰之於飛鳥, 太山之於丘垤, 河海之於行潦, 類也; 聖人之
    於民, 亦類也. 出於其類, 拔乎其萃, 自生民以來, 未有盛於孔子也.'"라 함

참고 및 관련 자료

1. 《晉紀》徐廣
倩字少彦, 司空冰子, 皇后兄也. 有才具. 仕至太宰長史. 桓溫以其宗彊, 使下邳
王晃誣與謀反, 而誅之.

496(8-73)

유치공(庾稺恭, 庾翼)이 환온桓溫에게 보낸 편지에 이렇게 썼다.

"유도생(劉道生, 劉恢)은 아침 일찍부터 밤늦도록 업무에 열중하고 있으며, 대소간의 일에 처리가 신속합니다. 게다가 가슴에 통락通樂한 마음을 품어 아주 훌륭한 인물로서 가히 친구로 삼을 만한 자입니다. 사실 그는 훌륭한 그릇 감으로 이에 그대에게 추천하오니, 그는 함께 어려움을 건널 수 있는 자로 알아주시기 바랍니다."

庾稺恭與桓溫書, 稱:「劉道生日夕在事, 大小殊快; 義懷通樂旣佳, 且足作友, 正實良器. 推此與君, 同濟艱不者也」

【庾稺恭】庾翼(305~345). 庾亮의 아우. 征西將軍을 역임하여 庾征西로도 불림. 《晉書》(73)에 전이 있음.

【桓溫】桓宣武. 桓公(312~373). 자는 元子. 明帝의 사위. 荊州刺史를 지냈으며, 蜀을 정벌하고 前秦을 쳐부숨. 簡文帝를 세우고 자신이 다시 왕위를 빼앗고자 하였었음. 시호는 武侯. 그의 아들 桓玄이 드디어 제위를 찬탈하여 楚나라를 세운 다음 아버지 환온을 宣武皇帝로 추존함. 《晉書》(99)에 전이 있음.

【劉道生】劉恢. 자는 道生. 王濛의 사랑을 받았으며, 車騎司馬를 지냈으나 36세에 죽음. 일설에는 劉恢가 곧 劉惔이라고도 함.

【同濟艱不者】楊勇 〈校箋〉에 "者字無義"라 함. 그러나 '艱不'을 하나로 보아 어렵고 해결할 수 없는 일로 볼 수도 있음.

참고 및 관련 자료

1. 《文章志》宋 明帝

劉恢字道生, 沛國人. 識局明濟, 有文武才. 王濛每稱其思理淹通, 蕃屛之高選. 爲車騎司馬, 年三十六卒, 贈前將軍.

497(8-74)

　왕람전(王藍田, 王述)이 양주자사揚州刺史에 배수되자, 그의 주부主簿가 왕씨 집안의 이름을 피휘避諱하도록 명을 내릴 것을 청하였다.

　그러자 왕람전은 이렇게 교령을 내렸다.

　"돌아가신 조부王湛, 그리고 돌아가신 나의 아버지王承의 이름은 천하에 널리 퍼져 원근 누구나 다 알고 있다. 따라서 부인의 휘만 밖으로 나가지 않게 하면 될 뿐, 그 나머지는 더 이상 피휘할 것도 없다."

　王藍田拜揚州, 主簿請諱.

　敎云:「亡祖先君, 名播海內, 遠近所知; 內諱不出於外. 餘無所諱.」

【王藍田】 王述. 자는 懷祖(303~368). 王承의 아들이며 王坦之의 아버지. 고아가 되어 어머니를 극진히 모심. 아버지를 이어 藍田侯에 봉해졌으며 宛陵令, 臨海太守, 建威將軍, 會稽內史, 揚州刺史, 征虜將軍 등을 역임함. 청렴하기로 이름이 널리 알려졌음. 《晉書》(75)에 전이 있음.

【王湛】 汝南內史를 지냄. 자는 處沖(249~295). 太原王氏 王渾의 아우이며 王承의 아버지. 王述의 조부. 太子洗馬, 尙書郞, 太子中庶子, 汝南內史 등을 지냄. 《晉書》(75)에 전이 있음.

【王承】 (275~320). 자는 安期. 太原 晉陽人. 汝南太守 王湛의 아들이며 王述의 아버지. 東海太守가 되어 덕정을 베풀었음. 王導, 衛玠, 周顗, 庾亮 등과 함께 東晉의 명사로 추앙됨. 《晉書》(75)에 전이 있음.

【避諱】 조상의 이름을 피하여 쓰지 않음. 특히 唐朝의 임금 이름은 피하여 같은 뜻이나 연관된 글자로 바꾸어 표기하기도 함. 일례로 阮裕는 宋(南朝) 太祖 劉裕의 이름을 避諱하여 《世說新語》당시(남조 宋代)에 전혀 그 이름은 쓰지 않았고 《晉陽秋》(孫盛)는 원래 《晉春秋》였으나 鄭太后(字가 阿春이며

元帝의 後妃로 들어가 簡文帝를 낳고 文宣太后가 됨.《晉書》32참조)의 이름 '春'자를 피해 '陽'으로 고침. 그러나 《禮記》에 부인의 이름은 그 가문 내에서만 避諱한다고 하였음(「婦人之諱, 不出門」).

498(8-75)

　소중랑(蕭中郞, 蕭輪)은 손승공(孫承公, 孫統)의 며느리의 아버지(사돈지간)였다. 유윤(劉尹, 劉惔)이 무군(撫軍, 司馬昱)과 같이 앉았을 때 당시 이미 그를 태상太常을 삼을 논의가 오가던 중이었다. 이에 유윤이 이렇게 말하였다.

　"소조주(蕭祖周, 蕭輪)가 삼공三公을 해낼 수 있는지의 여부를 모르십니까? 이제부터는 그가 감당하지 못할 일이란 없습니다."

　蕭中郞, 孫承公婦父. 劉尹在撫軍坐, 時擬爲太常.
　劉尹云:「蕭祖周不知便可作三公不? 自此以還, 無所不堪.」

【蕭中郞】蕭輪. 字는 祖周. 孫統의 장인이며 三禮에 밝았음. 常侍와 國子博士를 지냄.

【孫承公】孫統. 자는 承公. 孫綽의 형이며 孫楚(子荊)의 손자. 山水를 즐겼으며 吳寧令, 餘姚令 등을 지냄.《晉書》(56)에 전이 있음.

【劉尹】劉惔. 字는 眞長. 劉宏의 손자로 沛國 相 땅 출신. 明帝(323~326 재위)의 盧陵長公主에게 장가들어 駙馬가 됨. 司從左長史, 侍中, 丹陽尹 등을

지냄. 36세에 죽어 孫綽이 "居官無官官之事, 處事無事事之心"이라 誄文을 지어 명언이라 하였음. 《晉書》(75)에 전이 있음.

【撫軍】簡文帝. 東晉의 제8대 황제 司馬昱. 字는 道萬. 中宗의 少子. 元帝 계실 鄭后 소생이며 司馬紹의 배다른 동생. 穆帝가 어려서 撫軍으로 보필, 뒤에 桓溫이 海西公을 폐하고 이를 세워 皇帝에 오름. 재위 2년(371~372). 《世說新語》에서는 흔히 '晉簡文', '簡文', '簡文帝', '簡文皇帝', '相王', '撫軍', '會稽王'등으로 칭함. 《晉書》(9)에 紀가 있음.

참고 및 관련 자료

1. 《晉百官名》
蕭輪字祖周, 樂安人.
2. 《晉紀》劉謙之
輪有才學, 善三禮. 歷常侍·國子博士.

499(8-76)

사태부(謝太傅, 謝安)가 약관弱冠이 되기 전에 처음으로 회계를 떠나 서울로 와서 왕장사(王長史, 王濛)를 찾아 뵙고 오랫동안 청언淸言을 나누었다. 그가 돌아가자 구자(苟子, 王脩)가 물었다.

"방금 오셨던 손님과 아버님을 비교하면 어떻습니까?"

그러자 왕장사는 이렇게 말하였다.

"방금 그 손님의 지칠 줄 모르는 모습은 사람을 핍진해 올 것이다."

謝太傅未冠, 始出西, 詣王長史, 清言良久.
去後, 苟子問曰:「向客何如尊?」
長史曰:「向客亹亹, 爲來逼人.」

【謝太傅】謝安. 字는 安石(320~385). 謝裒의 아들이며 謝琰(望蔡)의 아버지.
謝奕의 동생. 덕망이 있고 기개가 높아 桓彝, 王濛의 사랑을 받음. 처음에는
벼슬에 뜻을 버리고 王羲之, 支遁 등과 산수를 즐기며 조정의 부름에
응하지 않았으나 40이 넘어 桓溫의 司馬를 거쳐 吳興太守, 侍中, 吏部尙書,
太保錄尙書事 등의 관직을 지냄. 뒤에 다시 太傅에 추증되었으며 시호는
文靖.《晉書》(79)에 전이 있음.
【王長史】王濛(309?~347?). 자는 仲祖. 太原 王氏. 王脩, 王蘊, 哀帝王后의
아버지. 司徒左長史를 지냄.《晉書》(93)에 전이 있음.
【苟子】王脩(335?~358?). 자는 敬仁. 어릴 때 字는 苟子. 王濛의 아들이며
隸書에 뛰어났음. 玄談과 淸言에도 특장을 보였음. 著作郞, 文學, 中軍司馬
등을 지냄.《晉書》(93)에 전이 있음.
【亹亹】부지런하여 지칠 줄 모름.《詩》大雅 文王篇에 "亹亹文王"이라 함.
【逼人】자신을 곧 따라올 것이라는 뜻.

500(8-77)

왕우군(王右軍, 王羲之)이 유윤(劉尹, 劉惔)에게 이렇게 제안하였다.
"우리 공동으로 안석(安石, 謝安)을 추천합시다."
그러자 유윤은 이렇게 대답하였다.

"만약 안석이 동산지東山志를 버리고 나와 나라를 위하고자 한다면 천하가 모두 그를 추천할 텐데."

王右軍語劉尹:「故當共推安石」
劉尹曰:「若安石東山志立, 當與天下共推之」

【王右軍】王羲之(303~361, 혹은 309~365, 321~379). 자는 逸少. 어릴 때 이름은 虎犢. 王曠의 조카. 어려서는 訥言하였으나 뒤에 정치와 예술에 큰 업적을 남김. 특히 글씨에 뛰어나 書聖으로 추앙받았음. 右軍將軍, 會稽內史, 臨川太守 등을 지냈음. 山陰道士와 《道德經》글씨를 거위와 바꾼 고사를 남겼으며 그 외에 작품으로 〈蘭亭集序〉·〈樂毅論〉·〈黃庭經〉·〈東方朔畫讚〉·〈姨母〉·〈初月〉·〈憂懸〉·〈喪亂〉 등을 남김. 《晉書》(80)에 전이 있음. 王右軍, 王逸少, 王羲之 등으로 불림. 그 아들 王獻之와 함께 글씨에 뛰어나 '二王'이라 함.

【劉尹】劉惔. 字는 眞長. 劉宏의 손자로 沛國 相 땅 출신. 明帝(323~326 재위)의 廬陵長公主에게 장가들어 駙馬가 됨. 司從左長史, 侍中, 丹陽尹 등을 지냄. 36세에 죽어 孫綽이 "居官無官官之事, 處事無事事之心"이라 誄文을 지어 명언이라 하였음. 《晉書》(75)에 전이 있음.

【安石】謝安. 字는 安石(320~385). 謝裒의 아들이며 謝琰(望蔡)의 아버지. 謝奕의 동생. 덕망이 있고 기개가 높아 桓彝, 王濛의 사랑을 받음. 처음에는 벼슬에 뜻을 버리고 王羲之, 支遁 등과 산수를 즐기며 조정의 부름에 응하지 않았으나 40이 넘어 桓溫의 司馬를 거쳐 吳興太守, 侍中, 吏部尙書, 太保錄尙書事 등의 관직을 지냄. 뒤에 다시 太傅에 추증되었으며 시호는 文靖. 《晉書》(79)에 전이 있음. 謝萬의 형.

【東山志】浙江省 上虞縣에 있는 산. 謝安이 젊을 때 이곳에 隱居하여 뒤에 "東山志"·"東山之志"는 은거의 뜻이 됨.

1.《續晉陽秋》

初, 安家於會稽上虞縣, 優遊山林, 六七年間徵召不至; 雖彈奏相屬, 繼以禁錮, 而晏然不屑也.

501(8-78)

사공(謝公, 謝安)이 남전(藍田, 王述)을 두고 이렇게 말하였다.
"그는 그 가죽을 다 벗겨 보아도 모두 진실밖에 없다."

謝公稱藍田:「掇皮皆眞」

【謝公】謝安. 字는 安石(320~385). 謝裒의 아들이며 謝琰(望蔡)의 아버지. 謝奕의 동생. 덕망이 있고 기개가 높아 桓彝, 王濛의 사랑을 받음. 처음에는 벼슬에 뜻을 버리고 王羲之, 支遁 등과 산수를 즐기며 조정의 부름에 응하지 않았으나 40이 넘어 桓溫의 司馬를 거쳐 吳興太守, 侍中, 吏部尙書, 太保錄尙書事 등의 관직을 지냄. 뒤에 다시 太傅에 추증되었으며 시호는 文靖.《晉書》(79)에 전이 있음.

【藍田】王述. 자는 懷祖(303~368). 王承의 아들이며 王坦之의 아버지. 고아가 되어 어머니를 극진히 모심. 아버지를 이어 藍田侯에 봉해졌으며 宛陵令, 臨海太守, 建威將軍, 會稽內史, 揚州刺史, 征虜將軍 등을 역임함. 청렴하기로 이름이 널리 알려졌음.《晉書》(75)에 전이 있음.

1.《晉紀》徐廣

述貞審, 眞意不顯.

502(8-79)

환온桓溫이 왕돈王敦의 묘 옆을 지나면서 멀리 바라보고는 이렇게 그리워
하였다.

"좋은 사람이었어! 좋은 사람이었어!"

桓溫行經王敦墓邊過, 望之云:「可兒! 可兒!」

【桓溫】桓宣武. 桓公(312~373). 자는 元子. 明帝의 사위. 荊州刺史를 지냈으며,
蜀을 정벌하고 前秦을 쳐부숨. 簡文帝를 세우고 자신이 다시 왕위를 빼앗고자
하였었음. 시호는 武侯. 그의 아들 桓玄이 드디어 제위를 찬탈하여 楚나라를
세운 다음 아버지 환온을 宣武皇帝로 추존함.《晉書》(99)에 전이 있음.
【王敦】자는 處仲(266~324). 어릴 때는 阿黑이라 부름. 王舍의 아우이며
王導의 종제로 八王之亂 때 공을 세워 散騎常侍, 侍中, 靑州刺史, 鎭東
大將軍 등을 지냄. 西晉이 망하자 司馬睿를 옹립하여 황제로 삼음. 뒤에
明帝 때 난을 일으켰다가 軍中에서 죽음.《晉書》(98)에 전이 있음.

1. 孫綽이 庾亮에게 준 《牋》

『王敦可人之目, 數十年間也.』

503(8-80)

은중군(殷中軍, 殷浩)이 왕우군(王右軍, 王羲之)을 두고 이렇게 말하였다.

"일소(逸少, 王羲之)는 청아한 귀인으로 내 이를 심히 후하게 대해 주었으며, 어느 한 때도 뒤로 미룬 적이 없다!"

殷中軍道王右軍云:「逸少淸貴人, 吾於之甚至, 一時無所後!」

【殷中軍】殷浩(?~356). 자는 淵源. 殷羨(洪喬)의 아들임. 弱冠에 이미 이름이 났으며 玄言에 뛰어나 당시 풍류 재자의 숭앙을 받음. 정사에도 뛰어나 사람들은 그를 管仲이나 諸葛孔明에 비유할 정도였음. 建武將軍, 揚州刺史, 記室參軍·安西將軍·中軍將軍 등을 역임하였으며, 北征에 나섰다가 姚襄에게 패배하여 서인으로 강등되기도 하였음. '咄咄怪事'의 고사를 남김. 《晉書》(77)에 전이 있음.

【王右軍】王羲之(303~361, 혹은 309~365, 321~379). 자는 逸少. 어릴 때 이름은 虎犢. 王尊의 조카. 어려서는 訥言하였으나 뒤에 정치와 예술에 큰 업적을 남김. 특히 글씨에 뛰어나 書聖으로 추앙받았음. 右軍將軍, 會稽內史, 臨川太守 등을 지냈음. 山陰道士와 《道德經》글씨를 거위와 바꾼 고사를 남겼

으며 그 외에 작품으로 〈蘭亭集序〉·〈樂毅論〉·〈黃庭經〉·〈東方朔畫讚〉·
〈姨母〉·〈初月〉·〈憂懸〉·〈喪亂〉 등을 남김. 《晉書》(80)에 전이 있음. 王右軍,
王逸少, 王羲之 등으로 불림. 그 아들 王獻之와 함께 글씨에 뛰어나 '二王'
이라 함.
【於】 '오'로 읽음. '厚'의 뜻.

참고 및 관련 자료

1. 楊勇 〈校箋〉
『於, 讀如相於之於. 呂氏春秋不侵篇:「豫讓國士也, 而猶以人之於己也爲念.」
高誘注:「於, 猶厚也.」』
2. 《文章志》
羲之高爽有風氣, 不類常流也.

〈王羲之觀鵝圖〉(元) 錢選 뉴욕 메트로 미술관 소장

504(8-81)

왕중조(王仲祖, 王濛)는 은연원(殷淵源, 殷浩)을 이렇게 평하였다.

"그는 자기 장점으로 남을 앞질렀을 뿐만 아니라, 또한 자기의 장점을 처리하는 방법도 남보다 나았다."

王仲祖稱殷淵源:「非以長勝人, 處長亦勝人」

【王仲祖】王濛(309?~347?). 자는 仲祖. 太原 王氏. 王脩, 王蘊, 哀帝王后의 아버지. 司徒左長史를 지냄.《晉書》(93)에 전이 있음.

【殷淵源】殷浩(?~356). 자는 淵源. 殷羨(洪喬)의 아들임. 弱冠에 이미 이름이 났으며 玄言에 뛰어나 당시 풍류 재자의 숭앙을 받음. 정사에도 뛰어나 사람들은 그를 管仲이나 諸葛孔明에 비유할 정도였음. 建武將軍, 揚州刺史, 記室參軍·安西將軍·中軍將軍 등을 역임하였으며, 北征에 나섰다가 姚襄에게 패배하여 서인으로 강등되기도 하였음. '咄咄怪事'의 고사를 남김. 《晉書》(77)에 전이 있음.

참고 및 관련 자료

1.《晉陽秋》
浩善以通和接物也.

505(8-82)

왕사주(王司州, 王胡之)가 은중군(殷中軍, 殷浩)과 말을 나누다가 이렇게 찬탄하였다.

"스스로 자신이 깊이 간직하였던 것을 일찍이 이미 다 부어 버리고 다 드러내어 보여 주었다. 그러나 은호는 그 진세陳勢가 호한浩汗하니 모든 물이 그리 다 모여 그 깊이를 측량할 길이 없도다."

王司州與殷中軍語, 歎云:「己之府奧, 蚤已傾寫而見; 殷陳勢浩汗, 衆源未可得測」

【王司州】王胡之. 자는 脩齡(?~349, 혹 ?~364?). 낭야 王氏로 王廙의 둘째 아들이며, 王和之의 아버지. 吳興太守, 侍中, 司州刺史 등을 지냈으며 石虎 (十六國 중의 後趙)가 죽자 西中郞將이 됨.《晉書》王廙傳 참조.
【殷中軍】殷浩(?~356). 자는 淵源. 殷羨(洪喬)의 아들임. 弱冠에 이미 이름이 났으며 玄言에 뛰어나 당시 풍류 재자의 숭앙을 받음. 정사에도 뛰어나 사람들은 그를 管仲이나 諸葛孔明에 비유할 정도였음. 建武將軍, 揚州刺史, 記室參軍·安西將軍·中軍將軍 등을 역임하였으며, 北征에 나섰다가 姚襄 에게 패배하여 서인으로 강등되기도 하였음. '咄咄怪事'의 고사를 남김. 《晉書》(77)에 전이 있음.
【陳勢】펼쳐 놓은 형세.
【浩汗】雙聲連綿語. 廣大한 모습.

참고 및 관련 자료

1.《晉紀》徐廣
浩淸言妙辯玄致, 當時名流, 皆爲其美譽.

506(8-83)

왕장사(王長史, 王濛)가 임공(林公, 支遁)에게 이렇게 말하였다.

"유진장(劉眞長, 劉惔)은 가히 '금옥金玉이 만당滿堂한 자'라고 말할 수 있다."

그러자 임공은 이렇게 대꾸하였다.

"금옥이 그 집에 가득 찬들 그 속에 무엇을 선택해 뽑아낼 수 있으리오?"

이에 왕장사는 이렇게 설명하였다.

"무엇을 가려 뽑겠다는 것이 아니라 말로 표현하는데, 내 스스로 알맞은 말이 없어서 그렇게 표현하였을 따름입니다."

王長史謂林公:「眞長可謂『金玉滿堂』」

林公曰:「『金玉滿堂』, 復何爲簡選?」

王曰:「非爲簡選, 直致言處自寡耳」

【王長史】王濛(309?~347?). 자는 仲祖. 太原 王氏. 王脩, 王蘊, 哀帝王后의 아버지. 司徒左長史를 지냄.《晉書》(93)에 전이 있음.

【林公】支道林. 支公. 支遁. 晉나라 때의 道僧. 河內 林慮人으로 속성은 關氏. 25세 때 출가하여 53세 때 洛陽에서 入滅함. 支硏山에 은거하여 支遁, 支道林, 林公 등으로 불림. 梁 慧皎《高僧傳》(4)에 支遁傳이 있음.

【劉眞長】劉尹. 劉惔. 字는 眞長. 劉宏의 손자로 沛國 相 땅 출신. 明帝 (323~326 재위)의 盧陵長公主에게 장가들어 駙馬가 됨. 司從左長史, 侍中, 丹陽尹 등을 지냄. 36세에 죽어 孫綽이 "居官無官官之事, 處事無事事之心"이라 誄文을 지어 명언이라 하였음.《晉書》(75)에 전이 있음.

【金玉滿堂】《老子》6장의 구절.

1. 劉孝標 注

『謂吉人之辭寡, 非擇言而出也.』

507(8-84)

왕장사(王長史, 王濛)가 강도군(江道群, 江灌)을 두고 이렇게 표현하였다.

"남에게 반드시 있어야 되는 것은 꼭 갖겠다고 하지 않으며, 남에게 마땅히 없어야 되는 결점은 본래부터 그에게는 결코 없다."

王長史道江道群:「人可應有, 乃不必有; 人可應無, 己必無」

【王長史】 王濛(309?~347?). 자는 仲祖. 太原 王氏. 王脩, 王蘊, 哀帝王后의 아버지. 司徒左長史를 지냄. 《晉書》(93)에 전이 있음.

【江道群】 江灌(?~375). 자는 道群. 吳郡太守·尙書를 지냈음. 《晉書》(83)에 전이 있음.

1. 《中興書》

江灌字道羣, 陳留人, 僕射彪從弟也, 有才器, 與從兄逌名相亞, 任尙書·中護軍.

508(8-85)

회계會稽의 공심孔沈·위의魏顗·우구虞球·우존虞存·사봉謝奉은 모두가 명문 사족四族의 준재들이며 당시의 걸출한 자들이었다. 손흥공(孫興公, 孫綽)이 이들을 두고 이렇게 표현하였다.

"공심은 공씨 가문의 금金이며, 위의는 위씨 집안의 옥玉, 우씨 집안의 도장(道長, 虞存), 화림(和琳, 虞球)이 으뜸이 되며, 사씨 집안에서는 홍도(弘道, 謝奉) 때문에 탄복하게 된다."

會稽孔沈·魏顗·虞球·虞存·謝奉, 並是四族之儁, 于時之傑. 孫興公目之曰:「沈爲孔家金, 顗爲魏家玉; 虞爲長·琳宗, 謝爲弘道伏.」

【孔沈】 자는 德度. 孔群의 아들. 御史中丞·鴻臚卿을 지냄.《晉書》(78)에 전이 있음.

【魏顗】 자는 長齊. 何充에게 발탁되어 會稽內史, 山陰令을 지냄.

【虞球】 자는 和琳. 黃門侍郎을 지냄.

【虞存】 자는 衛軍長史·尙書吏部郎을 지냄.

【謝奉】 謝安南. 謝奉. 자는 弘道. 본문 내용대로 魏顗, 虞球, 虞存과 함께 四族之俊으로 일컬어졌던 인물. 何充에게 발탁되어 安南將軍, 廣州刺史, 吏部尙書 등을 지냄.

【孫興公】 孫綽(314~371). 자는 興公. 孫楚의 손자로 형 孫統과 남으로 내려와 벼슬에 뜻을 버리고 〈遂初賦〉를 씀. 그 외에 〈遊天台山賦〉가 유명하며 뒤에 庾亮·殷浩·王羲之의 막료를 거쳐 永嘉太守·散騎常侍를 지냄. 桓溫이 수도를 洛陽으로 옮기려 하자 상소하여 반대함. 廷尉卿에 이르렀으며 長樂侯를 습봉받음.《晉書》(56)에 전이 있음.

1.《虞氏譜》

球字和琳, 會稽餘姚人. 祖授, 吳廣州刺史. 父基, 右軍司馬. 球仕至黃門侍郎.

509(8-86)

왕중조(王仲祖, 王濛)와 유진장(劉眞長, 劉惔)이 함께 은중군(殷中軍, 殷浩)을 찾아가 이야기를 나누었는데, 이야기가 끝나자 같이 수레를 몰고 돌아왔다. 그러면서 유진장이 왕중조에게 이렇게 말하였다.

"은중군은 정말 훌륭해!"

그러자 왕중조는 이렇게 대꾸하였다.

"그대는 스스로 그의 구름 안개 속에 떨어진 이유 때문에 그렇게 된 거야."

王仲祖·劉眞長造殷中軍談; 談竟, 俱載去.

劉謂王曰:「淵源眞可!」

王曰:「卿故墮其雲霧中」

【王仲祖】王濛(309?~347?). 자는 仲祖. 太原 王氏. 王脩, 王蘊, 哀帝王后의 아버지. 司徒左長史를 지냄.《晉書》(93)에 전이 있음.

【劉眞長】劉尹. 劉惔. 字는 眞長. 劉宏의 손자로 沛國 相 땅 출신. 明帝 (323~326 재위)의 廬陵長公主에게 장가들어 駙馬가 됨. 司從左長史, 侍中,

丹陽尹 등을 지냄. 36세에 죽어 孫綽이 "居官無官官之事, 處事無事事之心"
이라 誅文을 지어 명언이라 하였음. 《晉書》(75)에 전이 있음.
【殷中軍】殷浩(?~356). 자는 淵源. 殷羨(洪喬)의 아들이며 弱冠에 이미 이름이
났으며 玄言에 뛰어나 당시 풍류 재자의 숭앙을 받음. 정사에도 뛰어나
사람들은 그를 管仲이나 諸葛孔明에 비유할 정도였음. 建武將軍, 揚州刺史,
記室參軍·安西將軍·中軍將軍 등을 역임하였으며, 北征에 나섰다가 姚襄
에게 패배하여 서인으로 강등되기도 하였음. '咄咄怪事'의 고사를 남김.
《晉書》(77)에 전이 있음.

참고 및 관련 자료

1. 《中興書》
浩能言理, 談論精微, 長於老易, 故風流者皆宗歸之.

510(8-87)

유윤(劉尹, 劉惔)은 왕장사(王長史, 王濛)를 두고 매번 이렇게 칭찬하였다.
"성품은 지극히 화통하면서도 자연스러운 절도까지 있다."

劉尹每稱王長史云: 「性至通, 而自然有節」

【劉尹】劉惔. 字는 眞長. 劉宏의 손자로 沛國 相 땅 출신. 明帝(323~326
재위)의 廬陵長公主에게 장가들어 駙馬가 됨. 司從左長史, 侍中, 丹陽尹 등을

지냄. 36세에 죽어 孫綽이 "居官無官官之事, 處事無事事之心"이라 誄文을 지어 명언이라 하였음. 《晉書》(75)에 전이 있음.

【王長史】王濛(309?~347?). 자는 仲祖. 太原 王氏. 王脩, 王蘊, 哀帝王后의 아버지. 司徒左長史를 지냄. 《晉書》(93)에 전이 있음.

참고 및 관련 자료

1. 《王濛別傳》

濛之交物, 虛己納善, 恕而後行, 希見其喜慍之色, 凡與一面, 莫不敬而愛之, 然少孤, 事諸母甚謹, 篤義穆親, 不脩小潔, 以淸貧見稱.

511(8-88)

왕우군(王右軍, 王羲之)은 사만석(謝萬石, 謝萬)을 이렇게 평하였다.

"임택林澤 속에 자연스럽게 뛰어난 인물이다."

그리고 임공(林公, 支遁)에 대해서는 이렇게 말하였다.

"그릇이 크고 밝으며, 신준神俊한 인물이다."

다시 조사소(祖士少, 祖約)에 대해서는 이렇게 평하였다.

"풍채가 매섭고 모골毛骨이 강하여 세상이 끝나도록 더 이상 만나보기 어려운 인물이로다."

그리고 유진장(劉眞長, 劉惔)에 대해서는 이렇게 말하였다.

"구름 속을 뚫을 높은 줄기를 세워놓고도 성긴 부분을 채울 수 없는 인물이다."

王右軍道謝萬石: 「在林澤中, 爲自遒上」
歎林公: 「器明神雋」
道祖士少: 「風領毛骨, 恐沒世不復見如此人」
道劉眞長: 「標雲柯而不扶疎」

【王右軍】 王羲之(303~361, 혹은 309~365, 321~379). 자는 逸少. 어릴 때 이름은
虎犢. 王尊의 조카. 어려서는 訥言하였으나 뒤에 정치와 예술에 큰 업적을
남김. 특히 글씨에 뛰어나 書聖으로 추앙받았음. 右軍將軍, 會稽內史, 臨川
太守 등을 지냈음. 山陰道士와 《道德經》글씨를 거위와 바꾼 고사를 남겼
으며 그 외에 작품으로 〈蘭亭集序〉·〈樂毅論〉·〈黃庭經〉·〈東方朔畫讚〉·
〈姨母〉·〈初月〉·〈憂懸〉·〈喪亂〉 등을 남김. 《晉書》(80)에 전이 있음. 王右軍,
王逸少, 王羲之 등으로 불림. 그 아들 王獻之와 함께 글씨에 뛰어나 '二王'
이라 함.
【謝萬石】 謝萬(320?~361?) 謝中郎. 자는 萬石(320?~361?). 謝安의 아우로
일찍 이름이 났으며 簡文帝가 재상으로 삼았음. 撫軍從事中郎을 거쳐
豫州刺史, 淮南太守 등을 역임함. 升平 연간에 北征하여 慕容儁을 토벌
하려 나섰으나 실패하여 서인으로 강등됨. 언론에도 뛰어났으며 문장을
잘 지었음. 漁父, 屈原, 司馬季主, 賈誼, 楚老, 龔勝, 孫登, 嵇康 등 여덟 명을
四隱과 四顯으로 나누어 우열을 가린 〈八賢論〉이 유명함. 《晉書》(79)에
전이 있음.
【林澤】 자연이나 혹은 은거지지, 은일처.
【林公】 支道林. 支公. 支遁. 晉나라 때의 道僧. 河內 林廬人으로 속성은 關氏.
25세 때 출가하여 53세 때 洛陽에서 入滅함. 支硏山에 은거하여 支遁,
支道林, 林公 등으로 불림. 梁 慧皎 《高僧傳》(4)에 支遁傳이 있음.
【祖士少】 祖約(?~330). 자는 士少. 祖逖의 동생으로 형을 대신해서 豫州刺史를
지냄. 뒤에 石勒에게 피살됨. 《晉書》(100)에 전이 있음.
【劉眞長】 劉尹. 劉惔. 字는 眞長. 劉宏의 손자로 沛國 相 땅 출신. 明帝
(323~326 재위)의 廬陵長公主에게 장가들어 駙馬가 됨. 司從左長史, 侍中,
丹陽尹 등을 지냄. 36세에 죽어 孫綽이 "居官無官官之事, 處事無事事之心"
이라 誄文을 지어 명언이라 하였음. 《晉書》(75)에 전이 있음.

참고 및 관련 자료

1.《支遁別傳》

遁任心獨往, 風期高亮.

2.《劉尹別傳》

惔旣令望, 姻婭帝室, 故屢居達官, 然性不偶俗, 心淡榮利, 雖身登顯列, 而每挹降, 閑靜自守而已.

512(8-89)

간문제(簡文帝, 司馬昱)가 유적옥(庾赤玉, 庾統)을 이렇게 평하였다.

"스스로 덜고 솔직하여 남김없이 치우기에 뛰어난 사람이다."

그러자 사인조(謝仁祖, 謝尙)는 더 나아가 이렇게 말하였다.

"유적옥은 가슴속에 맺힌 물건을 담고 사는 사람이 아니다."

簡文目庾赤玉:「省率治除」

謝仁祖云:「庾赤玉胸中無宿物」

【簡文帝】東晉의 제8대 황제 司馬昱. 字는 道萬. 中宗의 少子. 元帝 계실 鄭后 소생이며 司馬紹의 배다른 동생. 穆帝가 어려서 撫軍으로 보필, 뒤에 桓溫이 海西公을 폐하고 이를 세워 皇帝에 오름. 재위 2년(371~372).《世說新語》에서는 흔히 '晉簡文', '簡文', '簡文帝', '簡文皇帝', '相王', '撫軍', '會稽王'등 으로 칭함.《晉書》(9)에 紀가 있음.

【庾赤玉】庾統. 자는 長仁. 어릴 때 赤玉이라 부름. 赤亮의 막내아들로 司空에 추천되었으나 나가지 않음. 뒤에 간문제를 도와 尋陽太守를 지냈으나, 29세에 죽음. 《晉書》(73)에 전이 있음.

【謝仁祖】謝尙(308~357). 자는 仁祖. 謝鯤의 아들이며 王導가 '小安豐'이라 불렀음. 給事黃門侍郎을 거쳐 建武將軍, 鎭西將軍, 歷陽太守, 豫州刺史, 江夏, 義陽 등 都督을 지냄. 穆帝 때 尙書僕射를 지냄. 음악과 기예에 밝았으며 太樂을 처음으로 정리하였던 인물. 《晉書》(79)에 전이 있음.

참고 및 관련 자료

1. 《中興書》

統字長仁, 潁川人, 衛將軍懌小子也, 少有令名. 仕至尋陽太守.

513(8-90)

은중군(殷中軍, 殷浩)은 한태상(韓太常, 韓伯)을 이렇게 평하였다.
"그는 젊은 시절에 모범이 되더니 끝내 과연 여러 무리에 뛰어났다. 그의 말하는 솜씨를 들으면 왕왕 정취를 느낀다."

殷中軍道韓太常曰:「康伯少自標置, 居然是出群器; 及其發言遣辭, 往往有情致」

【殷中軍】殷浩(?~356). 자는 淵源. 殷羨(洪喬)의 아들이며 弱冠에 이미 이름이
났으며 玄言에 뛰어나 당시 풍류 재자의 숭앙을 받음. 정사에도 뛰어나
사람들은 그를 管仲이나 諸葛孔明에 비유할 정도였음. 建武將軍, 揚州刺史,
記室參軍·安西將軍·中軍將軍 등을 역임하였으며 北征에 나섰다가 姚襄에게
패배하여 서인으로 강등되기도 하였음. '咄咄怪事'의 고사를 남김.《晉書》
(77)에 전이 있음.
【韓太常】韓伯. 자는 康伯. 穎川人. 秀才로 천거되어 著作郎에 부름을 받았
으나 응하지 않음. 뒤에 侍中, 丹陽尹, 吏部尙書, 令軍將軍, 豫章太守 등의
벼슬을 지냄. 죽은 후 太常에 추증됨. 韓太常, 韓豫章으로도 불림.《晉書》
(75)에 전이 있음.

> **참고 및 관련 자료**

1.《續晉陽秋》
康伯淸和有思理, 幼爲舅殷浩所稱.

514(8-91)

간문제(簡文帝, 司馬昱)는 왕회조(王懷祖, 王述)를 이렇게 평하였다.

"그는 재주도 뛰어나지 않았고, 영리榮利에 있어서도 담담한 편은 아니
었다. 그러나 그의 솔직하고 담백한 성격은 역시 족히 사람들에게 많은
칭찬을 받을 만하다."

簡文道王懷祖:「才旣不長, 於榮利又不淡; 直以眞率
少許, 便足對人多多許」

【簡文帝】東晉의 제8대 황제 司馬昱. 字는 道萬. 中宗의 少子. 元帝 계실 鄭后 소생이며 司馬紹의 배다른 동생. 穆帝가 어려서 撫軍으로 보필, 뒤에 桓溫이 海西公을 폐하고 이를 세워 皇帝에 오름. 재위 2년(371~372). 《世說新語》에서는 흔히 '晉簡文', '簡文', '簡文帝', '簡文皇帝', '相王', '撫軍', '會稽王' 등으로 칭함. 《晉書》(9)에 紀가 있음.

【王懷祖】王述. 자는 懷祖(303~368). 王承의 아들이며 王坦之의 아버지. 고아가 되어 어머니를 극진히 모심. 아버지를 이어 藍田侯에 봉해졌으며 宛陵令, 臨海太守, 建威將軍, 會稽內史, 揚州刺史, 征虜將軍 등을 역임함. 청렴하기로 이름이 널리 알려졌음. 《晉書》(75)에 전이 있음.

참고 및 관련 자료

1. 《晉陽秋》

述少貧約, 簞瓢陋巷, 不求聞達, 由是爲有識所重.

515(8-92)

임공(林公, 支遁)이 왕우군(王右軍, 王羲之)에게 이렇게 말하였다.

"왕장사(王長史, 王濛)는 수백 마디의 글을 지으면서 단 한마디 덕스럽지 않은 말이 없습니다. 마치 남이 할 말이 없으면 어쩌나 하고 괴로움을 느끼는 것처럼."

그러자 왕우군은 이렇게 대구하였다.

"왕장사는 남을 고통스럽게 하지 않는 인물입니다."

林公謂王右軍:「長史作數百語, 無非德音, 如恨不苦」
王曰:「長史自不欲苦物」

【林公】支道林. 支公. 支遁. 晉나라 때의 道僧. 河內 林慮人으로 속성은
關氏. 25세 때 출가하여 53세 때 洛陽에서 入滅함. 支硎山에 은거하여
支遁, 支道林, 林公 등으로 불림. 梁 慧皎《高僧傳》(4)에 支遁傳이 있음.
【王右軍】王羲之(303~361, 혹은 309~365, 321~379). 자는 逸少. 어릴 때 이름은
虎犢. 王尊의 조카. 어려서는 訥言하였으나 뒤에 정치와 예술에 큰 업적을
남김. 특히 글씨에 뛰어나 書聖으로 추앙받았음. 右軍將軍, 會稽內史, 臨川
太守 등을 지냈음. 山陰道士와《道德經》글씨를 거위와 바꾼 고사를 남겼
으며 그 외에 작품으로〈蘭亭集序〉·〈樂毅論〉·〈黃庭經〉·〈東方朔畫讚〉·
〈姨母〉·〈初月〉·〈憂懸〉·〈喪亂〉 등을 남김.《晉書》(80)에 전이 있음. 王右軍,
王逸少, 王羲之 등으로 불림. 그 아들 王獻之와 함께 글씨에 뛰어나 '二王'
이라 함.
【王長史】王濛(309?~347?). 자는 仲祖. 太原 王氏. 王脩, 王蘊, 哀帝王后의
아버지. 司徒左長史를 지냄.《晉書》(93)에 전이 있음.

516(8-93)

은중군(殷中軍, 殷浩)이 다른 사람에게 보낸 편지에 사만謝萬을 두고 이렇게
썼다.
"문리文理는 갈수록 좋아지고 있습니다. 그러한 성취를 이루기란 진실로
쉽지 않지요."

殷中軍與人書, 道謝萬: 「文理轉遒, 成殊不易.」

【殷中軍】殷浩(?~356). 자는 淵源. 殷羨(洪喬)의 아들이며 弱冠에 이미 이름이
났으며 玄言에 뛰어나 당시 풍류 재자의 숭앙을 받음. 정사에도 뛰어나
사람들은 그를 管仲이나 諸葛孔明에 비유할 정도였음. 建武將軍, 揚州刺史,
記室參軍·安西將軍·中軍將軍 등을 역임하였으며 北征에 나섰다가 姚襄에게
패배하여 서인으로 강등되기도 하였음. '咄咄怪事'의 고사를 남김. 《晉書》
(77)에 전이 있음.

【謝萬】謝中郞. 자는 萬石(320?~361?). 謝安의 아우로 일찍 이름이 났으며
簡文帝가 재상으로 삼았음. 撫軍從事中郞을 거쳐 豫州刺史, 淮南太守 등을
역임함. 升平 연간에 北征하여 慕容儁를 토벌하려 나섰으나 실패하여 서인
으로 강등됨. 언론에도 뛰어났으며 문장을 잘 지었음. 漁父, 屈原, 司馬季主,
賈誼, 楚老, 龔勝, 孫登, 嵇康 등 여덟 명을 四隱과 四顯으로 나누어 우열을
가린 〈八賢論〉이 유명함. 《晉書》(79)에 전이 있음.

> 참고 및 관련 자료

1.《中興書》

萬才器儁秀, 善自衒曜, 故致有時譽. 兼善屬文, 能談論, 時人稱之.

517(8-94)

왕장사(王長史, 王濛)가 이렇게 말하였다.
"강사전(江思悛, 江惇)은 스스로 통달하여, 품고 있는 뜻이 유가儒家의 영역
안에서만 날개 짓을 하는 것이 아니다."

王長史云:「江思悛思懷所通, 不翅儒域」

【王長史】王濛(309?~347?). 자는 仲祖. 太原 王氏. 王脩, 王薀, 哀帝王后의
 아버지. 司徒左長史를 지냄.《晉書》(93)에 전이 있음.
【江思悛】江惇(305~353). 江彪의 아우로 〈通道宗檢論〉을 지음.《晉書》(56)에
 전이 있음.

참고 및 관련 자료

1.《晉紀》徐廣
江惇字思悛, 陳留人, 僕射彪弟也. 性篤學, 手不釋書, 博覽墳典, 儒道兼綜. 徵聘
無所就. 年四十九而卒.

518(8-95)

 허현도(許玄度, 許詢)가 어머니를 전송하면서 도성문을 나섰을 때 어떤
사람이 유윤(劉尹, 劉惔)에게 물었다.
 "허현도의 명성은 소문과 같습니까?"
 그러자 유윤은 이렇게 말하였다.
 "그의 재주는 듣던 바보다 높던데."

許玄度送母, 始出都, 人問劉尹:「玄度定稱所聞不?」
劉曰:「才情過於所聞」

【許玄度】許詢. 字는 玄度. 許允의 현손으로 어릴 때 이름은 阿訥. 神童이라 불렸음. 高陽人. 벼슬에 뜻이 없어 孫綽, 郗愔, 王羲之, 謝安, 支遁 등과 會稽에서 산수를 유람하며 黃老에 관심을 보였음. 일찍 죽음. 司徒掾 벼슬을 지냈음.

【劉尹】劉惔. 字는 眞長. 劉宏의 손자로 沛國 相 땅 출신. 明帝(323~326 재위)의 廬陵長公主에게 장가들어 駙馬가 됨. 司從左長史, 侍中, 丹陽尹 등을 지냄. 36세에 죽어 孫綽이 "居官無官官之事, 處事無事事之心"이라 誄文을 지어 명언이라 하였음. 《晉書》(75)에 전이 있음.

╭─────────────────────╮
│ 참고 및 관련 자료 │
╰─────────────────────╯

1.《許氏譜》

玄度母, 華軼女也.

2. 劉孝標 注

『案詢集: 詢出都迎姊, 於路賦詩; 續晉陽秋亦然, 而此言送母, 疑繆(謬)矣.』

519(8-96)

완광록(阮光祿, 阮裕)이 이렇게 말하였다.

"왕씨王氏 집안에 세 명의 젊은이가 있으니, 바로 우군(右軍, 王羲之)·안기(安期, 王應)·장예(長豫, 王悅)로다."

阮光祿云:「王家有三年少: 右軍·安期·長豫」

【阮光祿】阮裕. 자는 思曠(300?~360?). 처음 王敦의 主簿였으나 왕돈이 찬위의
뜻을 품고 있음을 알고 술과 광달한 행동으로 주부를 면함. 臨海太守와
東陽太守를 지낸 다음 벼슬에 뜻을 버리고 剡山으로 은거하였음. 뒤에 다시
吏部郎, 秘書監, 侍中, 散騎常侍, 金紫光祿大夫 등의 직책으로 부름을 받았
으나 나가지 않음. 《晉書》(49)에 전이 있음. 宋 武帝(劉裕)의 이름을 피휘하여
阮光祿, 阮主簿, 阮公, 阮思曠이라 부름.

【右軍】王羲之(303~361, 혹은 309~365, 321~379). 王曠의 조카. 어려서는 訥言
하였으나 뒤에 정치와 예술에 큰 업적을 남김. 특히 글씨에 뛰어나 書聖으로
추앙받았음. 右軍將軍을 지냈으며 자는 逸少. 山陰道士와 《道德經》글씨를
거위와 바꾼 고사를 남겼으며 그 외에 작품으로 〈蘭亭集序〉·〈樂毅論〉·
〈黃庭經〉·〈東方朔畫讚〉·〈姨母〉·〈初月〉·〈憂懸〉·〈喪亂〉 등을 남김. 《晉書》
(80)에 전이 있음. 王右軍, 王逸少, 王羲之 등으로 불림. 그 아들 王獻之와
함께 글씨에 뛰어나 '二王'이라 함.

【安期】王應(?~324) 낭야왕씨. 아버지 王含과 함께 王舒에게 죽음.

【長豫】王悅. 어릴 때는 阿大라 부름. 일찍 죽고 후사가 없어 아우 王恬의
아들 王混이 뒤를 이음. 《晉書》(65)에 전이 있음.

520(8-97)

사공(謝公, 謝安)이 예장(豫章, 謝鯤)을 두고 이렇게 말하였다.

"만약 죽림칠현竹林七賢을 만났다면 그는 틀림없이 그들 손을 잡고 함께
죽림으로 들어갔을 것이다."

謝公道豫章:「若遇七賢, 必自把臂入林」

【謝公】謝安. 字는 安石(320~385). 謝裒의 아들이며 謝琰(望蔡)의 아버지. 謝奕의 동생. 덕망이 있고 기개가 높아 桓彝, 王濛의 사랑을 받음. 처음에는 벼슬에 뜻을 버리고 王羲之, 支遁 등과 산수를 즐기며 조정의 부름에 응하지 않았으나, 40이 넘어 桓溫의 司馬를 거쳐 吳興太守, 侍中, 吏部尚書, 太保錄尚書事 등의 관직을 지냄. 뒤에 다시 太傅에 추증되었으며 시호는 文靖. 《晉書》(79)에 전이 있음.

【豫章】謝鯤(280~322)을 가리킴. 자는 幼輿. 謝衡의 아들이며 謝尚의 아버지. 老莊과 《易》에 밝았으며 豫章太守를 지냄. 東海王(司馬越)에게 발탁되어 掾을 거쳐 參軍을 지냄. 뒤에 다시 王敦에게 발탁되었으며 왕돈이 난을 일으키자 이를 극구 간언하였음. 《晉書》(49)에 전이 있음.

【竹林七賢】稽康·山濤·阮籍·阮咸·王戎·向秀·劉伶.〈任誕篇〉참조.

> 참고 및 관련 자료

1.《江左名士傳》

鯤通簡有識, 不脩威儀, 好老易, 迹逸而心整, 形濁而言淸, 居身若穢, 動不累高. 鄰家有女, 嘗往挑之, 女方織, 以梭投折其兩齒. 旣歸, 傲然長嘯曰:「猶不廢我嘯歌!」其不事形骸如此.

521(8-98)

왕장사(王長史, 王濛)가 임공(林公, 支遁)을 두고 이렇게 탄복하였다.

"불법의 미세한 부분을 찾아낸 공적은, 왕보사(王輔嗣, 王弼)가 《역易》이나 《노자老子》의 참뜻을 찾아낸 것에 비해 뒤지지 않는다."

王長史歎林公:「尋微之功, 不減輔嗣」

【王長史】王濛(309?~347?). 자는 仲祖. 太原 王氏. 王脩, 王蘊, 哀帝王后의 아버지. 司徒左長史를 지냄.《晉書》(93)에 전이 있음.

【林公】支道林. 支公. 支遁. 晉나라 때의 道僧. 河内 林慮人으로 속성은 關氏. 25세 때 출가하여 53세 때 洛陽에서 入滅함. 支硎山에 은거하여 支遁, 支道林, 林公 등으로 불림. 梁나라 慧皎《高僧傳》(4)에 支遁傳이 있음.

【王輔嗣】王弼(226~249). 자는 輔嗣. 三國시대 魏나라 인물. 어려서부터 학문에 밝았으며, 특히 道家의 이론으로 儒學을 引證하려 한 학문방법을 창안하였음. 그리하여 玄學에 뛰어났을 뿐 아니라 漢代 유학의 質朴瑣屑한 면을 타파하였음. 尚書郎을 지냈으며《老子注》와《周易注》가 유명하며〈道略論〉이 있음.《三國志》魏書 鍾會傳 注에 관련 기록이 있음.

참고 및 관련 자료

1.《支遁別傳》

遁神心警悟, 淸識玄遠. 嘗至京師, 王仲祖稱其造微之功, 不異王弼.

522(8-99)

은연원(殷淵源, 殷浩)이 묘소 곁에 살기를 거의 10년이 되었다. 당시 조야朝野에서는 그를 관중管仲과 제갈량諸葛亮에 비유하였다. 그를 기용하느냐 마느냐에 따라 장강長江 동쪽의 흥망을 점쳤다.

殷淵源在墓所幾十年, 于時朝野以擬管·葛; 起不起, 以卜江左興亡.

【殷淵源】殷浩(?~356). 자는 淵源. 殷羨(洪喬)의 아들이며 弱冠에 이미 이름이 났으며 玄言에 뛰어나 당시 풍류 재자의 숭앙을 받음. 정사에도 뛰어나 사람들은 그를 管仲이나 諸葛孔明에 비유할 정도였음. 建武將軍, 揚州刺史, 記室參軍·安西將軍·中軍將軍 등을 역임하였으며 北征에 나섰다가 姚襄에게 패배하여 서인으로 강등되기도 하였음. '咄咄怪事'의 고사를 남김.《晉書》 (77)에 전이 있음.

【管仲】춘추시대 齊나라 桓公을 패자로 보필한 인물. '管鮑之交'의 성어를 낳음.《史記》管晏列傳 참조.

【諸葛亮】자는 孔明(191~234). 한말 陽都人. 은거하여 스스로 밭을 갈며 자신을 管仲과 樂毅에 비교하여 사람들이 그를 臥龍先生이라 불렀음. 뒤에 蜀漢 劉備의 三顧草廬로 불려가 天下三分之策을 정하고 유비를 도와 荊州와 益州를 차지하여 吳, 蜀, 魏 삼국 정립을 이루었음. 유비의 유촉에 의해 그 아들 劉禪을 도와

〈諸葛亮(孔明)〉《三才圖會》

〈出師表〉를 쓰고 북벌을 시도했으나 五丈原에서 생을 마침. 죽은 뒤 武鄕侯에 봉해졌으며 시호는 忠武.《三國志》(35)에 전이 있음.

【江左】長江 동쪽. 곧 東晉을 가리킴.

참고 및 관련 자료

1.《續晉陽秋》

時穆帝幼冲, 母后臨朝, 簡文親賢民望, 臨登宰輔. 桓溫有平蜀·洛之勳, 擅彊西陝, 帝自料文弱, 無以抗之. 陳郡殷浩, 素有盛名, 時論比之管·葛, 故徵浩爲揚州. 溫知意在抗己, 甚忿焉.

523(8-100)

은중군(殷中軍, 殷浩)이 왕우군(王右軍, 王羲之)을 두고 이렇게 말하였다.
"청감귀요清鑑貴要하도다."

殷中軍道右軍:「淸鑒貴要」

【殷中軍】殷浩(?~356). 자는 淵源. 殷羨(洪喬)의 아들이며 弱冠에 이미 이름이
났으며 玄言에 뛰어나 당시 풍류 재자의 숭앙을 받음. 정사에도 뛰어나
사람들은 그를 管仲이나 諸葛孔明에 비유할 정도였음. 建武將軍, 揚州刺史,
記室參軍·安西將軍·中軍將軍 등을 역임하였으며 北征에 나섰다가 姚襄에게
패배하여 서인으로 강등되기도 하였음. '咄咄怪事'의 고사를 남김. 《晉書》
(77)에 전이 있음.

【王右軍】王羲之(303~361, 혹은 309~365, 321~379). 자는 逸少. 어릴 때 이름은
虎犢. 王尊의 조카. 어려서는 訥言하였으나 뒤에 정치와 예술에 큰 업적을
남김. 특히 글씨에 뛰어나 書聖으로 추앙받았음. 右軍將軍, 會稽內史, 臨川
太守 등을 지냈음. 山陰道士와 《道德經》글씨를 거위와 바꾼 고사를 남겼
으며 그 외에 작품으로 〈蘭亭集序〉·〈樂毅論〉·〈黃庭經〉·〈東方朔畫讚〉·
〈姨母〉·〈初月〉·〈憂懸〉·〈喪亂〉 등을 남김. 《晉書》(80)에 전이 있음. 王右軍,
王逸少, 王羲之 등으로 불림. 그 아들 王獻之와 함께 글씨에 뛰어나 '二王'
이라 함.

참고 및 관련 자료

1. 《晉安帝紀》
羲之, 風骨淸擧也.

사태부(謝太傅, 謝安)가 환공(桓公, 桓溫)의 사마司馬로 있을 때, 어느 날 환공이 태부를 찾아 왔다. 마침 그때 태부는 머리를 빗고 있다가 이 소리를 듣고 얼른 의관을 꺼내 입으려 하였다. 이를 보고 환공이 이렇게 말렸다.

"어찌 이렇게까지 번거롭게 하십니까?"

그리고는 자리에 앉히고는 함께 해가 저물도록 말을 나누었다. 환공이 그곳을 떠나면서 좌우에게 이렇게 말하였다.

"자못 일찍이 이와 같은 사람을 본 적이 있는가?"

謝太傅爲桓公司馬, 桓詣謝, 値謝梳頭, 遽取衣幘.

桓公云:「何煩此?」

因下共語至暝. 旣去, 謂左右曰:「頗曾見如此人不?」

【謝太傅】謝安. 字는 安石(320~385). 謝裒의 아들이며 謝琰(望蔡)의 아버지. 謝奕의 동생. 덕망이 있고 기개가 높아 桓彛, 王濛의 사랑을 받음. 처음에는 벼슬에 뜻을 버리고 王羲之, 支遁 등과 산수를 즐기며 조정의 부름에 응하지 않았으나 40이 넘어 桓溫의 司馬를 거쳐 吳興太守, 侍中, 吏部尚書, 太保錄尚書事 등의 관직을 지냄. 뒤에 다시 太傅에 추증되었으며 시호는 文靖. 《晉書》(79)에 전이 있음.

【桓公】桓宣武. 桓溫(312~373). 자는 元子. 明帝의 사위. 荊州刺史를 지냈으며, 蜀을 정벌하고 前秦을 쳐부숨. 簡文帝를 세우고 자신이 다시 왕위를 빼앗고자 하였음. 시호는 武侯. 그의 아들 桓玄이 드디어 제위를 찬탈하여 楚나라를 세운 다음 아버지 환온을 宣武皇帝로 추존함. 《晉書》(99)에 전이 있음.

1.《續晉陽秋》

初, 安優遊山水, 以敷文析理自娛. 桓溫在西蕃, 欽其盛名, 諷朝廷請爲司馬. 以世道未夷, 志存匡濟, 年四十, 起家應務也.

525(8-102)

사공(謝公, 謝安)이 환선무(桓宣武, 桓溫)의 사마司馬로 있을 때 문하생 수십 명을 전조중랑田曹中郎 조열자趙悅子에게 추천하였다.

열자가 이 일을 선무에게 보고하자 선무는 이렇게 말하였다.

"반 정도를 기용하라."

그러나 조열자는 그들을 모두 기용하고는 이렇게 말하였다.

"옛날 안석(安石, 謝安)이 동산東山에 있을 때 당시 조정에서 그를 출사出仕하라고 재촉을 하고서도 도리어 그가 인사에 관여하지 않을까 걱정하였었습니다. 지금 스스로 향리 인재를 추천하니, 그것이 그에게 위반되는 일이겠습니까?"

謝公作宣武司馬, 屬門生數十人於田曹中郎趙悅子, 悅子以告宣武; 宣武云:「且爲用半.」

趙俄而悉用之, 曰:「昔安石在東山, 縉紳敦逼, 恐不豫人事; 況今自鄕選, 反違之邪?」

【謝公】謝安. 字는 安石(320~385). 謝裒의 아들이며 謝琰(望蔡)의 아버지. 謝奕의 동생. 덕망이 있고 기개가 높아 桓彝, 王濛의 사랑을 받음. 처음에는 벼슬에 뜻을 버리고 王羲之, 支遁 등과 산수를 즐기며 조정의 부름에 응하지 않았으나 40이 넘어 桓溫의 司馬를 거쳐 吳興太守, 侍中, 吏部尚書, 太保錄尚書事 등의 관직을 지냄. 뒤에 다시 太傅에 추증되었으며 시호는 文靖. 《晉書》(79)에 전이 있음.

【桓宣武】桓公. 桓溫(312~373). 자는 元子. 明帝의 사위. 荊州刺史를 지냈으며, 蜀을 정벌하고 前秦을 쳐부숨. 簡文帝를 세우고 자신이 다시 왕위를 빼앗고자 하였음. 시호는 武侯. 그의 아들 桓玄이 드디어 제위를 찬탈하여 楚나라를 세운 다음 아버지 환온을 宣武皇帝로 추존함. 《晉書》(99)에 전이 있음.

【田曹中郎】趙悅. 자는 悅之. 下邳人. 桓溫의 참군을 지냄.

【東山】지금의 浙江省 上虞縣에 있는 산. 謝安이 이곳에 隱居하여 뒤에 "東山之志"는 은거의 뜻으로 쓰임.

참고 및 관련 자료

1. 《大司馬寮屬名》伏滔

悅字悅子, 下邳人. 歷大司馬參軍·左衛將軍.

526(8-103)

환선무(桓宣武, 桓溫)가 표문表文에서 이렇게 말하였다.

"사상謝尙은 신회정솔神懷挺率하여 어릴 때부터 백성들의 칭송을 받은 인물입니다."

桓宣武表云:「謝尚神懷挺率, 少致民譽」

【桓宣武】桓溫(312~373).자는 元子. 明帝의 사위. 뒤에 아들 桓玄이 晉을 찬탈
한 후 아버지를 桓武皇帝로 추존함.《晉書》(99)에 전이 있음.

【表】〈平洛表〉를 말함. 故土 洛陽을 평정하여 수복하여야 한다는 내용을
담은 桓溫의 表文.

【謝尚】자는 仁祖(308~357). 謝鯤의 아들이며 王導가 '小安豐'이라 불렀음.
給事黃門侍郎을 거쳐 建武將軍, 鎭西將軍, 歷陽太守, 豫州刺史, 江夏, 義陽 등
都督을 지냄. 穆帝 때 尚書僕射를 지냄. 음악과 기예에 밝았으며 太樂을
처음으로 정리하였던 인물.《晉書》(79)에 전이 있음.

참고 및 관련 자료

1. 〈平洛表〉(《桓溫集》)
今中州旣平, 宜時綏定. 鎭西將軍豫州刺史尚, 神懷挺率, 少致人譽, 足以入論
百揆, 出蕃方司; 宜進據洛陽, 撫寧黎庶, 謂可本官都督司州諸軍事.

527(8-104)

세상 사람들은 사상謝尚을 "영달令達하다"고 평하였고, 완요집阮遙集은
이렇게 말하였다.

"청창淸暢함이 마치 통달의 경지에 이른 것 같다."

그리고 혹자는 이렇게 평하였다.

"사상은 자연스러운 영상令上함이 있다."

世目謝尙爲令達.

阮遙集云:「淸暢似達.」

或云:「尙自然令上.」

【謝尙】자는 仁祖(308~357). 謝鯤의 아들이며 王導가 '小安豐'이라 불렀음.
給事黃門侍郞을 거쳐 建武將軍, 鎭西將軍, 歷陽太守, 豫州刺史, 江夏, 義陽 등
都督을 지냄. 穆帝 때 尙書僕射를 지냄. 음악과 기예에 밝았으며 太樂을
처음으로 정리하였던 인물. 《晉書》(79)에 전이 있음.

【阮遙集】阮孚(279~327). 자는 遙集. 阮咸의 둘째아들이며 阮咸이 고모집
여종이었던 鮮卑族 여자를 좋아하여 그 사이에 태어남. 元帝 때 安東參軍을
거쳐 侍中, 吏部尙書, 丹陽尹을 역임함. 成帝 때 서울에 난이 일어날 것을
예상하고 廣州刺史를 요구하여 떠나지 못한 채 죽음. 《晉書》(49)에 전이
있음.

> 참고 및 관련 자료

1.《晉陽秋》

尙率易挺達, 昭悟令上也.

528(8-105)

환대사마(桓大司馬, 桓溫)가 병이 나자 사공(謝公, 謝安)이 병문안을 갔다.
그가 동쪽 문으로 들어서자 환공이 멀리서 바라보면서 이렇게 말하였다.
"우리 문 안에서는 오랫동안 이런 인물을 보지 못하였구나!"

桓大司馬病, 謝公往省病, 從東門入; 桓公遙望, 歎曰:
「吾門中久不見如此人!」

【桓大司馬】桓宣武. 桓公. 桓溫(312~373). 자는 元子. 明帝의 사위. 荊州刺史
를 지냈으며, 蜀을 정벌하고 前秦을 쳐부숨. 簡文帝를 세우고 자신이 다시
왕위를 빼앗고자 하였음. 시호는 武侯. 그의 아들 桓玄이 드디어 제위를
찬탈하여 楚나라를 세운 다음 아버지 환온을 宣武皇帝로 추존함.《晉書》
(99)에 전이 있음. 이 때 桓溫은 故孰에 있었음.
【謝公】謝安. 字는 安石(320~385). 謝裒의 아들이며 謝琰(望蔡)의 아버지.
謝奕의 동생. 덕망이 있고 기개가 높아 桓彝, 王濛의 사랑을 받음. 처음에는
벼슬에 뜻을 버리고 王羲之, 支遁 등과 산수를 즐기며 조정의 부름에
응하지 않았으나 40이 넘어 桓溫의 司馬를 거쳐 吳興太守, 侍中, 吏部尚書,
太保錄尚書事 등의 관직을 지냄. 뒤에 다시 太傅에 추증되었으며 시호는
文靖.《晉書》(79)에 전이 있음.

529(8-106)

간문제(簡文帝, 司馬昱)는 경예(敬豫, 王恬)를 "낭예郞豫"라 표현하였다.

簡文目敬豫爲「朗豫」

【簡文帝】東晉의 제8대 황제 司馬昱. 字는 道萬. 中宗의 少子. 元帝 계실 鄭后
소생이며 司馬紹의 배다른 동생. 穆帝가 어려서 撫軍으로 보필, 뒤에 桓溫이

海西公을 폐하고 이를 세워 皇帝에 오름. 재위 2년(371~372).《世說新語》
에서는 흔히 '晉簡文', '簡文', '簡文帝', '簡文皇帝', '相王', '撫軍', '會稽王'등
으로 칭함.《晉書》(9)에 紀가 있음.
【敬豫】왕도의 둘째아들 王恬. 어릴 때의 자는 仲豫, 혹은 螭虎. 여러 군의
太守 등을 거쳐 哀帝 때 太保를 지냄. 武를 숭상하고 행동이 거칠어 王導
에게 중시를 받지 못하였으나 만년에 선비를 좋아하고 기예와 바둑에
뛰어난 재능을 보였음.《晉書》(65)에 전이 있음.
【郎豫】'명랑한 경예'라는 뜻.

참고 및 관련 자료

1.《文字志》
恬識理明貴, 爲後進冠冕也.

530(8-107)

손흥공(孫興公, 孫綽)이 유공(庾公, 庾亮)의 참군參軍이었다.

이들이 함께 백석산白石山에 놀이를 갔다. 그 때 마침 위군장(衛君長,
衛永)도 함께 하게 되었다. 손흥공이 이렇게 말하였다.

"이 사람은 신정神情은 산수山水와 아무런 관계가 없는데, 오히려 글로
능히 산수를 읊을 수 있는가?"

그러자 곁에 있던 유공이 이렇게 말하였다.

"위군장은 그 풍운風韻이 비록 귀하 등 여러 사람에게는 미치지 못하나
무슨 일에 푹 빠져 기우는 면에서는 오히려 그를 따를 수 없습니다."

손흥공은 드디어 그 말에 흠뻑 젖어 목욕을 한 듯 수긍하였다.

孫興公爲庾公參軍, 公遊白石山, 衛君長在坐.
孫曰: 「此子神情都不關山水, 而能作文?」
庾公曰: 「衛風韻雖不及卿諸人, 傾倒處亦不近」
孫遂沐浴此言.

【孫興公】 孫綽(314~371). 자는 興公. 孫楚의 손자로 형 孫統과 남으로 내려와
　　벼슬에 뜻을 버리고 〈遂初賦〉를 씀. 그 외에 〈遊天台山賦〉가 유명하며 뒤에
　　庾亮・殷浩・王羲之의 막료를 거쳐 永嘉太守・散騎常侍를 지냄. 桓溫이
　　수도를 洛陽으로 옮기려 하자 상소하여 반대함. 廷尉卿에 이르렀으며 長
　　樂侯를 습봉받음.《晉書》(56)에 전이 있음.
【庾公】 庾亮(289~340). 자는 元規. 蘇峻, 祖約의 난을 평정하였으며 명제 때
　　王導를 이어 中書監이 됨. 征西大將軍, 荊州刺史 등을 지냄. 청담을 좋아하였
　　으며 老莊에 밝았음. 죽은 후 太尉에 추증되었고 시호는 文康.《晉書》(73)에
　　전이 있음.
【白石山】 지금의 江蘇省 吳縣에 있는 산. ‘白豸山’으로도 부름.
【衛君長】 衛永. 자는 君長. 溫嶠의 長史를 지냈으며 孫統의 처남. 謝安이
　　그를 理義中人이라 여겨 殷洪遠에 비유하였음.

┌─ 참고 및 관련 자료 ─┐

1.《衛氏譜》
永字君長, 成陽人. 位至左軍長史.

531(8-108)

왕우군(王右軍, 王羲之)이 진현백(陳玄伯, 陳泰)을 두고 이렇게 평하였다.
"단단히 쌓아올린 흙덩어리에 바른 골격을 가지고 있다."

王右軍目陳玄伯:「壘塊有正骨」

【王右軍】 王羲之(303~361, 혹은 309~365, 321~379). 자는 逸少. 어릴 때 이름은
虎犢. 王尊의 조카. 어려서는 訥言하였으나 뒤에 정치와 예술에 큰 업적을
남김. 특히 글씨에 뛰어나 書聖으로 추앙받았음. 右軍將軍, 會稽內史, 臨川
太守 등을 지냈음. 山陰道士와 《道德經》글씨를 거위와 바꾼 고사를 남겼
으며 그 외에 작품으로 〈蘭亭集序〉・〈樂毅論〉・〈黃庭經〉〈東方朔畫讚〉・〈姨母〉・
〈初月〉・〈憂懸〉・〈喪亂〉 등을 남김. 《晉書》(80)에 전이 있음. 王右軍, 王逸少,
王羲之 등으로 불림. 그 아들 王獻之와 함께 글씨에 뛰어나 '二王'이라 함.
【陳玄伯】 陳泰(?~260). 자는 玄伯. 陳群의 아들. 征西將軍, 尙書左僕射, 侍中
光祿大夫 등을 역임함. 高貴鄕公이 피살되자 피를 토하며 슬피 여기다가
죽음. 《三國志》(22)에 전이 있음.

532(8-109)

왕장사(王長史, 王濛)는 이렇게 말하였다.
"유윤(劉尹, 劉惔)이 나를 아는 것은, 내가 내 자신을 아는 것보다 더 자세
하다."

王長史云:「劉尹知我, 勝我自知」

【王長史】 王濛(309?~347?). 자는 仲祖. 太原 王氏. 王脩, 王蘊, 哀帝王后의
아버지. 司徒左長史를 지냄.《晉書》(93)에 전이 있음.
【劉尹】 劉惔. 字는 眞長. 劉宏의 손자로 沛國 相 땅 출신. 明帝(323~326
재위)의 廬陵長公主에게 장가들어 駙馬가 됨. 司從左長史, 侍中, 丹陽尹 등을
지냄. 36세에 죽어 孫綽이 "居官無官官之事, 處事無事事之心"이라 誄文을
지어 명언이라 하였음.《晉書》(75)에 전이 있음.

참고 및 관련 자료

1.《王濛別傳》
濛與沛國劉惔齊名, 時人以濛比袁曜卿, 惔比荀奉倩; 而其交友, 甚相知賞也.

533(8-110)

왕몽王濛·유담劉惔이 함께 임공(林公, 支遁)의 설강說講을 듣고 있었다.
왕몽이 유담에게 이렇게 말하였다.

"방금 높은 자리에 앉으신 스님이 하신 말씀은 불법佛法에 어긋나는
흉물凶物 이야기인데."

그리고 다시 설법을 계속 듣다가 왕몽은 다시 이렇게 말하였다.

"이야말로 스님의 의발(衣鉢, 佛學)이 있은 후, 왕필王弼이나 하안何晏 같은
인물이로다!"

王·劉聽林公講, 王語劉曰:「向高坐者, 故是凶物!」
復更聽, 王又曰:「自是鉢綌後王·何人也!」

【王濛】王長史(309?~347?). 자는 仲祖. 太原 王氏. 王脩, 王蘊, 哀帝王后의
아버지. 司徒左長史를 지냄.《晉書》(93)에 전이 있음.

【劉惔】劉尹. 字는 眞長. 劉宏의 손자로 沛國 相 땅 출신. 明帝(323~326 재위)
의 廬陵長公主에게 장가들어 駙馬가 됨. 司從左長史, 侍中, 丹陽尹 등을
지냄. 36세에 죽어 孫綽이 "居官無官官之事, 處事無事事之心"이라 誄文을
지어 명언이라 하였음.《晉書》(75)에 전이 있음. 丹陽尹을 역임하여 흔히
劉尹이라 불림.

【林公】支道林. 支公. 支遁. 晉나라 때의 道僧. 河內 林慮人으로 속성은 關氏.
25세 때 출가하여 53세 때 洛陽에서 入滅함. 支硏山에 은거하여 支遁,
支道林, 林公 등으로 불림. 梁나라 慧皎《高僧傳》(4)에 支遁傳이 있음.

【高坐】높은 자리. 지둔을 말함.

【衣綌】스님의 衣鉢을 말함. 원문의 발치(鉢綌)는 스님·불교를 일컫는 말.
《隨函音義》에 "綌, 側持切; 舊作紒, 與緇同"이라 하여 음은 '치'이며 '緇'(검게
물들인 승복)를 가리킴. 같은〈宋本〉에는 "鉢紆"(발우)로 되어 있음. 원래는
僧徒의 食器를 말하나, 여기서는 스님·和尚·僧徒를 일컬음.

【王弼】자는 輔嗣(226~249). 三國시대 魏나라 인물. 어려서부터 학문에 밝았
으며 특히 道家의 이론으로 儒學을 引證하려 한 학문방법을 창안하였음.
그리하여 玄學에 뛰어났을 뿐 아니라 漢代 유학의 質朴瑣屑한 면을 타파
하였음. 尙書郎을 지냈으며《老子注》와《周易注》가 유명하며〈道略論〉이
있음.《三國志》魏書 鍾會傳 注에 관련 기록이 있음.

【何晏】자는 平叔(190~249). 한나라 때 何進의 손자이며 삼국시대 魏나라
인물. 평소 분을 발라 용모가 아름다웠으며 魏나라 金鄕公主에게 장가
들었음. 尙書 벼슬로 관리를 선발하면서 자신의 친구를 등용시켜 曹爽에게
빌붙었다가 司馬懿에게 죽임을 당함. 老莊에 밝았고 청담에 뛰어났으며
夏侯玄, 王弼 등과 玄學을 창도함.〈道德論〉,〈無爲論〉 등을 지었으며 특히
그의《論語集解》는 지금도 전함.《晉書》(9)에 전이 있음.

1. 《高逸沙門傳》

王濛恆尋遁, 遇祇洹寺中講, 正在高坐上, 每擧麈尾, 常領數百言, 而情理俱暢;
預坐百餘人, 皆結舌注耳. 濛云聽講衆僧:「向高坐者, 是鉢後王, 何人也!」

2. 《高僧傳》二覺賢傳

覺賢志韻淸遠, 雅有淵致. 京師法師僧弼與沙門寶林書:「道場禪師, 甚有天心,
便是天竺王, 何風流人也.」

3. 楊勇 〈校箋〉에 인용된 慧皎 《高僧傳》의 支遁傳

『絆, 宋本作'釪', 非. 高傳四支遁傳:「實絆鉢之王, 何也.」隨函音義:「絆, 側持切;
舊作紂, 與緇同.」鉢絆, 卽鉢緇, 猶今語衣鉢是也.』

534(8-111)

허현도(許玄度, 許詢)가 이렇게 말하였다.

"〈금부琴賦〉에 '지극한 정성이 있는 자가 아니면, 그와 더불어 이치를
분석해볼 수 없다'라 하였는데, 유윤劉尹이 과연 함께 할 만한 사람이로다.
또 '깊은 고요 속에 있어 본 자가 아니면, 그와 한가하고 조용한 맛을
함께 맛볼 수 없다'라 하였는데, 간문제(簡文帝, 司馬昱)가 바로 그런 고요를
아는 분이다."

許玄度言:「〈琴賦〉所謂『非至精者, 不能與之析理』, 劉尹
其人;『非淵靜者, 不能與之閑止』, 簡文其人.」

【許玄度】許詢. 字는 玄度. 許允의 현손으로 어릴 때 이름은 阿訥. 神童이라 불렸음. 高陽人. 벼슬에 뜻이 없어 孫綽, 郗愔, 王羲之, 謝安, 支遁 등과 會稽에서 산수를 유람하며 黃老에 관심을 보였음. 일찍 죽음. 司徒掾 벼슬을 지냈음.

【琴賦】嵇康(叔夜)의 글. 《文選》(18)에 실려 있음.

【劉尹】劉惔. 字는 眞長. 劉宏의 손자로 沛國 相 땅 출신. 明帝(323~326 재위)의 廬陵長公主에게 장가들어 駙馬가 됨. 司從左長史, 侍中, 丹陽尹 등을 지냄. 36세에 죽어 孫綽이 "居官無官官之事, 處事無事事之心"이라 誄文을 지어 명언이라 하였음. 《晉書》(75)에 전이 있음.

【簡文帝】東晉의 제8대 황제 司馬昱. 字는 道萬. 中宗의 少子. 元帝 계실 鄭后 소생이며 司馬紹의 배다른 동생. 穆帝가 어려서 撫軍으로 보필, 뒤에 桓溫이 海西公을 폐하고 이를 세워 皇帝에 오름. 재위 2년(371~372). 《世說新語》에서는 흔히 '晉簡文', '簡文', '簡文帝', '簡文皇帝', '相王', '撫軍', '會稽王'등으로 칭함. 《晉書》(9)에 紀가 있음.

535(8-112)

위은魏隱 형제는 어려서부터 학문의 의리에 밝았다. 그들이 총각시절에 사봉謝奉을 방문하자, 사봉이 그들과 이야기를 나누어 본 후 크게 즐거워하며 이렇게 탄복하였다.

"큰 종족이 이미 쇠퇴해졌다고 하나, 위씨 가문에 다시 이런 인물이 있구나."

魏隱兄弟, 少有學義, 總角詣謝奉; 奉與語, 大說之, 曰: 「大宗雖衰, 魏氏已復有人」

【魏隱】자는 安時. 義興太守, 御史中丞을 지냄. 그의 동생은 魏邊.

【謝奉】謝安南. 자는 弘道. 魏顗, 虞球, 虞存과 함께 四族之俊으로 일컬어졌던 인물. 何充에게 발탁되어 安南將軍, 廣州刺史, 吏部尙書 등을 지냄.

참고 및 관련 자료

1.《魏氏譜》

隱字安時, 會稽上虞人. 歷義興太守·御史中丞. 弟邊, 黃門郞.

536(8-113)

간문제(簡文帝, 司馬昱)가 이렇게 말하였다.

"연원(淵源, 殷浩)의 말솜씨는 결코 간묘(簡妙)하거나 지당함을 넘어서지는 못하지만, 그의 경륜과 깊은 사려는 오히려 바둑의 진법(陳法)이 있다."

簡文云:「淵源語不超詣簡至, 然經綸思尋處, 故有局陳」

【簡文帝】東晉의 제8대 황제 司馬昱. 字는 道萬. 中宗의 少子. 元帝 계실 鄭后 소생이며 司馬紹의 배다른 동생. 穆帝가 어려서 撫軍으로 보필, 뒤에 桓溫이 海西公을 폐하고 이를 세워 皇帝에 오름. 재위 2년(371~372).《世說新語》에 서는 흔히 '晉簡文', '簡文', '簡文帝', '簡文皇帝', '相王', '撫軍', '會稽王'등 으로 칭함.《晉書》(9)에 紀가 있음.

【淵源】殷浩(?~356). 자는 淵源. 殷羨(洪喬)의 아들임. 弱冠에 이미 이름이 났으며 玄言에 뛰어나 당시 풍류 재자의 숭앙을 받음. 정사에도 뛰어나

사람들은 그를 管仲이나 諸葛孔明에 비유할 정도였음. 建武將軍, 揚州刺史, 記室參軍·安西將軍·中軍將軍 등을 역임하였으며, 北征에 나섰다가 姚襄에게 패배하여 서인으로 강등되기도 하였음. '咄咄怪事'의 고사를 남김. 《晉書》(77)에 전이 있음.

【局陳】 '局'은 바둑이나 장기. '陳'은 '陣'과 같음. 바둑의 布陣을 말함.

537(8-114)

처음 법태法汰가 북에서 내려와서는 이름이 나타나지 않았을 때, 왕령군(王領軍, 王洽)이 그를 보살펴 주었다. 매번 그의 행동과 명승지 왕래 등을 주선해 주면서 늘 같이 다녔다. 만약 법태와 같이 갈 수 없는 경우에는 문득 수레를 멈추고 움직이지 않았으므로 이로부터 법태의 명성이 오르기 시작하였다.

初, 法汰北來未知名, 王領軍供養之. 每與周旋行, 來往名勝許, 輒與俱; 不得汰, 便停車不行. 因此名遂重.

【法汰】 竺法汰. 진나라 때 승려로 釋道安과 함께 이름을 날렸음. 서진이 망하자 남으로 내려옴. 慧皎 《高僧傳》(5)에 전이 있음.

【王領軍】 王洽. 자는 敬和. 王導의 셋째아들로 吳郡內史를 지냈으며 王敬和, 王車騎 등으로 불림. 일찍 죽음.

【名勝】 명명 있는 인사를 뜻하는 것으로도 풀이함.

참고 및 관련 자료

1. 《秦書》車頻

釋道安爲慕容儁所掠, 欲投襄陽, 行至新野, 集衆議曰:「今遭凶年, 不依國主, 則法事難擧.」仍分僧衆, 使竺法汰詣揚州, 曰:「彼多君子, 上勝可投.」法汰遂渡江, 至揚土焉.」

2. 《中興書》

王洽字敬和, 丞相導第三子. 累遷吳郡内史, 爲士民所懷. 徵拜中領軍, 尋加中書令, 不拜. 年三十六而卒.

3. 《名德沙門題目》

法汰高亮開達.

4. 《法汰贊》(孫綽)

凄風拂林, 明泉映壑; 爽爽法汰, 校德無怍. 事外蕭灑, 神内恢廓; 實從前起, 名隨後躍.

5. 《泰元起居注》

法汰以十二年卒. 烈宗詔曰:「法汰師喪逝, 哀痛傷懷, 可贈錢十萬.」

538(8-115)

왕장사(王長史, 王濛)가 대사마(大司馬, 桓溫)에게 보낸 편지에 은연원(殷淵源, 殷浩)을 두고 이렇게 말하였다.

"편안히 처신하는 방법을 알고 있으니, 이 시대 사람들의 평가에 부합됩니다."

王長史與大司馬書, 道淵源:「識致安處, 足副時談.」

【王長史】王濛(309?~347?). 자는 仲祖. 太原 王氏. 王脩, 王蘊, 哀帝王后의 아버지. 司徒左長史를 지냄. 《晉書》(93)에 전이 있음.

【大司馬】桓宣武. 桓公. 桓溫(312~373). 자는 元子. 明帝의 사위. 荊州刺史를 지냈으며, 蜀을 정벌하고 前秦을 쳐부숨. 簡文帝를 세우고 자신이 다시 왕위를 빼앗고자 하였음. 시호는 武侯. 그의 아들 桓玄이 드디어 제위를 찬탈하여 楚나라를 세운 다음 아버지 환온을 宣武皇帝로 추존함. 《晉書》 (99)에 전이 있음.

【殷淵源】殷浩(?~356). 자는 淵源. 殷羨(洪喬)의 아들임. 弱冠에 이미 이름이 났으며 玄言에 뛰어나 당시 풍류 재자의 숭앙을 받음. 정사에도 뛰어나 사람들은 그를 管仲이나 諸葛孔明에 비유할 정도였음. 建武將軍, 揚州刺史, 記室參軍・安西將軍・中軍將軍 등을 역임하였으며, 北征에 나섰다가 姚襄 에게 패배하여 서인으로 강등되기도 하였음. '咄咄怪事'의 고사를 남김. 《晉書》(77)에 전이 있음.

539(8-116)

사공(謝公, 謝安)이 이렇게 말하였다.
"유윤(劉尹, 劉惔)의 말은 심세審細하다."

謝公云:「劉尹語審細」

【謝公】謝安. 字는 安石(320~385). 謝裒의 아들이며 謝琰(望蔡)의 아버지. 謝奕의 동생. 덕망이 있고 기개가 높아 桓彝, 王濛의 사랑을 받음. 처음 에는 벼슬에 뜻을 버리고 王羲之, 支遁 등과 산수를 즐기며 조정의 부름에

응하지 않았으나 40이 넘어 桓溫의 司馬를 거쳐 吳興太守, 侍中, 吏部尙書, 太保錄尙書事 등의 관직을 지냄. 뒤에 다시 太傅에 추증되었으며 시호는 文靖.《晉書》(79)에 전이 있음.

【劉惔】劉惔. 字는 眞長. 劉宏의 손자로 沛國 相 땅 출신. 明帝(323~326 재위)의 廬陵長公主에게 장가들어 駙馬가 됨. 司從左長史, 侍中, 丹陽尹 등을 지냄. 36세에 죽어 孫綽이 "居官無官官之事, 處事無事事之心"이라 誄文을 지어 명언이라 하였음.《晉書》(75)에 전이 있음. 丹陽尹을 역임하여 劉尹이라 부름.

[참고 및 관련 자료]

1.《劉惔誄敍》(孫綽)
神猶淵鏡, 言必珠玉.

540(8-117)

환공(桓公, 桓溫)이 가빈(嘉賓, 郗超)에게 말하였다.

"아원(阿源, 殷浩)은 덕도 있고 언행도 훌륭합니다. 옛날 그에게 만약 상서령尙書令이나 복야僕射를 시켰더라면 그의 언행은 모범이 되고 국정의 수범이 되었을 텐데, 아깝게도 조정에서는 그의 재능에 어긋나는 쪽으로 임용을 하였을 뿐이었지요!"

桓公語嘉賓:「阿源有德有言, 向使作令僕, 足以儀刑百揆; 朝廷用違其才耳!」

【桓公】桓宣武. 桓溫(312~373). 자는 元子. 明帝의 사위. 荊州刺史를 지냈으며, 蜀을 정벌하고 前秦을 쳐부숨. 簡文帝를 세우고 자신이 다시 왕위를 빼앗고자 하였었음. 시호는 武侯. 그의 아들 桓玄이 드디어 제위를 찬탈하여 楚나라를 세운 다음 아버지 환온을 宣武皇帝로 추존함. 《晉書》(99)에 전이 있음.

【嘉賓】郗超(336~377). 자는 嘉賓, 혹은 景興. 交流와 정치에 뛰어났으며 불교를 신봉함. 《晉書》(67)에 전이 있음.

【阿源】殷浩(?~356). 자는 淵源. 殷羨(洪喬)의 아들로 弱冠에 이미 이름이 나고 玄言에 뛰어나 당시 풍류 재자의 숭앙을 받음. 정사에도 뛰어나 사람들은 그를 管仲이나 諸葛孔明에 비유할 정도였음. 建武將軍, 揚州刺史, 記室參軍·安西將軍·中軍將軍 등을 역임하였으며, 北征에 나섰다가 姚襄에게 패배하여 서인으로 강등되기도 하였음. '咄咄怪事'의 고사를 남김. 《晉書》(77)에 전이 있음. 자가 淵源이어서 阿源이라 부른 것. 中軍將軍을 지내어 殷中軍으로 불림.

541(8-118)

간문제(簡文帝, 司馬昱)가 가빈(嘉賓, 郗超)에게 이렇게 말하였다.

"유윤(劉尹, 劉惔)의 말은 끝에 가면 조금 달라진다. 그런데 반복해서 그의 말뜻을 음미해 보면 역시 잘못된 것은 없다."

簡文語嘉賓:「劉尹語末後亦小異; 廻復其言, 亦乃無過」

【簡文帝】東晉의 제8대 황제 司馬昱. 字는 道萬. 中宗의 少子. 元帝 계실 鄭后
소생이며 司馬紹의 배다른 동생. 穆帝가 어려서 撫軍으로 보필. 뒤에 桓溫이
海西公을 폐하고 이를 세워 皇帝에 오름. 재위 2년(371~372).《世說新語》
에서는 흔히 '晉簡文', '簡文', '簡文帝', '簡文皇帝', '相王', '撫軍', '會稽王'등
으로 칭함.《晉書》(9)에 紀가 있음.

【嘉賓】郗超(336~377).《晉書》(67)에 전이 있음.

【劉尹】劉惔. 字는 眞長. 劉宏의 손자로 沛國 相 땅 출신. 明帝(323~326
재위)의 廬陵長公主에게 장가들어 駙馬가 됨. 司從左長史. 侍中. 丹陽尹 등을
지냄. 36세에 죽어 孫綽이 "居官無官官之事, 處事無事事之心"이라 誄文을
지어 명언이라 하였음.《晉書》(75)에 전이 있음.

542(8-119)

손흥공(孫興公, 孫綽)과 허현도(許玄度, 許詢)가 함께 백루정白樓亭에서 선배
들을 평하고 있었다. 임공(林公, 支遁)은 그것이 자기에게는 관심거리도 아니
었다. 이에 다 듣고 나자 이렇게 말하였다.
"두 분 현사께서는 이미 스스로 재능과 정취가 있소이다!"

孫興公·許玄度共在白樓亭, 共商略先往名達.
林公旣非所關, 聽訖云:「二賢故自有才情!」

【孫興公】孫綽(314~371). 자는 興公. 孫楚의 손자로 형 孫統과 남으로 내려와
벼슬할 뜻을 버리고 〈遂初賦〉를 씀. 그 외에 〈遊天台山賦〉가 유명하며, 뒤에

庾亮·殷浩·王羲之의 막료를 거쳐 永嘉太守·散騎常侍를 지냄. 桓溫이
수도를 洛陽으로 옮기려 하자 상소하여 반대함. 廷尉卿에 이르렀으며
長樂侯를 습봉받음.《晉書》(56)에 전이 있음.

【許玄度】許詢. 字는 玄度. 許允의 현손으로 어릴 때 神童이라 불렸음. 高陽人.
벼슬에 뜻이 없어 孫綽, 郗愔, 王羲之, 謝安, 支遁 등과 會稽에서 산수를
유람하며 黃老에 관심을 보였음. 일찍 죽음. 司徒掾 벼슬을 지냈음.

【白樓亭】山陰에 있던 정자.

【林公】支道林. 支公. 支遁. 晉나라 때의 道僧. 河內 林慮人으로 속성은 關氏.
25세 때 출가하여 53세 때 洛陽에서 入滅함. 支硏山에 은거하여 支遁.
支道林. 林公 등으로 불림. 梁나라 慧皎《高僧傳》(4)에 支遁傳이 있음.

⌗ 참고 및 관련 자료

1.《會稽記》
白樓亭, 在山陰, 臨流映壑也.

543(8-120)

왕우군(王右軍, 王羲之)이 동양(東陽, 王臨之)을 이렇게 칭하였다.
"우리 집안의 아림(阿林, 王臨之)은 문장이 청려한, 아주 걸출한 인물이다!"

王右軍道東陽:「我家阿林, 章清太出!」

【王右軍】 王羲之(303~361, 혹은 309~365, 321~379). 자는 逸少. 어릴 때 이름은 虎犢. 王導의 조카. 어려서는 訥言하였으나 뒤에 정치와 예술에 큰 업적을 남김. 특히 글씨에 뛰어나 書聖으로 추앙받았음. 右軍將軍, 會稽內史, 臨川太守 등을 지냈음. 山陰道士와 《道德經》글씨를 거위와 바꾼 고사를 남겼으며 그 외에 작품으로 〈蘭亭集序〉·〈樂毅論〉·〈黃庭經〉·〈東方朔畫讚〉·〈姨母〉· 〈初月〉·〈憂懸〉·〈喪亂〉 등을 남김. 《晉書》(80)에 전이 있음. 王右軍, 王逸少, 王羲之 등으로 불림. 그 아들 王獻之와 함께 글씨에 뛰어나 '二王'이라 함.
【東陽】 王東陽. 王臨之. 王彪之의 아들이며 王羲之의 조카. 東陽太守를 지냄.
【阿林】 林은 臨의 오기. 王臨之의 臨에 阿를 붙여 平輩 이하로 부른 것.

참고 및 관련 자료

1.《王氏譜》
臨之字仲産, 琅邪人, 僕射彪之子. 仕至東陽太守.

544(8-121)

왕장사(王長史, 王濛)가 유윤(劉尹, 劉惔)에게 편지를 보내어 연원(淵源, 殷浩)을 두고 이렇게 말하였다.
"만나는 일마다 《주역周易》의 장점을 잘 활용한다."

王長史與劉尹書, 道淵源:「觸事長《易》」

【王長史】 王濛(309?~347?). 자는 仲祖. 太原 王氏. 王脩, 王蘊, 哀帝王后의 아버지. 司徒左長史를 지냄. 《晉書》(93)에 전이 있음.

【劉尹】劉惔. 字는 眞長. 劉宏의 손자로 沛國 相 땅 출신. 明帝(323~326 재위)의 廬陵長公主에게 장가들어 駙馬가 됨. 司從左長史, 侍中, 丹陽尹 등을 지냄. 36세에 죽어 孫綽이 "居官無官官之事, 處事無事事之心"이라 誄文을 지어 명언이라 하였음. 《晉書》(75)에 전이 있음.

【淵源】殷浩(?~356). 자는 淵源. 殷羨(洪喬)의 아들로 弱冠에 이미 이름이 나고 玄言에 뛰어나 당시 풍류 재자의 숭앙을 받음. 정사에도 뛰어나 사람들은 그를 管仲이나 諸葛孔明에 비유할 정도였음. 建武將軍, 揚州刺史, 記室參軍・安西將軍・中軍將軍 등을 역임하였으며, 北征에 나섰다가 姚襄에게 패배하여 서인으로 강등되기도 하였음. '咄咄怪事'의 고사를 남김. 《晉書》(77)에 전이 있음.

545(8-122)

사중랑(謝中郎, 謝萬)이 이렇게 말하였다.

"왕수재(王脩載, 王耆之)는 타고난 성품대로 사는 것을 좋아하니 이는 자기 집안의 가풍에서 우러난 것이다."

謝中郎云:「王脩載樂託之性, 出自門風」

【謝中郎】謝萬(320?~361?). 자는 萬石. 謝安의 아우로 일찍 이름이 났으며 簡文帝가 재상으로 삼았음. 撫軍從事中郎을 거쳐 豫州刺史, 淮南太守 등을 역임함. 升平 연간에 北征하여 慕容儁을 토벌하러 나섰으나 실패하여 서인으로 강등됨. 언론에도 뛰어났으며 문장을 잘 지었음. 漁父, 屈原, 司馬季主, 賈誼, 楚老, 龔勝, 孫登, 嵇康 등 여덟 명을 四隱과 四顯으로 나누어 우열을 가린 〈八賢論〉이 유명함. 《晉書》(79)에 전이 있음.

【王脩載】王耆之. 자는 脩載. 王廙의 아들.

1.《王氏譜》

耆之字脩載 琅邪人, 荊州刺史廙第三子. 歷中書郞, 鄱陽太守, 給事中.

546(8-123)

임공(林公, 支遁)이 이렇게 말하였다.

"왕경인(王敬仁, 王脩)은 초오超悟한 사람이다."

林公云:「王敬仁是超悟人」

【林公】支道林. 支公. 支遁. 晉나라 때의 道僧. 河內 林慮人으로 속성은 關氏.
 25세 때 출가하여 53세 때 洛陽에서 入滅함. 支硏山에 은거하여 支遁,
 支道林, 林公 등으로 불림. 梁나라 慧皎《高僧傳》(4)에 支遁傳이 있음.
【王敬仁】王脩(335?~358). 太原王氏. 王濛의 아들. 字는 敬仁. 어릴 때 字는
 苟子. 王濛의 아들이며 隷書에 뛰어났었음. 玄談과 淸言에도 특장을 보였음.
 著作郞, 文學, 中軍司馬 등을 지냄.《晉書》(93)에 전이 있음.

1.《文字志》

脩之少有秀令之稱.

547(8-124)

유윤(劉尹, 劉惔)이 먼저 사진서(謝鎭西, 謝尙)를 추존하였다. 사상은 뒤에
유윤을 매우 중시하면서 이렇게 고마워하였다.
"지난 날 일찍이 내 그를 북면北面하여 모셨었지."

劉尹先推謝鎭西, 謝後雅重劉, 曰:「昔嘗北面」

【劉尹】劉惔. 字는 眞長. 劉宏의 손자로 沛國 相 땅 출신. 明帝(323~326
재위)의 盧陵長公主에게 장가들어 駙馬가 됨. 司從左長史, 侍中, 丹陽尹 등을
지냄. 36세에 죽어 孫綽이 "居官無官官之事, 處事無事事之心"이라 誄文을
지어 명언이라 하였음. 《晉書》(75)에 전이 있음.
【謝鎭西】謝尙(308~357). 자는 仁祖. 謝鯤의 아들이며 王導가 '小安豐'이라
불렀음. 給事黃門侍郎을 거쳐 建武將軍, 鎭西將軍, 歷陽太守, 豫州刺史, 江夏,
義陽 등 都督을 지냄. 穆帝 때 尙書僕射를 지냄. 음악과 기예에 밝았으며
太樂을 처음으로 정리하였던 인물. 《晉書》(79)에 전이 있음.
【北面】南面의 상대어로 신하, 아랫사람의 직위를 말함.

참고 및 관련 자료

1. 劉孝標 주에는 나이로 보아 믿을 수 없는 내용이라 함.
『案: 謝尙年長於惔, 神穎夙彰; 而曰北面於劉, 非可信.』
2. 그러나 楊勇은 가능한 일이라고 여겼음.
『勇按: 謝尙雖年長於劉, 而淸流雅望, 遠非劉惔可比; 先推之說, 非億說也.』

548(8-125)

사태부(謝太傅, 謝安)가 왕수령(王脩齡, 王胡之)을 두고 이렇게 말하였다.
"사주(司州, 王胡之)는 가히 더불어 임택林澤에서 놀 만한 인물이로다."

謝太傅稱王脩齡曰:「司州可與林澤遊」

【謝太傅】謝安. 字는 安石(320~385). 謝裒의 아들이며 謝琰(望蔡)의 아버지.
謝奕의 동생. 덕망이 있고 기개가 높아 桓彝, 王濛의 사랑을 받음. 처음에는
벼슬에 뜻을 버리고 王羲之, 支遁 등과 산수를 즐기며 조정의 부름에
응하지 않았으나 40이 넘어 桓溫의 司馬를 거쳐 吳興太守, 侍中, 吏部尙書,
太保錄尙書事 등의 관직을 지냄. 뒤에 다시 太傅에 추증되었으며 시호는
文靖.《晉書》(79)에 전이 있음.
【王脩齡】王胡之(?~349, 혹 ?~364?). 자는 脩齡. 낭야 王氏로 王廙의 둘째
아들이며, 王和之의 아버지. 吳興太守, 侍中, 司州刺史 등을 지내고, 石虎
(十六國 중의 後趙)가 죽자 西中郞將이 됨.《晉書》王廙傳 참조.
【林澤】自然, 隱逸之處를 말함.

참고 및 관련 자료

1.《王胡之別傳》
胡之常遺世務, 以高尙爲情, 與謝安相善也.

민간에서 이렇게 말하고 있다.

"양주揚州에서는 왕문도(王文度, 王坦之)가 독보적인 존재였다. 뒤를 이어 치가빈(郗嘉賓, 郗超)이 나타났도다."

諺曰:「揚州獨步王文度, 後來出人郗嘉賓」

【揚州】 州名. 晉初에 會稽, 吳郡 등 18개 郡을 관할하였음. 治所는 建康 (지금의 南京).

【王文度】 王坦之(330~375). 자는 文度. 태원 왕씨 王述의 아들이며, 王忱·王愷·王愉의 아버지. '江東獨步'라 하였으며 中書令, 北中郎將을 지냄. 〈廢莊論〉을 써서 당시의 방탕함을 비난함. 《晉書》(75)에 전이 있음.

【郗嘉賓】 郗超(336~377). 자는 景興, 또는 嘉賓으로도 부름. 郗愔의 아들. 《晉書》(67)에 전이 있음.

참고 및 관련 자료

1. 劉孝標 주에 내용이 다르다고 하였음.

『續晉陽秋曰:「超少有才氣, 越世負俗, 不循常檢, 時人爲一代盛譽者, 語曰: '大才槃槃謝家安, 江東獨步王文度, 盛德日新郗嘉賓.」 其語小異, 故詳錄焉.』

550(8-127)

어떤 사람이 왕장사(王長史, 王濛)에게 강반江虨 형제와 그 밖의 여러 종형제에 대하여 물었다.

이에 왕장사는 이렇게 설명하였다.

"여러 강씨들은 모두 만족하면서 스스로 삶을 꾸려가고 있지요."

人問王長史, 江虨兄弟群從.

王答曰:「諸江皆復足自生活」

【王長史】 王濛(309?~347?). 자는 仲祖. 太原 王氏. 王脩, 王蘊, 哀帝王后의
  아버지. 司徒左長史를 지냄.《晉書》(93)에 전이 있음.

【江虨】 자는 思玄(?~370?). 江統의 아들. 학문과 바둑에 뛰어났음. 尙書左
  僕射와 司馬昱의 相이 되어 그를 보필함. 뒤에 護軍將軍, 國子祭酒 등을
  지냄.《晉書》(56)에 전이 있음.

참고 및 관련 자료

1. 劉孝標 注

『虨及弟惇, 後弟灌, 並有德行, 知名於世.』

551(8-128)

사태부(謝太傅, 謝安)가 안북(安北, 王坦之)을 두고 이렇게 말하였다.

"그를 보면 남을 싫증나지 않게 하지만, 그러나 문 밖으로 나가고 나면 다시는 어떤 생각을 떠올리지 않게 한다."

謝太傅道安北:「見之, 乃不使人厭; 然出戶去, 不復使人思」

【謝太傅】謝安. 字는 安石(320~385). 謝裒의 아들이며 謝琰(望蔡)의 아버지. 謝奕의 동생. 덕망이 있고 기개가 높아 桓彝, 王濛의 사랑을 받음. 처음에는 벼슬에 뜻을 버리고 王羲之, 支遁 등과 산수를 즐기며 조정의 부름에 응하지 않았으나 40이 넘어 桓溫의 司馬를 거쳐 吳興太守, 侍中, 吏部尙書, 太保錄尙書事 등의 관직을 지냄. 뒤에 다시 太傅에 추증되었으며 시호는 文靖. 《晉書》(79)에 전이 있음.

【安北】王坦之(330~375). 자는 文度. 태원 왕씨 王述의 아들이며, 王忱·王愷·王愉의 아버지. '江東獨步'라 하였으며 中書令, 北中郎將을 지냄. 〈廢莊論〉을 써서 당시의 방탕함을 비난함. 《晉書》(75)에 전이 있음. 죽은 후 孝武帝가 安北將軍을 추증하여 王安北이라고도 부름.

참고 및 관련 자료

1.《續晉陽秋》

謝安初攜幼穉同好, 養志海濱, 襟情超暢, 尤好聲律. 然抑之以禮, 在哀能至; 弟萬之喪, 不聽絲竹者將十年. 及輔政, 而修室第園館, 麗車服, 雖碁功之慘, 不廢妓樂. 王坦之因苦諫焉.

2. 劉孝標 注

『案: 謝公蓋以王坦之好直言, 故不思爾.』

552(8-129)

사공(謝公, 謝安)이 말하였다.

"사주(司州, 王胡之)는 훌륭한 경지를 직접 만들어 두루 결단력이 있다."

謝公云:「司州造勝遍決」

【謝公】謝安. 字는 安石(320~385). 謝裒의 아들이며 謝琰(望蔡)의 아버지.
謝奕의 동생. 덕망이 있고 기개가 높아 桓彝, 王濛의 사랑을 받음. 처음에는
벼슬에 뜻을 버리고 王羲之, 支遁 등과 산수를 즐기며 조정의 부름에
응하지 않았으나 40이 넘어 桓溫의 司馬를 거쳐 吳興太守, 侍中, 吏部尙書,
太保錄尙書事 등의 관직을 지냄. 뒤에 다시 太傅에 추증되었으며 시호는
文靖.《晉書》(79)에 전이 있음.
【司州】王胡之. 자는 脩齡(?~349, 혹 ?~364?). 낭야 王氏로 王廙의 둘째아들
이며 王和之의 아버지. 吳興太守, 侍中, 司州刺史 등을 지냈으며 石虎(十六國
중의 後趙)가 죽자 西中郞將이 됨.《晉書》王廙傳 참조.

참고 및 관련 자료

1.《文章志》宋 明帝
胡之性簡, 好達玄言也.

553(8-130)

　유윤(劉尹, 劉惔)이 이렇게 말하였다.

　"하차도(何次道, 何充)가 술을 마시는 모습을 보면 집안에 있는 술을 다 꺼내어 실컷 먹여 주고 싶은 생각이 든다."

　　劉尹云:「見何次道飲酒, 使人欲傾家釀」

【劉尹】劉惔. 字는 眞長. 劉宏의 손자로 沛國 相 땅 출신. 明帝(323~326 재위)의 廬陵長公主에게 장가들어 駙馬가 됨. 司從左長史, 侍中, 丹陽尹 등을 지냄. 36세에 죽어 孫綽이 "居官無官官之事, 處事無事事之心"이라 誄文을 지어 명언이라 하였음.《晉書》(75)에 전이 있음.

【何次道】何充(292~340). 자는 次道. 王敦의 主簿를 거쳐 驃騎將軍이 됨. 會稽內史, 侍中, 驃騎將軍, 揚州刺史를 거쳐 司空을 추증받음. 佛寺 증수에 많은 돈을 썼다 함.《晉書》(77)에 전이 있음.

　　　참고 및 관련 자료

　1. 劉孝標 注
『充飲酒能溫克.』

554(8-131)

사태부(謝太傅, 謝安)가 유진장(劉眞長, 劉惔)에게 이렇게 말하였다.
"아령(阿齡, 王胡之)은 이러한 일에도 아주 엄격하다."
그러자 유진장이 이렇게 대답하였다.
"역시 명사 중에 고상한 절조를 가진 인물이지요."

謝太傅語眞長:「阿齡於此事, 故欲太厲」
劉曰:「亦名士之高操者」

【謝太傅】謝安(320~385). 字는 安石. 謝裒의 아들이며 謝琰(望蔡)의 아버지.
謝奕의 동생. 덕망이 있고 기개가 높아 桓彝, 王濛의 사랑을 받음. 처음에
는 벼슬에 뜻을 버리고 王羲之, 支遁 등과 산수를 즐기며 조정의 부름에
응하지 않았으나 40이 넘어 桓溫의 司馬를 거쳐 吳興太守, 侍中, 吏部尙書,
太保錄尙書事 등의 관직을 지냄. 뒤에 다시 太傅에 추증되었으며 시호는
文靖.《晉書》(79)에 전이 있음.
【劉眞長】劉尹. 劉惔. 字는 眞長. 劉宏의 손자로 沛國 相 땅 출신. 明帝
(323~326 재위)의 廬陵長公主에게 장가들어 駙馬가 됨. 司從左長史. 侍中.
丹陽尹 등을 지냄. 36세에 죽어 孫綽이 "居官無官官之事, 處事無事事之心"
이라 誄文을 지어 명언이라 하였음.《晉書》(75)에 전이 있음.
【阿齡】王胡之. 자는 脩齡(?~349, 혹 ?~364?). 낭야 王氏로 王廙의 둘째아들
이며 王和之의 아버지. 吳興太守, 侍中, 司州刺史 등을 지냈으며 石虎(十六國
중의 後趙)가 죽자 西中郞將이 됨.《晉書》王廙傳 참조.

> 참고 및 관련 자료

1.《王胡之別傳》
胡之治身淸約, 以風操自居.

555(8-132)

왕자유(王子猷, 王徽之)가 이렇게 말하였다.

"세상 사람들이 조사소(祖士少, 祖約)를 낭랑한 인물이라 하고, 우리 집안에서도 역시 그를 철랑徹朗한 인물이라 여기고 있다."

王子猷說:「世目士少爲朗, 我家亦以爲徹朗.」

【王子猷】王徽之(?~388). 자는 子猷. 낭야왕씨. 王羲之의 다섯째아들이며 王凝之의 아우. 王獻之의 형. 桓溫의 參軍과 黃門侍郎을 지냈음. 대나무를 좋아하였으며 한때 관직을 버리고 山陰에 은거하기도 하였음.《晉書》(80)에 전이 있음.

【祖士少】祖約(?~330). 자는 士少. 祖逖의 동생으로 형을 대신해서 豫州刺史를 지냄. 뒤에 石勒에게 피살됨.《晉書》(100)에 전이 있음.

> 참고 및 관련 자료

1.《晉諸公贊》
祖約少有淸稱.

556(8-133)

사공(謝公, 謝安)이 이렇게 말하였다.

"장사(長史, 王濛)는 말이 아주 적지만 말을 하였다 하면 훌륭한 말뿐이다."

謝公云:「長史語甚不多, 可謂有令音」

【謝公】謝安. 字는 安石(320~385). 謝裒의 아들이며 謝琰(望蔡)의 아버지. 謝奕의 동생. 덕망이 있고 기개가 높아 桓彛, 王濛의 사랑을 받음. 처음에는 벼슬에 뜻을 버리고 王羲之, 支遁 등과 산수를 즐기며 조정의 부름에 응하지 않았으나 40이 넘어 桓溫의 司馬를 거쳐 吳興太守, 侍中, 吏部尙書, 太保錄尙書事 등의 관직을 지냄. 뒤에 다시 太傅에 추증되었으며 시호는 文靖. 《晉書》(79)에 전이 있음.

【王長史】王濛(309?~347?). 자는 仲祖. 太原 王氏. 王脩, 王蘊, 哀帝王后의 아버지. 司徒左長史를 지냄. 《晉書》(93)에 전이 있음.

┌─────────────────┐
│ 참고 및 관련 자료 │
└─────────────────┘

1. 《王濛別傳》

濛性和暢, 能淸言, 談道貴理中, 簡而有會. 商略古賢, 顯黙之際, 辭旨劭令, 往往有高致.

사진서(謝鎭西, 謝尙)가 경인(敬仁, 王脩)을 두고 이렇게 말하였다.
"그의 문학은 뛰어나서 새롭지 않은 것이 없다"

謝鎭西道敬仁:「文學鏃鏃, 無能不新」

【謝鎭西】謝尙(308~357). 자는 仁祖. 謝鯤의 아들이며 王導가 '小安豐'이라
불렀음. 給事黃門侍郎을 거쳐 建武將軍, 鎭西將軍, 歷陽太守, 豫州刺史, 江夏,
義陽 등 都督을 지냄. 穆帝 때 尙書僕射를 지냄. 음악과 기예에 밝았으며
太樂을 처음으로 정리하였던 인물.《晉書》(79)에 전이 있음.
【敬仁】王脩(335?~358?). 字는 敬仁. 어릴 때 字는 苟子. 王濛의 아들이며
隸書에 뛰어났음. 玄談과 淸言에도 특장을 보였음. 著作郎, 文學, 中軍司馬
등을 지냄.《晉書》(93)에 전이 있음.

참고 및 관련 자료

1.《語林》
敬仁有異才, 時賢皆重之. 王右軍在郡迎敬仁, 叔仁輒同車, 常惡其遲. 後以馬
迎敬仁, 雖復風雨, 亦不以車也.

558(8-135)

유윤(劉尹, 劉惔)이 강도군(江道群, 江璀)을 두고 이렇게 말하였다.
"그는 비록 말솜씨가 뛰어나지는 않지만, 오히려 말 못하는 것으로써 남을 제압한다."

劉尹道江道群:「不能言而能不言」

【劉尹】劉惔. 字는 眞長. 劉宏의 손자로 沛國 相 땅 출신. 明帝(323~326 재위)의 廬陵長公主에게 장가들어 駙馬가 됨. 司從左長史, 侍中, 丹陽尹 등을 지냄. 36세에 죽어 孫綽이 "居官無官官之事, 處事無事事之心"이라 誄文을 지어 명언이라 하였음. 《晉書》(75)에 전이 있음.
【江道群】江璀. 字는 道群. 尚書와 中護軍을 지냄.

【참고 및 관련 자료】

1. 楊勇 〈校箋〉
『言江雖不能言, 然能以不言勝人也.』

559(8-136)

임공(林公, 支遁)이 이렇게 말하였다.

"사주(司州, 王胡之)를 보면 기만함과 첩오捷悟함이 교차하여 나타나, 사람으로 하여금 그대로 있지 못하게 하며, 역시 종일토록 피곤을 잊게 한다."

林公云:「見司州警悟交至, 使人不得住, 亦終日忘疲」

【林公】支道林. 支公. 支遁. 晉나라 때의 道僧. 河內 林慮人으로 속성은 關氏.
25세 때 출가하여 53세 때 洛陽에서 入滅함. 支硏山에 은거하여 支遁,
支道林, 林公 등으로 불림. 梁나라 慧皎《高僧傳》(4)에 支遁傳이 있음.
【司州】王胡之. 자는 脩齡(?~349, 혹 ?~364?). 낭야 王氏로 王廙의 둘째아들
이며 王和之의 아버지. 吳興太守, 侍中, 司州刺史 등을 지냈으며 石虎(十六國
중의 後趙)가 죽자 西中郞將이 됨.《晉書》王廙傳 참조.

> 참고 및 관련 자료

1.《王胡之別傳》
胡之少有風尙, 才器率擧, 有秀悟之稱.

560(8-137)

세상 사람들이 평하였다.
"구자(苟子, 王脩)는 수출秀出하고, 아흥(阿興, 王蘊)은 청화淸和하다."

世稱:「苟子秀出, 阿興淸和」

【苟子】王脩(335?~358?). 字는 敬仁. 어릴 때 字는 苟子. 王濛의 아들이며 隸書에 뛰어났음. 玄談과 淸言에도 특장을 보였음. 著作郞, 文學, 中軍司馬 등을 지냄.《晉書》(93)에 전이 있음.

【阿興】王蘊(330~384). 王濛의 아들이며, 王恭・王爽의 아버지. 晉孝武帝后 (王法慧)의 아버지. 會稽內史를 지냄.《晉書》(93)에 전이 있음.

561(8-138)

간문제(簡文帝, 司馬昱)가 이렇게 말하였다.
"유윤(劉尹, 劉惔)은 명정茗打하지만 실리實理가 있다."

簡文云:「劉尹茗打有實理」

【簡文帝】東晉의 제8대 황제 司馬昱. 字는 道萬. 中宗의 少子. 元帝 계실 鄭后 소생이며 司馬紹의 배다른 동생. 穆帝가 어려서 撫軍으로 보필, 뒤에 桓溫이 海西公을 폐하고 이를 세워 皇帝에 오름. 재위 2년(371~372).《世說新語》 에서는 흔히 '晉簡文', '簡文', '簡文帝', '簡文皇帝', '相王', '撫軍', '會稽王'등 으로 칭함.《晉書》(9)에 紀가 있음.

【劉尹】劉惔. 字는 眞長. 劉宏의 손자로 沛國 相 땅 출신. 明帝(323~326 재위)의 廬陵長公主에게 장가들어 駙馬가 됨. 司從左長史, 侍中. 丹陽尹 등을

지냄. 36세에 죽어 孫綽이 "居官無官官之事, 處事無事事之心"이라 誄文을 지어 명언이라 하였음. 《晉書》(75)에 전이 있음.

【茗柯】疊韻連綿語로 술에 취한 모습. '酩酊'의 異表記임. 〈宋本〉에는 '茗柯'로 되어 있으나 이는 음운적으로 맞지 않음. 劉氏 주에 "柯, 一作杅, 又作仃; 又作芐"이라 하였음.

562(8-139)

사호아(謝胡兒, 謝朗)가 저작랑箸作郎이 되어 일찍이 〈왕감전王堪傳〉을 짓게 되었는데, 왕감이 어떠한 인물인지 자세히 몰라 사공(謝公, 謝安)에게 자문을 구하였다. 그러자 사안은 이렇게 설명해 주었다.

"세주(世胄, 王堪)는 역시 조정에 중용되었던 인물이지. 왕감은 왕열王烈의 아들이며, 완천리(阮千理, 阮瞻)와는 이종사촌 아우요, 반안인(潘安仁, 潘岳)과는 고종사촌 아우일세. 반안인의 시詩에

'너의 어머니는 나의 고모요,	子親伊姑,
나의 부친은 그의 외삼촌'	我父唯舅

이라 하였지. 그러면서 그는 바로 허윤許允의 사위이기도 하다네."

謝胡兒作箸作郎, 嘗作〈王堪傳〉, 不諳堪是何似人, 咨謝公. 謝公曰: 「世胄亦被遇. 堪, 烈之子, 阮千理姨兄弟, 潘安仁中外; 安仁詩所謂『子親伊姑, 我父唯舅.』是許允婿.」

【謝胡兒】謝朗. 자는 長度. 어릴 때의 자는 胡兒. 謝據의 장자이며 謝重의 아버지. 東陽太守를 지냈음. 《晉書》(79)에 전이 있음.

【王堪傳】謝郞이 쓰기로 한 王堪의 傳. 王堪은 자는 世冑(?~310)로 王烈의 아들. 懷帝때 車騎將軍을 지냈으며 王勒에게 피살됨.

【謝公】謝安. 字는 安石(320~385). 謝裒의 아들이며 謝琰(望蔡)의 아버지. 謝奕의 동생. 덕망이 있고 기개가 높아 桓彛, 王濛의 사랑을 받음. 처음에는 벼슬에 뜻을 버리고 王羲之, 支遁 등과 산수를 즐기며 조정의 부름에 응하지 않았으나 40이 넘어 桓溫의 司馬를 거쳐 吳興太守, 侍中, 吏部尚書, 太保錄尚書事 등의 관직을 지냄. 뒤에 다시 太傅에 추증되었으며 시호는 文靖. 《晉書》(79)에 전이 있음.

【王烈】자는 陽秀. 위나라 때 治書御史를 지냄.

【阮千理】阮瞻. 자는 千里. 阮咸의 장자이며 완부의 형. 거문고에 능하였음. 司徒掾, 司馬越의 記室參軍을 지냈으며 懷帝 때 太子舍人을 지냄. 귀신이란 없다는 뜻을 주장하여 〈無鬼論〉을 지음. 30세에 병으로 죽음. 《晉書》(49)에 전이 있음.

【潘安仁】潘岳(247~300). 자는 安仁(247~300). 文學에 뛰어났던 인물. 〈悼亡詩〉로 유명함. 《文選》(23·57) 참조. 《晉書》(55)에 전이 있음.

【許允】자는 士宗(?~254). 삼국 魏나라 때 인물로 侍中·尚書 등을 지냄. 신흥 세력인 司馬氏(晉)를 없애고 魏를 존속시키려다 면직되어 樂浪으로 가던 중 司馬氏에게 피살됨. 《三國志》(9)에 전이 있음.

참고 및 관련 자료

1. 《晉諸公贊》
堪字世冑, 東平壽張人. 少以高亮義正稱. 爲尙書左丞, 有準繩操. 爲石勒所害, 贈太尉.

2. 《晉諸公贊》
烈字陽秀, 早知名, 魏朝爲治書御史.

3. 《潘岳集》
堪爲成都王軍司馬, 岳送至北邙別, 作詩曰: 「微微髮膚, 受之父母; 峨峨王侯, 中外之首. 子親伊姑, 我父唯舅.」

563(8-140)

사태부(謝太傅, 謝安)는 등복야(鄧僕射, 鄧攸)를 존중하여 늘 이렇게 말하였다. "하늘도 무정하지. 백도伯道로 하여금 지식이 없게 하다니!"

謝太傅重鄧僕射, 常言:「天地無知, 使伯道無兒!」

【謝太傅】謝安. 字는 安石(320~385). 謝裒의 아들이며 謝琰(望蔡)의 아버지. 謝奕의 동생. 덕망이 있고 기개가 높아 桓彝, 王濛의 사랑을 받음. 처음에는 벼슬에 뜻을 버리고 王羲之, 支遁 등과 산수를 즐기며 조정의 부름에 응하지 않았으나 40이 넘어 桓溫의 司馬를 거쳐 吳興太守, 侍中, 吏部尚書, 太保錄尚書事 등의 관직을 지냄. 뒤에 다시 太傅에 추증되었으며 시호는 文靖. 《晉書》(79)에 전이 있음.

【鄧僕射】鄧攸(?~326). 자는 伯道. 河東太守일 때 그곳이 石勒에게 함락되자 가족을 데리고 피난하면서 조카를 살리고 아들을 포기함. 元帝 때 吳郡太守, 吏部尚書·尚書左僕射 등을 지냈으며 아들이 없어 "天道無知, 使鄧伯道無兒!" 라 한탄함. 《晉書》(90)에 전이 있음.

참고 및 관련 자료

1.《晉陽秋》
鄧攸旣葉子, 遂無復繼嗣, 爲有識傷惜.

564(8-141)

사공(謝公, 謝安)이 왕우군(王右軍, 王羲之)에게 보낸 편지에 이렇게 말하였다. "경화(敬和, 王洽)는 아름다운 자리를 택해 처신하는 사람이외다."

謝公與王右軍書曰:「敬和棲託好).」

【謝公】謝安. 字는 安石(320~385). 謝裒의 아들이며 謝琰(望蔡)의 아버지. 謝奕의 동생. 덕망이 있고 기개가 높아 桓彝, 王濛의 사랑을 받음. 처음에는 벼슬에 뜻을 버리고 王羲之, 支遁 등과 산수를 즐기며 조정의 부름에 응하지 않았으나 40이 넘어 桓溫의 司馬를 거쳐 吳興太守, 侍中, 吏部尙書, 太保錄尙書事 등의 관직을 지냄. 뒤에 다시 太傅에 추증되었으며 시호는 文靖. 《晉書》(79)에 전이 있음.

【王右軍】王羲之(303~361, 혹은 309~365, 321~379). 자는 逸少. 어릴 때 이름은 虎犢. 王曠의 조카. 어려서는 訥言하였으나 뒤에 정치와 예술에 큰 업적을 남김. 특히 글씨에 뛰어나 書聖으로 추앙받았음. 右軍將軍, 會稽內史, 臨川太守 등을 지냈음. 山陰道士와 《道德經》글씨를 거위와 바꾼 고사를 남겼으며 그 외에 작품으로 〈蘭亭集序〉·〈樂毅論〉·〈黃庭經〉·〈東方朔畫讚〉·〈姨母〉·〈初月〉·〈憂懸〉·〈喪亂〉 등을 남김. 《晉書》(80)에 전이 있음. 王右軍, 王逸少, 王羲之 등으로 불림. 그 아들 王獻之와 함께 글씨에 뛰어나 '二王'이라 함.

【敬和】王洽. 자는 敬和. 王導의 셋째아들로 吳郡內史를 지냈으며 중령군을 지냄. 王敬和, 王車騎, 王領軍 등으로 불림. 일찍 죽음.

──[참고 및 관련 자료]──

1. 《中興書》

洽於公子中最知名, 與潁川荀羨, 俱有美稱.

565(8-142)

오군吳郡의 네 개 대성大姓에 대해 사람들은 예로부터 이렇게 평하였다.
"장張씨 문중은 문文, 주朱씨 집안은 무武, 그리고 육陸씨 집안은 충忠,
고顧씨 집안은 후厚를 중시한다."

吳四姓, 舊目云:「張文, 朱武, 陸忠, 顧厚」

【吳郡】揚州에 속하며, 지금의 蘇州市 지역.

참고 및 관련 자료

1.《吳錄士林》
吳郡有顧, 陸 朱, 張爲四姓; 三國之間,四姓盛焉.

566(8-143)

사공(謝公, 謝安)이 왕효백(王孝伯, 王恭)에게 이렇게 말하였다.
"그대 집안의 남전(藍田, 王述)께서는 온몸을 다 들어보아도 보통 사람의
속기俗氣가 없는 분입니다."

謝公語王孝伯:「君家藍田, 擧體無常人事」

【謝公】謝安. 字는 安石(320~385). 謝裒의 아들이며 謝琰(望蔡)의 아버지. 謝奕의 동생. 덕망이 있고 기개가 높아 桓彝, 王濛의 사랑을 받음. 처음에는 벼슬에 뜻을 버리고 王羲之, 支遁 등과 산수를 즐기며 조정의 부름에 응하지 않았으나 40이 넘어 桓溫의 司馬를 거쳐 吳興太守, 侍中, 吏部尙書, 太保錄尙書事 등의 관직을 지냄. 뒤에 다시 太傅에 추증되었으며 시호는 文靖. 《晉書》(79)에 전이 있음.

【王孝伯】王恭(?~398). 자는 孝伯. 王蘊의 아들이며 王爽의 형. 安帝의 처남. 太原 王氏. 著作郎·祕書丞·吏部郎 등을 지냄. 뒤에 난을 일으켰다가 피살됨. 《晉書》(84)에 전이 있음.

【藍田】王述. 자는 懷祖(303~368). 王承의 아들이며 王坦之의 아버지. 고아가 되어 어머니를 극진히 모심. 아버지를 이어 藍田侯에 봉해졌으며 宛陵令, 臨海太守, 建威將軍, 會稽內史, 揚州刺史, 征虜將軍 등을 역임함. 청렴하기로 이름이 널리 알려졌음. 《晉書》(75)에 전이 있음.

참고 및 관련 자료

1. 王述은 성미가 급한 인물이었음. 〈忿狷篇〉2 참조. 劉孝標 주에는 다음과 같이 말함.
『案: 述雖簡, 而性不寬裕; 投火怒蠅, 方之未甚. 若非太傅虛相褒飾, 則世說謬 設斯語也.』

　　허연(許掾, 許詢)이 일찍이 간문제(簡文帝, 司馬昱)를 예방하였었는데, 그 날 밤바람이 고요하고 달이 밝아 이에 둘이 좁은 방으로 가서 서로 뜻을 털어놓게 되었다. 이렇게 흉금의 속뜻을 나누면서 오히려 허연의 장점이 쏟아져 나왔고, 그 말은 청완淸婉하여 평소의 허연이 아니었다.

　　뜻이 간요하면서도 근거가 있고 소박하여 이런 만남에 간문제와 서로 찬탄을 아끼지 않았다.

　　그런 사이 자기도 모르게 무릎을 맞대고 손을 서로 부여잡고 이야기를 주고받다가 결국 아침이 밝아오고 말았다. 이런 일이 있고 나서 간문제는 이렇게 말하였다.

　　"현도(玄度, 許詢)는 그 재주와 정취를 이렇게 쉽게 많이 풀어놓은 적이 없었지!"

　　許掾嘗詣簡文, 爾夜風恬月朗, 乃共作曲室中語, 襟情之詠, 偏是許之所長, 辭寄清婉, 有逾平日. 簡文雖契素, 此遇尤相咨嗟; 不覺造膝, 共叉手語, 達于將旦.

　　旣而曰:「玄度才情, 故未易多有許!」

【許掾】許詢. 字는 玄度. 許允의 현손으로 어릴 때 神童이라 불렸음. 高陽人. 벼슬에 뜻이 없어 孫綽, 郗愔, 王羲之, 謝安, 支遁 등과 會稽에서 산수를 유람하며 黃老에 관심을 보였음. 일찍 죽음. 司徒掾 벼슬을 지냈음.

【簡文帝】東晉의 제8대 황제 司馬昱. 字는 道萬. 中宗의 少子. 元帝 계실 鄭后 소생이며 司馬紹의 배다른 동생. 穆帝가 어려서 撫軍으로 보필, 뒤에 桓溫이 海西公을 폐하고 이를 세워 皇帝에 오름. 재위 2년(371~372). 《世說新語》

에서는 흔히 '晉簡文', '簡文', '簡文帝', '簡文皇帝', '相王', '撫軍', '會稽王'등
으로 칭함. 《晉書》(9)에 紀가 있음.

●

참고 및 관련 자료

1. 《續晉陽秋》
詢能言理, 曾出都迎姊, 簡文皇帝, 劉眞長說其情旨; 及襟懷之詠, 每造膝賞對,
夜以繼日.

568(8-145)

은윤(殷允, 子思)이 서쪽을 떠날 때, 치초郗超가 원호(袁虎, 袁宏)에게 이런
편지를 보냈다.

"그대 자사(子思, 殷允)께서 좋은 친구를 구하셨지요. 이에 훌륭한 친구를
족하足下에게 알려 드립니다. 그러나 당신의 개미開美한 성품으로 그에게
요구하지 마십시오."

세상 사람들은 원호를 "개미開美한 인물"이라 평하였기 때문이었다. 그
때문에 자경子敬도 자신의 시에 이렇게 읊었던 것이다.

"원호는 개미開美한 도량이 있도다."

殷允出西, 郗超與袁虎書云:「子思求良朋, 託好足下, 勿以
開美求之」世目袁爲「開美」.

故子敬詩曰:『袁生開美度』

【殷允】자는 子思. 殷顗의 아우. 吏部尙書를 지냄.

【郗超】자는 景興(336~377). 또는 嘉賓으로도 부름. 郗愔의 아들. 《晉書》(67)에 전이 있음.

【袁虎】袁宏(328~376). 자는 彦伯. 어릴 때는 虎라 불렸으며, 어려서 고아가 됨. 문장이 뛰어나 謝尙의 발탁으로 大司馬 桓溫의 記室이 됨. 著述에 힘써 《後漢記》·《竹林名土傳》·《北征賦》·《三國名臣頌》을 지었으며 《三國名臣頌》은 《晉書》에 수록되어 있음. 《晉書》(92)에 전이 있음.

【子敬】王子敬. 王獻之(344~388). 자는 子敬. 王羲之의 아들이며 安帝皇后의 아버지. 첫 부인 郗曇의 딸을 버리고 다시 簡文帝의 딸 新安公主를 아내로 맞음. 아버지 왕희지와 함께 글씨에 뛰어나 '二王'이라 불림. 지금 전하는 그의 작품은 〈洛神賦十三行〉(眞書)·〈鴨頭丸帖〉(行書)·〈十二月帖〉(草書) 등이 있음. 《晉書》(80)에 전이 있음.

【開美】開朗美麗. 활달하고 아름다움.

> ### 참고 및 관련 자료

1. 《中興書》

允字子思, 陳郡人, 太常康第六子. 恭素謙退, 有儒者之風. 歷吏部尙書.

569(8-146)

사거기(謝車騎, 謝玄)가 사공(謝公, 謝安)에게 물었다.

"진장(眞長, 劉惔)은 성격이 너무 날카롭습니다. 어찌 족히 중히 쓰일 인물이리요?"

그러자 사공은 이렇게 대답하였다.

"자네가 직접 보지 못하였을 따름이다! 자경(子敬, 王獻之) 같은 인물만 보고서도 너는 오히려 사람으로 하여금 어쩔 수 없게 한다고 하였지."

謝車騎問謝公:「眞長性至峭, 何足乃重?」
答曰:「是不見耳! 阿見子敬, 尚使人不能已」

【謝車騎】謝玄(343~388). 자는 幼度. 어릴 때의 자는 遏(羯). 謝奕의 아들이며 謝靈運의 조부. 謝安의 조카. 徐州刺史로서 謝石, 謝琰 등과 肥水(淝水)에서 苻堅을 대파함. 그로 인해 康樂侯公에 봉해졌으며 죽은 뒤 車騎將軍으로 추증됨.《晉書》(79)에 전이 있음.

【謝公】謝安. 字는 安石(320~385). 謝裒의 아들이며 謝琰(望蔡)의 아버지. 謝奕의 동생. 덕망이 있고 기개가 높아 桓彝, 王濛의 사랑을 받음. 처음에는 벼슬에 뜻을 버리고 王羲之, 支遁 등과 산수를 즐기며 조정의 부름에 응하지 않았으나 40이 넘어 桓溫의 司馬를 거쳐 吳興太守, 侍中, 吏部尚書, 太保錄尚書事 등의 관직을 지냄. 뒤에 다시 太傅에 추증되었으며 시호는 文靖.《晉書》(79)에 전이 있음. 謝玄의 숙부.

【眞長】劉惔. 丹陽尹을 지내어 劉尹으로도 부름. 字는 眞長. 劉宏의 손자로 沛國 相 땅 출신. 明帝(323~326 재위)의 廬陵長公主에게 장가들어 駙馬가 됨. 司從左長史, 侍中, 丹陽尹 등을 지냄. 36세에 죽어 孫綽이 "居官無官官之事, 處事無事事之心"이라 誄文을 지어 명언이라 하였음.《晉書》(75)에 전이 있음.

【子敬】王子敬. 王獻之(344~388). 자는 子敬. 王羲之의 아들이며 安帝皇后의 아버지. 첫 부인 郗曇의 딸을 버리고 다시 簡文帝의 딸 新安公主를 아내로 맞음. 아버지 왕희지와 함께 글씨에 뛰어나 '二王'이라 불림. 지금 전하는 그의 작품은 〈洛神賦十三行〉(眞書)·〈鴨頭丸帖〉(行書)·〈十二月帖〉(草書) 등이 있음.《晉書》(80)에 전이 있음.

1. 劉孝標 注

『語林曰:「羊驎因酒醉, 撫謝左軍謂太傅曰:「此家詎復後鎭西?」太傅曰:「阿見子敬, 便沐浴爲論兄輩」推此言意, 則安以玄不見眞長, 故不重耳. 見子敬尙重之, 況眞長乎?」』

570(8-147)

사공(謝公, 謝安)이 중서감中書監이 되었다.

왕동정(王東亭, 王珣)이 마침 일이 있었는데 응당 그 일을 중서성에 가서 처리해야 하였다. 그런데 왕순은 약속시간을 넘겨 중서성에 닿자 자리가 좁았다.

왕순과 사씨는 서로 원한이 있어 인사도 하지 않는 관계였다. 그러나 태부(太傅, 謝安)는 오히려 무릎을 모으고 그를 앉도록 해주었다. 왕술은 편안한 마음에 거리낄 것이 없게 되었다.

이에 사공은 왕술을 뚫어지게 보고 나서, 집에 돌아가 아내 유부인劉夫人에게 이렇게 말하였다.

"방금 본 아조(阿瓜, 王珣)는 쉽게 찾아볼 수 없는 인물이었소. 비록 서로 말을 나누지 않는 두 집안 사이이긴 하지만 정말 사람으로 하여금 탄복을 금치 못하게 할 정도였소!"

謝公領中書監, 王東亭有事應同上省, 王後至, 坐促, 王·謝雖不通, 太傅猶斂膝容之, 王神意閒暢, 謝公傾目.

還, 謂劉夫人曰:「向見阿爪, 故自未易有; 雖不相關, 正自使人不能已已!」

【謝公】謝安. 字는 安石(320~385). 謝裒의 아들이며 謝琰(望蔡)의 아버지. 謝奕의 동생. 덕망이 있고 기개가 높아 桓彝, 王濛의 사랑을 받음. 처음에는 벼슬에 뜻을 버리고 王羲之, 支遁 등과 산수를 즐기며 조정의 부름에 응하지 않았으나 40이 넘어 桓溫의 司馬를 거쳐 吳興太守, 侍中, 吏部尚書, 太保錄尚書事 등의 관직을 지냄. 뒤에 다시 太傅에 추증되었으며 시호는 文靖. 《晉書》(79)에 전이 있음.

【王東亭】王珣(349~400). 자는 元琳. 어릴 때의 자는 法護, 혹은 阿瓜. 王洽 (敬和)의 아들이며 王導의 손자. 王珉(僧彌)의 형. 安帝 때 尙書令, 散騎常侍 등을 역임함. 東亭侯에 봉해짐. 《晉書》(65)에 전이 있음. 그러나 조(爪)자가 〈宋本〉에는 阿瓜로, 王藻의 《太原王氏譜》에는 阿瓜로 되어 있음. 楊勇 〈校箋〉에는 阿瓜로 교정해 두고 있음. 한편 劉氏 주에는 "案: 王珣小字法護, 而此言阿瓜, 未爲可解, 儻小名有兩耳"라 함.

【劉夫人】謝安의 아내.

참고 및 관련 자료

1. 두 집안 사이의 원한 관계는 〈傷逝篇〉 15를 볼 것.

571(8-148)

왕자경(王子敬, 王獻之)이 사공(謝公, 謝安)에게 이렇게 말하였다.
"공께서는 소쇄蕭灑한 분이십니다."

그러자 사공은 이렇게 대답하였다.

"나는 소쇄하지 못합니다만 그대가 그렇게 나를 가장 맞게 표현해 준다면, 나는 그저 스스로 조창調暢한 정도이지요."

王子敬語謝公:「公故蕭灑.」

謝曰:「身不蕭灑, 君道身最得, 身正自調暢.」

【王子敬】 王獻之(344~388). 王獻之(344~388). 자는 子敬. 王羲之의 아들이며 安帝皇后의 아버지. 첫 부인 郗曇의 딸을 버리고 다시 簡文帝의 딸 新安 公主를 아내로 맞음. 아버지 왕희지와 함께 글씨에 뛰어나 '二王'이라 불림. 지금 전하는 그의 작품은 〈洛神賦十三行〉(眞書)·〈鴨頭丸帖〉(行書)·〈十二月帖〉 (草書) 등이 있음. 《晉書》(80)에 전이 있음.

【謝公】 謝安. 字는 安石(320~385). 謝裒의 아들이며 謝琰(望蔡)의 아버지. 謝奕의 동생. 덕망이 있고 기개가 높아 桓彝, 王濛의 사랑을 받음. 처음에는 벼슬에 뜻을 버리고 王羲之, 支遁 등과 산수를 즐기며 조정의 부름에 응하지 않았으나 40이 넘어 桓溫의 司馬를 거쳐 吳興太守, 侍中, 吏部尚書, 太保錄尚書事 등의 관직을 지냄. 뒤에 다시 太傅에 추증되었으며 시호는 文靖. 《晉書》(79)에 전이 있음.

【蕭灑】 깨끗하고 시원함. 雙聲連綿語.

【調暢】 조화롭고 화창함.

참고 및 관련 자료

1. 《續晉陽秋》
安弘雅有器, 風神調暢也.

572(8-149)

사거기(謝車騎, 謝玄)가 처음으로 왕문도(王文度, 王坦之)를 보고는 이렇게 말하였다.

"문도를 보니 비록 나는 소쇄蕭灑한 기분으로 서로 만났으나, 그는 하룻밤 내내 사람 마음을 즐겁게 해주었지."

謝車騎初見王文度, 曰:「見文度, 雖蕭灑相遇, 其復愔愔竟夕」

【謝車騎】謝玄(343~388). 자는 幼度. 어릴 때의 자는 遏(羯). 謝奕의 아들이며 謝靈運의 조부. 謝安의 조카. 徐州刺史로서 謝石, 謝琰 등과 肥水(淝水)에서 苻堅을 대파함. 그로 인해 康樂侯公에 봉해졌으며 죽은 뒤 車騎將軍으로 추증됨.《晉書》(79)에 전이 있음.

【王文度】王坦之(330~375). 자는 文度. 태원 왕씨 王術의 아들이며, 王忱·王愷·王愉의 아버지. '江東獨步'라 하였으며 中書令, 北中郎將을 지냄.〈廢莊論〉을 써서 당시의 방탕함을 비난함.《晉書》(75)에 전이 있음.

【蕭灑】시원하고 깨끗함. 雙聲連綿語.

【愔愔】和悅의 뜻. 嵇康의《琴賦》에 "愔愔琴德, 不可測也"라 하였고 李善주에는《韓詩》를 인용하여 "愔愔, 和悅貌"라 함.

573(8-150)

범예장(范豫章, 范寧)이 왕형주(王荊州, 王忱)에게 이렇게 말하였다.

"그대의 풍류는 뛰어나니 정말 뒤에 난 뽈이 우뚝하다 이르겠군!"

그러자 왕형주는 이렇게 받았다.

"당신 같은 외삼촌이 없었다면, 어찌 나 같은 생질이 있었겠어요?"

范豫章謂王荊州:「卿風流雋望, 眞後來之秀!」

王曰:「不有此舅, 焉有此甥?」

【范豫章】范寧(339~401). 자는 武子. 王弼·何晏 등의 현학을 비판함. 豫章
太守를 역임함.《春秋穀梁傳集解》가 전함.《晉書》(75)에 전이 있음.〈言語篇〉
97 참조. 范寧의 여동생이 王忱의 어머니가 됨.

【王荊州】王忱(?~392). 자는 元達. 어릴 때 字가 佛大. 王坦之의 넷째아들
이며 王恭과는 族親 관계. 放達嗜酒하여 옷을 벗고 다니거나 며칠을 계속
술을 마시는 등 禮敎를 벗어나 살았음. 荊州刺史, 建武將軍 등을 지냄.
《晉書》(75)에 전이 있음.

574(8-151)

자경(子敬, 王獻之)이 자유(子猷, 王徽之)에게 이렇게 편지를 보내었다.

"형께서는 평소 소삭蕭索하고 흥을 느끼는 일이 적지만, 술을 마주하면
신나는 즐거움에 망반忘反하시니 이것이 곧 멋진 모습입니다."

子敬與子猷書, 道:「兄伯蕭索寡會, 遇酒則酣暢忘反,
乃自可矜」

【子敬】 王子敬. 王獻之(344~388). 자는 子敬. 王羲之의 아들이며 安帝皇后의
  아버지. 첫 부인 郗曇의 딸을 버리고 다시 簡文帝의 딸 新安公主를 아내로
  맞음. 아버지 왕희지와 함께 글씨에 뛰어나 '二王'이라 불림. 지금 전하는
  그의 작품은 〈洛神賦十三行〉(眞書)·〈鴨頭丸帖〉(行書)·〈十二月帖〉(草書) 등이
  있음.《晉書》(80)에 전이 있음. 王徽之의 아우.
【子猷】 王徽之(?~388). 자는 子猷. 낭야왕씨. 王羲之의 다섯째아들이며 王凝之
  의 아우. 王獻之의 형. 桓溫의 參軍과 黃門侍郎을 지냈음. 대나무를 좋아하였
  으며 한 때 관직을 버리고 山陰에 은거하기도 하였음.《晉書》(80)에 전이 있음.
【兄伯】 長兄. 琅邪王氏 중에 王羲之에게는 玄之·凝之·渙之·肅之·徽之·操之·
  獻之 등 일곱 명의 아들이 있었음.
【蕭索】 말이 없고 쓸쓸함. 雙聲連綿語.
【忘反】 원래 평소 모습으로 돌아가는 것을 잊음. 즐거움에 빠진 상태를 표현함.
【矜】 〈楊勇校箋本〉에는 '衿'으로 되어 있음.

575(8-152)

  장천석張天錫은 대대로 양주凉州의 영웅 집안이었던 가문 출신이었으나
결국 힘이 약해 중앙 정부에 복종하고 말았다. 변방이라면 대개 교화를
받지 못한 자들이라고 하지만, 그는 그래도 변방의 준걸한 인물이었다.
  그는 서울에 많은 재인才人들이 있다는 소문을 듣고, 그들을 부러워하며
직접 찾아가 만나보기로 하였다.

그리고 도중에 강가에 머물고 있을 때 어떤 사마씨司馬氏 성을 가진 저작랑著作郎이 그를 찾아와 말을 나누게 되었는데, 언어와 용모가 누추하였고 그 내용도 들어볼 만한 것이 되지 못하였다.

장천석은 마음 속에 이렇게 온 것이 대단히 후회스러웠다. 그래서 멀리 고향 벽지로 가서 스스로 완고하게 사는 것이 낫다고 여겼다.

그런데 왕미(王彌, 王珉)는 준수한 재주에 훌륭한 명예도 있는 터여서 그 소식을 듣자 직접 장천석을 찾아갔다. 그곳에 다다르자 천석은 그의 풍신청령風神淸令함에다가 말솜씨의 유려함, 그리고 고금의 일을 풀어놓는 데 관통하지 못하는 게 없는 것을 보게 되었다.

게다가 그가 말하는 인물이나 씨족도 모두 근거가 있는 것들이었다. 장천석은 이에 놀라 감복하고 말았다.

張天錫世雄涼州, 以力弱詣京師, 雖遠方殊類, 亦邊人之傑也; 聞皇京多才, 欽羨彌至; 猶在渚住, 司馬箸作往詣之. 言容鄙陋, 無可觀聽, 天錫心甚悔來; 以遐外可以自固. 王彌有雋才美譽, 當時聞而造焉; 旣至, 天錫見其風神淸令, 言話如流, 陳說古今, 無不貫悉; 又譜人物氏族, 中來皆有證據. 天錫詝服.

【張天錫】자는 純嘏. 어릴 때 이름은 獨活. 安定人. 조부 張軌(前涼의 西平公)가 永嘉 중에 양주자사를 지냈으며 京師大亂을 만나 드디어 양주(涼州)를 거점으로 張玄靚을 죽이고 자립하여 前涼을 이었음. 재위 14년(363~376). 淝水之戰에 苻堅이 진나라에 패하자 그는 다시 晉나라에 복종하여 護羌校尉, 涼州刺史 등을 지냈으며 조부의 봉호(西平公)를 이어받음. 《晉書》(86)에 전이 있음.

【司馬氏】구체적으로 알 수 없음. 晉나라 황제의 성씨.

【王珉】王珉(361~388). 자는 季琰. 王洽(敬和)의 아들이며 승상 王導의 손자. 형 王珣과 함께 才藝로 이름이 남. 어릴 때 字는 僧彌. 提婆의 《阿毘曇經》을 듣다가 반쯤에 이르러 이미 그 뜻을 알았다 함. 著作郞, 國子博士, 黃門侍郞, 侍中 등을 역임함. 王獻之를 이어 中書令을 지내어 흔히 大令, 小令이라 함. 《晉書》(65)에 전이 있음.

(참고 및 관련 자료)

1. 《續晉陽秋》
珉風情秀發, 才辭富贍.

576(8-153)

왕공王恭은 처음에 왕건무(王建武, 王沈)와 깊은 우정을 나누었으나, 뒤에 원열袁悅의 이간에 걸려 둘 사이에 결국 틈이 벌어지고 말았다. 그러나 매번 흥이 돌아날 때마다 그를 그리워하는 정은 항상 가지고 있었다. 왕공은 한번은 행산行散을 하다가 경구京口에 있는 사당射堂을 가게 되었다. 그때는 맑은 이슬에 새벽 공기가 흘러 새로 잎이 돋아난 오동나무가 싱그러웠다. 왕공은 이에 그 나무를 바라보며 회상하였다.

"왕대(王大, 王沈)는 원래 이 나뭇잎처럼 깨끗한 사람이었지!"

王恭始與王建武甚有情, 後遇袁悅之間, 遂致疑隙; 然每至興會, 故有相思. 時恭嘗行散至京口射堂, 于時清露晨流,新桐初引.
　恭目之曰:「王大故自濯濯!」

【王恭】 자는 孝伯(?~398). 王蘊의 아들이며 王爽의 형. 安帝의 처남. 太原
　　王氏. 著作郎·祕書丞·吏部郎 등을 지냄. 뒤에 난을 일으켰다가 피살됨.
　　《晉書》(84)에 전이 있음.
【王建武】 王沈(?~392). 자는 元達. 어릴 때는 佛大라 부름. 祕書丞으로 지냄.
　　태원왕씨. 《晉書》75에 전이 있음.
【袁悅】 자는 元禮(?~388). 《戰國策》을 좋아하였던 인물. 結黨하여 횡포를
　　부리다가 孝武帝에게 죽음. 이름을 悅之라고도 하며 《晉書》(75)에 전이 있음.
【行散】 五石散을 복용한 후 산보하는 것. 오석산은 환각작용을 일으킴.
【京口】 地名. 建康(南京) 근처.
【射堂】 활쏘기 연습하는 練弓場.

참고 및 관련 자료

1. 《晉安帝紀》

初, 忱與族子恭少相善, 齊聲見稱; 及並登朝, 俱爲主相所待, 內外始有不咸
之論. 恭獨深憂之, 乃告忱曰:「悠悠之論, 頗有異同, 當由驃騎簡於朝覲故也.
將無從容切言之邪? 若主相諧睦, 吾徒得勠力明時, 復何憂哉?」忱以爲然,
而慮弗見用, 乃令袁悅具言之. 悅每欲間恭, 乃於王坐嗔讓恭曰:「卿何妄生
同異, 疑誤朝野!」其言切屬. 恭雖惋悵, 謂忱爲構己也. 忱雖心不負恭, 而無以
自亮; 於是情好大離, 而怨隙成矣.

2. 《晉書》 王恭傳

恭美姿儀, 人多愛悅. 或目之云:「濯濯如春月柳.」

577(8-154)

사마태부(司馬太傅, 司馬道子)가 두 왕(王, 王恭과 王忱)을 두고 이렇게 평하였다.

"효백(孝伯, 王恭)은 우뚝 솟아 있는 기상이고, 아대(阿大, 王忱)는 고루 퍼져 맑고 시원하다."

司馬太傅爲二王目曰:「孝伯亭亭直上, 阿大羅羅淸疎」

【司馬太傅】司馬道子. 자는 道子(364~402). 흔히 司馬孝文王으로 불림. 簡文帝의 다섯째아들. 文孝王으로도 불림. 10살에 琅琊王에 봉해졌다가 다시 會稽王에 봉해졌음. 孝武帝 때 司徒·揚州刺史·太子太傅를 역임하였으며, 安帝 때 侍中, 太傅, 丞相을 역임함. 그러나 그 아들과 정권을 농단하며 소인을 믿다가 王恭과 孫恩, 桓玄의 공격을 받아 주살당함. 《晉書》(64)에 전이 있음.

【王孝伯】王恭(?~398). 자는 孝伯. 王蘊의 아들이며 王爽의 형. 安帝의 처남. 太原 王氏. 著作郎·秘書丞·吏部郎 등을 지냄. 뒤에 난을 일으켰다가 피살됨. 《晉書》(84)에 전이 있음.

【阿大】王忱(?~392). 字는 元達(?~392). 어릴 때 字가 佛大. 王坦之의 넷째아들이며 王恭과는 族親 관계. 放達嗜酒하여 옷을 벗고 다니거나 며칠을 계속 술을 마시는 등 禮敎를 벗어나 살았음. 荊州刺史, 建武將軍 등을 지냄. 《晉書》(75)에 전이 있음.

【亭亭】우뚝 솟음.

【羅羅】맑고 疎闊한 모습. 楊勇 〈校箋〉에 "亭亭, 聳立之貌: 羅羅, 淸疎之貌"라 함.

참고 및 관련 자료

1. 劉孝標 注

『恭正直亢烈, 忱通朗誕放.』

578(8-155)

　왕공王恭의 언사는 청석간지淸晰簡旨하여 못하는 말이 없지만, 책을 적게 읽어 인용이 중복되는 경우가 많았다. 그런데도 어떤 이가 이렇게 말하였다.

　"왕공의 말은 언제나 새롭게 느껴져서 번거롭다는 느낌이 들지 않는다."

王恭有淸辭簡旨, 能敍說而讀書少, 頗有重出. 有人道:
「孝伯常有新意, 不覺爲煩.」

【王恭】자는 孝伯(?~398). 王蘊의 아들이며 王爽의 형. 安帝의 처남. 太原
　王氏. 著作郎·祕書丞·吏部郎 등을 지냄. 뒤에 난을 일으켰다가 피살됨.
　《晉書》(84)에 전이 있음.

참고 및 관련 자료

1.《中興書》
恭雖才不多, 而淸辯過人.

579(8-156)

은중감殷仲堪이 피살된 후 환현桓玄이 은중문殷仲文에게 물었다.

"그대 집안의 은중감은 어떠한 인물이라 보오?"

그러자 은중문은 이렇게 대답하였다.

"비록 일세에 그 영명함을 자랑하지는 못하였지만, 족히 저 구천九泉을 밝은 빛으로 꿰뚫을 분이지요!"

殷仲堪喪後, 桓玄問仲文:「卿家仲堪, 定是何似人?」

仲文曰:「雖不能休明一世, 足以映徹九泉!」

【殷仲堪】 (?~399). 殷融(洪遠)의 손자이며 殷仲文의 종형. 문장과 현언에 뛰어나 韓康伯과 이름을 나란히 하였음. 振威將軍, 荊州刺史 등을 역임함. 뒤에 桓玄에게 죽임을 당함.《晉書》(84)에 전이 있음.

【桓玄】 (368~404). 자는 敬道. 安帝를 협박하여 나라를 물려받아 楚라 함. 뒤에 宋나라 시조 劉裕에게 참수됨.《晉書》(99)에 전이 있음.

【殷仲文】 자는 仲文(?~407). 殷顗의 아우이며 桓玄의 姊夫. 諮議參軍, 侍中, 東陽太守, 尙書 등의 벼슬을 역임함. 뒤에 모반으로 주살당함.《晉書》(99)에 전이 있음.

【九泉】 저승·사후세계.

참고 및 관련 자료

1.《續晉陽秋》

仲堪, 仲文之從兄也. 少有美譽.

580(8-157)

조사소(祖士少, 祖約)가 왕우군(王右軍, 王羲之)을 두고 이렇게 말하였다.

"왕씨 집안의 아토(阿菟, 王羲之)가 무슨 이유로 처중(處仲, 王敦)만 못하다는 말인가?"

祖士少道王右軍:「王家阿菟, 何緣復減處仲?」

【祖士少】祖約(?~330). 祖逖의 아우. 平西將軍·豫州刺史 등을 지냈으나 蘇峻 난 때 이에 가담하였다가 패하자 다시 石勒에게 빌붙음. 석륵에게 죽임을 당함.《晉書》(100)에 전이 있음.

【王右軍】王羲之(303~361, 혹은 309~365, 321~379). 자는 逸少. 어릴 때 이름은 虎犢. 王尊의 조카. 어려서는 訥言하였으나 뒤에 정치와 예술에 큰 업적을 남김. 특히 글씨에 뛰어나 書聖으로 추앙받았음. 右軍將軍, 會稽內史, 臨川太守 등을 지냈음. 山陰道士와《道德經》글씨를 거위와 바꾼 고사를 남겼으며 그 외에 작품으로 〈蘭亭集序〉·〈樂毅論〉·〈黃庭經〉·〈東方朔畫讚〉·〈姨母〉·〈初月〉·〈憂懸〉·〈喪亂〉 등을 남김.《晉書》(80)에 전이 있음. 王右軍, 王逸少, 王羲之 등으로 불림. 그 아들 王獻之와 함께 글씨에 뛰어나 '二王'이라 함.

【阿菟】王羲之의 어릴 때 호칭.

【處仲】王敦(266~324). 자는 處仲. 어릴 때는 阿黑이라 부름. 王舍의 아우이며 王導의 종제로 八王之亂 때 공을 세워 散騎常侍, 侍中, 青州刺史, 鎭東大將軍 등을 지냄. 西晉이 망하자 司馬睿를 옹립하여 황제로 삼음. 뒤에 明帝 때 난을 일으켰다가 軍中에서 죽음.《晉書》(98)에 전이 있음.

1. 본장은 〈宋本〉에는 없고, 《世說新語考異》에만 있다. 이에 대해 楊勇 〈校箋〉
에는 다음과 같이 설명하고 있다.

『勇按: 右宋本無, 考異有, 云:「右前卷所無.」今度其語意, 當入賞譽篇, 姑繫於此.
阿菟, 羲之小字. 處仲, 王敦字也. 並見琅邪王氏譜.』

임동석(茁浦 林東錫)

慶北 榮州 上茁에서 출생. 忠北 丹陽 德尙골에서 성장. 丹陽初中 졸업. 京東高 서울
敎大 國際大 建國大 대학원 졸업. 雨田 辛鎬烈 선생에게 漢學 배움. 臺灣 國立臺灣師範
大學 國文硏究所(大學院) 博士班 졸업. 中華民國 國家文學博士(1983). 建國大學校
敎授. 文科大學長 역임. 成均館大 延世大 高麗大 外國語大 서울대 등 大學院 강의.
韓國中國言語學會 中國語文學硏究會 韓國中語中文學會 會長 역임. 저서에《朝鮮
譯學考》(中文)《中國學術槪論》《中韓對比語文論》. 편역서에《수레를 밀기 위해 내린
사람들》《栗谷先生詩文選》. 역서에《漢語音韻學講義》《廣開土王碑硏究》《東北
民族源流》《龍鳳文化源流》《論語心得》〈漢語雙聲疊韻硏究〉 등 학술 논문 50여 편.

임동석중국사상100

세설신어 世說新語

劉義慶 撰 / 林東錫 譯註
1판 1쇄 발행/2011년 5월 1일
2쇄 발행/2020년 1월 10일
발행인 고정일
발행처 동서문화사
창업 1956. 12. 12. 등록 16-3799
서울 중구 마른내로144 ☎546-0331~6 (FAX)545-0331
www.dongsuhbook.com
잘못 만들어진 책은 바꾸어 드립니다.

*

*

사업자등록번호 211-87-75330
ISBN 978-89-497-0691-7 04080
ISBN 978-89-497-0542-2 (세트)